니체의 건강철학

삶의 실존적 건강을 위한 니체의 철학적 방법론

니체의 건강철학
삶의 실존적 건강을 위한 니체의 철학적 방법론

This Edition was published by Jipmoondang Publishing Co. in 2019, Seoul, Korea.

니체의 건강철학

삶의 실존적 건강을 위한 니체의 철학적 방법론

이상범

집문당

니체의 건강철학

삶의 실존적 건강을 위한 니체의 철학적 방법론

2019년 5월 20일 1판 1쇄

저 자 | 이상범
발행인 | 임동규
발행처 | **(주)집문당**
등 록 | 1971. 3. 23. 제2012-000069호
주 소 | 03134 서울시 종로구 돈화문로 82 집문당빌딩 5층
영업부 | (02)743-3192~3 팩스(02)742-4657
sale@jipmoon.co.kr
편집부 | (02)743-3096~7 팩스(02)743-0227
edit@jipmoon.co.kr
홈페이지 | www.jipmoon.co.kr

편 집 | 장이지
디자인 | 임용우

ISBN 978-89-303-1822-8 93100

가격 25,000원

이 도서의 국립중앙도서관 출판시도서목록(CIP)은 e-CIP홈페이지(http://www.nl.go.kr/ecip)와 국가자료공동목록시스템(http://www.nl.go.kr/kolisnet)에서 이용하실 수 있습니다.
(CIP제어번호: CIP2019013522)

일러두기

1. 니체의 저작은 KSA(Friedrich Nietzsche, Sämtliche Werke. Kritische Studienausgabe in 15 Bänden, hrsg. von Giorgio Colli und Mazzino Montinari, Berlin–New York 1999)와 이를 완역한 니체전집(전21권, 책세상, 2001~2008)을 사용했다. 그리고 서간집은 KSB(Friedrich Nietzsche, Sämtliche Briefe. Kritische Studienausgabe in 8 Bänden, hrsg. von Giorgio Colli und Mazzino Montinari, Berlin–New York 2003)를 사용했다.

2. 이 책에 인용된 니체의 저작과 글들은 니체전집(전21권, 책세상, 2001~2008)을 사용했다. 하지만 맥락에 따라서는 저자가 직접 번역한 경우도 있다.

3. 이 책은 저자가 2014년~2018년에 걸쳐 국내학회지에 발표한 글들 중 일부를 수정 후 실었다. 그 세부 현황은 아래와 같다.

   1) 「니체의 인간학적 방법론」, 『철학연구』 제130집 (대한철학회, 2014.5.), 187–218쪽.
   2) 「니체의 개념 '미래의 의술'에 대한 연구」, 『범한철학』 제78집 (범한철학회, 2015.9.), 151–197쪽.
   3) 「니체의 커다란 건강에 대한 연구」, 『니체연구』 제29집 (한국니체학회, 2016년 봄호), 229–284쪽.
   4) 「니체철학의 실존적–실천적 관점에 대한 연구」, 『철학연구』 제137집 (대한철학회, 2016.2.), 277–321쪽.
   5) 「니체의 위생학(Hygiene)에 대한 연구」, 『니체연구』 제30집 (한국니체학회, 2016년 가을호), 175–222쪽.
   6) 「니체의 섭생(Diätetik)에 대한 연구 1」, 『범한철학』 제83집 (범한철학회, 2016. 겨울), 75–111쪽.
   7) 「니체의 개념 위, 소화, 소화불량의 철학적 의미에 대한 연구」, 『니체연구』 제32집(한국니체학회, 2017년 가을호), 61–99쪽.
   8) 「니체의 열정(Leidenschaft)에 대한 연구」, 『니체연구』 제33집 (한국니체학회, 2018년 봄호), 133–193쪽.

목차

Ⅵ. 니체의 섭생 Ⅰ : 영양(혹은 영양섭취)의 철학적 의미 237

Ⅶ. 니체의 섭생 Ⅱ : 위와 소화, 소화불량의 철학적 의미 276

Ⅷ. 건강한 삶의 자세 : 열정의 철학적 의미 316

약어표

KSA : Friedrich Nietzsche, Sämtliche Werke. Kritische Studienausgabe in 15 Bänden, hrsg. von Giorgio Colli und Mazzino Montinari, Berlin–New York 1999. (니체비평전집 전 15권)

KSB : Friedrich Nietzsche, Sämtliche Briefe. Kritische Studienausgabe in 8 Bänden, hrsg. von Giorgio Colli und Mazzino Montinari, Berlin–New York 2003. (니체서간전집 전 8권)

GT : Die Geburt der Tragödie(비극의 탄생)
SE : Schopenhauer als Erzieher(교육자로서의 쇼펜하우어)
MA I : Menschliches, Allzumenschliches(인간적인 너무나 인간적인 I)
MA II : Menschliches, Allzumenschliches(인간적인 너무나 인간적인 Ⅱ)
M : Morgenröthe(아침놀)
FW : Die fröhliche Wissenschaft(즐거운 학문)
Za : Also sprach Zarathustra(차라투스트라는 이렇게 말했다)
JGB : Jenseits von Gut und Böse(선악의 저편)
GM : Zur Genealogie der Moral(도덕의 계보)
WA : Der Fall Wagner(바그너의 경우)
GD : Götzen–Dämmerung(우상의 황혼)
AC : Der Antichrist(안티크리스트)
EC : Ecce Homo(이 사람을 보라)
NW : Nietzsche contra Wagner(니체 대 바그너)

N Nachgelassene Fragmente(유고 단편)
Bd. 7 : Nachgelassene Fragmente 1869~1874
Bd. 8 : Nachgelassene Fragmente 1875~1879

Bd. 9 : Nachgelassene Fragmente 1880~1882
Bd. 10 : Nachgelassene Fragmente 1882~1884
Bd. 11 : Nachgelassene Fragmente 1884~1885
Bd. 12 : Nachgelassene Fragmente 1885~1887
Bd. 13 : Nachgelassene Fragmente 1887~1889

프리드리히 니체, 『한국 표준판 니체전집』, 김기선 외 옮김, 책세상, 2001-2008.

니체전집 1 : 『언어의 기원에 관하여 · 이러한 맥락에 관한 추정 · 플라톤의 대화연구 입문 · 플라톤 이전의 철학자들 · 아리스토텔레스 수사학 Ⅰ · 유고(1864년 가을~1868년 봄)』, 김기선 옮김(책세상, 2003)
니체전집 2 : 『비극의 탄생 · 반시대적 고찰』, 이진우 옮김(책세상, 2005)
니체전집 3 : 『유고(1870년 ~1873년)』, 이진우 옮김(책세상, 2005)
니체전집 4 : 『유고(1869년 가을~1872년 가을)』, 최상욱 옮김(책세상, 2001)
니체전집 5 : 『유고(1872년 여름~1874년 말)』, 이상엽 옮김(책세상, 2002)
니체전집 6 : 『바이로이트의 리하르트 바그너 · 유고(1875년 초~1876년 봄)』, 최문규 옮김(책세상, 2005)
니체전집 7 : 『인간적인 너무나 인간적인 Ⅰ』, 김미기 옮김(책세상, 2003)
니체전집 8 : 『인간적인 너무나 인간적인 Ⅱ』, 김미기 옮김(책세상, 2002)
니체전집 9 : 『유고(1876년~1877/78년 겨울) · 유고(1878년 봄~1879년 11월)』, 강용수 옮김(책세상, 2005)
니체전집 10 : 『아침놀』, 박찬국 옮김(책세상, 2004)
니체전집 11 : 『유고(1880년 초~1881년 봄)』, 최성환 옮김(책세상, 2004)
니체전집 12 : 『즐거운 학문 · 메시나에서의 전원시 · 유고(1881년 봄~1882년 여름)』, 안성찬 · 홍사현 옮김(책세상, 2005)
니체전집 13 : 『차라투스트라는 이렇게 말했다』, 정동호 옮김(책세상, 2005)
니체전집 14 : 『선악의 저편 · 도덕의 계보』, 김정현 옮김(책세상, 2005)
니체전집 15 : 『바그너의 경우 · 우상의 황혼 · 안티크리스트 · 이 사람을 보라 · 디오니소스 송가 · 니체 대 바그너』, 백승영 옮김(책세상, 2002)
니체전집 16 : 『유고(1882년 7월~1883/84년 겨울)』, 박찬국 옮김(책세상, 2005)
니체전집 17 : 『유고(1884년 초~가을)』, 정동호 옮김(책세상, 2004)
니체전집 18 : 『유고(1884년 가을~1885년 가을)』, 김정현 옮김(책세상, 2004)
니체전집 19 : 『유고(1885년 가을~1887년 가을)』, 이진우 옮김(책세상, 2005)
니체전집 20 : 『유고(1887년 가을~1888년 3월)』, 백승영 옮김(책세상, 2005)
니체전집 21 : 『유고(1888년 초~1889년 1월 초)』, 백승영 옮김(책세상, 2004)

머리말

니체 철학에 드러나지 않은 개념들의 발굴

니체의 건강철학에 대하여

1

> 어떤 때보다 내 삶의 가장 어려웠던 시절에 더 깊이 감사해야 하지 않을까라고 나는 종종 자문했었다. 내 가장 내적인 본성이 가르쳐주듯이, 높은 곳에서 바라보면 모든 것은 다 필연적이며, 거시경제적 의미에서는 모든 것은 다 그 자체로 유용하기도 하다 — 그것들을 사람들은 견뎌야 할 뿐 아니라 사랑해야 한다……운명애 : 이것이 내 가장 내적인 본성이다.—그리고 나의 오랜 질환(Siechtum)에 대해 말하자면, 나는 내 건강보다도 그것에 말할 수 없을 정도로 더 많은 덕을 입은 것은 아닌가? 자기를 죽이지 않는 모든 것에 의해 더 강력해지는 내 고차의 건강(eine höhere Gesundheit)은 그 질환 덕택이다!—내 철학 역시 내 질환 덕택이다…… 커다란 고통이야말로 정신을 최종적으로 해방하는 자인 것이다.[1]

위의 글은 「어느 심리학자의 문서」라는 부제를 달고 있는 저서 『니체 대 바그너』의 후기(Epilog) 중 일부입니다. 이 책은 니체가 1889년 1월 초 겨울 이탈리아 토리노의 차디찬 카를로 알베르토 광장에서 쓰러지기 얼

1 NW, Epilog, KSA 6, 436쪽.

마 전인 1888년 말에 완성되었습니다. 제시된 글에서 느낄 수 있는 것처럼, 니체는 병과 고통 속에 놓인 자신의 삶에 결코 실망하지 않았습니다. 오히려 그는 병과 고통에 대항하는 자기 실존의 항체를 삶에 대한 철학적 사유로부터 생성시켰습니다. 그리고 크고 작은 고통에 몸부림치는 자신의 삶을 보다 높은 차원에서 보듬기 위해 운명애(Amor Fati)라는 개념을 되뇌며 보다 커다란 사랑을 시도했습니다. 운명에 대한 사랑 속에서 병과 고통은 순간의 사건으로 해석될 뿐, 결코 삶 자체를 지배할 수 없습니다.

하지만 병에 집착할 때에 고통은 더욱 무거운 실존의 짐으로 삶을 억누르게 됩니다. 그래서 니체는 자신의 철학에서 병을 고통의 원인이 아니라, 오히려 오랜 건강 속에 무뎌져 잠이 든 것과 같은 정신과 의지를 깨우는 인간 실존의 중요한 조건이 될 수 있음을 우리에게 말하고자 했습니다. "병자에게서 건강의 에너지는 병들게 하는 요소에 대한 거친 저항에서 드러난다……"[2]는 그의 말처럼, 진정 무서운 증상은 병과 고통 자체가 아니라, 그 앞에 꺾인 한 인간의 실존입니다. 니체가 자신의 철학 곳곳에 삶의 비극적 관점을 제시하는 이유는 이 때문입니다. 건강 속에서 건강은 환상일 수도 있지만, 병 속에서 건강은 언제나 실재입니다.

니체는 평생을 건강과 병의 경계에서 사유했습니다. 그는 수없이 많은 날들 속에서 매일 다른 건강과 병을 경험했습니다. 그의 이러한 사유의 경험은 사상적으로 확장되어 세계와 삶을 해석하는 그만의 독특한 철학세계를 구성하게 됩니다. 니체의 병과 고통은 철저하게 지금 이곳의 실재사건이었기 때문에, 그는 형이상학적-종교적 가상세계로부터 거리를 둘 수밖에 없었습니다. 니체가 스스로를 인식하고 탐구했던 이편의 대지

---

2 N 14[211], KSA 13, 389쪽.

(Erde)세계에서 건강한 육체는 건강한 정신과 의지만을 전제로 할 수 없고 또한 병든 육체가 병든 정신과 의지를 보증할 수도 없습니다. 니체에게 있어 건강과 병은 한 인간이 세계 그리고 삶과 관계하는 방식에 대한 심리학적이고 생리학적인 기호인 것입니다.

병과 고통 역시 삶을 이루는 한 부분이기 때문에 이를 제거하고자 하는 사람은 '삶 그 자체'를 사유할 수 없습니다. 이러한 사람은 자신의 삶과 사랑과 열정으로 관계할 수 없습니다. 하지만 고통 속에서 새로운 건강을 희망하는 사람은 자신의 삶을 사랑하기 때문에 더욱 더 자신의 운명을 긍정하고 극복할 수밖에 없습니나. 니체철학의 심리학적-생리학적 특징은 근본적으로 니체의 꾸준한 철학적 자기탐구와 자기치유의 시도, 즉 고통 속에 놓인 자신의 삶마저도 운명의 이름으로 긍정하고 극복하고자 했던 강한 정신과 의지로부터 드러납니다. "니체의 사상은 그 자신의 인격과 동일하다."[3]는 콜리(Giorgio Coli)의 말은 이 지점에서 의미 있는 해석으로 다가옵니다.

니체에게 있어 삶은 병을 품어도 결코 병들지 않은 것이고, 건강으로 드러나도 그 건강은 결코 병이 없기 때문이 아닙니다. 삶은 그 자체로 최고의 가치를 가진 것입니다. 삶은 건강 혹은 병과 같은 단 하나의 가치에 지배되는 것이 아니라, 매 순간 새로운 가치를 창조해내는 예술가의 공간입니다. 스스로를 실험하는 예술가에게 병은 고통으로 현재를 억압하는 저주스러운 것이 아니라, 보다 건강한 미래의 삶을 창조하기 위한 가장 훌륭한 자극제일 뿐입니다. 건강과 병의 경계에서 단 한순간도 자기 자신을 사랑하기 위한 힘이 소진되지 않고 또한 그 힘을 상실하지 않기를

---

3 Nachwort, KSA 6, 452쪽.

외치는 니체의 철학적 시도 속에서 건강철학은 사상적 정당성을 드러내게 될 것입니다. 건강은 결코 병이 제거된 상태를 의미하지 않습니다. 오히려 병은 다시 건강해질 수 있는 기회인 것입니다.

2

여기서 저는 2017년 1월 20일 한국니체학회와 충남대 인문과학연구소가 공동주관한 동계 심포지움 〈위버니체(Über Nietzsche). 「니체전공자가 극복해야 할 대상으로서 니체」〉에서 발표한 니체의 건강철학에 대한 글을 수정한 것으로서 머리말을 조금 더 채우고자 합니다.

「니체전공자가 극복해야 할 대상으로서 니체」라는 제목의 심포지엄은 이미 한 세기를 넘어온 니체연구가 어느덧 과거와 현재를 점검하고 새로운 연구를 위한 전환점에 서 있음을 느끼게 해줍니다. 니체학회의 많은 연구자들은 오랜 시간 다양한 관점에서 니체를 연구하며 이미 나름의 사상적 전환점을 경험하셨으리라 생각되어집니다. 「니체전공자가 극복해야 할 대상으로서 니체」라는 제목에서 제가 떠올린 것은 아직 남아 있는 니체 철학에 대한 해석적 편견과 오해의 정정이 아니라, 아직 보편화되지 않은 니체철학의 특징을 발굴하고 이 숨겨진 해석의 가능성을 증명해야만 한다는 것이었습니다.

니체 전공자가 아니더라도 철학을 전공하시는 분들은 이미 니체라는 철학자의 사상에 대한 보편적인 지식을 가지고 있습니다. 아마도 대부분의 분들은 더 이상 니체 철학의 새로운 가능성을 찾아보지 않을지도 모릅니다. 물론 이것이 중요한 사안은 아닐지도 모르지만, 니체라는 철학자의 사상적 가능성의 발굴과 학적 정당성의 확보는 근본적으로 니체의 철학에 대한 이해의 폭을 넓히는 데 기여할 수 있다는 것입니다. 본 기회를 통해 '제가 극복해야 할 대상으로서의 니체'에 대한 저의 생각을 간략하게 정리해보고자 합니다.

박사과정에 입학하기 위해 베를린에 체류하던 1년여 동안 찾아본 다양한 니체연구자들의 저서에서 저는 '건강철학(Gesundheitsphilosophie)'이라는 개념을 찾아볼 수 없었습니다.[4] 물론 몇몇 저서와 논문에는 건강과 병에 대한 짧은 논의들이 등장했지만, 이 두 개념을 사상적으로 정리한 글은 없었습니다. 이후 제 박사논문의 지도를 맡아주셨던 폴커 게르하르트(Volker Gerhardt) 교수님께서는 강의 중에 가끔씩 건강과 병에 대한 니체의 사상을 말씀해주셨고 그 내용은 박사논문을 작성하는 데 큰 도움이 되었지만, 대체적으로 니체의 병과 삶의 자전적 에피소드에 국한된 내용들이었습니다.

비록 니체의 철학 속, 건강과 병의 개념은 지도교수님의 관심분야는 아니었지만 중요한 것은 그 외에 많은 니체 전공자들 역시 건강과 병의 개념에 대해서는 큰 관심을 두지 않는다는 것이었습니다. 이 개념들은 주로 니체의 처절했던 삶과 철학적 열정을 설명하기 위한 전기적 요소로 거론되고 있을 뿐이었습니다. 이렇듯 니체 철학에 등장하는 건강과 병은 그 중요성에도 불구하고 아직 건강철학적-실존철학적 관점에서 정리되지 않음으로써 하나의 사상적 체계를 갖지 못하고 있는 실정입니다. 하지만 건강과 병이 니체의 철학을 읽어내는 하나의 방법론으로 규정될 수

4 '건강철학'은 김정현의 「건강철학–병과 건강, 치료의 개념을 중심으로」라는 제목으로 『니체연구』 제7집(한국니체학회, 2005)에 실린 논문의 제목입니다. 이 논문에는 니체의 철학에 등장하는 병과 건강에 대한 사상적 중요성과 이에 대한 실존적 해석이 정리되어 있습니다.

있다면 그 명칭은 '건강철학'으로 명명될 수 있을 것입니다.

물론 니체철학의 건강과 병 개념에 대한 전기적 요소를 최소화하고 사상적 측면을 부각시킨 연구도 있어 왔습니다. 이러한 측면에서 야스퍼스(Karl Jaspers)의 연구는 가히 대표적이라고 할 수 있습니다. 그는 『니체. 그의 철학함의 이해를 위한 입문(Nietzsche: Einführung in das Verständnis seines Philosophierens, 1936)』이라는 책에서 건강과 병에 대한 니체의 철학적 사유를 생물학적-의학적 사실과 관계없이 오직 그의 실존적 해석의 결과라는 입장을 주장하며 건강과 병을 실존철학적 관점에서 읽어냅니다.

1950년대 미타쉬(Alwin Mittasch)는 자신의 책 『자연철학자로서의 프리드리히 니체(Friedrich Nietzsche als Naturphilosoph, 1952)』에 건강과 병에 대한 장을 마련하고 있습니다. 건강과 병에 대한 그의 자연철학적 논의는 비록 하나의 이론 아래 체계화되지는 못하지만, 그럼에도 의미가 있는 이유는 건강과 병이 실존의 관점에서 해석될 수 있다는 가능성의 단초를 제공하고 있기 때문입니다. 이 외에도 무어(Gregroy Moore)와 라이헬(Nobert Reichel) 역시 건강과 병에 대한 개념적 설명을 하고는 있지만 아직 사상적으로 체계화된 글은 아닙니다.[5] 오히려 그 이전 연구자인 살라크바르다(Jörg Salaquarda)의 논문 「니체의 건강과 병(Gesundheit und Krankheit bei Fr. Nietzsche, 1974)」과 쉬퍼게스(Heinrich Schipperges)의 책 『몸을 실마리로 하여(Am Leitfaden des Leibes, 1975)』가 니체의 건강과 병의 개념을 사상적 체계 아래 논의하고 있습니다.

---

5 Gregroy Moore, Krankheit, in: Stefan Lorenz Sorgner/H. James Birx/. Nikolaus Knoepffler (Hg.), Wagner und Nietzsche. Kultur–Werk–Wirkung, Hamburg 2008/Reichel, Norbert, Der Traum vom höheren Leben. Nietzsches Übermensch und die Conditio humana europäischer Intellektueller von 1890 bis 1945, Darmstadt 1994.

3

니체의 건강철학에 대한 연구는 이제부터 시작되는 것이 자연스러운 흐름일지도 모른다는 생각도 듭니다. 그 이유는 건강철학은 니체철학의 체계가 어느 정도 완성된 이후에야 제기될 수 있는 명칭이기 때문입니다. 자유정신, 신의 죽음, 힘에의 의지, 위버멘쉬, 허무주의, 모든 가치의 전도, 영원회귀와 운명애 등과 같은 니체의 철학적 시도가 지향하는 바가 결국은 구체적인 현실을 살아가는 인간의 건강한 삶과 그의 건강한 미래라는 것을 이해한다면, 니체의 이러한 철학적 시도를 건강철학이라는 하나의 방법론으로 규정하는 것이 가능하다는 생각이 듭니다. 하지만 이를 위해서는 먼저 니체철학에 산재해 있는 건강과 병의 개념들을 취합하고 의미별로 분류함과 더불어 건강 및 병과 관련된 다양한 개념들을 찾아내고 이를 건강철학이라는 명칭 아래 체계화하는 작업을 해야만 할 것입니다.

이 책에 실린 주제 "미래의 의술", "커다란 건강", "위생학", "섭생", "영양", "소화와 소화불량", "열정" 등은 건강철학의 사상적 토대를 마련하기 위해 내딛는 첫 걸음입니다. 그리고 니체의 철학에는 아직 하나의 주제로 논의되지 않은 개념들이 많이 남아 있습니다. 건강과 병에 관련된 개념들은 대부분 인간 실존의 건강을 위한 내재적 방법론, 즉 유기체의 생명력의 강화와 관련이 깊지만, 이는 결국 힘에의 의지의 사상적 기능 및 역할과 연관되어 있습니다. 이러한 측면에서 건강철학에 대한 논의는 일차적으로 니체철학의 새로운 해석의 가능성을 드러내주며, 이차적으로 힘에의 의지 개념에 대한 보다 확장된 이해를 가능하게 해줍니다. 니체의 건강철학은 심리-생리적 방법론을 사용하기 때문에 그의 철학의 심리학적 특성 역시도 건강철학의 중요한 토대로 작용합니다. 하지만 니체의 심리학적 인간 이해는 그의 철학의 후기에 이르러 생리학적 방법론으로 드러납니다. 이렇듯 니체철학의 총체적 체계는 자연을 지배하지도 않고 또한 자연에 지배당하지도 않는 자연 그 자체로서 인간이라는 생명을 이해하는 생명철학으로 나아갑니다. 그의 이러한 시도는 소크라테스로부터 하이데거에 이르기까지 존재를 탐구하는 형이상학적 방법론과 구별되는 중요한 근거가 됩니다.

대부분의 니체 전공자들은 자유정신, 신의 죽음, 위버멘쉬, 힘에의 의지, 허무주의, 모든 가치의 전도, 영원회귀와 운명애 등과 같은 니체의 철학적 시도를 이야기하며 한 번쯤은 "건강" 혹은 "병"이라는 단어를 언급하게 됩니다. 하지만 여기서 만약 건강철학이라는 사상적 방법론이 규정되지 않는다면 "건강"과 "병"은 앞으로도 니체의 철학적 시도를 구체화하는 사상적 개념이 아니라, 그의 단편 내에서 문장을 채우고 수식하기 위한 하나의 단어로만 이해될 수도 있습니다. 물론 이러한 제 걱정이 기우에 불과할 수도 있습니다. 하지만 건강철학이 하나의 방법론으로 규정된다면 최소한 전통 형이상학, 예술, 정치, 종교, 도덕 등과 같은 문명과 문화의 거대담론 속에서 니체가 추구하고 시도했던 인간의 삶과 그의 실존에 대한 의도가 보다 구체화될 수 있을 것이라고 생각합니다.

'삶의 예술가'라는 명칭이 비단 니체의 예술철학으로부터 도출되는 것만이 아니고, '해체의 철학자'라는 명칭이 단지 형이상학, 종교, 도덕에 대한 차가운 비판에만 국한되는 것 또한 아니듯이 실존의 병을 치유하는 '실존의 의사'라는 명칭에 대한 정당성 역시도 건강과 병 개념에 대한 이해로부터 확보될 수 있는 것은 아닐 것입니다. 이렇듯 니체의 철학을 이해하는 또 하나의 방법으로서의 건강철학은 니체의 철학적 시도를 대변하는 단 하나의 관점이 아니라, 그의 철학을 이해하는 또 다른 하나의 관점과 방법론으로서 그 역할을 다할 수 있을 것입니다.

4

저는 박사과정 이후에 니체의 철학을 이해할 수 있는 또 하나의 방법론으로서 건강철학을 체계화할 수 있는 글들을 작성해왔습니다. 하지만 혹여나 니체의 입장에서 그의 철학의 내밀한 부분까지 이해하고 해석하지 못한 것은 아닌지 여전히 불안함이 남습니다. 그럼에도 저의 이 작은 시도가 니체의 철학을 또 다른 관점에서 이해해보고자 하는 사람들에게 조금이라도 도움이 되었으면 하는 바람입니다. 이 작은 시도가 한 권의 책으로 나오기까지 많은 분들의 격려가 큰 힘이 되었습니다. 원광대학교 철학과 은사님들이신 김성관, 신종섭, 김학권, 김도종, 이상곤, 김정현 교수님들은 언제나 철학적으로 사유하며 삶을 진지하게 대하는 철학적 삶의 자세를 가르쳐주셨습니다. 이러한 삶의 자세로부터 저는 자연스럽게 니체라는 철학자의 많은 주제 중, 유독 진지하게 삶을 성찰하는 건강철학에 관심을 가지게 되었는지도 모르겠습니다. 특히 김정현 교수님은 지칠 줄 모르는 학적 열정으로 지금까지도 니체의 다양한 철학적 융합의 가능성을 직접 연구로 보여주고 계신 분으로서 저의 학부, 석사과정 내내 지켜봐주시고 유학시절에도 깊이 있는 사상적 대화 속으로 이끌어주셨습니다. 다시 한 번 감사의 마음을 전합니다.

그리고 저의 박사논문 지도교수님이신 독일 베를린 훔볼트 대학교의 폴커 게르하르트(Volker Gerhardt) 교수님과 이탈리아 살렌토 대학교의 마르코 부르소티(Marco Brusotti) 교수님은 자신만의 고유한 철학적 관점을 가진 철학자로서 니체의 철학을 연구하는 가장 근본적인 방법을 직접 보여주시고 가르쳐주셨습니다. 게르하르트 교수님은 제게 니체의 건강철학이 학적으로 논의 가능하다는 확신을 주셨으며, 브루소티 교수님은 니체의 인식론과 인간학에 대한 폭넓은 이해를 심어주셨습니다. 가끔 꿈에 나타나시는 이 두 분께 멀리서나마 감사의 마음을 전합니다. 또한 모범적인 선행연구자로서 제가 니체를 처음 공부했을 때부터 홀로 작은 시도를 하고 있는 지금에도 변함없이 니체를 즐겁게 공부하는 모습을 보여주는 한국니체학회 회원들에게도 감사의 마음을 전합니다. 마지막으로 지금 이 순간까지도 누군가에 대한 연구자이기 이전에 더욱 더 올바른 사람이 되기 위해 스스로를 탐구하는 '자기 자신에 대한 연구자'가 되기를 바라고 격려해주시는 부모님께 감사와 사랑의 마음을 전합니다.

전주 동서학동 서재에서
2018년 9월 28일
이상범

세부 목차

Ⅷ. 건강한 삶의 자세 : 열정의 철학적 의미 316

Ⅰ. 니체의 인간학적 방법론

1. 니체 철학의 인간학적 경계와 차이의 거리

니체의 철학에서 인간은—니체가 『차라투스트라는 이렇게 말했다』에서 표현한 것처럼—"동물과 위버멘쉬" 사이에 놓여 있다.[1] 다시 말해 그의 철학에서 인간은 자기극복과 자기보존, 상승과 하강 나아가 건강과 병의 경계에 서 있는 사이존재이다. 카르카마(Pertti Karkama)의 말처럼, 니체의 철학은 인간에게 그의 삶에 대한 능동과 수동의 태도를 요구하는 분명한 이원론이다.[2] 하지만 이 경계는 존재론적 분리를 발생시키는 절대

---

1 니체, 『차라투스트라는 이렇게 말했다』, 「차라투스트라의 머리말」, 4, 21쪽. 본 책에서 인용한 니체의 글과 주석은 책세상에서 출판된 『니체 전집』만을 사용하기 때문에, 이후 역자와 출판사 및 연도를 생략하고 책의 제목, 단편번호, 쪽수만을 표기할 것이다. 인용된 『니체 전집』에 대한 정보는 약어표에서 확인할 수 있다. 단 이 외의 국-내외 저서는 예외로 한다.

2 Pertti Karkama, Lebensphilosophie, Moderne und Postmoderne, in: Moderne–Nietzsche–Postmoderne, Manfred Buhr (Hrsg.), Berlin 1990, S. 100. 하지만 기르키마의 니체 이해는 하이데거와 발터 슐츠처럼 니체 철학 자체를 형이상학으로 이해하고 규정하지는 않는다. 위버멘쉬와 힘에의 의지의 연관성 속에서 니체의 철학을 "인간학적 형이상학"으로 규정하는 글로는, Walter Schulz, Philosophie in der veränderten Welt, Pfullingen 1972, 413쪽 이하 참조. 하이데거의 니체해석과 이에 대한 오류는 이미 잘 알려져 있다. 하지만 힘에의 의지와 위버멘쉬의 인간학적 연관성에 대한 오류의 내용을 살펴보면 다음과 같다. 하이데거는 모든 존재자의 존재 및 생의 본질을 힘에의 의지로 규정하는 니체의 철학 속에는 이미 서양 형이상학

적 이원론의 개념이 아니라, 니체가 인간을 "아직 확정되지 않은 동물"[3]로 규정하는 것처럼 끊임없는 생기와 생성, 즉 해체와 건설, 파괴와 창조의 놀이현상 속에 놓인 지속적인 변화가능성의 개념이다. 니체에게 있어 인간은 그 자신이 위버멘쉬에 이르는 하나의 "길"이자 "다리"이고, 모든 확정된 목적으로부터 자유로운 "우발적 사건(Zwischenfall)"이며, 스스로 자신의 변화를 실현할 수 있는 "커다란 약속"이다.[4]

또한 이러한 경계의 구분은 능동적 힘(작용-명령)과 수동적 힘(반작용-복종)에 대한 구분을 바탕으로 능동적 인간과 수동적 인간을 니체의 인간학적 차이의 철학으로 규정하는 들뢰즈의 해석에서도 확인할 수 있다.[5] 이러한 측면에서 니체는 능동적인 것과 수동적인 것을 다음과 같이 규정한다.

> 능동적이고 수동적이라는 것은 무엇을 의미하는가? 그것은 지배자가 되는 것과 제압되는 것이 아닌가.[6]

의 사유 자체가 완성되어 있으며(Martin Heidegger, Nietzsche, Bd. 1, Siebte Auflage, Stuttgart 2008, 442-443쪽), 이러한 이해를 바탕으로 그는 힘에의 의지를 니체의 형이상학의 근본용어로(Martin Heidegger, Nietzsche: Der europäische Nihilismus, in: Gesamtausgabe, Bd. 48, Frankfurt am Main 1986, 118쪽), 니체의 철학을 "힘에의 의지의 형이상학"(같은 책, 117쪽)으로 그리고 힘에의 의지의 사상가로서 니체를 "서양 최후의 형이상학자"로(Martin Heidegger, Nietzsche, 1.Bde, 431쪽) 규정한다. 결과적으로 하이데거는 힘에의 의지의 주체로서 위버멘쉬를 힘에의 의지의 형이상학적 의인관(Anthropomorphismus)의 인간화(Vermenschlichung)로, 즉 형이상학적 인간학의 주체로 규정한다. (Martin Heidegger, Nietzsche: Der europäische Nihilismus, 57-158, 170-171쪽).

3 니체, 『선악의 저편』, 62, 101쪽.

4 니체, 『도덕의 계보』, 「제2논문」, 16, 433쪽 참조.

5 들뢰즈, 『니체와 철학』, 이경신 역, 민음사, 87-88쪽, 159-160쪽 참조; 니체 철학의 인간학적 차이의 개념으로서 인간의 위대함(강함-위버멘쉬)과 천박함(나약함-마지막 인간)의 비교에 대한 논문으로는, Marco Brusotti, Spannung. Ein Begriff für Gro ß und Klein, in: Nietzsche-Macht-Grösse, Volker Caysa, Konstanze Schwarzwald (Hrsg.), Berlin/Boston 2012, 51-73쪽.

6 니체, 『유고(1885년 가을~1887년 가을)』, 7[48], 378쪽.

니체에 의하면 인간은 지금까지 전승되어온 형이상학적-신학적-도덕적 존재론(파르메니데스, 플라톤, 데카르트, 스피노자, 라이프니츠, 칸트, 쇼펜하우어 등)[7]의 데카당스적 이념과 사상의 절대적 당위 속에서 삶의 실존적 자기해석과 미학적 자기조형 과정의 "장본인(Urheber)"이 아니라, 오히려 "구경꾼(Zuschauer)"에 불과했다[8]. 즉 인간은 지금까지 자기 삶의 주인으로서 "삶의 대변자(Fürsprecher)"가 아니라, "삶에 비방자(Verleumder)"에 불과했다.[9]

니체의 철학에서 이러한 인간학적 차이는 이제 동물과 위버멘쉬 사이의 경계에 선 인간에게 위버멘쉬적 삶을 향한 실존적이고 실천적인 결단의 요구로 제시된다. 이후 이 차이는 『선악의 저편』과 『도덕의 계보』에서 정신적 위계질서와 가치의 차이로 드러나는 선과 악, 좋음과 나쁨의 도덕적 행위와 행위자의 유형론의 차이, 즉 인간의 정신적 존재양식의 차이를 통해 밝혀지는 강자(고귀함)와 약자(저급함)의 관계론적 '차이의 거리'로서 등장한다. 이때 니체는 "거리의 파토스(Pathos der Distanz)"[10]를 힘에의 의지의 체현을 통한 지속적인 실존적 자기극복과 가치의 창조 등, 주인적 삶의 양식으로서 이해한다.

니체에 의하면 (차이의) 거리는 근본적으로 행위 유형들이 가진 "능력들의 서열"[11]을 바탕으로 성립된다. 하지만 이러한 서열을 가능하게 하는 차이의 개념으로서 거리의 파토스는 "거리를 벌리지만 대립적인 것은 창조"[12]

---

7 같은 책, 7[4], 321–332쪽 참조.

8 니체, 『유고(1884년 가을~1885년 가을)』, 38[1], 417쪽.

9 니체, 『유고(1888년 초~1889년 1월 초)』, 15[44], 285–286쪽.

10 니체, 『선악의 저편』, 257, 271쪽; 『도덕의 계보』, 「제1논문」, 2, 353–354쪽.

11 니체, 『이 사람을 보라』, 「나는 왜 이렇게 영리한지」, 9, 370쪽.

12 니체, 『유고(1887년 가을~1888년 3월)』, 10[63], 188쪽.

하지 않고 "적대화하지 않으면서도 분리시키는 기술"[13]이라는 니체의 표현처럼 고정된 인간학적 유형론을 의미하지 않는다. 인간의 대중적 평준화와 소인화(Verkleinerung), 사물화(Verdinglichung)를 비판하고, 이러한 현상을 "의지의 마비(Willenslähmung)"[14] 증상으로 진단하는 니체에게 있어 차이의 거리는 오히려 관계론적 긴장의 거리, 나아가 모든 인간에게 열린 변화가능성의 거리로 이해되어야만 한다. 니체의 힘에의 의지가 "자기극복에의 의지"에 다름이 아니라는 카우프만(Walter Kaufmann)의 말처럼[15], 힘에의 의지는 인간의 지속적인 자기극복을 가능하게 하는 존재의 근본원리이다. 이러한 측면에서 니체는 다음과 같이 명확하게 말한다.

> 실제의 삶에서 중요한 것은 오직 강한 의지와 약한 의지의 문제뿐이다.[16]

니체는 모든 인간에게 열린 실존-미학적 변화의 가능성, 즉 위버멘쉬적 삶의 변화를 위한 인간의 강한 의지(힘에의 의지)와 실존적 결단의 문제를 영원회귀에 대한 긍정과 극복을 통해 더욱 적극적으로 수행한다.[17] 그 이

---

13 니체, 『이 사람을 보라』, 「나는 왜 이렇게 영리한지」, 9, 370쪽.

14 니체, 『선악의 저편』, 208, 181쪽. 이와 관련하여 니체는 그의 철학에서 종교적인 위안 및 구원과 관련된 나약한 의지의 증상을 "의지의 착란(Willens-Wahnsinn)"(니체, 『도덕의 계보』, 「제2논문」, 22, 442쪽), "의지의 커다란 질병"(니체, 『즐거운 학문』, 347, 330쪽)으로 진단한다.

15 Walter Kaufmann, Nietzsche. Philosoph-Psychologe-Antichrist, übersetzt von Jörg Salaquarda, Darmstadt 1982, 233쪽.

16 니체, 『선악의 저편』, 21, 42쪽. "약자와 강자 사이의 차이는 명확하다. 약한 의지와 강한 의지는 도덕의 근본요소—그리고 니체의 사회비판—에 속한다. 인간의 강한 의지 속에는 항상 자신의 가능성들에 대한 자기확신이 놓여 있다."(Volker Gerhardt, Ressentiment und Apokalypse. Nietzsches Kritik endzeitlicher Visionen, in: Edmund Braun (Hrsg.), Die Zukunft der Vernunft aus der Perspektive einer nichtmethaphysischen Philosophie, 283-284쪽).

17 영원회귀에 대한 인간의 위대한 긍정과 극복에 대한 이야기로서 젊은 양치기와 영원회귀의 상징인 뱀에 대한 내용으로는, 니체, 『차라투스트라는 이렇게 말했다』의 「환영과 수수께끼」, 2, 266-267쪽 참조. 니체는 이 글에서 영원히 반복되는 자신의 삶에 대한 인간의 자기긍정

유는 위버멘쉬는 "힘에의 의지의 주체의 이름임과 동시에 영원회귀의 의미이자 목적"으로서[18] 허무주의의 극복의 주체이며, 이때 영원회귀는 모든 인간의 위버멘쉬로의 변화를 위한 위대한 자기긍정의 필수적인 전제로서 작용하기 때문이다.[19] 이러한 측면에서 영원회귀는 신이 사라진 시대의 허무주의적 위기 속에서 모든 인간이 삶의 의미의 상실과 실존적 공허의 창조적 자기극복을 위해 모든 가치의 전도를 수행할 수 있도록 위대한 긍정의 결단과 나아가 자신의 삶에 대한 진정한 우주적 사랑(운명애)을 요구하는 하나의 사상적 가르침이다.

위버멘쉬와 그의 "위버멘쉬적 미래(die übermenschliche Zukunft)"[20], 즉 건강한 인간과 그의 건강한 미래의 실현을 위한 니체의 철학적 과제는 형이상학적-종교적 세계해석이 사라진 생성하는 건강한 대지 위에 모든 인간을 그들 삶의 변화를 실현할 수 있는 유일한 실존적 주체로 규정함으로써 완수된다. 여기서 영원회귀는 강한 자와 더불어 약한 자 역시도 차이의 거리를 좁힐 수 있고 또한 이 차이를 전복할 수 있는 '가능성의 거리'로 나아가 인간의 삶을 새로운 가치 창조를 위한 놀이의 공간[21]으로 만든다.

과 극복을 포괄하는 개념으로서 "용기(Mut)"를 제시한다. 이러한 "공격적인 용기"는 "그것이 생이었던가? 좋다! 그렇다면 다시 한 번!"이라고 말할 수 있는 인간의 최고 긍정의 상태, 다시 말해 비극적-디오니소스적 상태를 의미한다. (같은 책, 1, 262-263쪽 참조).

18 Pierre Klossowski, Nietzsche und der Circulus vitiosus deus, übersetzt von Ronald Vouillé, München 1986, 113쪽.

19 Marie-Luise Haase, Der Übermensch in Also sprach Zarathustra und im Zarathustra-Nachlass 1882-1885, in: Nietzsche-Studien, Bd.13 (1984), 232쪽 참조.

20 "나는 모든 형이상학적이고 종교적인 사유 방식을 보다 고매한, 위버멘쉬적 미래에 대한 갈망을 지닌 인간에 대한 불만의 귀결로 간주한다 — 다만 인간이 스스로 피안으로 도망가려 했던 것이다 : 미래를 건설하는 대신에 말이다."(니체, 『유고(1884년 초~가을)』, 27[74], 390쪽).

21 영원회귀는 위버멘쉬의 역동적 놀이가 계속되는 극한적 게임이다. 여기서 놀이는 허무주의의 극복을 가능하게 하는 인간 실천적 행위의 개념이고, 이러한 창조적 놀이를 통해 새로운 가치들은 만들어진다. (앨런 슈리프트, 『니체와 해석의 문제』, 박규현 역, 푸른숲, 1997, 132, 135-136쪽 참조).

그래서 니체는 영원회귀 사상을 “약자와 마찬가지로 강자 또한 결의로 몰아세우는 가르침”[22]이라고 표현하는 것이다. 신의 죽음과 영원회귀가 인간의 실존적 죽음과 좌절을 도출하지 않고 순간을 영원으로 살 수 있는 새로운 인간 유형의 탄생에 기여할 수 있는 사상적 토대는 바로 미래를 향해 창조적으로 열려있는 그의 변화의 가능성에 있다. 니체는 인간의 이러한 변화의 가능성을 두 가지 운동으로 표현한다.

2. 마지막 인간과 위버멘쉬 사이의 갈림길

1) 마지막 인간 혹은 위버멘쉬로 향하는 두 가지 운동

신이 사라지는 우상의 황혼으로부터 더 이상 신이 존재하지 않을 “새로운 아침놀”에 이르는 과정에서 스스로를 행복하다고 말할 수 있는 창조적 인간으로부터 위버멘쉬를 발견했다는 니체의 말처럼[23], 그는 자기 삶의 의미와 가치를 스스로 새롭게 규정하고 창조할 수 있는 인간의 실존양

22 니체, 『유고(1887년 가을~1888년 3월)』, 11[150], 372쪽. 영원회귀는 니체의 철학에서 위버멘쉬적 변화의 실현을 위해 모든 인간들에게 동등하게 주어진 최고의 긍정의 형식이자 공정한 가능성으로 제시되는 사상적 개념이다. 영원회귀의 이런 점이 단순한 우주론에 대한 시도라는 비판에 집중하기보다, 오히려 영원회귀의 비철학적인 측면의 사상적 기능과 중요성을 부각시킨다. (앨런 슈리프트, 위의 책, 133쪽 참조). 이와 관련하여 레만(Günter K. Lehmann)은 영원회귀를 “무가치한 일상사(die nichtige Alltagsperiode)” 혹은 “마조히스트적 고통(die masochistische Qual)”으로 이해한다. (Lehmann, Günter K, Der Übermensch. Friedrich Nietzsche und das Scheitern der Utopie, Berlin 1993, 95쪽). 그의 이러한 해석은 근본적으로 니체를 “플라톤적 이상주의자”(같은 책, 96쪽) 혹은 “독일 관념론의 계승자”(같은 책, 101쪽)로 평가하며, 힘에의 의지를 이성-법칙(Logos-Gesetz) 혹은 데카르트적인 명석-판명(clara et distincta)한 인식과는 다른 불분명하고 모호하고 애매한 은유에 불과한 것으로 (같은 책, 88쪽) 그리고 위버멘쉬를 초월적-신화적 존재 속에 존재하는, 즉 현실에서는 불가능한 존재(같은 책, 96쪽)라는 니체 철학의 전반적 오류 위에서 형성된 것이다.

23 니체, 『차라투스트라는 이렇게 말했다』, 「낡은 서판과 새로운 서판에 대하여」, 3, 330쪽 참조.

식 속에서 보다 건강한 미래를, 즉 그의 위버멘쉬적 변화의 실현가능성을 발견한다. 이러한 의미에서 『차라투스트라는 이렇게 말했다』에서 설파되는 "차라투스트라의 인간학"[24]은 인간을 동물과 위버멘쉬 혹은 마지막 인간(der letzte Mensch)"[25]과 위버멘쉬 사이에 서 있는 '사이존재(Zwischenwesen)'이자 낙타-사자-아이로의 정신적 변화의 과정, 즉 가치전환의 과정을 통해 자유로운 파괴와 창조의 정신을 가진 위버멘쉬로의 변화가능성을 내포한 '가능존재(Möglichkeitswesen)'로서 규정한다.

인간의 삶과 세계의 이분화에 대한 니체의 비판적 진단은 언제나 이편세계와 저편세계를 바라보는 관점(Perspective)의 차이와 이를 통한 두 가지 인간 유형 그리고 주인도덕과 노예도덕이라는 두 가지 도덕 유형의 차이에 대한 논의를 통해 수행된다. 이러한 측면에서 니체는 마지막 인간 혹은 위버멘쉬로의 두 가지 변화 가능성, 즉 삶의 상승 혹은 하강으로의 가능성을 내포하고 있는 차이와 변화의 양식을 두 가지 운동으로 표현한다.

> (마지막 인간으로 향하거나 위버멘쉬로 향하는) 두 가지 운동.[26]

니체의 이 두 가지 운동은 우선 전통 형이상학-종교-도덕의 당위성 속에서 나타나는 나약한 개인의 무리화, 즉 탈개인화와 비개인화에 대한 비판 위에서 수행된다. 그 이유는 위버멘쉬는 모든 이상주의로부터 해방된

---

24 Michael Allen Gillespie, Nietzsche and the Anthropology of Nihilism, in: Nietzsche-Studien, Bd.28 (1999), 143-149쪽 참조.

25 단순한 신의 부정과 거부가 아니라, 신이 없는 세계의 생성을 긍정할 수 없어 다시 또 다른 대지의 우상을 창조한 "더 없이 추악한 인간(der hässlichste Mensch)"에 대해서는, 『차라투스트라는 이렇게 말했다』의 제4부 「더 없이 추악한 자」와 「나귀의 축제」를 참조.

26 니체, 『유고(1882년 7월~1883/84년 겨울)』, 16[49], 680쪽.

자유로운 정신을 가진 개인들의 이상이기 때문이다. 이를 위한 니체의 비판은 전통도덕으로부터 유전된 필연성, 인과성과 같은 형이상학적 목적론을 제거하고, 그럼으로써 순수한 선험적 이성과 "순수한 인식"[27]의 믿음을 바탕으로 인간의 행위를 선과 악 그 자체로서 규정하는 칸트의 보편적-절대적 도덕성이 아니라, 자유로운 개인적 삶의 경험적 조건 위에서 수행되는 인간의 실천적-가치평가적 자기규정의 재정립을 목표로 한다.

이러한 의미에서 칸트는 그의 『실천이성비판』에서 "이성의 순수한 법칙이 직접 행위를 규정하는 일은 인간 본성에 있어서 매우 숭고한 것이다."[28]라고 말하지만, 니체에게 있어 인간 행위의 근본원리는 이성, 정신, 영혼과 같은 기존의 "작은 이성(die kleine Vernunft)"을 포괄하는 "커다란 이성(die grosse Vernunft)"[29]으로서의 몸에 내재하는 힘의 투쟁과 자기극복의 원리, 즉 힘에의 의지일 뿐이다. 이제 니체는 인간의 행위와 이를 통한 실존적 변화가능성을 부정하고 단지 인간을 유용한 "의무의 인간"[30]으로 만드는 절대적 당위의 덕을 "기계의 덕"이라고 표현한다.[31] 그리고 그는 낙타의 정신에 해당하는 이러한 절대적 당위(Sollen)의 전형적 유형을 칸트로 제시한다.

그 전형 : "너는 해야 한다(du sollst)"라는 형식개념의 광신자인 칸트[32]

---

27 니체, 『유고(1885년 가을~1887년 가을)』, 7[4], 328쪽.

28 Immauel Kant, Kritik der praktischen Vernunft, Bd. VII, hrsg. von Wilhelm Weischedel, Frankfurt am Main 1956, 246쪽.

29 니체, 『차라투스트라는 이렇게 말했다』, 「몸을 경멸하는 자들에 대하여」, 52–53쪽 참조.

30 니체, 『선악의 저편』, 226, 211쪽.

31 니체, 『유고(1887년 가을~1888년 3월)』, 10[11], 148쪽.

32 같은 책, 10[11], 149쪽.

이러한 비판을 바탕으로 니체는 인간 삶의 참된 의미와 가치에 대한 근본적 물음과 더불어 인간의 정신적 해방과 실존적 변화를 위한 자신의 철학적 시도를 위버멘쉬를 만들어내는 운동이라고 명명한다.

> 나의 요구. '인간'이라는 전체 유를 능가하는 존재를 산출하는 것. 그리고 이 목표를 위해서 자신과 '이웃들'을 희생하는 것. 종래의 도덕은 유(類) 안에 그 한계가 있었다. 종래의 모든 도덕은 유를 우선 무조건적으로 보존하는 데 유용했다. 만약 이렇게 보존되었다면, 목표를 더 높이 잡을 수 있다. 하나의 운동은 무조건적이다 : 인류의 평준화, 개미들의 커다란 건축물들 등등. […] 다른 하나의 운동, 나의 운동은 거꾸로 모든 대립과 균열을 첨예화시키고, 평등성을 제거하며, 초-강력한 자들을 창조하는 것이다. 전자는 마지막 인간을 만들어낸다. 나의 운동은 위버멘쉬를 만들어낸다.[33]

니체가 시도하는 위버멘쉬적 변화를 향한 예술적 창조 및 자기조형의 운동은 그의 철학에서 절대적 도덕성에 반하여 비도덕주의로 나타난다. 니체는 이러한 비도덕주의자의 도덕을 칸트의 정언명법에 반한 자연명법으로[34], 즉 평균적-반자연적-초자연적 도덕에 반하여 자유로운 개인의 자연적-위버멘쉬적 삶의 긍정을 위한 "도덕적 자연주의(moralistischer Naturalismus)"[35]로 대체한다.

> 어떻게 평균적인 사람들이 자신의 평균성을 싫어하도록 만든단 말인가! 사람들이 보듯이 나는 그 반대의 것을 행한다 : 왜냐하면 평균적인 사람들로부터

---

33 니체, 『유고(1882년 7월~1883/84년 겨울)』, 7[21], 321–322쪽.

34 니체, 『유고(1887년 가을~1888년 3월)』, 9[27], 20쪽.

35 같은 책, 9[86], 57쪽.

멀어지는 매번의 발걸음이—이렇게 나는 가르친다—비도덕적인 것으로 인도하기 때문이다.[36]

이러한 의미에서 게르하르트(Volker Gerhardt)는 니체의 비도덕주의를 그의 "미래도덕" 혹은 "비도덕주의자와 자유정신을 위한 도덕"으로 이해하며, 모든 개인에 내재한 고유한 힘의 발현을 인정하는 새로운 도덕을 "비도덕주의의 개인적 도덕(die individuelle Moral des Immoralismus)"이라고 표현한다.[37] 여기서 "비도덕주의의 개인적 도덕"은 "도덕은 행동하는 주체의 개념과 연결되어 있다."[38]는 그의 말처럼, 한 자율적 개인의 개인적 행위의 자기 원칙과 근거를 통해 수행되는 자기책임의 도덕이자 자기규정(Selbstbestimmung)의 도덕을 표현하는 개념이다.

실천은 곧 행위이다. 그리고 그에 의하면 하나의 통일적 개념으로서 이러한 실천적 행위는 인간 삶의 실존적 변화를 위한 근본 전제이다.[39] 그에게 있어 "행동하는 주체"[40]의 개념은 그의 다른 글에서 제시된 "행동하는 개인"[41], "실천적으로 행동하는 개인"[42]과 동일한 의미를 지니고 있으

---

36 같은 책, 10[122], 229쪽.

37 Volker Gerhardt, Genealogie der Moral, in: Annemarie Pieper (Hrsg.), Geschichte der neueren Ethik 1, Tübingen und Basel 1992, 304쪽.

38 Volker Gerhardt, Die Moral des Immoralismus. Nietzsches Beitrag zu einer Grundlegung der Ethik, in: Jan-Christoph Heilinger und Nikolaos Loukidelis (Hrsg.), Die Funken des freien Geistes, Beriln/New York 2011, 201쪽.

39 Volker Gerhardt, Leben und Geschichte. Menschlichen Handeln und historischer Sinn in Nietzsches 2. "Unzeitgemäßer Betrachtung", in: Volker Gerhardt und Norbert Herold (Hrsg.), Wahrheit und Begründung, Würzburg 1985, 160-165쪽.

40 Volker Gerhardt, Die Moral des Immoralismus, 201쪽.

41 Volker Gerhardt, Das Denken eines Individuums. Erneutes Nachdenken über Nietzsches zweite Unzeitgemäße Betrachtung, 277쪽.

42 Volker Gerhardt, Selbstbestimmung, in: Was ist der Mensch, Detlev Ganten/Volker Gerhardt/Jan-Christoph Heilinger/Julian Nida-Rümeln (Hrsg.), Berlin 2008, 9쪽.

며, 이러한 실천적 개인은 니체 철학에 대한 그의 해석 속에서 건강한 개인으로서의 의미를 내포한다. 그리고 니체는 이러한 "비도덕주의의 개인적 도덕"의 실천적 행위주체를 "실천하는 비도덕주의자(Immoralist der That)"[43]로 표현한다.

> "어떤 인간"이 더욱더 건강하고, 더욱더 강하고, 더욱더 부유하고, 더욱더 생산적이고, 더욱더 모험적일수록 그는 "더욱더 부도덕"해진다.[44]

이렇듯 니체에게 있어 위비멘쉬는 인간 유(Gattung)의 진보가 아니라, 오히려 개인의 실존적 변화로서의 진보를 의미한다. 그리고 개인의 위버멘쉬적 진보는 "개인의 허약함(Schwäche der Persönlichkeit)"을 유발하는 "종교적 도덕"[45]을 바탕으로 형성된 무리적인 것과 탈개인적인 것으로부터의 해방과 극복, 즉 우리의 이상으로부터 나의 이상으로의 정신적 해방과 실존적 자기극복을 통해 가능해진다. 이에 대하여 니체는 다음과 같이 말한다.

> "비개인적인 것"은 단지 개인적인 것이 약화된 것, 무기력한 것이다.[46]

니체에 의하면 허약한 개인성과 인격이 유용한 곳에서 삶의 자연적 토대는 특정한 인식의 대상으로 전락한다.[47] 예를 들어 생성이 부정되는 곳

---

43 니체, 『유고(1887년 가을~1888년 3월)』, 11[54], 318쪽.
44 니체, 『유고(1885년 가을~1887년 가을)』, 4[7], 223쪽.
45 니체, 『유고(1888년 초~1889년 1월 초)』, 17[6], 401쪽.
46 니체, 『유고(1881년 봄~1882년 여름)』, 11[65], 452쪽.
47 같은 책, 11[65], 452-453쪽 참조.

에서는 형이상학적 인식론이 유용해지며, 그곳에서 필연적으로 인간의 "관점적 인식"[48]은 부정된다. 그리고 이런 곳에서 철학은 현실적 삶의 세계에 대한 실존적 해석이 아니라, 삶의 보편적-필연적-절대적 진리를 추구하게 된다. 이러한 의미에서 지속적인 자기극복에의 의지로서 "힘에의 의지가 어떤 형태로든 쇠퇴하는 곳에서는 언제나 생리적 퇴행이, 즉 데카당스가 존재한다"[49]는 니체의 말처럼, 의지의 나약함과 쇠퇴-니체의 다른 표현에 의하면 개인적 "의지의 분산(eine Disgregation des Willens)"[50]—은 곧 자기보존에의 의지에 다름 아니다. 그리고 이러한 자기보존에의 의지는 인간의 탈개인화와 기계적 평준화를 유발하는 등, 마지막 인간을 만들어내는 근본요인이다. 니체는 나약한 정신과 의지를 가진 인간들의 증상을 자신의 철학에서 "생리적인 장애감정"[51] 혹은 "생리적 소진"[52]으로, 즉 "생리적 데카당스"[53]로 진단한다.

니체에 의하면 천 개나 되는 인간의 숨겨진 가능성[54]을 보기 위해서는 "천 개의 눈"[55], 즉 천 개의 관점이 필요하다. 또한 삶의 다양한 현실적 현상을 보기 위해서도 다양한 관점이 필요하다. 즉 비개인적인(Unpersönliche) 관점이 아니라, 자신의 개인적 관점과 기준이 필요하다.[56] 니체에게 있어 관점은 언제나 힘을 향한 의지의 의도(힘에의 의지)를 내포하고 있으며,

---

48 니체, 『도덕의 계보』, 「제3논문」, 12, 483쪽.
49 니체, 『안티크리스트』, 17, 232쪽.
50 니체, 『유고(1888년 초~1889년 1월 초)』, 17[6], 401쪽.
51 니체, 『도덕의 계보』, 「제3논문」, 17, 498쪽.
52 니체, 『유고(1888년 초~1889년 1월 초)』, 15[93], 314쪽.
53 같은 책, 14[224], 235쪽.
54 니체,『차라투스트라는 이렇게 말했다』, 「베푸는 덕에 대하여」, 2, 130쪽 참조.
55 니체, 『유고(1881년 봄~1882년 여름)』, 11[65], 452쪽.
56 같은 책, 11[65], 452-453쪽 참조.

해석은 의지의 목적을 창조적으로 실현한다. 즉 인간의 다양한 관점은 그의 다양한 창조 행위를 가능하게 하는 근본 조건이다. 그래서 니체는 "일반적인 규정으로 이루어진 도덕을 모든 사람에게 적용하는 것은 부당하다"[57]고 말하는 것이다.

> 각각의 경우 행해지는 하나의 행동이 있는 것이 아니라, 완전한 인간의 이상만큼 수많은 행동들이 있다. 유용하다거나 부정적이라거나 하는 것은 — "그 자체"로 그런 것이 아니다 ; 나는 절대적인 윤리를 부정한다. 인간의 절대적인 목적을 모르기 때문이다.[58]

2) 위버멘쉬로 향하는 니체의 운동

니체가 생성하는 대지 위에서 인간을 매 순간 자신의 변화를 실현할 수 있는 가능존재로 규정한다는 것은, 인간이 "모든 변화의 마지막 근거이자 특성"[59]인 힘에의 의지의 주체로서 변화의 실존적 목적과 이를 위한 운동의 근거를 자신 안에 가지고 있다는 것을 의미한다. 즉 힘에의 의지의 역동성은 외적 작용에 의한 반작용이 아니라, 매 순간 자기 삶의 상승과 성장의 힘-느낌을 획득하기 위한 자기목적적 운동이다.

> 나는 출발점이 필요하다. 운동의 원인으로서의 '힘에의 의지'. 따라서 운동은 외부에 의해 조건지어져서는 안 된다 — 촉발되어서는 안 된다……나는 의지가 거기서 퍼져 나오는 운동의 단초와 운동의 중심들이 필요하다……[60]

---

57 같은 책, 11[63], 451쪽.

58 같은 책, 11[37], 439쪽.

59 니체, 『유고(1888년 초~1889년 1월 초)』, 14[123], 123쪽.

60 같은 책, 14[98], 87쪽.

1887년의 한 유고에서 니체가 힘에의 의지에 의한 모든 가치의 전도의 시도를 허무주의에 대한 "반대운동(Gegenbewegung)"으로 규정하고 있듯이[61], 힘에의 의지는 모든 가치의 탈가치의 위기 속에서 새로운 가치 창조의 원리로 기능한다. 이미 허무주의의 도래의 위기를 내포하고 있는 현대의 평균적 대중문화 속에서 보다 많은 힘의 증대를 위한 인간 내면의 의지의 투쟁(운동)은 가치의 투쟁으로 이어진다. 그리고 이 투쟁은 가치의 차이에 의한 인간학적 대립(Kluft)을 유발하며, 이를 바탕으로 니체는 마지막 인간(인류의 도덕적 평준화와 사회적 기계화)과 위버멘쉬(인간의 정신적 귀족주의와 위버멘쉬)의 두 인간 유형과 더불어 그들의 삶의 유형을 구분한다.

> 인간과 인간 사이의 대립, 계층과 계층 사이의 대립, 유형의 다수성, 자기 자신이고자 하는 의지, 자신을 두드러지게 하고자 하는 의지, 내가 거리의 파토스라고 부르는 것은 모든 강한 시대의 특성이다. […] 하강하는 삶, 조직하는 힘의 감소, 달리 말해 분리시키고 대립을 벌리며 아래와 위로 정돈해주는 힘의 감소가 오늘날의 사회학에서는 이상이라고 공식화된다……우리의 사회학자들은 데카당이며, 친애하는 허버트 스펜서 역시 데카당이다 — 그는 이타주의의 승리를 바람직한 것으로 여긴다![62]

니체에 의하면 차이를 벌릴 수 있는 능력은 오히려 강한 시대의 특성이다. 하지만 이 대립과 차이의 간격은 확정된 것이 아니라 힘의 증대와 감소의 원리를 통해 언제든지 전복될 수 있는 변화가능성의 영역이다. 즉 이제 인간은 거리의 파토스의 주체로서 삶의 상승과 하강의 거리를 힘에

---

61 니체, 『유고(1887년 가을~1888년 3월)』, 11[411], 4, 519쪽.

62 니체, 『우상의 황혼』, 「어느 반시대적 인간의 편력」, 37, 176쪽.

의 의지의 '공정한 투쟁의 거리'로, 지속적인 자기극복을 통한 '변화가능성의 거리'로서 규정할 수 있는 삶의 주인이 되어야만 한다.

하지만 니체는 기술의 지배적인 지위에 대한 인정과 이를 통한 삶의 풍요에 대한 희망을 바탕으로 형성된 현대의 기계적 전체주의와 "경제적 낙관주의"[63] 그리고 공리주의적 도덕의 평준화 현상을 통해 드러난 인간의 왜소화, 기계화, 사물화 증상 속에서 "인간의 수준에 있어 일종의 정지상태(순응, 평평해짐, 본능의 겸손함 […] 인간의 왜소화에 대한 만족)"[64]를, 즉 차이의 부정과 상실의 증상을 발견한다. 니체에 의하면 이러한 근대의 현상 속에서 "인간은 적극적으로 행동하기를 잊어버리고, 단지 외부로부터의 자극에 가까스로 반응할 뿐이다."[65] 이제 니체는 위버멘쉬를 산출하고자 하는 자신의 운동을 인간의 평균적 기계화에 대한 "반대운동"이라고 명명한다.

> 인간과 인류에 의한 더욱 경제적인 소비, 그리고 이해관계와 수행이 더욱 견고하게 서로 얽힌 '기계장치'에 하나의 반대운동이 꼭 필요하다는 것을 증명한다. 이 운동을 나는 인류의 과장된 호사스러움의 제거라고 명명한다 : 이 운동 안에서 평균적인 인간과는 다른 발생 조건과 보존 조건들을 갖는 더욱 강한

---

63 니체, 『유고(1887년 가을~1888년 3월)』, 10[17], 152쪽.

64 같은 책, 10[17], 151쪽.

65 같은 책, 10[18], 153쪽. 이러한 작용과 반작용의 관계를 브루소티(Marco Brusotti)는 다음과 같은 도식으로 정리한다. "반응해야만 하는 인간은 약자이고, 반응하지 않아도 되는 인간은 강자이다."(Marco Brusotti, Reagieren, Schwer reagieren, nicht reagieren. Zu Philosophie und Physiologie beim letzten Nietzsche, in: Nietzsche-Studien, Bd.41 (2012), 125쪽). 이러한 의미에서 강자는 모든 이상으로부터 해방된 자유로운 정신과 의지를 지닌 인간, 즉 위버멘쉬로서 더 이상 다른 누군가의 원칙을 필요로 하지 않으며, 자신 안에 자신만의 "원칙"과 "근거"를 통해 자기 삶의 고유한 가치와 덕을 창조할 수 있는 "자기 스스로의 입법자"이자 "자기 스스로의 창조자"이다. (Volker Gerhardt, Die Tugend des freien Geites. Nietzsche auf dem Weg zum individuellen Gesetz der Moral, 238쪽; Volker Gerhardt, Selbstbegründung. Nietzsches Moral der Individualität, 178쪽; 니체, 『즐거운 학문』, 335, 307쪽).

종, 더 높은 유형이 출현해야 한다. 이 유형에 대한 나의 개념, 나의 비유는 사람들이 이미 알고 있듯이 '위버멘쉬'라는 단어이다. […] 이렇듯 특수화된 유용성으로 인간이 왜소화되고, 이 유용성에 순응하는 것과 반대의 운동 — 종합적이고 총계화하며 승인하는 인간을 산출하는 운동이 필요하다. 이 인간에게 인류의 기계화란 그 자신의 좀 더 높은 존재형식을 그 위에서 고안해낼 수 있게 하는 하부구조로서, 그의 생존을 위한 선제 조건이다…… 마찬가지로 이 인간은 군중이나 '평준화된 자들'이라는 적수가 필요하고 이들과의 비교시 차이가 있다는 느낌을 필요로 한다; 이 인간은 후자를 기반으로 하며, 후자에 의해 살아간다. 이러한 좀 더 높은 귀족주의 형식은 미래의 그것이다.—도덕적으로 말하자면 저 총체적 기계장치, 모든 톱니바퀴의 연대성은 인간 착취의 극대를 표현한다.[66]

니체에 의하면 인간은 사회 속에서 최초 개인적 감정이 아니라, "사회적 감정"을 느낄 뿐이며, 그 속에서 인간은 단지 사회적 목적, 다시 말해 사회의 안녕과 존속 그리고 유용성을 위해 자신의 모든 특성 중, 제한된 능력만을 사용하는 "부분적 도구"로 길들여진다.[67] 이렇듯 도덕적 사회화는 인간의 "도덕적 단순화(Moralische Vereinfachung)"[68], 즉 인간의 자연적 본능의 상실에 다름이 아니다. 그래서 니체의 "반대운동"은 필연적으

---

66 니체, 『유고(1887년 가을~1888년 3월)』,10[17], 151–152쪽. 니체의 이러한 반대운동은 자신의 말처럼 인간의 실존적-위버멘쉬적 변화를 위한 운동으로서 인간의 길들임(Zähmung)이 아니라, 일종의 훈육(사육 : Züchtung)이다. 니체는 인간의 개선의 방식으로서 짐승 같은 인간의 길들임과 특정한 인간종류의 사육을 구별했다. 전자는 야수를 병든 야수로, 즉 (그리스도교적) 죄 있는 존재로 만들고, 후자 (마누법전)는 무엇보다도 근원적으로 강한 인간의 훈육을 위한 "교육"의 의미를 가진다. (니체, 『우상의 황혼』, 「인류를 '개선'하는 자들」, 2, 126–127쪽; 3, 127–129쪽; 4, 129쪽 참조; Gerd Schank, Rasse und Züchtung bei Nietzsche, Berlin/New York 2000, 30쪽 참조). 이러한 의미에서 니체는 다음과 같이 말한다. "나의 문제는 무엇이 인간을 분리하는 가가 아니다 : 오히려 어떤 종류의 인간이 좀더 고급한 자로서 선택되고 원해지며 사육되어야 하는지이다."(니체, 『유고(1887년 가을~1888년 3월)』, 11[413], 520쪽).

67 니체, 『유고(1881년 봄~1882년 여름)』, 11[182], 507–508쪽 참조.

68 Andrea Christina Bertino, Vernatürlichung, Berlin/Boston 2011, 59쪽.

로 삶에 적대적인 반자연적 도덕 비판을 향하게 되는 것이다.[69] 그 이유는 반자연성은 하강해가고, 나약해지고, 지쳐버리고 매도당한 삶의 소산이며, 반자연적 도덕의 가치는 삶에 대한 월권(Anmaßung)에 불과하기 때문이다.[70]

하지만 니체에 의하면 "최상의 도덕적 인간이건 중대한 의미에서 유용한 인간이건 간에, 고귀한 개인은 창조적인 인간이다. 즉 가장 순수한 유형이자 인류의 개선자이다."[71] 이러한 인간은 '도덕의 삶' 속에서 건강한 인간이 아니라, 자기 '삶의 도덕'이 건강한 인간을 의미한다.[72] 니체는 도덕적 의식 없이 스스로 자신의 "존재조건들"을 세울 수 있는 창조적 인간 유형을 건강한 인간으로 제시하며, 이러한 인간유형에 대하여 "의사도 약도 귀찮은 조치도 없이 살아가는 사람"이라고 표현한다.[73]

이러한 측면에서 니체의 반대운동이 도출하는 위버멘쉬의 귀족주의적 삶의 형식은 인간의 대중적 평준화에 반한 자유로운 개인의 가치-창조 능력의 관점에 그 의미가 있다. 이에 대하여 니체는 『차라투스트라는 이렇게 말했다』의 「낡은 서판과 새로운 서판에 대하여」에서 "새로운 귀족(Neuer Adel)"[74]과 "귀족의 길"[75]을 끊임없이 자신을 극복하는 명령하는 자이자 파괴하고 창조하는 자로서 선악의 저편에서 스스로 자신의 위버

69 같은 책, 59–65쪽 참조.

70 Volker Gerhardt, Genealogie der Moral, 300–301쪽.

71 니체, 『유고(1872년 여름~1874년 말)』, 30[8], 417쪽.

72 이와 관련된 내용의 보충은 니체의 『선악의 저편』의 「고귀함이란 무엇인가?」의 260번에서 논의되는 "주인도덕"과 "노예도덕"의 차이를 참조. 이곳에서 니체는 힘의 느낌을 바탕으로 스스로 삶의 자기 가치를 창조하는 "고귀한 인간"의 "고귀한 도덕"(『선악의 저편』, 260, 276–277쪽)과 삶의 자기보존을 위한 노예의 "유용성의 도덕"(같은 책, 260, 278쪽)을 구분한다.

73 니체, 『유고(1800년 초~1881년 봄)』, 4[101], 163쪽.

74 니체, 『차라투스트라는 이렇게 말했다』, 「낡은 서판과 새로운 서판에 대하여」, 11, 338쪽.

75 같은 책, 12번, 338쪽.

멘쉬적 미래를 열어갈 수 있는 자유로운 정신적 변화의 과정으로 묘사한다.[76] 인간의 이러한 지속적인 자기극복 속에서 위버멘쉬는 비로소 "최고의 현실"[77]이 된다.

3. 니체의 인간학적 방법론 : 실존-미학적 인간학

1) 실존적 방법론 : 예술적 실존

인간의 위버멘쉬적 변화와 그의 위버멘쉬적 미래의 실현을 위한 니체의 사상적 시도는 항상 그의 두 가지 인간학적 테제 "인간은 아직 확정되지 않은 동물이다."[78]와 "인간은 극복되어야 할 그 무엇이다."[79]를 전제로 한다. 그리고 이 두 가지 테제는 "너는 너 자신이 되어야 한다."[80]는 그의 실존적 테제를 전제로 종합된다. 즉 니체 철학에서 인간은 자연으로부터, 말하자면 절반쯤 완성되어진 채로 떨어져 나온 미완성의 존재로서, 스스로 자기 자신을 끝까지 완성시켜 나가야 할 과제를 가지고 있는 존재이다.[81] 인간의 이런 점이 바로 니체가 『선악의 저편』에서 말한, 인간이 가진 "최대의 가능성"[82]이다. 그리고 인간의 내재적 가능성과 그러한 가능

---

76 같은 책, 327-359쪽 참조.

77 니체, 『이 사람을 보라』, 430쪽.

78 니체, 『선악의 저편 , 62, 101쪽.

79 니체, 『차라투스트라는 이렇게 말했다』, 「차라투스트라의 머리말」, 3, 16-17쪽.

80 니체, 『즐거운 학문』, 270, 250쪽.

81 미카엘 란트만, 『철학적 인간학. 인간의 자기해석의 역사와 현황』, 허재윤 역, 형설출판사, 1996, 13쪽 참조.

82 니체, 『선악의 저편』, 203, 165쪽.

성의 실현을 위한 인간의 실존적 과제에 대한 니체의 물음은 그의 사유의 미학적 해석의 양식 속에서 실존에 대한 예술적 물음[83]으로 진행된다.

여기서 힘에의 의지는 삶의 실존적 경계(동물-위버멘쉬)와 미학적 경계(미화와 추화)에 서 있는 사이존재로서 인간의 실존적 변화를 가능하게 하는 자기극복의 원리[84]임과 더불어, 그의 예술적 자기조형을 가능하게 하는 "창조-의지(Schaffens-Wille)"[85]이자 "조형하는 힘"[86]으로 작용한다. 이러한 실존-미학적 경계에서 인간의 위버멘쉬적 삶은 시작되며 동시에 그의 위버멘쉬적 미래는 창조적으로 열린다. 그리고 이러한 경계의 중심에서 위버멘쉬는 모든 인간에게 실존적 자기극복과 미학적 자기조형의 과제로 주어진다.

니체는 인간의 이러한 자기조형의 과제를 조각가의 과제로, 즉 논리적-개념적 인식이 아니라, 삶의 실존-미학적 실천을 통해서 끊임없이 자기 자신을 새롭게 만들어가는 생산적인 인간의 과제로 규정한다.[87] 이러한 의미에서 니체는 모든 인간에게 "자신의 작업실의 주인(Herr in der eigenen Werkstatt)"이 아니라 "자신의 삶의 예술의 대가(Meister seiner Lebenskunst)"가 되기를 요구한다.[88] 이때 하나의 예술작품으로서 인간의 삶은 생성에 반하여 그 자체로 완전한 것 혹은 신적이고 천재적인 기적이 아니라[89],

---

83 Volker Gerhardt, Ein Arzt der Kultur, in: Nietzscheforschung, Bd.12(2005), 14쪽 참조.

84 힘에의 의지를 통한 인간의 자기극복에 대해서는, 『차라투스트라는 이렇게 말했다』의 「자기극복에 대하여」를 참조.

85 니체, 『차라투스트라는 이렇게 말했다』, 「행복한 섬에서」, 143쪽.

86 니체, 『유고(1885년 가을~1887년 가을)』, 2[76], 96쪽.

87 니체가 시도하는 미학적 자기조형은 인간의 실존적 변화를 위한 창조적 실천의 과제이다. 푸코는 니체의 이러한 시도를 자신의 철학에서 "실존의 미학"으로 표현한다.(Michel Foucault, Ästhetik der Existenz. Schriften zur Lebenskunst, Frankfurt am Main 2007, 282쪽 참조).

88 니체, 『인간적인 너무나 인간적인 II』, 「방랑자와 그의 그림자」, 266, 382쪽.

오히려 끊임없이 조형되어야만 하는 미완의 작품으로 규정된다. 슈미트(Wilhelm Schmid)에 의하면 니체의 실존의 미학은 "고전적인 미 혹은 미의 이론"이 아니라, 오히려 삶의 "조형"을 지향한다.[90] 즉 현존재는 도덕이 아니라, 자신의 삶을 하나의 예술작품으로 조형할 수 있는 "창조자의 미학"의 범주에 속한다.[91] 이러한 의미에서 슈미트는 니체를 삶을 예술로서 인식하고 매 순간 자신의 삶을 실천하는 "삶의 예술의 철학자(der Philosoph der Lebenskunst)"라고 명명한다.[92]

2) 미학적 방법론 : 실존적 예술

인간의 실존-미학적 실천은 삶의 실존적 미화(Verschönerung), 다시 말해 삶의 예술적 자기조형을 가능하게 하는 인간학적 미학으로 드러난다. 그리고 니체의 인간학적 미학에서 인간의 미적 체험은 삶의 실존적 예술화를 위한 심리-생리적 체험으로서 그의 삶의 창조적 가치와 그것의 실존적 의미가 삶의 충일, 즉 삶의 긍정(디오니소스적 예술)으로부터 산출되었는가? 혹은 삶의 빈곤, 즉 삶의 증오(염세주의적 예술)로부터 산출되었는가? 라는 물음을 통해 규정된다.[93] 이러한 의미에서 '예술적 실존'과 '실존적 예술'은 항상 위버멘쉬적 변화를 위한 실존-미학적 경계에 서 있는 인간의 심리-생리적 상태를 바탕으로 제기되는 그의 삶의 태도(능동 혹은 수동 그리고 예술적 혹은 비예술적)에 대한 물음이다. 그리고 실존적 예술

---

89 니체, 『인간적인 너무나 인간적인 I』, 162, 179–180쪽 참조.

90 Wilhelm Schmid, Uns selbst Gestalten. Zur Philosophie der Lebenskunst bei Nietzsche, in: Nietzsche–Studien 21 (1992), 57쪽 참조.

91 같은 책, 58쪽 참조.

92 같은 책, 59쪽.

93 니체, 『니체 대 바그너』, 「우리 대척자들」, 529–531쪽 참조.

에 대한 물음은 니체 철학에서 예술의 개념적 변화를 통해서 규명될 수 있다.

니체에 의하면 예술은 힘에의 의지의 생기작용을 통해 수행되는 인간의 창조적 해석행위에 대한 명칭이다. 즉 힘에의 의지는 예술의 근본전제이며, 예술은 힘에의 의지의 활동이다. 니체의 초기 "미학적 형이상학(Artisten- Metaphysik)"[94]을 단순히 "미에의 의지"[95] 혹은 "미에 대한 사랑(Liebe zum Schönen)"으로 규정할 수 있다면, 니체의 후기 예술생리학 혹은 "미학의 생리학(Physiologie der Ästhetik)"[96]은 "미 자체를 창조하는 능력(das Schöne zu schaffen)"으로 규정될 수 있다.[97] 그리고 힘에의 의지를 유기체의 내부에 있는 기능[98]으로, 예술을 "힘에의 의지의 형태론"[99]으로 그리고 "생리학"을 "유기적 기능"[100]으로 규정하는 니체의 의도를 통해서 예술생리학의 개념적 의미를 파악할 수 있다. 이제 인간의 미적 인식과

---

94 니체, 『비극의 탄생』, 5, 51쪽. 니체는 초기 『비극의 탄생』의 「자기비판의 시도」에서 예술을 생성하는 세계의 필연적 모순과 불합리의 극복을 위한 인식의 도구, 즉 끊임없는 생성에 고통받는 염세주의자의 삶의 예술적-형이상학적 위안을 위한 미학적 정당화의 도구로 규정한다. (같은 책, 5번, 16쪽). 이와 관련하여 같은 책, 5번, 56쪽; 7번, 66쪽; 니체, 『유고(1885년 가을~1887년 가을)』, 2[110], 142쪽 참조). "오직 예술만이 실존의 공포와 불합리에 관한 저 구역질나는 생각들을 그것과 더불어 살 수 있는 표상들로 변화시킬 수 있다."(니체, 『비극의 탄생』, 7번, 67쪽).

95 "나 자신은 미학적 정당화를 시도했다 : 세계의 추함은 얼마나 가능한가? ― 나는 미에의 의지(Wille zur Schönheit), 동일한 형식에서 오래 머무르고자 하는 의지를 일시적인 보존 수단과 치료제로 생각했다 : 그렇지만 영원히 창조하는 자가 나에게는 영원히 파괴해야만 하는 자로서 고통과 결합되어 있는 것처럼 보였다. 추함은 사물의 관찰 형식으로서, 그것은 무의미하게 형성되는 것 속에 하나의 의미, 하나의 새로운 의미를 넣고자 하는 의지하에 있다. 종래의 것을 유지할 수 없고, 잘못되고, 부정할 만하고, 추한 것으로 느끼도록 창조자를 강요하는 축적된 힘?"(니체, 『유고(1885년 가을~1887년 가을)』, 2[106], 140쪽).

96 니체, 『도덕의 계보』, 「제3논문」, 8, 472쪽.

97 니체, 『유고(1887년 가을~1888년 3월)』, 10[168], 264쪽.

98 니체, 『유고(1884년 초~가을)』, 26[273], 291쪽.

99 니체, 『유고(1888년 초~1889년 1월 초)』, 14[72], 62쪽.

100 같은 책, 13[3], 11쪽.

체험 등, 그의 예술적 창조의 근본원리와 "추동적 힘"[101]은 힘에의 의지일 뿐이다.[102] 그리고 인간과 예술의 이러한 유기적 관계 속에서 미와 추는 쾌와 불쾌, 선과 악의 가치론적 개념들과 함께 힘의 심리-생리적 느낌의 변화, 즉 힘의 증대와 감소의 변화에 의해 규정된다.

이렇듯 그의 후기철학에서 예술의 개념은 "모든 생기에 작용하는 힘-의지에 관한 이론"[103]을 바탕으로 인간을 본질적으로 해석하는 현존재[104]로 그리고 인식을 "힘의 도구"로[105], 즉 단순한 "설명" 혹은 현실의 개념적 도식화가 아닌 "해석"으로[106] 규정된다. "존재의 내적 본성"[107]이자 세계의 "본질Essenz"[108]이며 동시에 "모든 변화의 마지막 근거이자 특성"[109]으로서 힘에의 의지는 세계와 삶을 예술적 활동의 장으로 그리고 모든 인간을 예술적 주체로 만든다. 이제 생성 속의 세계와 삶은 오직 힘에의 의지의 생기작용의 장이며, 그 속에서 인간의 인식과 그의 모든 가치 평가 행위는 예술 활동이 된다. 그리고 힘에의 의지로서의 이러한 예술 속에서 미와 미화는 삶의 상승과 성장의 느낌으로 그리고 추와 추화는 삶의 하강과 퇴화의 느낌으로 규정된다.

---

101 같은 책, 14[121], 119쪽.

102 니체의 "의도는 더 이상 현존재의 정당화가 아니라, 오히려 힘에의 의지의 해부를 목표로 한다. 예술생리학은 미학적 형이상학의 이 지점에서 등장한다."(Volker Gerhardt, Von der ästhetischen Metaphysik zur physiologie der Kunst, in: Nietzsche-Studien, Bd.13 (1984), 388쪽).

103 니체, 『도덕의 계보』, 「제2논문」, 12, 423쪽.

104 니체, 『즐거운 학문』, 374, 381쪽.

105 니체, 『유고(1888년 초~1889년 1월 초)』, 14[122], 121쪽.

106 니체, 『유고(1885년 가을~1887년 가을)』, 2[86], 129쪽.

107 니체, 『유고(1888년 초~1889년 1월 초)』, 14[80], 69쪽.

108 니체, 『선악의 저편』, 186번, 139쪽.

109 니체, 『유고(1888년 초~1889년 1월 초)』, 14[123], 123쪽.

니체에 의하면 '아름답다'는 판단은 언제나 인간의 심리-생리적 힘의 문제와 연결되어 있다.[110] 강한 인간은 나약한 인간이 '추하다'라고 평가할 사물과 상태에 대하여 '아름답다'라고 평가할 수 있을 정도로 고양된 힘을 가진 "미적 인간"[111]이다. 니체에 의하면 이러한 미적 인간은 언제나 자신의 상승된 강한 힘을 바탕으로 자신의 삶에 대하여 '아름답다'라고 평가한다. 즉 그는 언제나 "미적인 긍정(Ästhetisches Ja)"[112]을 한다. 그래서 니체는 "인간이 인간 자신에 대해 느끼는 기쁨에서 아름다움을 분리시켜 생각해보려는 사람들은 즉시 자기 발밑의 토대와 지반을 상실하게 될 것이다. 아름다움 그 자체는 단지 말에 불과하며, 개념도 되지 못한다."[113]라고 명확하게 말하는 것이다. 이를 바탕으로 니체는 미학의 두 가지 인간학적 테제를 산출시킨다.

> 어느 것도 아름답지 않다. 인간 외에는 : 모든 미학은 이런 단순함에 기초하고 있으며, 이것이야말로 미학의 제1진리이다. 여기에 곧바로 제2의 진리를 추가해보자 : 퇴락한 인간보다 더 추한 것은 없다 — 이렇게 해서 미적 판단 영역의 경계가 지어진다. — 생리적으로 고찰해보면 추한 모든 것은 인간을 약화시키고 슬프게 한다. 그것은 인간에게 쇠퇴, 위험, 무력을 상기시킨다 ; 이러면서 인간은 실제로 힘을 상실한다. [...] 힘에 대한 그의 느낌, 그의 힘에의 의지, 그의 용기, 그의 긍지 — 이런 것이 추한 것과 함께 사라지며, 아름다움과 함께 상승한다 ……[114]

---

110 니체, 『유고(1887년 가을~1888년 3월)』, 10[168], 263쪽 참조.

111 니체, 『유고(1888년 초~1889년 1월 초)』, 14[119], 114쪽.

112 니체, 『유고(1887년 가을~1888년 3월)』, 10[168], 263쪽.

113 니체, 『우상의 황혼』, 「어느 반시대적 인간의 편력」, 19, 156–157쪽.

114 같은 책, 20, 158쪽.

인간 외에는 어느 것도 아름답지 않으며(미학의 제1진리), 퇴락한 인간보다 더 추한 것은 없다(미학의 제2진리)는 니체의 미학적 주장은 인간은 근본적으로 삶의 미와 추의 경계에 서 있으며, 이 경계에서 그는 자신의 힘에의 의지를 통해서 매 순간 삶의 미화, 즉 삶의 상승과 성장의 가능성을 실현할 수 있다는 것을 의미한다. 그래서 니체는 "선 그 자체나 진리 그 자체가 없는 것처럼 미 그 자체라는 것도 없다."[115]라고 단호하게 말하는 것이다.

3) 미래 건강의 미학: 인간의 실존적 예술화

니체의 실존적 예술은 인간의 예술적 실존을 가능하게 하며, 인간의 예술적 실존은 필연적으로 실존적 예술 활동을 전제한다. 그리고 여기서 힘에의 의지는 인간의 예술적 실존과 그의 실존적 예술의 근본원리로서 "자기 존재의 예술화(Ästhetisierung seines Seins)"[116], 즉 인간의 실존적 예술화를 가능하게 하는 근본 토대로서 작용한다. 삶의 허무주의적 위기 속에서 인간의 위버멘쉬적 미래의 실현을 위한 참된 실존의 원리로서 힘에의 의지는 니체의 미래 건강의 미학을 구성하는 근본 요소이며, 이러한 그의 미래 건강의 미학은 예술생리학을 바탕으로 인간의 실존적 예술화를 통해서 수행된다. 미학이란 단지 "응용생리학"[117]에 지나지 않는다는 니체의 말처럼, 인간의 몸(심리-생리적 작용), 그의 힘에의 의지 그리고 그의 삶의 예술이 유기적으로 결합된 예술생리학은 인간 존재의 실존적 예

---

115 니체, 『유고(1887년 가을~1888년 3월)』, 10[167], 261쪽.

116 Volker Gerhardt, Philosophieren im Widerspruch zur Philosophie, in: Nietzscheforschung, Bd.15 (2008), 269쪽.

117 니체, 『니체 대 바그너』, 「내가 반박하는 곳」, 521쪽.

술화를 위한 방법론적 토대이다.

니체에 의하면 인간의 미적 인식과 미적 행위의 통일적인 체험의 상태로서 예술적 상태는 최초 도취에 의해 발생하며 유지된다.[118] 즉 삶의 실존적 예술화를 위한 인간의 '예술적 상태' 혹은 "미적 상태"[119]의 심리-생리적 전제는 도취, 즉 "습관적 도취"[120]이다. 그 이유는 니체에 의하면 예술은 도취 속에서 인간의 "창조의 욕망"을 자극하는[121] 삶의 "강장제"로서[122] 그의 예술적 상태를 고양시키고, 이러한 지속적인 예술적 상태 속에서 그의 삶의 예술적 "미화"는 매 순간 실현될 수 있기 때문이다. 이때 예술을 발생시키는 힘으로서 도취는 항상 인간의 고양된 힘-느낌에 대응하며, 삶의 예술적 "미화"는 그의 고양된 힘-느낌의 유기적 결과이다.[123] 니체에 의하면 인간의 이러한 예술적 상태와 이를 통한 그의 삶의 미화는 일상적 삶 속에서 그의 "예술가적 능력의 참여"를 통해서만 비로소 가능하다.[124]

삶의 예술적 상태에 반하여 니체는 비예술적 상태를 "감각과 힘과 도취에 대한 공포"를 가지고 있는 "삶의 패배자의 본능"으로 표현하며, 이를 "약자"와 "평균적인 자의 특이 성질"로 규정한다.[125] 그 이유는 니체에게 있어 인간의 창조적 무능력과 실존적 무기력은 삶의 실존-미학적 변화가

---

118 니체, 『우상의 황혼』, 「어느 반시대적 인간의 편력」, 8, 147–148쪽 참조.

119 니체, 『유고(1887년 가을~1888년 3월)』, 9[102], 72쪽.

120 니체, 『유고(1888년 초~1889년 1월 초)』, 14[117], 112쪽.

121 니체, 『유고(1882년 7월~1883/84년 겨울)』, 7[151], 379쪽.

122 니체, 『유고(1888년 초~1889년 1월 초)』, 17[9], 404쪽; 14[119], 113쪽. 이와 관련하여 니체는 『안티크리스트』에서 "강장적(tonisch)"이라는 개념을 힘에의 의지의 상실과 삶의 하강으로 대변되는 그리스도교적 동정에 반하여 "생명감의 에너지를 증대시키는 강장적인 정동(der tonische Affekt)"으로 표현한다. (니체, 『안티크리스트』, 「서문」, 7, 219쪽).

123 니체, 『유고(1888년 초~1889년 1월 초)』, 14[117], 110–111쪽 참조.

124 같은 책, 17[9], 404쪽.

125 같은 책, 17[9], 404쪽.

능성을 부정하는 의지의 병, 즉 "의지의 피곤과 나약함"[126]으로서 힘에의 의지의 쇠퇴와 다르지 않기 때문이다. 이러한 의미에서 니체는 인간의 비예술적 상태를 예술의 목적과 기능[127]을 삶의 강화가 아니라, 삶에의 의지의 부정과 체념으로, 삶의 고난에 대한 위안과 도피의 수단으로 여기는 쇼펜하우어의 염세주의적 예술관으로 규정한다.

> 비예술적 상태 : 객관성의 상태, 반영의 상태, 풀어진 의지의 상태……
> 예술을 삶을 부정하기 위한 다리로 받아들였던 쇼펜하우어의 스캔들적 오해……[128]

또한 니체는 그리스도교와 불교를 비예술적 상태로 규정한다. 그 이유는 무에의 의지[129], 다시 말해 단 하나의 진리를 향한 금욕적 의지의 종교적 형태로서 그리스도교[130]는 "삶에의 의지"와 "삶의 영원한 긍정"을 부정

---

126 니체, 『유고(1887년 가을~1888년 3월)』, 9[169], 121쪽.

127 쇼펜하우어는 『의지와 표상으로서의 세계』에서 예술을 플라톤적 이데아의 인식과 전달 그리고 묘사를 위한 도구로 규정한다.(Arthur Schopenhauer, Die Welt als Wille und Vorstellung, Bd.1, in: Sämtliche Werke, hrsg. von Wolfgang Frhr. von Löhneysen, Frankfurt am Main 1986, 332, 352, 359쪽). 그에게 있어 예술은 세계의 본질, 즉 물 자체에 대한 완전한 인식을 위한 시도이며, 이때 미에 대한 인간의 미적 기쁨은 "격렬한 의지의 충동(vom grimmen Willensdrange)"으로부터 벗어난 "순수한 관조의 상태" 속에서만 가능하다. (같은 책, 354, 515, 530쪽). 즉 그는 예술은 "삶에의 의지의 부정"을 위한 "의지의 진정제(Quietiv des Willens)"로 규정한다. (같은 책, 520쪽). 이에 대한 니체의 비판으로는, 그의 『유고(1887년 가을~1888년 3월)』, 9[84], 54–55쪽.

128 니체, 『유고(1888년 초~1889년 1월 초)』, 14[119], S.116.

129 브루소티에 의하면 무에의 의지는, 니체가 『도덕의 계보』, 「제3논문」의 마지막 글인 28번에서 "인간은 아무것도 의욕하지 않는 것보다는 오히려 무를 의욕하고자 한다"고 진단했던 것처럼, 자신의 삶에의 의지의 능동적 작용에 반하여 무 안에서의 평정을 원하는 수동적 인간과 그의 반작용적 의지의 공백 공포(horror vacui)의 증상, 즉 자신 앞에 놓인 무에의 공포에 불과할 뿐이다. (Marco Brusotti, Wille zum Nichts, Ressentiment, Hypnose. 'Aktiv' und 'Reaktiv' in Nietzsches Genealogie der Moral, in: Nietzsche–Studien, Bd.30 (2008), 107–132쪽 참조). 이에 대하여 브루소티는 다음과 같이 명확하게 말한다. "의지의 부정은 존재의 부정이다. 무와 무를 원한다는 것은 같은 것이다."(같은 책, 117쪽).

하며, 불교[131]는 "평정과 무욕을 최고의 목표"로 제시하기 때문이다. 니체에 의하면 "거대한 허무주의적 운동"[132]으로서 이 두 종교는 인간과 대지를 위한 창조적 의지의 결여증상에 불과할 뿐이다.[133]

> 비예술적 상태 : 쇠약, 빈곤, 비워짐, ― 무에의 의지. 그리스도교인, 불교도, 허무주의자. 빈곤해진 몸.[134]

니체에게 있어 인간의 예술적 상태는 심리-생리적 도취의 상태를 내포하는 몸의 총체적 작용의 상태를 의미한다. 즉 인간의 비예술적 상태는 힘에의 의지의 활동과 변화의 장으로서 몸의 부정을 의미한다. 그래서 니체는 인간의 비예술적 상태를 "빈곤해진 몸(Der verarmte Leib)"으로 표현하는 것이다. 니체는 인간의 이러한 두 가지 상태를 바탕으로 "무리인간과 위버멘쉬"라는 두 가지 인간학적 유형과 차이를 드러낸다.

> 무리인간은 예외적 인간이나 위버멘쉬에게서와는 다른 사물에서 아름다움이란 가치감을 얻는다.[135]

이렇듯 인간의 실존적 예술화는 인간 존재양식의 실존-미학적 변화를 통해 그의 위버멘쉬적 미래의 실현을 가능하게 하는 미래 건강의 미학이다.

---

130 니체, 『안티크리스트』, 18, 234-235쪽 참조.
131 같은 책, 21, 238쪽.
132 니체, 『유고(1887년 가을~1888년 3월)』, 11[373], 490쪽.
133 니체, 『도덕의 계보』, 「제3논문」, 28, 539쪽 참조.
134 니체, 『유고(1888년 초~1889년 1월 초)』, 17[9], 404쪽.
135 니체, 『유고(1887년 가을~1888년 3월)』, 10[167], 261쪽.

4. 피조물과 창조자로서의 인간

인간을 삶의 변화가능성의 경계에 서 있는 존재, 즉 이중적 가능존재로 규정하는 것은 니체철학의 중요한 인간학적 특징이다. 그리고 인간의 이러한 내재적 가능성은 지금 이 순간부터 위버멘쉬적 삶을 살겠다는 그의 정신적 변화와 실존적 결단을 통해 비로소 가능해진다. 이때 그의 삶의 태도와 방식은 근본적으로 변화되며 동시에 그의 미래는 예술적 창조의 공간으로 열린다.

인간의 변화가능성과 관련하여 니체의 인간학적 특징은 그의 인식론의 관점을 통해서도 확인할 수 있다. 니체의 인식론을 대변하는 "관점주의(Pespektivismus)"는 인간의 인식을 관점적인 것으로, 즉 자신의 현실적 삶의 실존적 상승과 성장에 기여하는 힘에의 의지의 다양한 해석적-창조적 가치평가의 도구로 규정한다. 이러한 의미에서 니체는 1885년의 한 유고에서 자신의 인식론을 바탕으로, 인간을 "형식과 리듬을 만드는 피조물(ein Formen-und Rhythmen-bildendes Geschöpf)"로서 무의 세계의 표피적인 인식을 넘어 자기 삶의 형태를 창조할 수 있는 생기의 주체로 규정한다.

> 인간은 형식과 리듬을 만드는 피조물이다. 그는 무에서 훨씬 연습을 잘했고, 형태를 고안하는 것 말고는 그 어떤 곳에서도 더 즐거움을 느끼지 못하는 것 같다. 우리의 눈이 더 이상 볼 것을 얻지 못하면, 그 즉시 무엇에 몰두하는지를 관찰해볼 수 있을 것이다 : 그 눈은 볼 만한 그 무엇을 만들어낸다. [⋯] 세계가 형태나 리듬으로 변화하지 않고는 우리에게 "동일한 것"은 없을 것이며, 즉 반복되는 것은 없을 것이고, 또한 경험이나 습득, 영양 섭취의 가능성은 없을 것이다. 모든 지각에서, 말하자면 가장 근원적인 습득 과정에서 가장 중요한 사건은 행위이며, 더 엄격하게 말해서 형식을 강제하는 것이다 : — 피상적인 사

> 람만이 "인상"에 대해 말한다. 인간은 이때 자신의 힘을 저항하는 힘으로, 더욱이 규정하는 힘으로 알게 된다 — 거부하면서, 선택하면서, 적절히 형식을 만들면서, 자신의 도식 속으로 정리하면서 말이다. […] 이렇게 해서 우리의 세계, 즉 우리의 세계 전체가 생겨난다 : 완전히 우리에게만 속하는, 우리한테서 비로소 만들어진 이러한 세계에 이른바 "본래의 현실", "사물의 자체"는 상응하지 않는다 : 오히려 그것 자체가 우리의 유일한 현실이며, "인식"은 그러한 식으로 고찰하면, 단지 영양 섭취의 한 수단으로 보인다. 그러나 우리는 어렵게 영양을 섭취할 수 있는 존재며, 도처에 적대자와 마치 소화시킬 수 없는 것을 가지고 있다 — : 그것에 대해 인간의 인식은 섬세하게 되어버렸고 결국 자신의 섬세함에 대해 여전히 자부심을 느끼기에, 그 인식은 목적이 아니라 수단이며, 더욱이 위(胃)의 도구라는 것을 들을 수 없게 된다.[136]

여기서 세계의 "형식"과 "리듬"은 힘과 힘들의 투쟁과 그것의 생기현상, 즉 지속적인 힘의 변화를 통해 드러나는 세계의 생성을 의미한다. 니체에 의하면 이때 형식을 강제하는 행위는 인간의 삶과 세계 그리고 그 안에 존재하는 모든 사물들을 논리화하는 인식이 아니라 곧 해석적-창조적 힘의 실천이다.[137] 그리고 인간 역시 다른 힘에 저항하는 하나의 힘으로

---

136 니체, 『유고(1884년 가을~1885년 가을)』, 38[10], 433-434쪽. 1885년 유고의 이 단편은 이미 니체의 1883-1884년 겨울의 한 유고에서 다음과 같이 명확하게 정리되어 있다. "1. 인간은 형식들을 형성하는 생물이다. 인간은 '존재'와 사물들을 믿는다. 왜냐하면 그는 형식과 리듬을 형성하는 생물이기 때문이다. 우리가 보고 우리가 가진다고 믿는 형태와 형식은 모두 그 자체로 존재하는 것이 아니다. 우리는 단순화하고 우리가 창조하는 형상들을 통해 어떠한 인상들이든 결합한다. 자신의 눈을 감아보면 형식을 형성하는 하나의 충동이 지속적으로 작동하고, 거기에서는 어떠한 현실에도 상응하지 않는 무수한 것이 시도되고 있음을 발견한다. 2. 인간은 리듬을 형성하는 생물이다. 그는 모든 생기를 이 리듬 안에 투입한다. 그것은 인상들을 지배하는 하나의 방식이다. 3. 인간은 하나의 저항하는 힘이다. 즉 다른 모든 힘에 대해서. 자신을 육성하고 사물들을 동화하는 그의 수단은 그것들을 형식과 리듬으로 투입하는 것이다. 파악한다는 것은 '사물들'을 창조하는 것에 지나지 않는다. 인식은 영양분 섭취를 위한 수단이다."(니체, 『유고(1882년 7월~1883/84년 겨울)』, 24[14], 876쪽).

137 니체의 철학과 그의 힘에의 의지의 개념을 해석으로 이해하고, 인간을 힘에의 의지의 역동

서 작용한다. 그리고 힘에의 의지의 이러한 생기활동은 생성하는 세계의 총체적 운동과 직접적으로 연결된다.

생성이 대지의 자연성이라면, 생기는 인간의 자연성이다. 인간은 항상 생기하며 동시에 생기를 반영하는 자신의 삶을 통해 생성을 경험한다. 니체에 의하면 인간 안에는 피조물과 창조자의 대립이 일체화되어 있다.[138] 그의 이러한 견해는 더 이상 형이상학적-종교적 세계는 가능하지 않으며, 오직 생성하는 대지의 세계만이 존재할 뿐이라는 사실을 함의한다. 보다 구체적으로 인간 안에 창조자와 피조물이 존재한다는 것은 이제 인간은 단 하나의 진리에 대한 인식이 아니라, 오직 자신의 자유로운 생기활동을 통해서 매 순간 삶의 의미와 가치에 대한 새로운 해석을 생성할 수밖에 없음을, 즉 매 순간 새로운 자기 자신을 창조할 수밖에 없음을 의미한다. 이렇듯 그에게 있어 인간은 피조물과 창조자의 통일적 존재로서 피조물이자 창조자이며, 자기 자신이 예술적 창조의 대상이자 창조적 해석의 주체이다.

니체에게 철학은 인간의 존재 너머에 있는 그 어떤 확실성을 발견하고자 하는 "인식 이론에의 의지"[139]가 아니라, 불확실성 속에서 지속적으로 자기 삶의 의미와 가치를 창조하고, 이러한 행위를 통해 삶의 변화를 도출하는 "변형의 기술(Kunst der Transfiguration)"[140]이다. 이러한 의미에서

적 활동의 해석 주체로 논의하는 글로는, Johann Figl, Interpretation als philosophisches Prinzip, Berlin/New York 1982; Wolfgang Müller-Lauter, Über Werden und Wille zur Macht. Nietzsche-Interpretationen I, Berlin/New York 1999; Hans Lenk, Philosophie und Interpretation. Vorlesung zur Entwicklung konstruktionistischer Interpretationsansätze, Frankfurt am Main 1993, 84쪽; Hans-Martin Schönherr-Mann, Friedrich Nietzsche, Paderborn 2008, 62-68; 백승영, 「니이체 철학에서 인식/해석과 존재」, 『철학』, 제58집, 한국철학회, 1999년 봄, 229-254쪽.

138 니체, 『선악의 저편』, 225, 210쪽.

139 니체, 『유고(1885년 가을~1887년 가을)』, 1[60], 29쪽.

니체가 제시하는 "조각가의 과제"[141] 혹은 "생산적인 인간의 과제"[142]는 자신의 주인된 삶을 위해 인식이 아니라 매 순간 예술적으로 실천하는 창조적 인간의 과제이다. 그래서 피이퍼(Annemarie Pieper)는 위버멘쉬를 『차라투스트라는 이렇게 말했다』의 머리말에 등장하는 시장터의 사람들이 보고자 해서 볼 수 있는 존재가 아니라, 오직 그들의 실천을 통해서만 존재할 수 있는 활동과 능동성에 대한 명칭이며 동시에 이를 통해서만 도달할 수 있는 실존적 인간 유형이라고 말하는 것이다.[143]

140 니체, 『즐거운 학문』, 「제2판 서문」, 3, 28쪽.

141 니체, 『유고(1880년 초~1881년 봄)』, 7[213], 472쪽.

142 같은 책, 니체, 7[213], 472쪽.

143 Annemarie Pieper, Ein Seil geknüpft zwischen Tier und Übermensch. Philosophische Erläuterungen zu Nietzsche erstem "Zarathustra", Stuttgart 1990, 56쪽; Annemarie Pieper, Zarathustra als der Verkünder des Übermensch, in: Stiftung Weimarer Klassik von Rüdiger Schmidt und Andreas Schirmer (Hrsg.), Entdecken und Verraten. Zu Leben und Werk Friedrich Nietzsches, Weimar 1999, 242쪽.

II. 니체철학의 실존적-실천적 관점

1. 니체 철학의 실존적-인간학적 관점

니체의 철학은 실존철학과 철학적 인간학의 특징을 포괄하고 있다. 인간을 "마지막 인간"과 "위버멘쉬"의 경계에 세우고, 이곳에서의 실존적 변화를 위해 오랜 형이상학적-종교적-도덕적 가치의 세계를 해체하며, 지금까지 폄하되어 왔던 힘, 의지, 몸, 삶, 긍정, 극복, 미래 등을 철학의 근본토대로 설정한 니체는 실존철학과 인간학의 관점[1]에서 인간의 건강한 실존을 위한 철학을 전개한다. 인간의 실존에 대한 그의 문제의식은 당시 유럽에 만연했던 데카당스 현상에 대한 인간학적 진단이며, 이 증상들에 대한 치유의 시도는 다시 건강한 인간의 실존을 보증해준다. 다시 말해 인간학적 증상들은 실존의 문제를 유발하며, 실존의 치유는 인간학적 증상의 치유를 전제로 한다.

---

1 삶의 긍정과 부정을 인간학의 문제로 규정하며, 이를 위해 인간을 삶의 긍정과 부정의 경계에서 끊임없이 자기 자신을 극복해야만 하는 존재로 논의한 글로는, 김주휘, 「인간학적 문제로서의 삶의 부정. 『도덕의 계보학』 2부 다시 읽기」, 『니체연구』 제18집 (한국니체학회, 2010년 가을), 7-31쪽 참조.

인간을 아직 확정되지 않은 존재[2]로, 끊임없이 스스로를 극복해야만 하는 존재[3]로 그렇게 자기 자신이 되어야만 하는 존재[4]로 규정하고, 그의 존재근거를 오직 그 자신과 그의 실존으로부터 찾는 니체의 철학은 그 자체로 실존적이며 또한 인간학적이다. 인간을 미완의 작품으로 이해하는 니체의 이러한 인간학적 테제는 삶을 끊임없이 조형하고 완성해야만 하는 예술적 실존의 과정으로 규정하고 이를 위해 지속적인 자기극복 및 자기조형과 같은 실천과 행위의 요구를 담고 있다.[5] 이 실천과 행위가 곧 삶에 대한 현존재의 관점과 태도를 대변한다. 이러한 인간학적 테제를 통해 니체가 자신의 철학에서 제기하는 물음은 이성에 의한 "인간의 선험적 본질규정"과 같은 "본질물음(Was-Frage)"이 아니라, 구체적 삶의 세계 속에서 인간의 실존적-실천적 자기조형과 같은 "주체물음(Wer-Frage)"이다.[6]

이러한 의미에서 니체는 힘에의 의지를 인간의 내・외면을 규정하는 본질적인 인간 이해의 원리로, 실험철학을 "인간학, 즉 인간을 위한 인간의 개념적 표현으로서"[7] 인간 실존의 디오니소스적 긍정의 양식으로 제시한다. 이렇듯 힘에의 의지와 실험철학은 인간이해에 대한 전통 형이상학

---

2 니체, 『선악의 저편』, 62, 101쪽.

3 니체, 『차라투스트라는 이렇게 말했다』, 「차라투스트라의 머리말」, 3, 16–17쪽.

4 니체, 『즐거운 학문』, 270, 250쪽.

5 겔렌(Arnold Gehlen)은 "인간은 아직 확정되지 않은 동물이다."라는 니체의 인간학적 테제를 자신의 철학적 인간이해를 위한 예로 제시한다.(아르놀트 겔렌, 『인간, 그 본성과 세계에서의 위치』, 이을상 옮김, 지식을 만드는 지식, 2015, 6쪽). 겔렌에 의하면 인간은 첫째, 본래 무엇인지 아직 확정되지 않은 가능존재이며 둘째, 미완성의 결핍존재(Mängelwesen)로서 끊임없는 조형과정 속에 놓여 있다 (같은 책, 53쪽). 그리고 이러한 (생물학적) 결핍과 미완성을 보충하는 과정에서 인간은 스스로 삶에 대한 태도를 취하며, 그는 이를 "행위(Handlung)"라고 표현한다. 여기서 행위는 인간을 단지 살아가는 존재가 아니라, 필연적인 "자기 관계"속에서 자기 자신을 만들어가는 존재로 규정해주는 근본전제이다. (같은 책, 20쪽 참조).

6 김정현, 『니체의 몸철학』, 지성의 샘, 1995, 17쪽.

7 Volker Gerhardt, Experimental–Philosophie, in: Pathos und Distanz. Studien zur Philosophie Friedrich Nietzsches, Stuttgart 1988, 177쪽.

의 한계와 범위를 넘어서고자 하는 시도이며, 이러한 실험철학적 시도 속에서 힘에의 의지는 인간의 실천으로, 다시 말해 "합목적적, 실험적 행위"로 드러난다.[8] 힘에의 의지는 "행동에의 의지(Wille zur That)"[9]이다.

니체철학의 실존철학적-인간학적 특징은 그의 생철학(Lebensphilosophie)을 전제로 수행된다.[10] 그 이유는 그의 철학은 모든 낡은 이상으로부터의 해방을 통해 인간을 힘에의 의지를 수행하는 주체로, 몸(Leib)을 힘에의 의지가 활동하는 장소로 그리고 그를 둘러싼 세계와 그 스스로 드러내는 삶을 "힘에의 의지"로 규정하기 때문이다.[11] 이에 반하여 니체가 그의 저서 곳곳에서 문제시하고 있는 "진리에의 의지"는 곧 "무에의 의지(Wille zum Nichts)"이자 "종말에의 의지(Wille zum Ende)"[12], 다시 말해 생명이 지닌 본질적 능동성과 내재적 변화가능성의 정지로 대변되는 "힘에의 무기력(die Ohnmacht zur Macht)"[13]을 의미한다. 생명과 생명성을 힘에의 의지로 환원[14]하는 니체의 생철학은 세계를 끊임없이 운동, 변화하는 생성

---

8 같은 책, 164쪽 참조.

9 니체, 『이 사람을 보라』, 「비극의 탄생」, 4, 395쪽.

10 피셜(J. Fischl)은 니체의 철학을 초기의 미적 단계, 중기의 실증주의적 단계 그리고 후기의 생철학적 단계로 구분한다. (요하네스 피셜, 『생철학』, 백승균 편역, 서광사, 1987, 23-24쪽). 하지만 본 글에서 제시하는 니체의 생철학은 그의 사상의 각 시기별 변화에도 불구하고 인간과 삶을 자신의 철학의 근본토대로 규정하고 있는 그의 철학적 시도 자체에 주목한다. 니체의 생철학에 대한 피셜의 글은 1964년에 출간된 『철학사』에서 발췌된 것이다. 그의 니체 해석은 니체를 미성숙하고 영예욕이 많은 사람으로 또한 여성을 경멸하는 사람으로 평가하는 등 많은 부분 오해하고 있지만, 콜리(Giorgio Colli)와 몬티나리(Mazzino Montinari)에 의해 재구성된 새로운 니체전집(Nietzsche Werke. die Kritische Gesamtausgabe(KGW)) 이 1964년에 이탈리아판으로 처음 출간된 이후 1967년부터 독일에서 출간되었다는 사실을 감안하면 피셜의 오해는 어쩌면 당연한 결과일 수도 있을 것이다.

11 니체, 『유고(1885년 가을~1887년 가을)』, 2[190], 197쪽.

12 니체, 『차라투스트라는 이렇게 말했다』, 「자기극복에 대하여」, 192쪽; 『도덕의 계보 Ⅲ』, 28, 541쪽.

13 니체, 『안티크리스트』, 16, 232쪽.

14 "오직 생명이 있는 곳, 그곳에만 의지가 있다. 그러나 나 가르치노라. 그것이 생명에 대한 의

의 대지로, 삶을 힘과 의지의 생기활동의 장으로 그리고 인간을 생기활동의 주체로, 다시 말해 생동하는 삶을 매 순간 새롭게 창조되는 예술작품으로, 인간을 스스로 자기 삶의 가치를 창조하며 이를 조형해나가는 건강한 미래의 주인으로 규정한다.

이러한 생철학의 토대 위에서 허무주의는 인간의 실존적 실험의 기회로 주어지며, 영원회귀는 허무주의의 완전한 극복을 가능하게 하는 삶에 대한 사랑과 긍정을 시험하는 역할을 한다.[15] 그리고 위버멘쉬와 그의 "위버멘쉬적 미래"[16]는 근대 유럽에 만연한 형이상학적-종교적-도덕적 현상들과 이로 인한 인간학적—심리·생리적 나약함과 퇴화—증상들의 극복을 통해 비로소 다시 건강해진 인간과 그의 건강한 미래를 대변하는 실존적 인간 유형으로서 제시된다. 니체철학의 실존적-실천적 관점은 위버멘쉬를 실존적-실천적 인간 유형으로 규정하는 중요한 토대로 작용한다.

니체에게 있어 철학과 철학자의 문제로 소급되는 신과 진리는 인간 실존에 대한 질문 이전에 이미 실천의 요구로 주어진 형이상학적-종교적-도덕적 대답이다. 그리고 그동안 철학과 철학자는 인간과 그의 실존의 질문을 대신해 영원한 해답을 탐구해왔다. 스스로 질문할 수 없는 인간의 실존적 행위와 주권적 실천의 상실에 반하여 삶의 조건을 생기와 생성

지가 아니라 힘에의 의지라는 것을!"(니체, 『차라투스트라는 이렇게 말했다』, 「자기극복에 대하여」 196쪽). "생명체를 발견할 때마다 나는 힘에의 의지도 함께 발견했다."(같은 책, 194쪽).

15 헤센은 니체의 생철학을 "현존재의 허무주의적 견해에 대한 날카로운 반대 명제"로 규정한다. (Johannes Hessen, Existenz-Philosophie. Grundlinien einer Philosophie des menschlichen Daseins, Essen 1948, 21쪽). 그에 의하면 삶의 모든 의미와 가치의 상실로 대변되는 허무주의의 극복은 『차라투스트라는 이렇게 말했다』의 「몽중보행자의 노래」에서의 "그것이 바로 삶이었던가? 좋다! […] 그렇다면 다시 한 번 더!"라는 외침처럼, 삶 그 자체에 대한 긍정을 통해서야 비로소 실현된다. 그는 이와 같은 삶의 위대한 긍정을 니체의 생철학의 좌우명으로서 "디오니소스적 생철학(Lebensphilosophie)"으로 표현한다. (같은 책, 21쪽).

16 니체, 『유고(1884년 초~가을)』, 27[74], 390쪽.

으로 규정하는 니체에게 있어 신과 진리 그리고 이를 숙명으로 받아들이는 철학과 철학자가 문제시되는 것은 당연하다. 그리고 신의 죽음과 허무주의를 철학적-종교적-도덕적 가치의 상실과 동일한 지평에서 논의하는 그에게 있어 이 문제들은 결국 철학과 철학자의 문제이기도 하다.

2. 니체 철학의 실존철학적 관점

“철학적 인간은 어떻게 살아야 하는가에 대한 방법을 기술해야 한다.”[17] 『반시대적 고찰』의 저술 의도로 작성된 이후 유고로 남겨진 이 문장은 인간과 삶 그리고 철학과 철학자의 역할에 대한 니체의 고민을 잘 드러내준다. 그리고 다음 유고의 글은 그의 문제의식을 조금 더 분명하게 드러내준다. “철학은 수백 년을 가로지르는 정신의 산맥을 확립해야 한다 : 이와 함께 모든 위대한 것의 영원한 유익함. 학문에는 크고 작음이 없다 — 그러나 철학에는 그것이 존재한다! 학문의 가치는 법칙에서 측정된다.”[18] 삶은 보편적 법칙과 계산의 대상이 아니라, 오랜 정신적 유산을 이어가는 철학적 지혜의 대상이다.

소크라테스에 대한 비판으로 시작되는 서구 합리주의와 이성적 낙관주의의 논의지평들, 즉 이성, 진리, 학문, 과학, 진보, 주객 이분법, 도덕, 인과론 등은 문명사적으로 풍요로운 진보의 토대로 작용했음에도 불구하고 인간의 평준화, 소인화, 사물화, 자기소외, 자기상실 등과 같은 현대

17 니체, 『유고(1872년 여름~1874년 말)』, 19[31], 19-20쪽.

18 같은 책, 19[33], 20쪽.

의 인간학적 문제들을 야기했다는 측면에서 니체의 강한 비판의 대상이 된다. 이러한 의미에서 현대를 인간 자신이 문제시되는 유사 이래 가장 위태로운 시대로 명명하는 쉘러(M. Scheler)의 말은 니체와 견해를 같이 한다.[19]

이와 더불어 플라톤(육체와 영혼의 이분법), 칸트(순수 이성), 헤겔(절대정신), 쇼펜하우어(의지의 형이상학) 등의 사상들은 니체에게 세계와 인간의 삶에 대한 관점과 태도의 측면에서 근본적인 비판의 대상이 된다. 니체에 의하면 "순수 이성", "절대정신", "인식 그 자체", 삶에의 의지의 부정은 생성하는 대지와 생명의 본질에 대한 모순에 불과할 뿐이다.[20] 순수한 정신의 활동으로 대변되는 인식 그 자체에 대한 비판은 결과적으로 진리 그 자체, 나아가 가치 그 자체에 대한 비판이다. 이에 대하여 니체는 『아침놀』의 「'순수한 정신'에 대한 편견」이라는 단편에서 다음과 같이 말한다.

> 순수한 정신에 대한 교설이 지배했던 곳 어디서나 그것의 극단성으로 인해 사람들의 신경이 파괴되었다. 순수한 정신은 육체를 폄하하고 소홀히 하거나, 혹은 괴롭히는 것을 가르쳤다. 그것은 육체가 갖는 모든 충동을 이유로 인간 자신을 괴롭히고 폄하할 것을 가르쳤다. 그것은 음울하고 긴장에 사로 잡혀 있고 억눌린 영혼의 소유자들을 낳았다. 나아가 이 사람들은 그들의 비참한 감정의 원인을 알고 있으며 그 원인을 어쩌면 제거할 수도 있을 것이라고 믿었다! "이런 원인이 육체에 있음에 틀림없다! 육체는 여전히 너무 강하다! 그들을 그렇게 결론지었다. 육체가 자신이 계속 조소당하는 것에 대해 자신의 고통을 통해 거듭 이의를 제기했음에도 말이다. 마침내 일반적인 만성 신경과민이 저 덕이

---

19 막스 쉘러, 『우주에서 인간의 지위』, 진교훈 옮김, 아카넷, 2001, 18쪽.

20 니체, 『도덕의 계보 Ⅲ』, 12, 483쪽.

높은 순수하고 정신적인 인간들의 운명이 되었다 […] 그들의 체계가 정점에 달한 것은 그러한 체계가 망아 상태를 삶의 최고 목표라고 생각하면서 […] 지상의 모든 것이 유죄가 된다고 생각했을 때였다."[21]

이편 세계에 대한 폄하는 곧 육체에 대한 부정과 더불어 총체적인 대지의 삶에 대한 폄하로 진행된다. 진리의 역사에 대한 니체의 비판은 『도덕의 계보』에서 선과 악의 이분법, 원죄와 벌, 금욕주의적 성직자와 금욕주의적 이상, 양심의 가책, 고통의 무의미, 무에의 의지 등과 함께 다루어지며, 이는 결국 세계와 삶에 대한 인간의 관점과 의지 그리고 태도의 문제가 그의 실존에 얼마나 중요한 역할을 하는지를 다시 한 번 상기시켜준다. 니체가 『도덕의 계보』의 「제3논문」에서 논의한 사제의 심리학은 곧 모든 인간들을 "죄 있다고-여기도록-원하게 하는 목적(Schuldig-finden-Wollen)"으로부터 고안된 죄 있는 자의 심리학이며, 이때 금욕주의는 인간의 정신을 지배하는 "의지의 심리학"의 방법론으로서 기능한다.[22]

하지만 니체가 시도한 의지의 자유(힘에의 의지)는 신과의 존재론적 관계성으로부터 부여받은 의존적인 의지가 아니라, 매 순간 자기 자신이고자 하며 스스로 자기 삶의 단 하나뿐인 조건이 되고자 하는 인간 내면의 원리, 다시 말해 "자기 책임에의 의지"[23]이다. 니체는 참된 세계, 죄와 벌,

---

21 니체, 『아침놀』, 39, 54쪽.

22 니체, 『우상의 황혼』, 「네 가지 중대한 오류들」, 7, 122쪽.

23 니체, 『우상의 황혼』, 「어느 반시대적 인간의 편력」, 38, 177쪽. 인간을 단순한 현존재가 아니라, "가능적 실존(mögliche Existenz)"으로, 다시 말해 "자기 자신에게 근거하는 자주적 존재로서의 나의 존재 가능성"으로 규정하는 야스퍼스의 말처럼, 인간 실존의 모든 가능성은 내가 내 실존의 유일한 근거이자 조건일 경우에야 비로소 열린다. (신옥희, 「실존과 초월. 실존조명의 방법론」, 『칼 야스퍼스. 비극적 실존의 치유자』, 한국야스퍼스학회 엮음, 철학과 현실사, 2008, 46쪽, 48쪽).

원한으로부터 인간의 의지와 책임을 해방시킴으로써 삶에 대한 관점과 태도를 변화시켰다. "의지는 해방시킨다!—따라서 나는 너희에게 의지의 자유에 대해서 가르친다."[24] 신과 저편세계에 대한 맹목적인 의지를 다시 자기 자신에 대한 맹목적 사랑의 의지로 전환시키는 작업이 바로 니체의 실험철학의 실천적 목적이다.

이러한 의미에서 "한 철학자가 도달할 수 있는 최고의 상태 : 삶에 디오니소스적으로 마주 선다는 것— : 이것에 대한 내 정식은 운명애다."[25] 라는 주장으로 대변되는 니체의 실험철학은 의미와 가치 상실로 대변되는 실존의 위기로서의 허무주의의 극복을 위해 삶에 대한 인식의 근본적인 변화를 요청한다. 인간 실존의 새로운 사고의 전환을 시도하는 니체의 이러한 철학적 실험은 모든 인간에게 기존의 가치들을 의심하고 폐기할 수 있는 실존의 용기와 이로부터 유발되는 실존적 고통에도 불구하고 자신의 삶을 비극적-디오니소스적으로 긍정하고 사랑할 수 있어야만 함을 강조한다. 즉 긍정할 수 있기에 부정을, 상승할 수 있기에 하강을, 성장할 수 있기에 퇴화를, 다시 건강해질 수 있기에 병을 긍정할 수 있듯이, 다시 창조할 수 있기에 과감하게 낡은 가치들의 전도를 수행할 수 있는 위버멘쉬로의 변화는 허무주의의 위기 속에서 보다 의미 있게 제시된다.

여기서 위버멘쉬가 "대지의 의미"[26]라는 차라투스트라의 말은 신이 죽은 허무주의의 시대적 가치는 더 이상 오래된 것으로부터 전승되는 것이 아니라, 생성하는 실재세계로서의 대지와 지금 이곳을 살아가는 인간의 실존적 조건 위에서 창조되는 것이라는 사실을 함의한다. 자신만의 고유

---

24 니체, 『유고(1882년 7월~1883/84년 겨울)』, 10[18], 481쪽.

25 니체, 『유고(1888년 초~1889년 1월 초)』, 16[32], 355쪽.

26 니체, 『차라투스트라는 이렇게 말했다』, 「차라투스트라의 머리말」, 3, 18쪽.

한 삶의 의미와 가치를 창조하고자 하는 인간에게 허무주의는 위버멘쉬적 변화의 계기로 작용한다. 그리고 그가 수행하는 "모든 가치의 전도"는 낡은 가치에 대한 회의와 동시에 삶의 의미와 가치에 대한 근본적인 자기 인식을 가능하게 하기 때문에 허무주의의 위기 속에서도 부정으로부터 긍정으로, 파괴에서 창조로, 실존의 위기로부터 극복으로 가는 삶의 참된 사랑(운명애)과 실존의 건강으로 가는 실천적 개념으로서의 역할을 한다.

> 내가 지금까지 이해하고 있는 철학, 내가 지금까지 실행하고 있는 철학은, 삶의 저주받고 비난받던 면 또한 자발적으로 찾아가는 것이다.[27]

니체의 철학은 지금까지 서양의 전통 형이상학에서 비진리로 폄하되어 왔던 생성세계와 욕구, 욕망, 본능, 충동, 정동, 감성, 육체 등과 같이 끊임없이 생기하는 인간의 자연성으로부터 삶의 위대한 긍정을 도출해 내는 새로운 가치의 실험이다.[28] 그래서 니체는 자신의 실험철학을 "부정의 말에, 부정에, 부정에의 의지"에 머물러 있지 않고, 오히려 부정되어 온 것들에 대한 긍정을 통해 그 정반대에, 즉 삶의 최대 긍정에 이르기를 시도하는 철학이라고 표현하는 것이다.[29] 이러한 실험적 사유로부터 비로소 허무주의의 극복을 넘어 삶의 영원한 회귀를 긍정할 수 있는 위버멘쉬와 그의 위버멘쉬적 미래가, 다시 말해 부정으로부터 새로운 긍정의 가치세계를 창조할 수 있는 건강한 인간과 미래가 도출된다. 이러한 의미

---

27 니체, 『유고(1888년 초~1889년 1월 초)』, 16[32], 354쪽.

28 "삶의 조건으로 비진리를 용인하는 것, 이것이야말로 위험한 방식으로 습관화된 가치 감정에 저항하는 것을 의미한다. 이 일을 감행하는 철학은 그것만으로도 이미 선과 악의 저편에서 있게 된다."(니체, 『선악의 저편』, 4, 19쪽); 니체, 『유고(1884년 초~가을)』, 27[48], 382쪽.

29 니체, 『유고(1888년 초~1889년 1월 초)』, 16[32], 355쪽.

에서 위버멘쉬로의 실존적 변화는 "초월적 진보(tranzendent)"가 아니라, "내재적인 진보(immanent)"를 의미하며, 이러한 자기극복의 운동은 항상 다시 자기 자신에게로 되돌아온다는 피이퍼(A. Pieper)의 말은 정당하다.[30]

이성은 인간에게 내재된 특성이며 학문은 인간의 정신이 반영된 삶의 양식이다. 형이상학적-종교적 자기인식과 존재증명의 오래된 원리로서의 이성과 이성적 인간은 자신의 건강을 보증해주는 대지를 때로는 학문의 기계론적 사유 아래 또 때로는 창조자의 진리 아래 지배의 대상으로 삼아왔다. 생성의 지배는 생기의 억압, 다시 말해 대지의 지배는 곧 인간의 내적 자연성의 억압에 불과할 뿐이다. 니체에 의하면 인간 실존의 병이 원인이 되어 발생한 대지의 병이 만성으로 드러난 사건이 바로 허무주의인 것이다. 허무주의는 시대의 위기를 경고하지만, 이 위기를 인간의 병든 실존의 치유를 통해 극복하고자 하는 니체의 시도는 그의 철학을 실존철학으로 이해할 수 있도록 해준다. 코프(A. Kopf)의 말처럼 모든 영역에서 드러나는 실존적 허무의 상태를 증상으로 안고 있는 허무주의는 단순한 "유행의 기호"가 아니라, 현 시대에 대한 "참된 묘사"이며, 이때 실존주의는 의심의 여지없이 허무주의의 상황에서 등장하는 바로 지금 이곳의 철학, 즉 "순간의 철학(die Philosophie der Stunde)"이다.[31]

문명의 가치가 삶의 가치가 되어가는 현대의 인간학적 문제들은 오늘날 정신적 가치의 상실과 같은 인간 실존의 문제로 등장하고 있다. 이러한 의미에서 니체가 『차라투스트라는 이렇게 말했다』의 머리말에서 위

---

30 Annemarie Pieper, Ein Seil geknüpft zwischen Tier und Übermensch. Philosophische Erläuterungen zu Nietzsche erstem "Zarathustra", Stuttgart, 1990, 55쪽, 56쪽.

31 Albert Kopf, Der Weg des Nihilismus von Friedrich Nietzsche bis zur Atombombe, München 1988, 23쪽.

버멘쉬의 반대유형으로서 제시한 "마지막 인간"의 말인 "우리는 행복을 찾아냈다. 마지막 인간은 이렇게 말하고는 눈을 깜박인다."[32]는 삶의 참된 의미와 가치가 자기 실존의 관점과 태도로부터 창조되지 않았음을, 다시 말해 여전히 그들은 자신의 고유한 행복조차 누군가의 승인을 필요로 하고 있다는 사실을 함의한다. 인간 실존에 대한 다양한 견해를 피력한 키에르케고르, 하이데거, 야스퍼스 등의 사상들은 이 지점에서 중요한 시사점을 던져준다. 또한 이러한 인간 실존의 문제들은 호르크하이머, 아도르노, 마르쿠제, 프롬과 같은 사회 철학적 비판이론가들의 이성과 근대성의 문제의식과도 맞닿아 있지만, 이는 근본적으로 니체철학 속에서 더욱 절실한 실존적-인간학적 과제로 다루어지고 있다.

'내가 서있는 지금 이곳에서 어떻게 살아야만 하는가?'라는 물음으로 대변되는 인간의 실존적-인간학적 논의는 "신의 죽음"을 확정하고, 이로부터 "힘에의 의지"와 "위버멘쉬" 그리고 "영원회귀"를 구체적으로 제시하는 『차라투스트라는 이렇게 말했다』에 이르러 보다 강한 실천의 요구로 진행된다.[33] 이렇듯 지금 이곳에서의 삶을 문제시하는 니체의 실존철

---

32 니체, 『차라투스트라는 이렇게 말했다』, 「차라투스트라의 머리말」, 5, 26쪽. 니체에게 있어 행복은 쾌락의 추구 혹은 고통의 제거와 같은 삶의 안락함과 평안함으로부터 발생하는 것이 아니다. 오히려 쾌락은 고통과 같은 장애를 극복하고 난 이후에 얻을 수 있는 인간 실존의 부산물이다. 니체의 행복론에 대한 글로는, 김정현, 「니체의 행복과 치유의 사상」, 『철학연구』, 135집 (대한철학회, 2015년 8월), 214-220쪽 참조. 니체에 의하면 지금까지 덕은 인간에게 삶의 진정한 행복에 이르는 수단이 아니라, 오히려 모든 인간의 행복에 대한 보편적 해석이자 인격적 규정이었다. 이와 관련하여 니체는 후기의 한 유고에서 욕구(충동)의 억제와 정신적 평정을 통한 금욕주의적 쾌락과 행복(에피쿠로스)의 덕과 신에 대한 지성적 사랑과 최고선의 인식을 통한 쾌락과 행복의 자기 보존적 덕(스피노자)에 반하여 다시 한 번 사람들은 행복의 조건으로서 그 자신들만의 덕을 창조할 수 있어야만 한다고 말한다. 다시 말해 스스로 창조한 덕의 주인이 되어야만 한다고 말한다 (『인간적인 너무나 인간적인 Ⅰ』, 서문 6, 17쪽 참조). "스피노자 또는 에피쿠로스의 행복에 반대하고 명상적 상태에서 이루어지는 모든 휴식에 반대한다. 그러나 만약 덕이 그와 같이 행복에 이르는 수단이라면, 사람들은 덕에 대한 주인(Herr über die Tugend)이 되어야 한다."(니체, 『유고(1885년 가을~1887년 가을)』, 1[123], 47쪽).

학은 어떻게 해야 보다 건강한 오늘과 내일을 살아갈 수 있는지에 대한 인간학적 물음을 동반한다. 여기서 허무주의는 니체철학의 실존적-인간학적 특징을 드러내는 사상적 토대이자 실천적 기회로 기능한다. 이때 생명, 몸, 힘, 의지, 열정, 긍정, 극복, 상승, 성장, 미래 등의 개념들은 인간 실존의 상태를 해명하고 그 조건을 규정하는 중요한 척도로 사용된다. 이렇듯 병든 문명과 인간 실존의 치유를 위한 니체의 사상적 시도는 그의 철학을 실존철학과 철학적 인간학의 관점에서 읽을 수 있는 중요한 실마리가 되어준다.

1) 병, 고통 그리고 건강

"철학자는 일반적인 고통을 가장 강하게 체험해야 한다 : 고대 그리스 철학자들이 그랬던 것처럼 철학자라면 누구나 곤궁을 표현한다 : 그는 그 균열 속으로 들어가 체계를 만든다. 그는 이런 균열 속으로 들어가 자신의 세계를 건설한다."[34] 1872년 유고에 남겨진 니체의 이 글은 그의 초기 철학의 특징을 고스란히 담고 있다. 하지만 디오니소스, 비극, 예술, 고

---

33 니체의 저서들은 대부분 그의 육체적-정신적 고통과 삶에 대한 희망 그리고 이를 위한 철학적 사유와 실천(철학함/Philosophieren)으로부터 탄생했다. 그럼에도 『차라투스트라는 이렇게 말했다』가 보다 강한 실천의 성격을 내보이는 이유는 바로 이 책에서 드러나는 문학적 문체, 드라마틱한 서술 그리고 구체적으로 제시되는 많은 인간 유형들에 대한 예와 설명, 마지막으로 이 책에서 제시되는 사상들이 차라투스트라의 입을 통해 실천의 요구로 전해지고 있기 때문일 것이다. "차라투스트라. 이 작품에서는 모든 말이 한 사람에게 아픔이었고 놀람이었으며, 또 다시 깊은 환희였다 : — 그렇게 이해하지 않았다면, 전혀 이해하지 않은 것이다."(니체, 『유고(1885년 가을~1887년 가을)』, 8[8], 411쪽). 이처럼 니체는 이 책에 등장하는 많은 사상들이 단순히 읽혀지기만을 바라지 않았다. 오히려 건강한 인간의 실존을 위한 실천서로서 역할을 하기를 원했다. 그가 이 책을 "제5의 복음서"(Friedrich Nietzsche, Sämtliche Briefe, Bd. 6, hrsg von Giorgio Colli und Mazzino Montinari, Berlin–New York 2003, 327쪽) 혹은 "미래의 성서"(같은 책, Bd. 8, 492쪽), 인류에게 주어진 "가장 큰 선물"(『이 사람을 보라』, 「서문」, 4, 326쪽)이라고 명명했던 이유는 바로 이 때문이다.

34 니체, 『유고(1872년 여름~1874년 말)』, 19[23], 17쪽.

통, 창조의 개념들이 그의 철학의 후기에까지 변함없이 유지되고 있다는 사실을 바탕으로 철학과 철학자에 대한 그의 생각을 초기 저서에서도 읽을 수 있다.

1873년에 완성된 글 「그리스 비극 시대의 철학」에서 볼 수 있는 것처럼, 니체는 소크라테스로부터 시작된 이성중심주의의 철학과 철학자(플라톤)에 반하여 그 이전의 자연철학자들로부터 진정한 철학자의 전형을 발견한다. 니체에 의하면 고대 그리스 철학자들은 학자적-지성적인 인식과 충동을 절제하고, 오히려 인간의 실존과 삶의 조건을 탐구함으로서 삶의 철학적 실천의 토대를 만드는 "전형적인 철학자적 지성", 다시 말해 삶을 전제로 하는 건강한 철학을 만들어냈다.[35] 앞에 언급됐던 것처럼 이들에게 철학은 갑작스럽게 등장하여 삶을 진단하는 존재론적인 도구가 아니라, 오랜 "정신의 산맥"을 이어가는 정신의 보고(寶庫)이자 삶의 지혜였다. 그리스인들에게만은 철학자가 "혜성(Komet)"이 아니라는 니체의 말은 이러한 의미에서 이해될 수 있다.[36] 이러한 그리스인들에게 있어 오히려 고통은 삶의 본질을 이해하는 중요한 개념이었으며, 고통에 대한 예술적-비극적 이해는 그들을 삶으로 철학을 하도록 만들었다. 그리고 그들에게 철학자는 고통을 승화하는 가운데 삶의 가치를 창조하는 자들이었다.

> 고대 철학자들의 활동은, 그들이 설령 이를 의식하지는 못했다고 하더라도, 전체적으로 치료와 정화를 추구한다. […] 우리에게 이 고대의 철학의 대가들의 장점이 얼마 남아 있지 않으며 또 온전한 모든 것이 사라졌다는 사실은 참으로 불행한 일이다.[37]

---

35 니체, 『그리스 비극 시대의 철학』, 1, 357–358쪽.

36 같은 책, 1, 360쪽.

니체는 고통에 대한 이해를 실마리로 삶에 대한 그리스인들의 비극적 관점과 예술적 실천에 큰 의미를 부여했다. 고통의 내재적 현상이 가시적인 것이 아닌 것처럼, 당시 니체가 『비극의 탄생』에서 고통의 치유를 위해 예술에 형이상학적 특성을 부여한 것은 철학적으로 참신한 시도임은 분명하다. 니체에 의하면 비극의 예술적 승화 속에서 고통은 삶을 이해하는 근본 주제이자 긍정의 전제였으며, 이때 예술은 삶의 치유제로서의 역할을 했다.[38]

> 모든 예술, 모든 철학은 성장하거나 하강하는 삶의 치유 수단이나 보조 수단으로 간주될 수 있다 : 이것들은 언제나 고통과 고통받는 자를 전제한다.[39]

니체의 철학에서 디오니소스의 고통으로 대변되는 그리스의 비극은 고통을 인간과 삶의 원초적인 조건으로 긍정했으며, 이후 "디오니소스"에 대한 그의 견해는 긍정하는 인간의 인간학적 전제이자 실천적 조건으로서 "디오니소스적인 것(das Dionysische)"을 도출한다. "'일반적으로-인간적인 것'을 향한 […] 의지는 무엇보다도 일반적으로 그리스적인 것을 향한 의지이다."[40] 그리고 이러한 인간학적 전제는—그리스인들이 그들 삶의 염세주의를 극복했던 것처럼—고통에 대한 삶의 관점과 가치의 전환을 가능하게 하며 나아가 이는 그의 철학의 후기에 이르러 데카당스와

37 니체, 『그리스 비극 시대의 철학』, 2, 362쪽.

38 니체철학의 초기 비극적-예술적 관점에 대한 상세한 설명으로는, 이상엽, 「삶의 관점에서 본 비극의 의미. 니체의 『비극의 탄생』을 중심으로」, 『철학연구』 제133집 (대한철학회, 2015년 2월), 205-233쪽 참조.

39 니체, 『니체 대 바그너』, 529-530쪽.

40 니체, 『유고(1882년 7월~1883/84년 겨울)』, 8[157], 432쪽.

허무주의의 극복의 토대가 된다.

> 고통에 대해서 가장 민감한 민족이 있다. 그러나 고통을 이용하는 그들의 유연한 힘은 특별하다. 또한 고통에 대해 보복하고 아픈 곳을 건드릴 때의 절도도 그것에 속한다. 치료로서 승리에 찬 태도를 강요하는 것. 그 결과 그들은 고뇌에 대해 부정직한 경향이 있다.[41]

하지만 문명의 과학적 진보로 인해서 고통은 제거해야 할 대상으로, 그렇게 부정적인 의미로 삶으로부터 분리되었으며 또한 종교는 고통을 죄와 벌의 의미로 해석함으로써 삶을 억압했다. 서구 합리주의의 전형, 소크라테스에 대한 비판이 비극의 사멸에 대한 것이었던 것처럼, 니체에게 있어 비극과 고통은 인간 실존의 가장 근본적인 조건이다. 이를 통해 니체가 자신의 철학 속에서 스스로를 실존의 고통을 치유하는 의사로 이해했을 때, 그의 "의사(Arzt)" 개념이 의학적 차원에 머무를 수 없다는 것이 분명해진다.

니체는 철학자에게 고통을 회피하지 않고, 직접적으로 대면할 것을 분명하게 요구한다. 고통은 철학자 자신을 포함해 모든 생명 있는 것들의 조건이며, "정신의 최종적인 해방자"이자 "커다란 회의의 스승"이기 때문이다.[42] 고통의 이러한 역할에도 불구하고 고통을 제거하고자 하는 철학과 철학자는 삶의 근본적인 문제로부터의 회피에 불과할 뿐이다. 니체는 『아침놀』의 「고통을 통해 획득된 인식에 대해」라는 단편에서도 고통을 오랜 습관적 가치들로부터의 정신적 해방을 가능하게 하는 명철한 자기

41 같은 책, 8[157], 433쪽.

42 니체, 『즐거운 학문』, 「제2판 서문」, 3, 28쪽.

인식의 수단으로 규정한다. 그의 이러한 이해는 이후 『도덕의 계보』의 「제3논문」의 주요 논의처럼, 고통을 원죄에 의한 벌로 이해하고 스스로 자신의 고통의 의미에 대해 물을 수 없는 내면의 힘과 의지의 빈곤함에 대한 비판으로 나아간다.

> 커다란 고통, 시간을 끄는 길고 오랜 고통, 생나무 장작에 불태워지는 고통만이 비로소 우리들 철학자들로 하여금 우리가 지닌 궁극적인 깊이에까지 이르게 하고, 모든 신뢰와 선의, 부드러운 가식, 온순, 중용 등 아마도 우리가 이전에는 우리의 인간성을 쏟았던 것들과 결별하도록 만든다.[43]

하지만 니체에 의하면 고통에 대한 긍정은 곧 창조에 대한 긍정이다.[44] 고통은 더 이상 그 어떤 존재자로부터 부여될 수 있는 것이 아니다. 오히려 고통은 새로운 삶의 건설을 위해 낡은 가치들을 파괴하는 과정에서 동반되는 부산물이자 새로운 가치의 탄생을 알리는 쾌감일 뿐이다. 고통은 인간을 더 이상 삶을 부정하는 염세주의자로, 자신의 삶에 직접적으로 참여하지 않는 관조자로 머무를 수 없게 만든다. 오히려 치유를 희망하게 하고 삶을 새로운 관점에서 다시 바라볼 수 있게 해주는 "가치의 전환(Umwertung aller Werte)"을 가능하게 해준다.[45] 고통의 의미와 가치의 전

---

43 같은 책, 3, 28쪽.

44 "창조. 그것은 고통으로부터의 위대한 구원이며 삶을 경쾌하게 하는 어떤 것이다. 그러나 창조하는 자가 존재하기 위해서는 고통이 있어야 하며 많은 변신이 있어야 한다."(니체, 『차라투스트라는 이렇게 말했다』, 「행복한 섬에서」, 142쪽). 창조와 고통에 대한 또 다른 글로는, 니체, 『유고(1882년 7월~1883/84년 겨울)』, 278–279쪽; 니체, 『우상의 황혼』, 202쪽. 또한 창조하는 자에게 고통은 그 자신을 변화시키는(Sich-verwandeln) 행위로 드러난다는 내용으로는, Stefan Thumfart, Der Leib in Nietzsches Zarathustra, Frankfurt am Main 1995, 311쪽 참조.

45 니체, 『이 사람을 보라』,「나는 왜 이렇게 현명한지」, 1, 333쪽.

환을 통해 삶 자체를 긍정할 수 있는 인간만이 염세주의를 넘어 허무주의 역시 극복할 수 있다.

> 너의 고통을 네가 스스로 내린 벌로 받아들이라! 재판관으로서의 너의 우월을 향유하라! […] 너의 삶 위에 올라가 너의 괴로움을 내려다보고, 너의 삶 위에 올라가 깊은 바닥과 심연을 내려다보라! 우리의 긍지가 유례없이 한껏 고양된다. 고통과 같은 전제군주에 대항하고 고통이 우리로 하여금 생을 혐오하도록 우리에게 불어넣는 모든 속삭임에 대항하면서 이 전제군주에 대항하고 생을 변호하는 것은 그 어느 것보다도 그에게 매력적인 것이 된다. 이 상태에서 우리는 우리의 상태가 염세주의로 귀결되지 않도록 모든 염세주의에 필사적으로 저항한다.[46]

철학자에게 주어진 요구는 이들을 통해 다시 모든 인간에게 실존적-실천적 과제로 부여된다. 그리고 이 과제는 『차라투스트라는 이렇게 말했다』에서 허무주의의 문제와 연관하여 잘 드러나 있으며, 니체의 입을 대신해 설파되는 차라투스트라의 말들은 허무주의의 위기를 극복하고자 하는 그의 실존적-실천적 시도를 담고 있다. 허무주의는 오랜 가치의 형이상학적-종교적-도덕적 의미가 파괴되어버린 근대문명의 병이며, 이때 삶의 의미와 가치의 상실로 대변되는 인간 실존의 고통은 이 병의 증상들이다. 니체에게 있어 존재세계로서 저편 세계의 허구에 대한 폭로로 발생하는 대지의 병, 즉 허무주의는 필연적인 결과이다.

하지만 그에게 허무주의가 인간 실존의 측면에서 문제가 되는 이유는 바로 인간이 아직 대지가 끊임없이 생성하고 있다는 사실과 이제야 비로

---

46 니체, 『아침놀』, 114, 129쪽.

소 모든 인간이 스스로 존재의미를 확정하고 가치를 창조할 수 있게 되었다는 사실을 아직 인정하지 못하고 있다는 것이다. 이와 관련하여 차라투스트라가 만난 시장터 사람들에게 위버멘쉬로의 변화의 과제가 의미 없었던 이유는 위버멘쉬는 직접 확인할 수 있는 존재가 아니라, 끊임없는 자기극복의 실천으로 수행되어야만 하는(getan werden muss) 존재유형임을 알지 못했기 때문이다.[47]

끊임없는 생기가 대지의 생성을 보증하듯, 실천은 위버멘쉬로의 변화를 위한 근본 전제이다. 그리고 이 변화는 몸에 대한 새로운 이해로부터 시작된다. 이러한 의미에서 "형제들이여, 내 말을 믿으라! 몸(Leib)에 절망한 것, 그것은 바로 그 몸이었다. […] 이 대지에 절망한 것, 그것은 바로 그 몸이었다."[48]라는 차라투스트라의 말은 이 사실을 잘 드러내준다. 그의 이 말은 대지를 부정한 것은 다름 아닌 저편 세계를 창조해낸 자들이며, 존재와 생성으로 분리된 세계에 대한 믿음은 근본적으로 영혼과 육체의 이분화에 대한 믿음과 다르지 않다는 니체의 생각을 담고 있다.

니체는 질료와 형상(아리스토텔레스), 정신과 실체(데카르트)와 같은 인간의 내면세계에 대한 전통 형이상학적 해석을 부정하며, 이 세계를 힘에의 의지로 규정한다. 여기서 차라투스트라가 인간의 몸을 영혼과 정신을 포괄하는 "커다란 이성"[49]으로, 즉 진정한 의미에서의 자기 자신으로 규정한 이상, 이원화된 분리를 단 하나의 몸으로 통합하지 못하는 인간은 단 하나의 독자적인 삶을 가지는 주인이 될 수 없으며 나아가 창조적으로

---

47 Annemarie Pieper, Ein Seil geknüpft zwischen Tier und Übermensch. Philosophische Erläuterungen zu Nietzsche erstem "Zarathustra", 62쪽.

48 니체, 『차라투스트라는 이렇게 말했다』, 「저편의 또 다른 세계를 신봉하고 있는 사람들에 대하여」, 48-49쪽.

49 니체, 『차라투스트라는 이렇게 말했다』, 「몸을 경멸하는 자들에 대하여」, 52쪽.

자기 삶의 미래를 열어가는 위버멘쉬 역시 될 수 없다.

이렇듯 대지가 인간 삶의 존재론적 대지라면, 몸(Leib)은 이 세계를 살아가는 존재자에게 내재된 단 하나의 존재성으로서 인간의 존재론적 대지이다. 다시 말해 힘에의 의지가 활동하는 장으로서의 몸은 그 어떤 형이상학적-종교적 토대를 필요로 하지 않으며 오직 내재적 자연성과 생기로 자신을 표현할 뿐이다. 몸의 긍정은 필연적으로 생성하는 대지의 긍정을 전제로 하며 그 반대 역시 옳다. 대지와 삶의 내·외적 연결고리는 바로 생성과 생기이다. 생성과 생기는 두 세계가 그 어떤 확실성에 의해 보장된 존재 세계가 아니라, 매 순간 생동한다고 보는 니체의 철학적 관점을 대변해준다.

니체에게 있어 생성과 생기에 반한 확실성에 대한 물음은 "비유기적 세계"인 진리의 세계를 전제로 한다. 이제 오랜 가치에 대한 대지의 가치론적 의미의 전제는 절대적 진리가 아니라, 오히려 "오류"이다. 오류는 생성과 생기로 표출되는 실재(Realität)를 가감 없이 반영하며 동시에 이를 온전히 대변한다. 그에 의하면 삶은 "논증"이 아니기 때문에 삶의 조건들 중에는 필연적으로 오류가 존재할 수밖에 없다. 그 이유는 삶은 "유기적 세계"로서의 생성하는 대지를 전제로 하기 때문이다.[50] 끊임없이 생성하는 대지와 이 속에서 끊임없이 생기하는 몸의 존재가 바로 모든 가치의 전도를 수행할 수 있는 위버멘쉬이다. 이를 바탕으로 니체는 신이 죽은 생성하는 대지와 몸에 대한 긍정으로부터 건강의 의미를 도출해낸다. 다

---

50 "비유기적 세계에는 오해가 없다. […] 유기적 세계에서 오류가 시작된다. […] 그것은 유기체가 살아가도록 도와주는 특수한 오류들이다."(니체, 『유고(1885년 가을~1887년 가을)』, 1[28], 18쪽). "삶은 논증이 아니다. 삶의 조건들 중에는 오류도 있다"(니체, 『즐거운 학문』, 121, 196쪽).

음의 글은 이를 잘 표현해주고 있다.

> 병으로부터 건강을 되찾는 자가 되어 자신을 극복하고 더 높은 몸(einen höheren Leib)을 창조하기를 바랄 뿐이다! […] 뭔가를 꾸며내는, 그리고 신이 없으면 살아갈 수 없는 자들 가운데는 언제나 병든 자들이 허다했다. […] 저와 같은 유령을 믿는 것, 그것은 이제 병에서 건강을 되찾고 있는 내게는 고통이 되고 번민이 되리라.[51]

허무주의의 위기 속에서 위버멘쉬로의 실존적 변화가 중요한 이유는, 오직 그만이 지금까지 저편 세계에 위임했던 삶의 모든 의미와 가치를 생성하는 대지로 전도시킬 수 있는 인간 유형, 다시 말해 모든 가치의 전도를 수행할 수 있는 유일한 인간 유형이기 때문이다. "건강한 몸(der gesunde Leib), 완전하며 반듯한 몸은 더욱더 정직하며 순수하다. 이 대지의 뜻을 전해주는 것도 바로 그런 몸이다."[52] 이렇듯 허무주의의 병으로부터의 회복은 이 병에 대한 철저한 부정 혹은 제거가 아니라, 이 병을 다시 건강해질 수 있는 실존의 기회로 인식하는 자기긍정과 삶의 낡은 조건들에 대한 창조적 자기극복으로부터 도출되는 실존의 건강을 의미한다. 니체에게 허무주의가 가치의 상실과 실존의 병과 같은 부정적 의미로만 해석되지 않고, 새로운 삶의 건설을 위한 가치의 창조와 같은 긍정적인 의미로 읽혀질 수 있는 이유이다.

---

51 니체, 『차라투스트라는 이렇게 말했다』, 「저편의 또 다른 세계를 신봉하고 있는 사람들에 대하여」, 50–51쪽.

52 같은 책, 51쪽.

2) 정신과 의지의 자유 그리고 건강

건강한 실존을 창조한다는 것은 언제나 이를 시도하고자 하는 인간의 정신과 의지의 영역에 속해 있다. 그리고 오랜 형이상학적-종교적 이원론을 극복하고 자신의 새로운 가치세계를 창조하고자 하는 자들은 기존의 가치들로부터 자유로운 의지와 정신의 소유자들일 수밖에 없다. 니체 철학에서 위버멘쉬가 실존적 인간 유형으로, 위버멘쉬로의 변화가 실존적 변화로 이해될 수 있는 이유 역시 우선 그가 (자유)정신과 (힘에의) 의지의 존재이기 때문이다. 여기서 자유정신이 "스스로 자기 자신을 다시 소유하는 자유롭게 된 정신"[53] 이라는 니체의 설명은 자유정신이 인간이 힘에의 의지의 존재라는 사실을 인식할 수 있는 토대가 된다는 것과 더불어 지금까지 본능, 충동 등과 같은 몸의 영역들을 폄하하고 부정해왔던 형이상학적-종교적 이원론으로부터의 해방을 의미하는 실존의 자유라는 것을 함의하고 있다. 니체가 "자유정신"과 "건강"을 "공통된 개념"으로 이해하는 이유는[54] 바로 인간의 실존적 건강성의 근본조건, 즉 삶의 모든 창조적 행위와 자신만의 고유한 행복의 근거를 오직 자신 안에서 찾게 해주는 근본조건이 정신과 의지의 진정한 자유이기 때문이다. 나아가 니체는 자유정신을 이에 대립하는 철학과 철학자에 대한 반대유형으로 제시한다.

---

53 니체, 『이 사람을 보라』, 「인간적인 너무나 인간적인」, 1, 404쪽. 정신은 인간에게 이 우주상에 존재하는 모든 생명체들 가운데 특별한 지위를 부여했다. 그리고 이 특별한 능력은 인간을 인간일 수 있게 만들어 주고, 내가 비로소 나일 수 있는 자기 관계를 가능하게 하는 요소이다. 실존철학적인 관점에서 인간을 자기 자신과 관계하며 스스로를 인식할 수 있는 정신적 존재로 규정하는 키에르케고르(Søren Kierkegaard)가 니체와 함께 실존철학자로 제시되는 이유이다. 정신, 절망, 신앙을 통한 인간 실존의 규명에 대해서는, 키에르케고르, 『죽음에 이르는 병』, 최석천 옮김, 민성사, 2003 참조.

54 니체, 『유고(1884년 가을~1885년 가을)』, 40[59], 1, 499쪽.

> 우리가 우리의 철학이라는 의미에서 "행복"이라는 용어를 사용한다면, 이때 철학자들 가운데 있는 피로에 지친 자, 불안에 사로잡힌 자, 고통스러운 자처럼 먼저 외적이고 내적인 평화, 고통이 없는 상태, 부동, 방해받지 않는 상태에 대해, "안식일 가운데 안식일"에 대해, 가치 가운데서 깊은 잠의 뒤에 일어날 수 있는 그 어떤 것을 생각하지는 않는다. 오히려 불확실한 것, 변화하는 것, 변할 수 있는 것, 다의적인 것이 우리의 세계며, 위험한 세계다 — : 이것은 지금까지 철학자들이 무리 본능이나 가치 평가의 유산으로 최고의 존경심을 부여했던 단순한 것, 자기-스스로-동일하게-머무는 것, 계산할 수 있는 것, 고정된 것 그 이상의 의미가 있다.[55]

니체가 모든 믿음과 신앙을 "참으로-간주함(Für-Wahr-Halten)"[56]이자 "무엇이 참인지를 알고자-하지-않는 것(Nicht-wissen-Wollen, was wahrist)"[57]으로 표현하는 이유는 믿음과 신앙이 인간 정신의 영역과 의지의 영역을 모두 포괄하기 때문이다. 즉 믿음과 신앙은 인간의 의지작용 없이는 성립되지 않는 (나약한) 정신의 영역이다. "믿음에 대한 욕구, 어떤 무조건적인 긍정과 부정에의 욕구는 약함의 욕구이며 ; 모든 약함은 의지의 약함이다."[58] 니체에 의하면 이러한 믿음은 "허무주의의 가장 극단적인 형식"[59]이다. 이러한 의미에서 허무주의는 삶의 의미를 상실한 고통 속의 인간이 다시 그 삶을 조건으로 새로운 가치창조의 실험을 할 수밖에 없도록 만드는 정신과 의지의 시험대이다. 니체의 철학은 이러한 실험적 사

---

55 같은 책, 40[59], 2, 500쪽.

56 니체, 『유고(1887년 가을~1888년 3월)』, 9[41], 26쪽.

57 니체, 『안티크리스트』, 52, 293쪽.

58 니체, 『유고(1887년 가을~1888년 3월)』, 11[48], 314쪽.

59 같은 책, 9[41], 26쪽.

유를 통해 전개되며, 이로부터 인간 실존의 건강을 위한 그의 철학적 시도가 드러난다.

> 실험은 고통받는 자의 본능에 어긋난다 : 이것을 고차적 의미로는 바로 힘에 의한 증명이라고 부를 수도 있을 것이다. 자신의 삶으로 실험을 하는 것. — 이것은 바로 정신의 자유인 것이며, 나중에 이것은 나에게 철학이 되었다……[60]

니체의 이 말은 첫째, 실험은 고통받는 자가 아니라, (니체 자신의 경험처럼) 고통에 자기 실존의 의미와 가치를 부여할 수 있는 자의 특권이다. 삶은 피할 수 없는 고통 속에 놓여있지만, 그럼에도 고통은 고통 그 자체로 존재할 수 없다. 고통은 병을 전제로 하는 것이 아니라 오히려 건강을 전제로 한다. 인간이 항상 고통받는 존재이고 그 원인이 어떤 병이라면, 병과 고통은 더 이상 삶을 좌절시키는 요인이 될 수 없다. 병과 고통은 건강의 토대 위에서 비로소 그 의미를 가질 수 있다. 나아가 고통의 의미와 가치가 의학적-생물학적 영역에 머물러 있을 경우에 그것은 제거해야 할 대상으로 규정된다. 그럼에도 병과 건강은 언제나 인간을 참된 실존에 대한 물음으로 끌어온다.

이러한 의미에서 "자주 아픈 사람은 그만큼 자주 건강해"진다는 니체의 말은, 병은 건강의 관점에서 그 자체로 긍정될 수 있을 때에야 비로소 극복될 수 있으며, 이때 건강은 "보다 큰 기쁨"으로 다가온다는 실존의 지혜를 내포하고 있다.[61] 또한 건강 역시 그 자체로 존재할 수 없고, 항상 병을 전제로 한다는 니체의 건강철학적 개념 "커다란 건강"은 이 지점에서

---

60 니체, 『유고(1888년 초~1889년 1월 초)』, 24[1], 528–529쪽.

61 니체, 『인간적인 너무나 인간적인 II』, 356, 199쪽.

보다 분명한 실존철학적 의미를 얻게 된다.

둘째, 자신의 고통을 새로운 의미를 담은 가치로, 다시 말해 건강을 향한 가치로 전환시킬 수 있는 능력은 "힘"을 전제로 한다. "힘(Kraft)의 빈곤으로부터 나오는 일종의 절약 : 이것이 숙명론의 위대한 이치인 것이다."[62]라는 니체의 말처럼, 숙명론—그의 표현에 의하면 "무저항의 숙명론"—은 더 이상 자신의 병과 고통에 저항할 수 없는 실존적 의지의 정지, 다시 말해 힘에의 의지의 정지를 의미한다. 니체는 이러한 의지의 증상을 "겨울잠을 자게 만드는 의지(Wille zum Winterschlaf)"라고 표현한다.[63] 니체에게 있어 이러한 증상들이 병자에게 가장 해로운 것일 수밖에 없는 이유는,[64] 고통의 부정은 삶의 부정—쇼펜하우어의 삶에의 의지의 부정—과 다르지 않으며 의지의 부정은 곧 자기 자신에 대한 부정, 즉 자기 자신으로서 살고자 하는 의지의 포기와 다르지 않기 때문이다.

셋째, 실험의 토대를 "자신의 삶"으로 규정하고 이러한 실험적 사유를 "정신의 자유"로 나아가 이를 "자신의 철학"으로 만들었다는 니체의 말은 "내 건강에의 의지와 삶에의 의지를 나는 나의 철학으로 만들었다."[65]는 말과의 연관 속에서 그의 철학의 성격과 목적을 새롭게 유추할 수 있는 토대가 되어 준다. 즉 삶의 실존적 건강을 위해 오랜 이상주의로부터 인간의 정신과 의지를 해방시키고자 하는 니체의 철학적 시도를 건강철학의 관점에서 바라볼 수 있는 해석의 가능성을 열어 준다.

---

62 니체, 『유고(1888년 초~1889년 1월 초)』, 24[1], 528쪽. 힘에의 의지에 대한 니체의 두 표현, Wille zur Macht와 Wille zur Kraft의 비교와 설명에 대해서는, 백승영, 『니체, 디오니소스적 긍정의 철학』, 책세상, 2005, 339–340쪽 참조.

63 니체, 『이 사람을 보라』, 「나는 왜 이렇게 현명한지」, 6, 342쪽.

64 니체, 『유고(1888년 초~1889년 1월 초)』, 24[1], 528쪽.

65 니체, 『이 사람을 보라』, 「나는 왜 이렇게 현명한지」, 2, 334쪽.

3) 디오니소스적 실존

정신의 자유로부터 자신의 사상적 계획을 전개하는 니체의 철학은 그의 후기 유고에 남겨진 글처럼 허무주의를 유발한 서양 전통철학의 전복에 대한 시도이다. 이때 "디오니소스"는 허무주의의 위기 속의 삶을 긍정할 수 있는 새로운 실존의 개념이며, "철학자 디오니소스"는 이를 가르치는 철학자로서 니체 자신을 대변하고 있다.

> 자유 정신
> 허무주의의 운동으로서의
> 철학에 대한 비판
> […]
> 철학자 디오니소스[66]

의지의 자유는 정신의 자유를 전제로 하며, 정신은 의지를 통해 자신의 목적을 실천한다. 니체가 『차라투스트라는 이렇게 말했다』의 「세 단계의 변화에 대하여」에서 제시한 어린아이의 단계는—위에 언급한 피이퍼(A. Pieper)의 견해처럼—나로 시작해 다시 나에게로 이르는 정신과 의지의 자유를 잘 보여준다. 니체는 정신과 의지의 자유를 통해 비로소 자신만의 가치세계를 갖게 된 어린아이의 상태에 대하여 다음과 같이 표현한다. "정신은 이제 자기 자신의 의지를 원하며, 세계를 상실한 자는 자신의 세계를 획득하게 된다."[67] 니체에 의하면 인간 실존의 목적은 끊임없는

---

66 니체, 『유고(1888년 초~1889년 1월 초)』, 23[13], 520쪽. 디오니소스에 대한 니체의 개념적 규정은 생성, 생명, 고통, 창조, 예술, 놀이 외에도 다음과 같은 의미를 가진다. "디오니소스 (.) 교육자로서의 디오니소스, 기만하는 자로서의 디오니소스, 부정하는 자로서의 디오니소스, 창조자로서의 디오니소스."(니체, 『유고(1884년 가을~1885년 가을)』, 34[248], 297쪽).

상승, 성장, 고양 등을 포괄하는 삶의 건강이며, 삶의 건강한 가치를 창조하는 유희의 과정 속에서 인간은 필연적으로 오랜 가치들을 파괴할 수밖에 없으며 또한 이를 반복한다.[68]

여기서 위버멘쉬로의 변화를 삶과 자기실존에 대한 위대한 긍정으로 대변되는 어린아이로의 변화로 설명할 수 있을 때,[69] 디오니소스와 "디오니소스적인 것"은 새로운 가치세계의 창조를 위해 파괴 시의 고통마저도 창조의 기쁨으로 긍정하고, 영원한 생성 속에서 유희하듯이 자신의 변화를 실현하는 인간 실존의 메타포이자 실천의 양식으로 기능한다. 니체가 스스로 "디오니소스적인 것"을 자신의 철학적 토대로 설정하고, 삶의 고통으로부터 도피하지 않고 오히려 이를 긍정하는 "비극적 지혜"를 가르치는 "비극적 철학자"로 명명하는 것은 이러한 이유에서이다.[70]

> 삶의 가장 낯설고 가장 가혹한 문제들에 직면해서도 삶 자체를 긍정한다. 자신의 최상의 모습을 희생시키면서 제 고유의 무한성에 환희를 느끼는 삶에의 의지 — 이것을 나는 디오니소스적이라고 불렀다. 이것을 나는 비극시인의 심리에 이르는 다리로 이해했다. 공포와 동정에서 벗어나기 위해서도 아니고, 위험한 감정을 격렬히 방출시켜 그 감정에서 자기 자신을 정화시키기 위해서도 아니다—아리스토텔레스는 이런 식으로 오해하고 있었지만 말이다 : 오히려 공

---

67 니체, 『차라투스트라는 이렇게 말했다』, 「세 단계의 변화에 대하여」, 41쪽.

68 "놀이(Spiel)"개념에 대한 연구와 이 개념이 니체 철학에서 가지는 사상적 의미에 대해서는, 정낙림, 「놀이에 대한 철학적 연구. 니체의 놀이 개념을 중심으로」, 『니체연구』 제14집 (한국니체학회, 2008년 가을), 159–189쪽 참조.

69 "어린아이는 순진 무구요, 망각이며, 새로운 시작, 놀이, 스스로의 힘에 의해 돌아가는 바퀴이며 최초의 운동이자 거룩한 긍정이다. 그렇다. 형제들이여, 창조의 놀이를 위해서는 거룩한 긍정이 필요하다."(니체, 『차라투스트라는 이렇게 말했다』, 「세 단계의 변화에 대하여」, 41쪽).

70 니체, 『이 사람을 보라』, 「비극의 탄생」, 3, 393쪽. 디오니소스에 대한 신화적 상징과 디오니소스적인 것에 대한 철학적 연구에 대해서는, 백승영, 「신화적 상징과 철학적 개념. 디오니소스와 디오니소스적인 것」, 『니체연구』 제12집 (한국니체학회, 2007년 가을), 69–102쪽 참조.

포와 동정을 넘어서서 파괴 시의 기쁨도 포함하고 있는 생성에 대한 영원한 기쁨 그 자체이기 위해서다. 이런 의미에서 나는 나 자신을 최초의 비극적 철학자로서 — 말하자면 염세적 철학자에 대한 극단적인 대립이자 대척자로서 이해할 권리가 있다.[71]

니체가 그의 실험철학의 목적으로 제시한 디오니소스적 긍정은 인간의 디오니소스적 실존에 대한 표현이다. 나아가 "디오니소스적"이라는 개념이 자신의 『차라투스트라는 이렇게 말했다』에서 "최고의 개념"이 되었다는 그의 말은[72], 이 개념이 이 책에서 제시되는 신의 죽음, 위버멘쉬, 힘에의 의지, 영원회귀와의 사상적 연관 속에서 끊임없이 자기 자신을 긍정하고 극복하는 인간과 그의 삶의 실존적 개념이라는 사실을 내포하고 있다. 이러한 의미에서 힘의 "충만과 과잉", 삶과 죄, 고통 자체에 대한 "최고의 긍정(die höchste Bejahung)"[73]의 지반 위에서 탄생한 니체의 실험철학은 그 자체로 디오니소스적 긍정의 철학이다. 동시에 인간의 실존을 제한하는 육체와 영혼의 이분법, 그리스도교적 죄와 벌, 쇼펜하우어의 삶에의 의지의 부정 등으로부터 해방된 자유로운 정신과 의지의 철학이다.[74]

71 니체, 『이 사람을 보라』, 「비극의 탄생」, 3, 393쪽.

72 니체, 『이 사람을 보라』, 「차라투스트라는 이렇게 말했다」, 6, 428쪽.

73 니체, 『이 사람을 보라』, 「비극의 탄생」, 2, 392쪽.

74 "'디오니소스적'이라는 말을 이해할 뿐만 아니라, 자기 자신도 '디오니소스적'이란 말로 이해하는 자는 플라톤이나 그리스도교 또는 쇼펜하우어에 대한 반박이 필요하지 않다 — 그는 부패를 감지한다……"(같은 책, 392쪽).

3. 니체 철학의 실천철학적 관점

1) 대지의 새로운 주인의 탄생을 위한 과제

1884년 초 유고에서 니체는 차라투스트라의 입을 빌려 다음과 같이 말한다. "누가 이 땅의 주인이 되어야 하는가? 이것이 나의 실천 철학의 후렴구다."[75] 니체의 짧은 이 글은 자신의 철학적 목표를 명확하게 드러내고 있다. 대지의 새로운 주인을 찾는다는 차라투스트라의 저 물음은 대지를 지배하는 새로운 신 혹은 권력자를 찾는다는 의미로 보일 수도 있다. 하지만 니체의 철학에서 대지는 형이상학적 존재 세계에 반한 생성 세계로서 현실적-구체적-인간적인 삶의 세계이다. 그렇다면 차라투스트라가 찾는 대지의 새로운 주인이 저편 세계의 그 어떤 형이상학적-종교적 존재가 아니라, 오히려 생성하는 이편의 대지(Erde)를 살아가는 모든 사람에게 부여된 하나의 가능성에 대한 명칭이라는 사실을 유추할 수 있다.

대지의 새로운 주인은 대지의 의미에 충실한 인간, 다시 말해 더 이상 형이상학적-종교적 가치에 의존하지 않고 오히려 대지의 삶을 긍정하는 가운데 스스로가 목적이 되어 자기 삶의 모든 가치를 창조하는 인간유형을 의미한다. 그리고 그가 바로 모든 인간들에게 창조적으로 열린 실존적 인간유형으로서 위버멘쉬이다. 이렇듯 니체의 실천철학은 근본적으로 보다 건강한 인간 유형, 다시 말해 위버멘쉬로의 실존적 변화를 위해 수행된다. 이때 신의 죽음 이후에 제시되는 모든 가치의 전도, 도덕적 자연주의, 예술생리학, 영원회귀와 운명애 등의 사상적 개념들은 모두 그의 철학에서 삶의 중요한 실천양식으로 주어진다. 니체의 실천철학은 바로

---

75 니체, 『유고(1884년 초~가을)』, 25[247], 98쪽.

그가 자신의 철학에서 인간을 “마지막 인간”과 “위버멘쉬” 사이의 실존적 경계에 세우고, 위버멘쉬로의 변화를 항상 자기 자신을 극복하고 창조적으로 조형해나가는 지속적인 과정으로 이해하고 있다는 사실로부터 시작된다.

> 우리 자신을 만드는 것, 모든 요소에서 하나의 형식을 형성하는 것—과제다! 항상 한 조각가의 과제! 생산적인 인간의 과제! 인식이 아니라 실행과 모범을 통해 우리는 자신이 된다! 인식은 최상의 경우 수단의 가치를 가진다![76]

생성하는 이편의 대지는 인간의 실존을 보증하는 유일한 토대이다. 니체는 대지로 명명된 이편의 현실세계, 즉 구체적인 인간 실존의 조건 위에서 그의 삶의 상승과 성장에 기여할 수 있는 철학 그렇게 인간과 삶의 변화의 토대로 작용할 수 있는 철학의 실천적 역할을 강조한다. 이러한 의미에서 “이 대지는 하나의 피부로 덮여 있다. 그리고 이 피부는 여러 가지 병으로 신음하고 있다. 그 병 가운데 하나가 ‘인간’이라는 존재다.”[77]라는 니체의 말은 교회, 우상, 국가 등과 같은 현대 문명의 정신적 토대들에 대한 비판을 담고 있다. 그리고 데카당스와 허무주의로 대변되는 정신적 가치의 퇴락과 의미 상실의 위기는 새로운 가치의 창조를 위한 실천적 조건으로 기능한다. 가치의 치유는 곧 인간 실존의 치유와 연결된다.

대지의 병은 곧 인간의 병이다. 그리고 인간의 병은 필연적으로 대지의 병을 유발할 수밖에 없다. 니체는 이 병의 근본적인 원인을 철학-종교(형이상학-그리스도교)와 이로부터 도출된 도덕에서 발견한다. 신의 죽음이

---

76 니체, 『유고(1880년 초~1881년 봄)』, 7[213], 472쪽.

77 니체, 『차라투스트라는 이렇게 말했다』, 「크나큰 사건에 대하여」, 224쪽.

니체의 실천철학의 결정적인 발현지점일 수밖에 없는 이유이다. 이러한 의미에서 니체는 소크라테스와 플라톤 그리고 아리스토텔레스에 대하여 다음과 같이 평가한다. "소크라테스부터는 병의 징후로서, 따라서 그리스도교의 준비로서의 그리스 철학."[78] 그와 더불어 "플라톤주의와 아리스토텔레스주의가 없었더라면 그리스도교 철학이라는 것도 없었을 것이다."[79]

지금까지 철학의 역사는 단 하나의 진리를 찾아가는 여정이었으며, 니체는 이를 『차라투스트라는 이렇게 말했다』의 「이름 높은 현자들에 대하여」에서 "진리에의 의지"로 표현한다. 그의 이 표현은 존재하는 모든 것들의 존재론적 정당성을 단 하나의 진리, 즉 신으로부터 찾아온 철학자들에 대한 비판을 담고 있다.[80] "인간의 행복은 어딘가 그를 위한 자명한 진리가 존재한다는 데 근거를 두고 있다."[81] 윤리학적 측면에서 비극과 고통의 부정과 더불어 힘에의 의지의 정지는—그의 초기에서 후기에 이르는 사상적 과정에서 변함없이 유지되는 바—인간의 행복을 삶의 구체적 영역에서 발견하는 것 혹은 창조하는 것이 아니라, 그 어떤 신적 존재

78 니체, 『유고(1885년 가을~1887년 가을)』, 5[50], 252쪽.

79 니체, 『유고(1884년 초~가을)』, 25[257], 102쪽.

80 니체, 『차라투스트라는 이렇게 말했다』, 「이름 높은 현자들에 대하여」, 172-173쪽.

81 니체, 『유고(1872년 여름~1874년 말)』, 29[197], 386쪽. 주지하다시피 니체의 윤리학은 행복을 존재와 존재세계를 향한 목적론의 지평 위에서 논의하지 않는다. 니체의 철학에서 행복은 힘에의 의지의 활동의 부산물로서 힘의 충만과 증대의 감정으로부터 도출되는 개념이다. 다시 말해 행복은 최고선을 향한 순수한 실천이성과 도덕적 의무의 행위(칸트)를 통해서가 아니라, 오히려 비도덕적-창조적 자율성을 통해서야 비로소 획득될 수 있다. 니체는 최고선을 개인의 경험과 판단(인식)이 배제된 선험적 통찰과 순수한 인식으로부터 찾고 이를 바탕으로 개인의 도덕적 의무(덕)와 행복을 일치시키는 칸트의 도덕철학을 도덕적 선을 존재론적 믿음으로 해석하는 "도덕적 존재론(der moralische Ontologie)"에 불과할 뿐이라고 비판한다. (니체, 『유고(1885년 가을~1887년 3월)』, 7[4], 327-328쪽 참조). 그래서 니체는 자신의 철학에서 이러한 순수이성의 주체를 "의무가 없는 인간(Menschen ohne Pflicht)", "비도덕주의자", "실천하는 비도덕주의자(Immoralist der That)"로 전환한다.(니체, 『선악의 저편』, 226, 211쪽; 같은 책, 32, 62쪽; 『유고(1887년 가을~1888년 3월)』, 11[54], 318쪽).

로부터 부여받는 것으로 규정함에 지나지 않는다. 이러한 증상을 니체는 "철학의 곤경"[82]으로 표현한다.

2) 철학의 곤경

니체에 의하면 세계와 인간 삶의 위기는 더 이상 철학이 삶의 위기를 인식하지 못하고, 오히려 철학과 철학자들마저도 현대문명 속에서 하나의 전문가로 전락해버린 "철학의 곤경(Bedrängniss)" 현상의 결과일 뿐이다. "오늘날 철학은 졸도해서 죽은 것이 아니다. 특히 역사적 학문이 된 후로 철학은 무해성과 함께 영원성을 보장받았다."[83] 철학의 곤경은 곧 삶의 곤경일 수밖에 없다. 이와 관련하여 니체는 독일의 학문을 예로 들어 비판하며 학문을 통한 무조건적인 인식욕구는 생동하는 삶을 경직시킬 뿐이며, 이러한 지식충동은 결국 "궁핍한 삶의 결과"일 뿐이라고 말한다.[84] 그는 철학의 곤경에 대한 자신의 생각을 다음과 같이 표현한다.

> 철학의 곤경.
> A. 시대의 곤궁 속에서 철학자에게 제기되는 요구들. 그 어느 때보다 많다.
> B. 철학에 대한 공격. 그 어느 때보다 많다.
> C. 그리고 철학자. 그 어느 때보다 약하다.[85]

철학의 곤경에 대한 니체의 생각에 대하여 첨언하자면, 첫째(A), 니체

82 니체, 『유고(1872년 여름~1874년 말)』, 29[197], 386쪽.
83 같은 책, 31[5], 438쪽.
84 니체 , 『유고(1872년 여름~1874년 말)』, 19[21], 15–16쪽 참조.
85 같은 책, 29[198], 386–387쪽.

에게 있어 철학과 철학자의 진정한 과제는 더 이상 자기 자신을 삶의 목적으로 삼지 못하는 인간 실존의 위기 속에서 기존의 절대적 가치의 세계를 허물고 모든 인간들이 그들 자신의 실존적 변화를 실현할 수 있는 새로운 의미와 가치 세계의 창조로 주어진다. 둘째(B), 그럼에도 철학은 차라투스트라가 10년 동안의 고행 끝에 산에서 내려와 만난 시장터에 있던 사람들의 비웃음처럼,[86] 인간을 "집중"시키지 못하고,[87] 삶의 지혜로서의 역할을 하지 못하고 있다.

셋째(C), 철학자는 오직 삶을 신적 이성과 과학적-논리적 지식과 인식의 지평에서 이해하고, 현존재를 진리 속에서 확정되고 보증된 존재로 규정하는 "학문적 인간"[88]과 "진리의 하인"[89]으로 전락했다. "학자들. […] 그들 자신은 논리적이 되는 것 말고는 다른 가치를 갖고 있지 않다."[90] 철학과 철학자에 대한 니체의 생각은 후기에 이르러서도 변함이 없다. 니체는 진리로부터 파생된 도덕을 부정하며, 진리의 지평에서 도덕적-평균적 인간을 양산하는 학자들을 철학자와 명확하게 구분한다. "철학은 도덕과 별 관계가 없다. 나 감히 이렇게 말하겠다 : 학문적 인간 역시 철학자와는 근본적으로 다른 어떤 존재라고—"[91] 여기서 니체가 현대인들의 이론적 삶을 고대 그리스인들의 예술적 삶에 대치시킨 것은 주목해야 할 사항이다. 현 시대에 반한 니체의 반시대성은 그리스인들의 예술적-실천

---

86 니체, 『차라투스트라는 이렇게 말했다』, 「차라투스트라의 머리말」, 20쪽.

87 "모든 철학은 내가 요구하는 것을 할 수 있어야 한다. 인간을 집중시킬 수 있어야 한다—그러나 현재 어떤 철학도 이것을 하지 못한다."(니체, 『유고(1872년 여름~1874년 말)』, 29[211], 392쪽).

88 니체, 『유고(1872년 여름~1874년 말)』, 28[1], 267쪽.

89 니체, 『반시대적 고찰 Ⅲ』, 「교육자로서의 쇼펜하우어」, 3, 463쪽.

90 니체, 『유고(1884년 초~가을)』, 26[450], 357쪽.

91 같은 책, 26[452], 358쪽.

적 삶을 전제로 하며, 니체는 그리스인들의 삶의 양식을 자신이 희망하는 "미래 인간"의 삶의 양식으로서 요구한다.[92]

니체의 말처럼 "철학자는 거대한 동요 속에서의 제동 장치(Hemmschuh)로 존재해야 한다."[93] 하지만 니체에 의하면 삶의 위기를 인식하고 대변하며 이를 다시 건강으로 변화시킬 수 있는 철학자는 존재하지 않는다. 그 이유는 철학자는 더 이상 예술가, 다시 말해 창조하는 자가 아니기 때문이다. 첨언하자면 니체철학에서 창조는 항상 파괴를 전제로 하며, 이렇듯 유희하는 삶의 두 가지 원리 없이는 인간 실존의 건강한 미래 역시 있을 수 없다.

> 새로운 소란을 일으키는 사람이 아니라 새로운 가치를 창출하는 사람 주위로 세계는 돈다. 소리 없이 그렇게 조용히 돈다.[94]

철학의 곤경은 곧 철학자의 곤경이며, 이는 다시 인간 삶의 곤경으로 드러난다. 니체가 그의 철학에서 현대문명의 거대한 위기로 주목한 허무주의는 근본적으로 학문의 문제, 다시 말해 철학의 문제가 그 근원이다. 이러한 문제의식을 바탕으로 니체는 구체적인 인간 실존의 조건 위에서 그의 삶의 상승과 성장에 기여할 수 있는 철학, 그렇게 인간과 삶의 변화의 토대로 작용할 수 있는 철학의 실천적 역할을 강조한다. 이때 철학자들의 과제는 모든 인간에게 적용될 수 있는 변화의 가능성과 이를 위한

---

92 Ferdinand Fellmann, Lebensphilosophie. Elemente einer Theorie der Selbsterfahrung, Hamburg 1993, 67쪽 참조.

93 니체, 『유고(1872년 여름~1874년 말)』, 29[197], 386쪽.

94 니체, 『차라투스트라는 이렇게 말했다』, 「크나큰 사건에 대하여」, 225쪽.

실천의 토대를 마련하는 것이다.

이와 관련하여 더 이상 고대 그리스의 예술과 고통을 통한 인간 실존의 비극적 실험이 허용되지 않는 현대문명에 대한 비판은 근본적으로 소크라테스에 대한 비판이며, 나아가 그에 대한 비판은 서양합리주의에 대한 비판이자, 위에서 언급된 존재론적 생명의 대지를 과학적 지식으로 가득 채운 메마른 감성의 "이론적 인간"과 그의 실천에 대한 인간학적 비판이다. 니체에 의하면 이론적 인간의 학문은 우리가 사는 세계를 단지 인과적으로 해석하며 "표상 가능한 것"으로 만들 뿐이며[95], 이는 달리 해석할 줄 모르는 인간의 "무능력"에 기인한다.[96] 이에 대한 니체의 비판은 그 자체로 혹은 기존의 가치를 극복해야만 하는 창조적 철학자의 관점에서도 필연적으로 반시대성의 성격을 드러낼 수밖에 없다. 그리고 이러한 반시대적 성격은 니체의 미래철학의 특징을 공유한다.

> 좀 더 새로운 철학 세대의 과제의 모습.
> 자기 자신을 극복하는, 즉 시대적인 것과 시대정신을 극복하는 요구.[97]

철학의 실천적 역할은 니체의 미래 철학의 중심 주제로서 미래의 인간의 탄생, 즉 "20세기의 강한 인간들"[98]을 형성하기 위한 실천적 과제로 주어진다. 이 과제는 니체철학에서 세계와 삶에 대한 비극적 인식을 통해 수행되며, 이는 이미 니체사상의 초기에서부터 발견된다. 니체는 이 과

---

95 니체, 『유고(1885년 가을~1887년 가을)』, 2[88], 131쪽.

96 같은 책, 2[83], 127쪽.

97 니체, 『유고(1872년 여름~1874년 말)』, 19[7], 10쪽.

98 니체, 『유고(1885년 가을~1887년 가을)』, 2[176], 188쪽.

제를 수행함에 있어 철학자를 다음과 같은 두 가지 유형, 즉 "비극적 인식의 철학자"와 "절망적 인식의 철학자"로 구분한다.[99] 전자는 무조건적인 인식욕구를 통제하며 삶을 형이상학, 도덕, 신앙에 의해서가 아니라, 오히려 그것들의 파괴를 긍정하고 철학과 예술의 창조적 관점에서 삶을 바라보는 "예술가-철학자"[100] 혹은 "비극적-디오니소스적 상태"의 인간이며, 후자는 오직 학문과 지식, 진리만을 맹목적으로 추구하며, 절대적 진리의 토대 위에서 삶을 정당화하는 이론적-종교적 인간을 의미한다.

이러한 철학자 유형의 구분이 중요한 이유는 니체에게 있어 학문은 항상 단 하나의 진리를 발견하고 이를 유지하고자 할 뿐이지만, 예술과 철학은 매 순간 새로운 가치를 창조하고 또한 이를 위해 기존의 가치를 파괴하기 때문이다. 창조와 파괴, 파괴와 창조라는 삶의 원리 사이에는 항상 고통에 대한 긍정적 인식, 다시 말해 비극이 존재한다. 니체의 이러한 비극적 인식은 그의 사상의 초기에는 『비극의 탄생』과 "예술가-형이상학"의 영향 아래 놓여 있지만, 후기에 이르러 디오니소스와 그의 실험철학(영원회귀와 운명애)과 연계되어 삶의 위대한 긍정의 전제가 된다.[101]

삶, 비극, 디오니소스, 예술, 철학 등의 개념들은 니체철학에서 인간과 그를 둘러싼 생성 세계에 대한 긍정과 예술가적-창조적 자기극복의 삶을 구성하는 실존적 건강의 요소들이다. 나아가 니체가 제시하는 철학자와 그 유형들 그리고 철학자로서의 니체의 과제는 항상 인간, 즉 건강한 인간 유형으로서의 위버멘쉬의 탄생을 위한 실천철학의 영역에 자리한다.

---

99 니체, 『유고(1872년 여름~1874년 말)』, 19[35], 22쪽.

100 니체, 『유고(1885년 가을~1887년 가을)』, 2[66], 111쪽.

101 니체, 『유고(1888년 초~1889년 1월 초)』, 16[32], 354-355쪽 참조.

철학자는 우선 자신을 위해 그 다음은 다른 사람을 위해 존재한다. 오직 자신을 위해서만 철학자로 존재하는 것은 불가능하다. 왜냐하면 그는 인간으로서 다른 인간과 관계를 맺고 있기 때문이다 : 그리고 그가 철학자라면 또한 이러한 관계 속에 존재해야만 한다. 나는 생각한다 : 은둔자로서 자신을 완전히 다른 사람에게서 이탈시켰을지라도, 그는 하나의 교훈과 모범을 제시한다. 그래서 그는 다른 사람을 위한 철학자이다. 그는 자신이 원하는 대로 행동할 것이다 : 그의 철학자로-존재함은 인간을 향하는 하나의 측면이다.[102]

3) "사상은 행위다." : 철학과 철학자의 문제

"사상은 행위다."[103] 1885년 유고에 남겨진 니체의 짧은 이 글 역시도 그의 철학의 실천적 관점을 대변한다. 사상과 행위, 철학과 실천의 유기적 관계를 드러내주는 이 말은 철학과 철학자의 (사상적) 건강이 세계와 인간 삶의 건강과 유기적으로 연결되어 있다는 그의 생각을 담고 있다. 니체에게 있어 철학은 삶을 계산 가능한 것으로 도식화하는 이성과 합리성 혹은 단 하나의 진리를 상정하는 절대성의 토대가 아니라, 인간을 내면으로부터 이해하고 이로부터 건강한 삶으로의 창조적 변화가능성을 발견하며 결과적으로 이를 실현하고자 하는 실천 양식으로서 작용한다. 그래서 니체는 자기 "저서들의 공통점"을 단순한 "설명이 아닌 해석" 혹은 "인식이 아닌 해석"으로 규정하는 것이다.[104]

철학-종교-도덕에 대한 그의 강한 비판은 단지 오래되고 낡은 가치들

---

102 니체, 『유고(1872년 여름~1874년 말)』, 29[205], 389쪽.

103 니체, 『유고(1885년 가을~1887년 가을)』, 1[16], 15쪽.

104 같은 책, 2[82], 126쪽.

에 대한 비판임을 넘어, 이로부터 발생한 현대의 병, 다시 말해 데카당스, 허무주의와 같은 필연적 병에 대한 구체적인 진단과 처방의 의학적-실천적 성격을 띠고 있다. 그래서 니체는 생명, 힘, 의지, 열정, 고통, 상승, 성장, 사랑, 미래, 실험 등과 같은 계산 불가능한 개념들을 통해 인간과 삶을 본질적으로 다시 이해하고 나아가 모든 가치의 전도, 위버멘쉬, 영원회귀와 운명애 등과 같은 사상적 개념들을 통해 세계, 인간, 삶의 참된 건강을 위한 사상적 실천을 시도하고 또한 요구한다. 니체의 이러한 철학적 시도는 근본적으로 철학의 치유에 대한 시도이며 동시에 인간에 대한 치유이다.

그렇다면 철학과 건강은 어떤 연관성이 있는 것일까? 이에 대하여 니체는 『아침놀』에서 철학을 근본적으로 "개인이 건강해지는 법에 대한 본능"[105]이라고 표현한다. 다시 말해 그는 철학을 자연, 식사, 습관, 충동 등과 같은 삶의 토대를 단지 이성적으로 해석하고자 하는 지성의 영역 혹은 특정 부류의 전유물이 아니라, 인간 실존의 근본 전제이자 삶의 실천양식으로 보았다.[106] 또한 철학자와 건강은 어떤 관계가 있는 것일까? 이에 대하여 니체는 『즐거운 학문』의 제2판 서문에 다음과 같은 물음을 제기한다. "심각한 고통이 철학을 하게 만드는 보다 일반적인 경우에, 병의 압박에 의해 생겨난 사상은 어떤 모습으로 나타날 것인가?" 이에 대한 답은 건강에 대한 감사와 삶에 대한 희망의 감정이 잘 드러나 있는 『즐거운 학

---

105 니체, 『아침놀』, 553, 413쪽.

106 같은 책, 413쪽. 이와 관련하여 니체는 다음과 같은 예를 들어 설명한다. "그동안 나는 새로운 눈으로 나비 한 마리가 은밀하고 고독하게 바위로 된 해안가를 나는 것을 본다. 이 해안가에서는 훌륭한 많은 식물들이 자란다. 나비는 자신이 단지 하루밖에 살지 못할 것이라는 사실, 자신의 허약한 날개에는 밤이 너무 차가울 것이라는 사실을 염려하지 않고 이리저리 날아다닌다. 아마 나비를 위해서도 하나의 철학이 발견될 수 있을 것이다. 비록 그것이 나의 철학이 아닐지라도.—"(같은 책, 413쪽).

문』에서처럼, 병과 고통 속에서도 위대한 긍정과 극복의 철학을 만들어낸 니체 자신의 체험을 토대로 하고 있으며, 이를 바탕으로 그는 다음과 같이 철학과 철학자의 유형을 구분한다.

> 니체 씨가 다시 건강을 회복한 것이 우리와 무슨 상관이 있단 말인가? ……심리학자에게 건강과 철학의 관계에 대한 물음보다 흥미로운 것은 거의 없을 것이다. 그리고 심리학자 자신이 병이 든다면 그는 자신의 학문적 호기심 전체를 병에 집중할 것이다. 인격을 지닌 사람이라면 그 인격에 적합한 철학을 가지고 있을 것이다. 하지만 여기에는 커다란 차이가 있다. 혹자는 자신의 결핍에서 철학을 하고, 또 혹자는 자신의 풍요로움과 활력에서 철학을 한다. 전자의 경우에는 그것이 기댈 곳이건, 위안, 약, 구원, 저항 혹은 자기소외이건 간에 철학을 필요로 한다. 후자의 경우는 단지 호사스러운 사치거나 최상의 경우라 할지라도 개념의 하늘에 조화로운 문자로 새겨져야 할 승리감에 도취된 감사의 기쁨에 지나지 않는다. 그러나 모든 병든 사상가가 그렇듯이—아마도 철학사에는 병든 사상가가 압도적으로 많을 것이다 —107

니체에게 있어 철학은 철학자의 정신이 표출되는 사상의 영역이다. 다시 말해 철학은 철학자의 실존적 상태를 그대로 반영한다. 니체의 표현에 의하면 삶의 결핍에서 철학을 하는 사람은 심리적 나약함으로 인해 필연적으로 자신의 결핍상태를 위로하고 구원해줄 수 있는 철학을 필요로 하게 된다. 니체는 이러한 인간 유형에 대하여 다음과 같이 말한다. "믿음을 가진 자, 온갖 종류의 '신앙을 가진 자'는 필연적으로 의존적인 종류의 사람이다. 달리 말하면 자신을 목적으로 설정하지 않고, 더욱이 자신

107 니체, 『즐거운 학문』, 「제2판 서문」, 2, 25쪽.

으로부터는 목적을 도대체 설정할 수 없는 자들이다."[108] 이와 반대로 삶의 충만으로부터 철학을 하는 사람은 스스로가 목적이 되어 매 순간 힘을 발산하며, 자신의 정신과 의지의 강함을 대변해 줄 수 있는 승리와 도취의 철학을 하게 된다. 이렇듯 철학의 건강은 곧 철학자의 건강을 전제로 하며, 철학과 철학자의 건강은 또한 인간과 그의 삶의 건강과 직결된다.

철학과 철학자에 대한 니체의 비판은 지금까지 철학이 존재하지 않는 존재를 탐구하는 과정 속에서 만들어 낸 형이상학적-종교적 세계 질서와 이로부터 발생하는 영혼과 육체의 분리—니체의 표현에 의하면 "육체에 대한 오해"[109]—가 삶의 해석의 절대적 토대가 되었다는 것,[110] 다시 말해 더 이상 철학이 삶의 건강, 상승, 성장에 기여할 수 없다는 사실을 향한다. 니체에 의하면 이러한 철학은 병 그 자체이며 또한 이러한 철학을 추구하는 철학자의 사상적 전제 역시 병적인 것이다. 니체가 자신의 철학에서 문제시하는 것은 바로 지금까지 철학이 추구해온 진리 그 자체일 뿐만 아니라, 현재에도 여전히 인간 삶에 영향을 미치고 있는 "병적인 것(Krankhaftigkeit)"[111]이다.

> 전쟁보다 평화를 높이 평가하는 모든 철학, 행복의 개념을 부정적으로 파악하는 모든 윤리학, 어떤 종류이건 간에 궁극적이고 최종적인 상태를 인식하려는 모든 형이상학과 물리학, 현실에서 떨어져 있고, 현실을 넘어서 있으며, 그 바

---

108 니체, 『유고(1887년 가을~1888년 3월)』, 11[48], 314-315쪽.

109 니체, 『즐거운 학문』, 「제2판 서문」, 2, 27쪽.

110 "철학자라면 늘 그랬듯이 그에게는 과거에 무엇이었으며 미래에는 무엇이 될 것인지를 바라보는 눈이 없다 : — 그는 단지 존재하는 것만을 바라볼 뿐이다. 그렇지만 존재하는 것은 없기에, 철학자에게는 공상물만이 축적되어 있을 뿐이다. 그의 '세계'로서."(니체, 『유고(1887년 가을~1888년 3월)』 11[5], 298쪽).

111 니체, 『유고(1888년 초~1889년 1월 초)』, 14[65], 56쪽.

곁에 있고, 그 위에 있는 것을 추구하는 모든 미학적, 종교적 요구 등에 직면할 경우, 우리는 그 철학자에게 영감을 준 것이 혹시 질병이 아닐까 하는 물음을 던져보아도 좋다.[112]

이러한 의미에서 철학과 철학자의 역할에 대한 니체의 생각, 다시 말해 왜 니체가 자신의 철학에서 철학자를 예술가, 입법자, 의사[113] 등으로 표현했는지를 짐작할 수 있다. 그는 자신의 철학을 병 든 철학의 치유에 대한 시도임과 동시에 인간 삶의 오랜 철학적-종교적-도덕적 토대를 허물고 삶의 참된 건강으로 가는 길을 제시할 수 있는 "건강의 가르침(Gesundheitslehre)"[114]으로 여겼다. 니체에 의하면 지금까지 서구정신사의 토대로 작용하던 "최고 가치평가"는 본질적으로 육체에 대한 형이상학적 오해를 토대로 하고 있으며, 이로부터 대지와 인간의 삶에 대한 가치 폄하의 문제가 발생했다.[115] 하지만 끊임없이 생성하는 디오니소스적 세계를 진정한 현실적 삶의 세계로 인정하는 니체에게 삶을 구성하는 명제는 진리가 아니라, 건강, 미래, 성장, 힘, 의지이다. 그리고 이를 수행할 수 있는 철학자의 유형을 니체는 "철학적 의사(ein philosophischer Arzt)"[116]라고 표현한다.

---

112 니체, 『즐거운 학문』, 「제2판 서문」, 2, 26쪽.

113 이에 대하여 들뢰즈는 신이 죽은 세계에서 삶 그 자체를 긍정하고 끊임없이 자기 자신을 극복하는 디오니소스적 인간 유형의 탄생을 시도하는 니체의 미래철학과 이를 수행하는 미래의 철학자를 "징후학자", "유형학자", "계보학자"와 같은 이름으로 명명한다. 그에 의하면 미래의 철학자는 시대의 병적 징후들을 해석하는 "의사로서의 철학자"이며 동시에 새로운 인간 유형을 만들어 내는 "예술가로서의 철학자"이자 서열(거리의 파토스)과 이를 위한 계보학을 규정하는 "입법자로서의 철학자"이다.(Gilles Deleuze, Nietzsche und die Philosophie, Hamburg 2008, 83쪽 참조).

114 니체, 『인간적인 너무나 인간적인 II』, 「서문」, 2, 12쪽.

115 니체, 『즐거운 학문』, 「제2판 서문」, 2, 27쪽.

116 같은 책, 27쪽.

니체는 소크라테스에 대한 비판이 주를 이루는 『비극의 탄생』과 쇼펜하우어를 새로운 문화의 모범으로 제시했던 『반시대적 고찰』부터 항상 철학과 철학자를 논의의 대상으로 설정해 왔다. 보다 구체적으로 말하면 니체는 『반시대적 고찰』의 세 번째 글 「교육자로서의 쇼펜하우어」에서 쇼펜하우어를 "진정한 철학자", "교육하는 철학자"[117] 혹은 이를 총칭하여 "교육자로서의 진정한 철학자"라 여기며, 그를 현 시대와 평균적 인간을 진단하고 치유할 수 있는 영혼의 교육자로서 "현대적 인간성의 의사"로 표현했다.[118] 하지만 『즐거운 학문』에서부터, 자신의 철학을 "미래의 철학"으로 명명하고 스스로를 "미래의 철학자"[119]로 이해한 『선악의 저편』 이후로 그는 더 이상 특정한 철학자의 이름을 거론하기보다는, 오히려 "새로운 철학자"[120], "본래의 철학자"[121], "미래의 철학자"[122]와 같은 표현을

117 니체, 『반시대적 고찰 Ⅲ』, 「교육자로서의 쇼펜하우어」, 2, 396-397쪽.

118 같은 책, 401쪽.

119 니체, 『선악의 저편』, 210, 185쪽.

120 같은 책, 44, 77쪽.

121 같은 책, 211, 189쪽.

122 "미래의 철학자"의 과제에 대한 내용은 대부분 『선악의 저편』에 등장하지만, 이 미래의 철학자 유형은 이미 1872년 여름~1873년 초의 한 유고에 등장한다. "미래의 철학자? 그는 예술적 문화의 최고 법정이 되어야 한다. 말하자면 온갖 과도함을 통제하는 치안당국이 되어야 한다."(니체, 『유고(1872년 여름~1874년 말)』, 19[73], 40쪽). 1872년에서 1873년은 『비극의 탄생』이 출간되고, 『반시대적 고찰』이 준비되던 시기로서, 이 당시는 니체가 그리스 비극 예술과 쇼펜하우어의 강한 영향 속에 있던 때이다. 이 시기의 유고에서 니체는 현대의 학문적-전문적 지식충동과는 달리 그리스인들이 삶을 지배할 정도의 학문과 지식충동을 통제할 수 있었던 방법을 강조한다.(같은 책, 19[45], 29쪽). 니체에 의하면 그리스인들은 삶을 학문이 아니라, 예술의 관점에서 바라보았다. 니체의 견해는 명확하다. 학문이 삶의 지배양식이라면, 예술은 삶의 해석양식인 것이다. 삶을 예술적으로 정당화하는 니체의 초기 철학적 과제는 바로 그리스인들의 예술정신을 전제로 한다. "예술은 모든 것을 새롭게 창조해야 하고 완전히 단독으로 삶을 새롭게 탄생시켜야 한다. 그리스인들은 예술이 무엇을 할 수 있는지 우리에게 보여준다."(같은 책, 19[36], 23쪽). 이 시기의 유고에는 학문과 철학, 철학과 예술에 대한 니체의 다양한 견해들을 찾아볼 수 있으며 그의 철학의 후기에까지 지속된다. 이와 관련하여 1885년 그의 후기 『유고(1885년 가을~1887년 가을, 2[66], 111쪽)』에 등장하는 개념 "예술가-철학자"는 이미 1872년 초기 『유고(1872년 여름~1874년 말)』, 19[39], 26쪽)』에 "철학자-예술가"라는 개념으로 등장한다. 니체에게 있어 철학과 예

사용한다. 니체에게 이들은 "시도하는 자(Versucher)"[123]이자 "새로운 철학자"[124]로 대변되며, 니체 역시 자신을 이들과 동일하게 여긴다.

니체에게 있어 인간의 삶에서 철학과 철학자의 역할이 중요한 이유는 그들이 세계 해석과 더불어 삶의 가치의 토대를 설정하는 자들이기 때문이다. 하지만 지금까지 철학과 철학자들은 삶의 긴급한 문제들을 인식하지 못했다. 현대문명과 학문은 신의 죽음을 과학적 사고의 만성적 결과로 이해할 수 있을지 몰라도[125], 니체에게 이러한 병의 만성은 허무주의라는 병의 이름으로 발생할 뿐이다. 이때 학문은 삶의 실존적-실천적 영역을 포괄할 수 있는 의미지평에서 니체의 비판을 피해갈 수 없다. 철학과 학문에 대한 니체의 견해는 다음의 글에서 분명하게 드러난다.

> 학문을 파괴하는 것이 아니라 지배하는 것이 중요하다. 말하자면 학문은 자신의 모든 목표와 방법에서 전적으로 철학적 관점들에 의존하고 있으나, 학문은 이것을 쉽게 잊는다. 또한 지배적인 철학은 어느 선까지 학문의 성장이 허용되는가 하는 문제를 숙고해야 한다 : 철학은 가치를 규정해야 한다.[126]

술, 철학자와 예술가는 보다 건강한 삶과 미래의 창조를 위한 '실천'의 토대 위에서 서로 동일한 과제의 수행을 위해 관계한다. 즉 철학은 예술의 관점에서 삶을 인식하고, 예술은 철학의 관점에서 삶을 창조한다. "철학자는 절박하게 필요한 것을 인식해야 하고 예술가는 그것을 창조해야만 한다."(같은 책, 19[23], 17쪽).

123 니체, 『선악의 저편』, 42, 73쪽.

124 같은 책, 44, 77쪽.

125 이에 대한 하나의 예로 니체는 『차라투스트라는 이렇게 말했다』의 『과학에 대하여』에서 과학을 인간의 내면의 본질적인 공포를 제거하기 위한 것으로 규정한다. (니체, 『차라투스트라는 이렇게 말했다』, 「과학에 대하여」, 500쪽). 차라투스트라의 견해에 첨언하면, 삶의 공포는 오늘날에도 여전히 유효한 "자연과학"을 만들어 냈고 이와 더불어 충동적이고 본능적인 삶에 대한 공포는 "윤리"를 만들어 냈다. (Hans Weichelt, Zarathustra-Kommentar, Leipzig 1922, 205쪽).

126 니체, 『유고(1872년 여름~1874년 말)』, 19[24], 17쪽.

철학은 가치를 규정해야만 한다. 그리고 철학자는 가치를 창조해야만 하는 자이다. 삶을 학문과 과학의 대상으로 이해해온 문명과 문화의 위기로부터 다시 삶을 철학적-실존적 물음의 대상으로 전환시키고, 새로운 생명의 문화를 건설하고자 하는 문제의식으로부터 니체는 "문화의 의사(Arzt der Kultur)"[127]가 되고자 했었다. 위버멘쉬의 등장은 이러한 새로운 미래 문화의 토대로부터 비로소 실현될 수 있다.[128] 이러한 의미에서 "미래의 철학자"는 더 이상 단 하나의 진리로부터 모든 삶의 가치를 도출해내는 "독단주의자"일 수 없으며,[129] 오히려 오랜 가치들에 대한 "회의주의자" 일 수밖에 없다.[130] "그들은 자신의 '마음에 든다'거나 자신들을 '고양시킨다'거나 '감격시킨다' 하기 위해 진리와 관계를 맺지는 않을 것이다."[131]

니체에 의하면 미래의 철학자는 현대의 전문적-평균적 이념에 매몰된 인간의 잠재적 변화가능성을 발굴하고[132], 삶의 실존적 의미와 가치를 위해 매 순간 새로운 삶의 진리를, 즉 삶의 새로운 토대와 양식을 창조하는 철학자 유형이기에 필연적으로 "실험의 인간"[133]이자 "자유정신"[134]일 수

127 같은 책, 30[8], 418쪽.

128 Klaus Wellner, Über die Funktion der Kultur im Denken Friedrich Nietzsches, in: Sommer, Andreas Urs (Hrsg.), Nietzsche–Philosoph der Kultur(en)?, Berlin 2008, 68쪽 참조.

129 "다가오는 이 철학자들은 새로운 '진리'의 친구들인가? 아마 그럴 것이다. 왜냐하면 모든 철학자는 지금까지 그들 나름의 진리를 사랑해왔기 때문이다. 그러나 그들이 독단론자가 될 수 없다는 것은 확실하다. 그들의 진리가 여전히 온갖 사람을 위한 진리이고자 한다면—이것은 지금까지 모든 독단적인 노력이 행한 은밀한 소망이자 저의였는데—, 이는 그들의 자부심에 반하는 일이며, 그들의 취향에도 반하는 일이 될 것이다 : "나의 판단은 나의 판단이다. 이에 대해 다른 사람도 권리를 갖는다는 것은 쉽지 않은 일이다."— 미래의 철학자는 아마 이렇게 말할 것이다. 수많은 사람과 의견을 일치시키려는 좋지 않은 취미에서 스스로 벗어나야 한다."(니체, 『선악의 저편』, 43, 73쪽).

130 같은 책, 210, 186쪽.

131 같은 책, 210, 186쪽.

132 같은 책, 44, 212쪽.

133 같은 책, 210, 186쪽. "철학자는 스스로 문화를 연구하고 그 자신으로 실험하는 실험실이다.

밖에 없다. 그리고 이 실험의 공간은 바로 인간의 삶이다. 미래의 철학자들에게 있어 철학은 삶을 가치의 실험실로 여기며, 매 순간 새로운 가치들을 창조해낼 수 있는 구체적인 삶의 학문이다.[135] 철학의 이러한 역할에 대한 니체의 생각은 그의 사상의 초기에서 후기에 이르기까지 변함없이 유지된다.

> 철학의 가치는 인식 영역에 있는 것이 아니라 삶의 영역에 있다 : 현존에의 의지는 좀 더 고귀한 현존재 형식을 위해 철학을 사용한다.[136]

이와 관련하여 1885년의 한 유고에서 철학자의 근본적인 임무를 가치를 평가하는 것으로 규정하는 니체의 생각을 확인할 수 있다. 여기서 니체는 다음과 같은 두 가지 철학자 유형을 제시한다.

> 젊었을 때, 나는 도대체 철학자란 본래 무엇인가에 대해 고민을 했다 : 왜냐하면 나는 대립적은 특성을 인지하는 유명한 철학자들을 믿었기 때문이다. 마침

이 실험은 단 한 번에 그치는 일이 아니라, 삶의 방식을 각인하는 것이다."(Paul van Tongeren, Vom "Arzt der Cultur" zum "Arzt und Kranken in einer Person". Eine Hypothese zur Entwicklung Nietzsches als Philosoph der Kultur(en), in: Sommer, AndreasUrs(Hrsg.), Nietzsche-Philosoph der Kultur(en)?, Berlin 2008, 28쪽).

134 니체, 『선악의 저편』, 44, 211쪽.

135 야스퍼스가 철학을 삶과 유리된 추상적인 학문이 아니라, 삶을 호흡하게 하는 "실존의 공기"라고 표현하는 것도 이러한 의미에서 이해될 수 있을 것이다.(김정현, 『니체, 생명과 치유의 철학』, 책세상, 2006, 361쪽 참조).

136 니체, 『유고(1872년 여름~1874년 말)』, 19[45], 29쪽. 하이데거에 의하면 인간은 자신의 유한한 실존 속에서 이미 철학을 하고 있다. 이때 철학은 학문으로서가 아니라 인간 실존의 근본토대이다. 삶, 고통, 미래 등이 실존의 영역일 때, 철학은 이미 현존재(Dasein)에 속해 있다. 그의 표현처럼 철학은 "유한한 존재자의 유한한 가능성"인 것이다. "현존재에서 철학함이 일어나야 한다. 그러나 인간 현존재는 결코 일반적으로 실존하는 자가 아니다. 오히려 현존재가 실존할 때, 각각의 현존재가 그 자체로서 실존하는 것이다."(마르틴 하이데거, 『철학입문』, 이기상 · 김재철 옮김, 까치, 2006, 15쪽/17쪽).

내 내가 도달할 결론은 철학자에게는 두 가지 다른 종류가 있는데, 우선 가치 평가, 즉 (논리적이거나 도덕적인) 일회적 가치 정립과 가치 창조라는 그 어떤 위대한 가치 평가의 사실을 확립할 수 있는 그러한 철학자와, 그 다음에 그러나 스스로가 가치 평가의 입법자인 그러한 철학자가 있다는 것이었다.[137]

니체에 의하면 "본래의 철학자(die eigentliche Philosophen)"들은 명령하는 자(Befehlende)이며 동시에 입법자들(Gesetzgeber)이다. 이에 대한 설명은 『선악의 저편』에서 더 자세히 기술되어 있다. 본래의 철학자들에게 있어 철학은 단 하나의 진리만을 추구하는 순수 학문도 아니고, 교육과 교양만을 위한 이론적-기능적-비생산적인 학문도 아니다. 또한 철학자는 단지 신적인 것에 대한 복종 혹은 우상숭배를 통해 진리를 찾고 삶을 해석하는 "철학적 노동자"[138]가 아니다. 만약 진리의 토대 위에서 삶이 해석되면, 인간의 삶은 "실천 대신에 하나의 신학"이, "삶의 방식 대신에 신앙"이 자리할 수밖에 없다.[139] 하지만 본래적 철학자들에게 삶의 생동성은 학문적 법칙이 아니라 오히려 철학의 자유로운 실존적 성찰로 가능해지며, 이를 위한 철학자의 과제는 "인간이 어디로 가야하는가와 어떤 목적을 가져야 하는가"에 대한 규정이다.[140] 이를 위해 본래의 철학자들은 가치를 창조하기를 원하며 또한 가치를 창조하며 보다 새롭고 건강한 미래를 선취한다.

여기서 니체가 본래의 철학자들의 "인식을 창조로", 그들의 "창조를 하

---

137 니체, 『유고(1884년 가을~1885년 가을)』, 38[13], 437쪽.

138 니체, 『선악의 저편』, 211, 188쪽.

139 니체, 『유고(1887년 가을~1888년 3월)』, 11[378], 504쪽.

140 니체, 『선악의 저편』, 211, 189쪽.

나의 입법으로" 그리고 그들의 "진리에의 의지를 힘에의 의지로" 규정함은, 곧 그들의 인식은 해석이고, 창조는 가치평가이며, 무언가를 의지하고자 하는 인간 의지의 근본원리는 더 이상 진리가 아니라, 오직 자기 내면의 힘에의 의지일 뿐임을 의미한다. 철학자들로부터 창조된 가치는 모든 인간들에게 실천의 요구로 이어진다. 그리고 이렇게 창조된 삶의 조건으로부터 비로소 모든 인간에게 내재된 변화가능성, 다시 말해 위버멘쉬로의 변화가능성이 실현될 수 있다. 『차라투스트라는 이렇게 말했다』의 습작으로 남겨진 1883년 가을의 한 유고에서 니체는 차라투스트라의 입을 빌려 아래와 같이 말한다. 차라투스트라의 가르침은 건강한 인간의 탄생을, 다시 말해 건강한 인간 유형인 위버멘쉬로의 실존적 변화를 제시하는 한 철학자로서의 니체의 실천적 사상을 담고 있다.

> 나와 똑같이 하라. 오직 행동하는 자만이 배운다. 나 또한 행동하는 자로서만 그대들의 교사가 될 것이다.[141]

4. 니체철학의 실존적–실천적 관점

니체철학의 실존적-실천적 관점은 이미 그의 초기 저서인 『비극의 탄생』에서 발견된다. 비록 오랜 시간 후에 "예술가-형이상학"은 부정되지만, 니체철학의 근본토대는 인간의 삶이었으며 그의 철학적 시도는 인간과 그의 실존에 대한 것이었다. "예술은—도덕이 아니라—인간이 가진 본

141 니체, 『유고(1882년 7월~1883/84년 겨울)』, 16[7], 660쪽.

래의 형이상학적 활동으로 설정된다."[142]는 니체의 유명한 이 말은, 그가 인간과 그의 삶을 "실존의 도덕적 해석"이 아니라 실존의 예술적 관점을 통해 해석하고 있음을 분명하게 드러내고 있다. 현존재의 건강한 실존을 위해 니체는 이때부터 인간의 삶과 깊이 관련된 합리적 낙천주의, 공리주의, 민주주의, 염세주의, 학문, 종교, 도덕 등의 문제들을 학문의 관점이 아니라, 반도덕적-반종교적 관점, 즉 예술의 관점에서 인식했다.[143] "학문은 예술가의 광학으로 바라보지만, 예술은 삶의 광학으로 바라본다."[144]

그의 후기 예술철학이 "예술생리학(Physiologie der Kunst)"으로 변모되고 예술을 인간에게 내재된 힘과 의지의 문제로 환원하면서, 예술은 보다 본질적으로 인간과 그의 삶에 관계한다. 이러한 측면에서 예술을 자신의 삶에 직접적으로 참여하는 "예술가의 관점"에서가 아니라, 단지 관조하는 "수용자의 관점"에서 평가하는 쇼펜하우어의 예술관은 강한 비판의 대상이 된다.[145] 예술은 삶을 토대로 하기에 실존적이며 동시에 창조하는 자의 양식이기에 실천적이다. 예술은 삶의 상승, 성장, 건강에 기여하는 실존적-실천적 도구이다.

이후 모든 이상주의로부터의 정신적 해방을 이야기 한 『인간적인 너무나 인간적인』에서 니체철학의 중심 주제는 인간적인, 너무나 인간적인 것들이었다.[146] "우리의 현재에 규칙을 부여하는 것은 바로 미래이다."[147]

---

142 니체, 『비극의 탄생』, 5, 16쪽.

143 같은 책, 2, 11쪽/4, 16쪽.

144 같은 책, 2, 12쪽.

145 니체, 『유고(1885년 가을~1887년 가을)』, 2[110], 143쪽.

146 "나는 이 책(『인간적인 너무나 인간적인』)을 통해 내 본성에 속하지 않는 것들에서 나를 해방시켰던 것이다. 내게 속하지 않는 것이란 이상주의다 : 그 제목은 "너희가 이상적인 것들을 보는 곳에서, 나는—인간적인, 아아, 인간적인 것만을 본다"라는 말을 하고 있는 것이다."(니체, 『이 사람을 보라』, 「인간적인, 너무나 인간적인」, 1, 404쪽).

라는 자신의 말처럼, 니체는 자신의 철학에서 미래를 향해 끊임없이 극복되어가는 현재를 지향한다. 이러한 의미에서 니체는 『인간적인 너무나 인간적인』을 시작으로 자신의 전작에서 형이상학적 이상주의와 낭만적 문화를 부정하고 정신의 실존적 해방을 시도하는 '비판적 계몽주의자'로, 인간 삶의 형이상학적-종교적-도덕적 근원에서 인간의 심리적-생리적 억압의 원인을 발견하고 인간 내면의 충동과 욕구(힘에의 의지)의 활동을 긍정하는 '비판적 심리학자'로, 신이 없는 대지의 자유를 인간의 정신과 의지의 자유로, 나아가 이러한 대지를 삶의 자유로운 실험의 장소로 규정하는 '철학적 실험가'로, 인간 미래의 실존적 변화를 위해 삶의 새로운 실존적-실천적 조건을 규정할 수 있는 '미래의 도덕'을 제시하는 '미래의 철학자'로, 건강과 병에 대한 자신의 개인적인 경험을 통해 인간 삶의 참된 건강을 제시하는 '삶의 의사'로 계속해서 변화한다. 여기서 1883년의 한 유고의 "나는 불쾌한 진리의 철학자(der Philosoph der unangenehmen Wahrheiten)이고자 했다—6년 동안!"[148]이라는 말은, 이로부터 6년 전인 1876년부터 『인간적인 너무나 인간적인』의 원고가 쓰였다는 것을 감안하면 그가 수행한 철학적 시도가 어떠한 것이었는지 유추할 수 있다.

니체철학의 사상적 변화는 인간의 삶과 관계된 모든 영역에 대한 비판과 반성 속에서 진행되며, 이러한 사상적 변화의 근저에는 인간의 실존적 건강을 실현하기 위한 실천적 토대를 건설하고자 하는 니체의 고민이 쉬지 않고 흐르고 있다. 이러한 의미에서 니체가 자신의 철학에서 제시한 다양한 사상적 개념들은 보다 새롭고 건강한 미래의 창조를 위한 실존적

---

147 니체, 『인간적인 너무나 인간적인 Ⅰ』, 「서문」, 7, 19쪽.

148 니체, 『유고(1882년 7월~1883/84년 겨울)』, 9[9], 448쪽.

-실천적 조건으로서 기능을 한다. 그에게 있어 낡은 가치에 속박된 정신으로 대변되는 철학과 철학자는 형이상학, 그리스도교, 도덕의 신봉자이자 대변자에 지나지 않는다. 이들이 추구한 단 하나의 진리는 인간 삶의 다양성과 변화의 가능성을 제한하는 과오를 범해왔다.

니체철학에서 자유정신은 모든 인간에게 그들 자신만의 실존적 조건을 설정하고 이를 실천할 수 있도록 허용해주는 실존적-실천적 개념이다. 자기 실존의 목적을 오직 자기 자신으로부터 찾을 수 있게 된 자유로워진 정신은 이제 삶 그 자체로 실존하고, 자신의 자유로운 의지를 통해서 삶 그 자체를 실천한다. "이제 자유정신은 어떤 '너는 해야 한다'에 자신이 복종해왔는지, 그리고 이제 무엇을 할 수 있는지, 비로소 무엇을 해도 좋은지를 알고 있다."[149] 다음의 글은 니체의 『인간적인 너무나 인간적인』이—넓게는 자신의 철학이—단순히 삶의 지식이 아니라, 실존적-실천적 지혜를 담고 있다는 사실을 함의하고 있다.

> 나의 체험 — 그것은 회복이 끝난 것이기 때문에 하나의 질병과 회복의 역사이다 — 은 단지 내 개인적인 체험에 불과한 것일까? 그리고 단지 나의 '인간적인, 너무나 인간적인 것'에 불과한 것일까? 나는 지금 정반대라고 믿고 싶다 ; 내 방랑의 책이 때때로 그런 모습을 보였듯이 계속해서 단지 나 자신만을 위해서 쓰여진 것이 아니라는 확신이 들기 때문이다—. […] 특히 어떤 한 '과거'에 사로잡혀 있고 과거의 정신을 고뇌할 수 있는 정신을 아직 충분히 가지고 있는 사람들의 마음과 귀에 이 책들을 권해도 되지 않을까? 그러나 무엇보다 가장 힘겨운 길을 가는 너희에게, 귀한 사람들이자 가장 위험한 곳에 있는 사람들인 동시에 현대의 영혼의 양심이어야 하며 그러한 영혼으로서 지식을 가져야 하

149 니체, 『인간적인 너무나 인간적인 Ⅰ』, 「서문」, 6, 18쪽.

는 가장 정신적이고 가장 용감한 사람들인 너희에게, 그리고 오늘날 질병, 독, 위험으로 생겨날 수 있는 것이 한데 모이는 너희에게 이 책을 권해도 되지 않을까?[150]

150 니체, 『인간적인 너무나 인간적인 II』, 서문, 6, 17–18쪽.

Ⅲ. 니체의 개념 "미래의 의술"에 대한 개념적 분석

1. 분석의 전제

본 글은 1888년 초의 유고에 제시된 니체의 철학적 계획(단편번호 15[20])에 대한 분석을 담고 있다. 그 계획은 다음과 같다.

> 계획.
> 1. 참된 세계와 가상 세계.
> 2. 데카당스 유형으로서의 철학자들.
> 3. 데카당스의 표현으로서의 종교.
> 4. 데카당스의 표현으로서의 도덕.
> 5. 반동 : 왜 그것들이 하위에 있는지.
> 6. 우리의 현대 세계는 어디에 속하는가? 소진에? 아니면 상승에?
>   — 현대 세계의 다양성과 동요는 최고 형식의 의식화에 의해서다.
> 7. 힘에의 의지 : 삶에의 의지의 의식화……
> 8. 미래의 의술.[1]

---

1 N 15[20], KSA 13, 418쪽. 니체는 본 계획을 8개의 장으로 구성하고 각 70페이지씩 총 600페

이 계획은 니체가 형이상학적-종교적-도덕적 세계 해석을 바탕으로 예견한 현대 유럽의 허무주의 도래와 그 근원에 대한 탐구 및 현대인의 데카당스 증상을 치유하고자 하는 니체의 철학적 시도를 담고 있다. 이 계획의 1장~4장이 전통 형이상학과 종교의 이분법적 세계질서를 바탕으로 한 시대적-문화적 데카당스의 유발 원인과 토대에 대한 비판적 고찰이라면, 5장과 6장은 시대의 병적 증상에 대한 진단과 더불어 그의 철학적 문제의식을 담고 있다. 그리고 7장과 8장은 인간의 심리적 나약함과 생리적 퇴화 증상 그리고 이에 대한 현상으로서 삶의 퇴락과 하강 현상의 치유를 위한 니체의 철학적 처방이다. 이 계획에서 필자가 주목하는 것은 7장 "힘에의 의지 : 삶에의 의지의 의식화"와 8장 "미래의 의술"이다. 그 이유는 "힘에의 의지 : 삶에의 의지의 의식화(Der Wille zur Macht : Bewußtwerden des Willens zum Leben)"는 니체의 철학에서 세계와 인간 삶의 본질적-내면적 해석에 대한 방법론으로 제시되며, 이를 바탕으로 "미래의 의술(Die Heilkunst der Zunkunft)"은 인간의 건강한 삶을 위한 그의 미래철학의 방향과 목적을 내포하고 있기 때문이다.

1888년 초에 작성된 이 계획(단편 15[20])은 니체가 『힘에의 의지』라는 제목으로 구상했던 저서의 지속적인 변화 과정에 위치한다. 이 계획은 하나의 완성된 체계로서 출판된 책의 목차는 아니다. 하지만 당시 니체의 철학적 사유와 관심이 구체적으로 서술된 계획이라는 측면에서 그 의미가 크다. 힘에의 의지의 일환으로 구성된 이 계획은 이미 같은 해 다음과 같은 구성(단편 14[169])으로 등장했다.

이지를 계획했으며, 여기서 니체의 후기 철학의 문제의식을 대변하는 허무주의는 데카당스로 대체되어 있다. (Mazzino Montinari, Friedrich Nietzsche. Eine Einführung, Berlin/New York 1991, 117쪽).

1. 참된 세계와 가상 세계.
2. 데카당스 유형으로서의 철학자.
3. 데카당스의 표현으로서의 종교적 인간.
4. 데카당스의 표현으로서의 선한 인간.
5. 반동 : 예술
   비극적인 것의 문제.
6. 종교에서 이교적인 것.
7. 철학에 맞서는 과학.
8. 정치학.
9. 현대 비판.
10. 허무주의와 그것의 대립상 : 회귀성.
11. 힘에의 의지.[2]

위 계획에서 세계의 이원화 및 허무주의, 데카당스 현대에 대한 비판, 힘에의 의지 등은 동일한 문제의식으로 제시되고 있다. 하지만 현대의 데카당스 현상에 대한 반동운동으로서 예술이 제시되었다는 점에서 니체의 비판이 현대의 무리본능에 매몰된 평균인의 실존적 무기력과 더불어 삶의 허무주의적 위기에서 자신의 덕과 가치를 창조할 수 있는 미학적 실천의 문제를 염두에 두고 있음을 알 수 있다. 그리고 두 계획의 비교에서 위의 계획에는 아직 "미래의 의술"이 구상되어 있지 않다는 점이 중요하다. 하지만 힘에의 의지가 니체의 비판적 문제의식을 해결할 수 있는 실마리로 등장하고 있다는 사실을 알 수 있다. 니체는 본 계획의 11장 "힘에의 의지"를 이후 계획(단편 15[20])에서는 7장 "힘에의 의지 : 삶에의

2 N 14[169], KSA 13, 355쪽.

의지의 의식화"로 구체화했으며, 마지막 8장 "미래의 의술"을 추가했다.

나아가 두 계획의 1장은 참된 세계와 가상 세계의 대립으로 제시되어 있다. 니체에 의하면 참된 세계와 가상 세계의 대립, 즉 존재 세계와 생성 세계의 대립은 필연적으로 삶의 실존적 의미를 내포한 가치의 대립을 산출한다. 두 계획에 제시되지 않은 "가치"의 문제는 1885년 8월부터, 즉 모든 가치의 전도가 힘에의 의지의 부제로 추가되면서부터 꾸준히 등장하지만[3], 위의 두 계획처럼 빠져있는 경우도 있다. 하지만 이 문제는 1888년 8월 힘에의 의지의 마지막 계획에서 오랜 가치들의 "기원"과 "투쟁"에 대한 시도로 다시 등장한다.[4] 이 시기 이후 니체는 더 이상 힘에의 의지에 대한 계획을 세우지 않으며[5], 1889년 1월 초까지 그동안 힘에의 의지의 부제로 구성된 "모든 가치의 전도(Umwertung aller Werte)"를 단독 제목으로 등장시킨다.

이러한 의미에서 하인츠(Friedrich Heinz)는 니체의 유고(1886~1889)는 힘에의 의지와 모든 가치의 전도가 통합되는 곳으로서 "부차적인 저서(Bei-Werk)"가 아니라 그 자체로 하나의 "저서"라고 평가한다.[6] 이렇듯 니체의 힘에의 의지는 허무주의의 극복을 위해 모든 가치의 전도를 수행할 수 있는 실존-미학적 방법론, 즉 대지의 생성 세계를 견뎌내기 위해 참된 진리의 세계를 창조한 인간의 실존적 무기력과 더 이상 자신의 가치를 창

---

3 Mazzino Moninari, Friedrich Nietzsche. Eine Einführung, 108쪽. 1886년 여름 : "힘에의 의지. 모든 가치의 가치 전도의 시도. 네 권의 책."(N 2[100], KSA 12, 109쪽). 1888년 7~8월 : "힘에의 의지 계획을 위한 구상 : 모든 가치의 전도"(N 18[17], KSA 13, 537쪽).

4 같은 책, 537쪽.

5 Mazzino Moninari, Friedrich Nietzsche. Eine Einführung, 120쪽.

6 Friedrich Heinz, Vorbemerkungen. Nietzsche–ein Nachlaßproblem?, in: Friedrich Nietzsche. Weisheit für Übermorgen, München 1999, 6쪽.

조할 수 없는 인간의 창조적 무능력의 치유를 위한 도구이다.

본 글의 목적은 니체 본연의 사상을 새롭게 해석하고 이해함에 있지 않다. 오히려 니체 스스로 자신의 철학을 "건강의 가르침"[7]으로 명명했던 것처럼, 그의 철학적 치유의 시도를 "미래의 의술"로, 즉 치유된 현재를 토대로 지속적인 미래의 건강을 형성하는 삶의 건강 원리로 규정하고, 이를 바탕으로 그가 비판한 시대증상들을 건강과 병의 관점에서 바라보며 나아가 이러한 시도 전체를 그의 미래철학의 관점에서 서술하며 증명함에 있다.

2. 계획의 분석

1) 1장. 참된 세계와 가상 세계

참된 세계와 가상 세계의 대립은 니체의 철학에서 존재와 생성, 진리와 비진리 나아가 진리에의 의지, 무에의 의지와 힘에의 의지의 대립과 동일한 의미를 지닌다. 두 세계의 대립은 끊임없이 변화하는 대지의 삶에 적대적인 모든 대립의 기원이다. 니체에게 있어 참된 세계와 가상 세계의 대립이 필연적으로 인간과 삶의 두 가지 인간학적-유형학적 대립을 유발하는 이유는 이 두 세계가 대지의 인간에게 삶의 의미와 가치의 터전으로, 즉 자기 삶의 실존적 건강과 행복을 위한 해석학적 관점을 규정하는 근본토대로 작용하기 때문이다. 여기서 두 세계의 철학적-종교적-도덕적 이분화에 대한 니체의 근본적인 철학적 문제의식이 시작되며, 이를 바탕

7 MA II, 서문, 2, KSA 2, 371쪽.

으로 그의 새로운 세계관이 삶과 어떤 관계를 맺고 있으며 또한 인간에게 무엇을 요구하는지가 분명하게 드러난다.

1888년 초 니체는 앞에 언급된 자신의 철학적 계획에 대한 보다 구체적인 생각들을 많은 단편으로 남겼다. 그중 「참된 세계와 가상 세계. 첫 장을 위한 소묘」라는 글에서 니체는 대지의 현실적 삶으로부터 멀어진 세계를 "미지의 세계", "다른 세계", "참된 세계"로 구분하며 설명한다.[8] 그에 의하면 첫째, "미지의 세계(eine unbekannte Welt)"는 이편의 대지 외에 또 하나의 "알려지지 않은 세계"에 대한 명칭이며, 이편의—알려진(bekannt)—세계에 철저하게 적응된 인간이 이를 더 이상 새로울 것이 없는 지루한 세계로 간주함과 더불어 그의 모험심과 호기심이 이 환상의 원인이다. 하지만 미지의 세계는 인간이 현재의 자기만족을 위해서 만들어 낸 저급한 형태의 세계일 뿐이다.[9] 대지의 삶에 대한 무조건적 긍정을 요구하는 니체에게 있어 미지의 세계는 그 자체로 나약한 인간의 의지가 만들어 낸 허구임은 분명하지만 상상 속에서만 존재할 뿐, 아직 미지의 세계에 대한 환상으로 인해 자신의 현실을 부정하지는 않는다.

둘째, "다른 세계('eine' andere Welt)" 역시 알려지지 않은 또 하나의 미지의 세계처럼, 이편 세계와 그 어떤 "필연성과 숙명"으로 연결된 세계는 아니며, 대지의 현실적 삶에 만족하지 못한 인간들이 "더 나은 삶이라는 환영"[10]으로 만들어 낸 세계이다. 하지만 다른 세계는 미지의 세계와 달리 단순한 호기심에 머무르지 않고 "미지의 세계에 대해 무언가를—알고지—하는 의욕"[11]이 가해진 세계이다. 결론적으로 미지의 세계와 다른 세

8 N 14[168], KSA 13, 352쪽.

9 같은 책, 352쪽.

10 같은 책, 355쪽.

계는 근본적으로 알려지지 않은 세계, 알고자 하지만 알 수 없는 세계이다.

셋째, "참된 세계('eine' wahre Welt)"는 미지의 세계 혹은 다른 세계와는 본질적으로 다르다. 이 세계는 인간의 맹목적 믿음으로 건설된 형이상학적-종교적-도덕적 당위의 세계이다. 니체에 의하면 이러한 맹목적 믿음은 가정이 아니라, 위험한 확신("참-으로-간주함")이며, 그는 이 세계를 대지의 현상 세계를 철저하게 부정하는 "허무주의의 가장 극단적인 형식"이라고 규정한다.[12] 참된 세계와 달리 미지의 세계와 다른 세계는 현재 삶에 대한 참과 거짓, 긍정과 부정의 경계에서 자유로웠다. 물론 이 두 세계 역시 이편의 대지 세계에 대한 불만족과 비판으로부터 성립되지만, 참된 세계처럼 본질적으로 대지 세계에 대한 거짓과 부정으로부터 출발하지 않는다.

> 주의! '다른', 미지의 세계 — 좋다! 하지만 '참된 세계'라고 말하는 것은 '그 세계에 대해 무언가를 알고 있다'를 의미한다. — 이것은 어떤 X-세계를 가정하는 것과는 반대되는 일이다…… 요약하면 […] X-세계들이 있을 수 있다고, 즉 이 세상 외에도 온갖 가능 세계가 있다고 주장한다면 이것은 다른 문제일 것이다. […]
>
> '참된' 세계 = 우리를 속이지 않고 정직한, 진실된 세계
> = 유일하게 고려 대상인 정의로운 세계
> = 모방과 위조와는 대립되는 진짜 세계[13]

---

11 같은 책, 352쪽.

12 N 9[41], KSA 12, 354쪽.

13 N 14[168], KSA 13, 352-353쪽.

참된 세계는 이편의 가상 세계에 대한 반란이자 대지의 현실적 삶에 대한 복수이다. 니체의 말처럼 참된 세계는 현실적 실재의 세계인 대지에, 즉 "이 세상에 적응하라고 권고하지 않는다. 차라리 : 이 세상에 저항하라고 권고한다."[14] 존재론적-가치론적 관점에서 이편의 가상 세계가 비진리의 세계이자 무가치한 세계라는 판결은 결국 대지의 현실적 삶을 내세를 위한 수단이자 과정에 불과한 것으로 폄하하게 된다. 하지만 니체에게 있어 "삶 자체는 무언가를 위한 수단이 아니다 ; 그것은 단지 힘의 증대 형식일 뿐이다."[15] 인간과 세계를 힘에의 의지를 통한 생기와 생성의 장으로, 즉 지속적인 변화로 이해하는 니체에게 있어 다른 세계 그 자체는 결국 "존재하지-않음, 살아 있지-않음, 살려고-의욕 하지-않음"[16]과 동의어에 불과할 뿐이다.

참된 세계는 『차라투스트라는 이렇게 말했다』의 「저편의 또 다른 세계를 신봉하고 있는 사람들에 대하여」에서 이편의 세계로부터 벗어난 또 다른 배후의 세계(Hinterwelt)로 표현된다.[17] 그리고 「죽음의 설교자들에 대하여」에서는 삶의 현세적 의미를 "영원한 삶"으로 대변되는 저편 세계에서 찾는 설교자에 의해 선포되며, 대지의 삶을 고난과 불안의 연속이라고 생각하는 생에 지친 자에 의해 정당화된다.[18] 하지만 「전쟁과 전사에 대하여」와 「베푸는 덕에 대하여」에서 니체는 대지의 인간에게 더 이상 또 다른 참된 당위의 세계를 믿는 성자나 오랜 덕의 상속자가 아니라 끊

14 같은 책, 351쪽.

15 N 16[12], KSA 13, 486쪽.

16 N 14[168], KSA 13, 354쪽.

17 Za Ⅰ, 저편의 또 다른 세계를 신봉하고 있는 사람들에 대하여, KSA 4, 35–38쪽.

18 Za Ⅰ, 죽음의 설교자들에 대하여, KSA 4, 55–57쪽.

임없이 자기 자신을 극복하는—의지의 복종이 아니라 명령을, 평화가 아니라 투쟁으로부터의 승리를 추구하는—전사가 되기를 요구한다.[19]

이러한 의미에서 "미지의 세계('eine' unbekannte Welt)", "다른 세계('eine' andere Welt)", "참된 세계('eine' wahre Welt)" 등 대지가 아닌 "다른 세계('die' andere Welt)"를 만들어 낸 것은 삶의 본능이 아니라 삶의-피로 본능이다."[20]라는 니체의 말은 염세주의, 허무주의, 데카당스 현상들을 발생시킨 근본요인이 존재하지 않는 세계에 대한 인간의 무조건적인 믿음과 현재의 행복을 또 다른 세계에서 찾는 헛된 "망상"[21], 즉 심리적-생리적 나약함의 산물임을 분명하게 지적하고 있다. 그래서 니체는 "다른 세계('die' andere Welt)"는 철학적-종교적-도덕적 편견의 결과로서 철학, 종교, 도덕의 "심리적 실수"이자 "생리적 혼동"의 결과이며[22], 이를 바탕으로 "세계를 참된 세계와 가상 세계로 나누는 일"[23]을 힘에의 의지의 쇠퇴 현상, 즉 "데카당스"로 규정하는 것이다.[24] 이렇듯 가상 세계에 대립된 참된 세계에 대한 맹목적 믿음은 니체의 철학에서 염세주의, 허무주의, 데카당스 현상들을 유발하는 본질적인 토대로 제시된다.[25]

이제 니체는 "철학, 종교, 도덕은 데카당스의 징후다."[26]라고 단호하게 말한다. 이 말은 형이상학, 그리스도교, 도덕이 오랜 서구 정신사에서 참

---

19 Za Ⅰ, 전쟁과 전사에 대하여, KSA 4, 58–60쪽; 베푸는 덕에 대하여, 100쪽.
20 N 14[168], KSA 13, 354쪽.
21 Za Ⅰ, 저편의 또 다른 세계를 신봉하고 있는 사람들에 대하여, KSA 4, 36쪽.
22 N 14[168], KSA 13, 354쪽.
23 같은 책, 355쪽.
24 AC, 17, KSA 6, 183쪽.
25 Mazzino, Moninari, Friedrich Nietzsche. Eine Einführung, 116쪽.
26 N 15[20], KSA 13, 418쪽.

된 세계의 성립 조건으로 기능하고 가상 세계와의 대립 요인으로 끊임없이 작용해온 사실에 대한 날카로운 평가이다. 나아가 참된 세계에 대한 그의 비판적 평가가 치유의 영역에서 논의될 수 있는 이유는 저편 세계가 대지의 삶에 지친 자가 만들어 낸 허구의 세계이며, 이러한 두 세계의 이분화는 필연적으로 저편의 건강이 이편의 병을 전제로 한다는 건강과 병의 오해를 만들어 내기 때문이다. 이러한 의미에서 대지는 여러 가지 "병"으로 신음하고 있으며, 그 병 가운데 하나가 "인간"[27]이라는 니체의 진단은 분명하다. 대지의 병은 철학적-종교적-도덕적 병으로서 자기 삶의 의미와 가치를 저편 세계에 위임하는 실존적 무기력과 창조적 무능력, 즉 나약한 인간의 "의지의 병"이다.

본 글에서 분석하는 1888년 초 유고의 계획(단편번호 15[20])의 구성을 보면 알 수 있듯이, 니체는 철학, 종교, 도덕에 대한 비판으로 지정된 2, 3, 4장을 데카당스라는 개념 아래 묶고, 이에 대한 비판으로 인간의 실존적 위기에 대한 근본 요인을 드러내고자 했다. 그리고 같은 시기에 쓰인 아래의 글은 니체가 수행하고자 했던 비판의 지점을 잘 드러내고 있다.

> 이성과 논리적 기능이 대응하는 곳인 이성-세계(Vernunft-Welt)를 고안해낸 철학자 : — 여기서 '참된' 세계가 유래한다.
>
> '신적 세계'를 〈고안해 낸〉 종교적 인간 — 여기서 '탈자연화되고 반자연적인' 세계가 유래한다.
>
> '자유로운 세계'를 날조해 낸 도덕적 인간 — 여기서 '선하고 완전하고 정의롭

---

27 Za Ⅱ, 크나큰 사건에 대하여, KSA 4, 168쪽.

고 신성한' 세계가 유래한다.[28]

2) 2장. 데카당스 유형으로서의 철학자들

"'참된' 세계란 단지 가상 세계에 덧붙여서 날조된 것일 뿐이다."[29]라는 니체의 말은 "참된 세계는 이를 수 없고 증명할 수 없으며 약속할 수 없다."[30]는 말과 함께 저편의 존재 세계에 대한 그의 단호한 평가이다. 참된 세계가 "이미 위안으로서, 의무로서, 명령으로서 생각되고 있다."[31]는 그의 해석은 서구 정신사에 오랫동안 뿌리 내려온 철학적-종교적-도덕적 세계해석이 현 시대에도 큰 영향을 미치고 있음을 강조하고 있다. 니체에 의하면 "이성-세계"로부터 유래하는 오랜 전통에 대한 비판의 중심에는 소크라테스와 플라톤으로 대변되는 서구 합리주의와 근대의 이성중심주의적 사고에 대한 논의가 자리한다. 이에 대하여 니체는 『우상의 황혼』의 「철학에서의 이성」에서 지금까지 대지 위 삶의 가치를 폄하해온 철학자들의 특성에 대하여 다음과 같이 평가한다.

> 철학자들한테서 나타나는 특이 성질이 전부 무엇이냐고 내게 묻는가?……그들의 역사적 감각의 결여, 생성이라는 생각 자체에 대한 그들의 증오, 그들의 이집트주의가 그 예이다. 어떤 것을 영원이라는 관점에서 탈역사화하면서 그들은 그것을 영예롭게 만들고 있다고 — 그것을 미라로 만들면서 말이다. 철학자들이 지금까지 수천 년 동안 이용했던 모든 것은 죄다 개념의 미라들

28 N 14[168], KSA 13, 353쪽.

29 GD, 철학에서의 '이성', 2, KSA 6, 75쪽.

30 GD, 어떻게 '참된' 세계가 결국 우화가 되었는지, KSA 6, 80쪽.

31 같은 책, 80쪽.

(Begriffs-Mumien)이었다 ; 실재적인 것은 어느 것도 그들의 손아귀에서 살아서 빠져나오지 못했다.[32]

그리고 같은 책 「소크라테스의 문제」에서는 이러한 과거의 위대한 현자들을 "데카당"으로, "몰락하는 유형"으로 규정한다. 잘 알려져 있다시피 소크라테스에 대한 니체의 비판은 『비극의 탄생』에서부터 그의 후기 철학에 이르기까지 고대 그리스의 신화적-비극적-역동적 문화를 이성적-논리적-개념적 사유를 통해 몰락시킨 주범으로 변함없이 유지된다. 삶의 모든 실재와 최고 "신"의 근원세계이자 이후 그리스도교의 철학적 형태로서 간주되는 이데아를 창조하고 인간의 삶을 도달할 수 없는 "이상주의"에 가둔 플라톤도 이러한 비판의 연장선에 놓여있다.[33] "나는 소크라테스와 플라톤을 쇠약의 징후로, 그리스를 와해시키는 도구로, 사이비 그리스적이라고, 반그리스적이라고 파악했다 〔《비극의 탄생》(1872)〕."[34]

그의 이러한 진단은 "데카당스로서의 철학"[35], 즉 덕과 행위의 옳고 그름을 이성에 의한 순수 사유의 결과로 이해하고 이를 토대로 참된 행복을 도출해내는 소크라테스의 주지주의 그리고 플라톤의 참된 실재와 도덕적 세계해석에 대한 비판을 전제로 한다. 니체에 의하면 몸의 오해, 건강과 병의 오해는 본능, 욕구, 충동, 정동과 같은 내적 자연의 억압으로부터

---

32 GD, 철학에서의 '이성', 2, KSA 6, 74쪽.

33 GD, 내가 옛 사람들의 덕을 보고 있는 것, 2, KSA 6, 156쪽; "그리스도교라는 큰 액운 안에서 플라톤은 '이상'이라고 불리던 애매하고도 매혹적인 존재였다. 고대의 더욱 고귀한 본성의 소유자들에게 자기 자신을 오해하게 하고 '십자가'로 향하는 다리에 발을 들여놓게 했던 존재였다…… 그리고 '교회' 개념, 교회의 구조와 체계와 실천에 플라톤이 아직도 얼마나 많이 들어가 있는지!"(같은 책, 156쪽.)

34 GD, 소크라테스의 문제, 12, KSA 6, 68쪽.

35 같은 책, 310쪽.

발생하며, 삶의 이러한 증상은 단지 데카당스와 금욕주의의 "공식"이자 심리-생리적 퇴화의 "병"일 뿐, 결코 삶의 참된 "덕", "건강", "행복"에 기여할 수 없다.[36]

니체는 소크라테스를 "이론적 인간의 유형"[37]으로 규정하며, 근대의 학자들 역시 소크라테스의 이러한 "학문적 본능"[38]의 상속자에 불과할 뿐이라고 생각한다. 이에 대하여 니체는 "비인간적인 추상물"[39]로서의 학문을 더 중요하게 생각하는 학자, 국가에 대한 복종심과 교회에 대한 우상숭배에서 특정한 진리를 찾으려 하는 "이론적인 인간"으로서의 학자[40], 순수 학문의 지평 위에서 삶을 해석하는 "진리의 하인"으로서의 학자들을 본질적으로 비생산적이라고 규정한다.[41] 니체에 의하면 이러한 증상들, 즉 진리를 신봉하며 삶에 반한 또 다른 세계를 찾는 것은 진리의 발견 혹은 인식의 확장이 아니라, 오히려 "지성의 병(eine Krankheit des Intellekts)" 일 뿐이다.[42]

> 이제 이런 사유의 횃불로 소크라테스를 비추어보자. 그의 모습은 저 학문적 본능에 이끌려 살았을 뿐만 아니라 — 그보다 더욱 중요한 것은 — 죽을 수도 있었던 최초의 인간처럼 우리에게 비친다. 그래서 죽어가는 소크라테스의 모습은 지식과 논거를 통해 죽음의 공포에서 벗어난 모습이며, 그것은 학문의 출입구 위에 걸려 모든 이에게 학문의 사명을 상기시키는 문장(紋章)인 것이다. 다

---

36 GD, 소크라테스의 문제, 11, KSA 6, 73쪽.
37 GT, 15, KSA 1, 98쪽.
38 같은 책, 99쪽.
39 SE, 2, KSA 1, 344쪽.
40 UB Ⅲ, 교육자로서의 쇼펜하우어, 7, KSA 1, 411쪽.
41 같은 책, 399쪽.
42 N 4[152], KSA 9, 140쪽.

시 말해 존재를 이해할 수 있는 것으로 만들며, 그로써 정당한 것으로 만드는 학문의 사명을 상기시키는 문장이다.[43]

니체는 "학문적 인간", "철학적 노동자"와 매 순간 자신의 가치를 창조하며 새로운 미래를 건설하는 자유로운 정신의 철학자를 명확하게 구분한다.[44] 여기서 "자유정신"은 그의 짧은 단편처럼 "허무주의 운동으로서의 철학에 대한 비판"을 위한 대안으로 제시된다.[45] 그에 의하면 "자유로운 사상가"들은 "도덕적 인간"들에 반해 삶의 다른 방식을 추구한다.[46] 자유로운 정신을 가진 이들은 삶을 다양한 인격 형성의 조건들을 찾을 수 있는 "인간성의 실험실"로 여긴다.[47] 이러한 의미에서 니체는 생성하는 대지에서 인간은 자기 삶의 주인으로서 삶이라는 "작은 실험 국가"들을 건설하고, 그 안에서 다양한 실험으로 존재해야만 한다고 말한다.[48] 니체에게 있어 "자신의 삶으로 실험을 하는 것"은 오랜 정신적 사슬로부터의 해방, 즉 "정신의 자유"를 의미하며, 이것은 그의 실험철학의 토대이다.[49]

삶 그 자체에 대한 위대한 긍정을 제시하는 그의 실험철학에서 이편의 대지 세계에 반한 또 다른 세계를 찾고자 하는 철학과 철학자는 더 이상 허용되지 않는다. 나아가 니체가 자신의 "미래철학"과 "미래의 철학자"[50]를 "새로운 철학자"[51], "실험의 인간"[52], "진정한 철학자"[53]로 규정함은 더

---

43 GT, 15, KSA 1, 99쪽.
44 JGB VI, 211, KSA 5, 144–145쪽.
45 N 23[13], KSA 13, 613쪽.
46 N 1[38], KSA 9, 14쪽.
47 같은 책, 14쪽.
48 M V, 453, KSA 3, 274쪽.
49 N 24[1], 2, KSA 13, 618쪽.
50 JGB II, KSA 5, 44, 60쪽; VI, 210, 142쪽.

이상 철학자는 전승된 가치들의 상속자가 되어서는 안 되며, 매 순간 새로운 가치를 창조하고 현재를 극복하며 나아가 보다 새로운 미래를 만들 수 있어야만 한다는 것을 의미한다. 이를 위해 니체는 "인식"을 창조로, "창조"를 자기 명령과 "입법"으로, "진리에의 의지"를 "힘에의 의지"로 전환하며, 이를 "진정한 철학자"의 권리로 규정한다.[54] 니체에 의하면 이러한 미래 철학자의 과제는 인간의 자유로운 창조적 의지를 쇠약하게 만드는 "현대적 이념"속에서 인간의 "위대함"을 새롭게 규정함에 있으며[55], 이러한 과제는 다음과 같은 "철학자의 덕"을 전제로 한다.

> 철학자의 덕은 모두, 즉 사상의 대담하고 경쾌하고 부드러운 발걸음과 진행뿐만 아니라, 무엇보다도 커다란 책임을 기꺼이 지고자 하는 각오, 지배자적인 눈길과 내려다보는 눈길의 고귀함, 대중과 그들의 의무나 미덕에서 스스로 격리되어 있다는 감정, 신이든 악마든 오해받고 비방 받는 사람들을 상냥하게 보호하고 변호하는 것, 위대한 정의 속에서 느끼는 즐거움과 그것을 행동에 옮기는 것, 명령하는 기술, 의지의 폭넓음, 좀처럼 찬미하지 않고 우러러보지 않고 사랑하지도 않는 서서히 움직이는 눈 등은 하나하나 획득되고 보호되고 유전되고 동화된 것임이 틀림없다.[56]

---

51 같은 책, 44, 63쪽.
52 같은 책 VI, 210, 142쪽.
53 같은 책, 211, 145쪽.
54 같은 책, 211, 145쪽.
55 같은 책, 212, 146쪽 참조.
56 같은 책, 213, 148–149쪽.

3) 3장. 데카당스의 표현으로서의 종교

"그리스도교는 이제 곧 비판적 역사, 즉 해부학의 대상이 될 것이다."[57] 이 말은 니체가 『반시대적 고찰』의 「삶에 대한 역사의 공과」에서 논의했었던 비판적 역사관을 바탕으로 수행하는 그의 종교 비판의 관점을 잘 드러내주고 있다. "모든 과거는 그 자체로 유죄 판결을 받을 만한 가치가 있다."[58] 비판적 역사는 삶의 현실적 조건 위에서 과거에 대한 비판과 반성을 통해 현재의 삶에 봉사할 수 있도록 해석하는 역사적 방법론이다. 하지만 종교에 대한 니체의 비판과 반성은 훨씬 강하고 깊다. 그 이유는 종교가 가진 삶의 적대성, 강압성, 자기보존성 때문이며, 이때 그리스도교적 구원론과 삶의 보편적 윤리, 심리적 위안과 생리적 나약함 등 본질적으로 힘에의 의지의 쇠퇴와 같은 데카당스 증상은 그의 비판의 주요 문제들이다. 하지만 "나는 인류에게 그들의 정신병에 대한 책임을 지우지 않도록 조심한다."[59]는 니체의 말처럼, 인류의 병에 대한 그의 비판은 근본적으로 그리스도교가 지닌 허무주의적-데카당스적 성격의 폭로를 위해 수행된다.

『도덕의 계보』에서 "대지는 너무 오랫동안 이미 정신병원이었다!"[60]는 니체의 말은 『안티크리스트』에서 전 세기는 그동안 "그리스도교"와 "그리스도교적 신앙"으로 인해 "정신병원-세계"에 불과했다는 말로 다시 표현된다.[61] 니체는 대지로 명명되는 현실적 삶의 세계의 데카당스 증상과

---

57 N 31[8], KSA 7, 751쪽.

58 UB II, 3, KSA 1, 269쪽.

59 AC, 38, KSA 6, 210쪽.

60 GM II, 22, KSA 5, 333쪽.

61 AC, 38, KSA 6, 210쪽.

그 요인을, 다시 말해 그가 당시 유럽의 위기 상황으로 진단했던 인간의 나약한 본능과 의지의 문제를 그리스도교적 진리와 신앙과 연관해서 해명하고자 한다.

> 의지가 결여된 곳에서는 언제나 신앙이 가장 커다란 갈망과 가장 긴급한 필요의 대상이 되는 것이다. 왜냐하면 명령의 정열인 의지야말로 자기주권과 힘의 결정적인 표징이기 때문이다.[62]

니체는 스스로 자기 삶의 의미와 가치를 창조할 수 없는 나약한 의지의 증상을 "의지의 커다란 병"[63]이라고 표현한다. 하지만 그에 의하면 병은 건강을 위한 "강력한 자극제"[64]이다. 그리고 건강의 척도는 병을 새로운 건강의 지속적인 획득을 위한 실존적 기회로 만들 수 있는지의 여부에 달려있다.[65] 니체는 이러한 극복에의 의지를 "강인한 건강에의 의지(ein zäher Wille zur Gesundheit)"[66]로 표현한다. "건강하고자 하는 의지는 이미 최선의 치료제다!"[67] 이렇듯 건강을 진리와의 일치 혹은 진리로부터의 산물이나 보상이 아니라, 지속적인 자기극복을 통한 실존적 상승과 성장으로 이해하는 니체의 관점에서 "그리스도교"와 "신앙"은 필연적으로 병으로 규정된다.[68] 이제 니체는 그리스도교와 신앙을 삶의 참된 건강을 위한

---

62 FW, 347, KSA 3, 582쪽.

63 같은 책, 582쪽.

64 EH, 나는 왜 이렇게 현명한지, 2, KSA 6, 266쪽.

65 N 2[97], KSA 12, 108쪽.

66 MA Ⅰ, 서문, 4, KSA 2, 18쪽.

67 N 41[9], KSA 11, 684쪽.

68 "그리스도교는 제대로 된 정신적인 성숙 전체와는 대립 관계에 있다.—그것은 단지 병든 이성만을 그리스도교적 이성으로 이용할 수 있었고, 온갖 백치들 편을 들며, '정신'과 건강한

정신과 의지의 시험대로 제시한다.

> 만약 이전에 천연두가 육체적인 구성물의 힘과 건강을 시험해보았고 견디지 못한 사람은 죽게 되었다면 : 사람은 아마도 이제 종교적인 감염을 정신적인 구성물의 힘과 건강을 위한 시험으로 간주할 수 있다. 사람은 그것을 극복하든지 아니면 정신적으로 그것으로 몰락하게 된다.[69]

니체는 『도덕의 계보』의 「제2논문」에서 "양심의 가책"을 "신에 대한 죄책감"과 연결하며[70] 종교적-도덕적 의무와 죄를 도출하는 병든 역사의 산물로, 다시 말해 신, 조상, 국가를 상대로 한 계약 관계에서 인간 스스로 자기 자신을 약자이자 죄인으로 인정하고 결과적으로 자신의 고통을 벌로 느끼는 내적 반응의 산물로 규정한다. 니체에 의하면 사제들의 심리적 선동을 위한 도구가 되어버린 신 개념을 바탕으로 "행복"이 신의 "보상"으로, "불행"이 신에 대한 "죄"와 "벌"로 해석됨은 자연적인 "원인과 결과" 개념의 전복, 다시 말해 고귀하고 주권적인 행위자의 행위 결과를 반영하는 "자연적 인과율"로부터 "반자연적 인과율"로의 전복에 지나지 않는다.[71]

이러한 "정신적 잔인함"과 가치전복의 역사 속에서 인간의 의지는 더 이상 내적 자연성과 생명력으로서의 힘에의 의지가 아니라, 단지 하나의 이상 앞에서 자신의 무능력과 무가치를 인정하는 "의지의 착란"에 불과

정신의 드높음에 대해 저주의 말을 내뱉는다. 병이 그리스도교의 본질에 속하기에, 전형적인 그리스도교적 상태인 '신앙' 역시 병든 형태이지 않으면 안 된다."(AC, 52, KSA 6, 232쪽).

69 N 19[58], KSA 8, 343쪽.

70 GM Ⅱ, 22, KSA 5, 332쪽.

71 AC, 25, KSA 6, 194쪽.

할 뿐이다.[72] 나약한 의지의 인간에게 삶의 고통은 긍정과 극복의 대상이 아니라 위로와 도피의 대상이며, 이 지점에서 니체는 "종교적 인간(die homines religiosi)"[73]으로서 금욕주의적 성직자와 그의 금욕주의적 이상, 다시 말해 그들이 행하는 고통의 종교적 해석과 심리-생리적 최면과 같은 "성직자적인 치료"[74]에 대한 비판을 수행한다. 종교에 대한 그의 강한 비판은 근본적으로 데카당스를 향한 비판이다.

> 그리스도교는 헬레니즘이 넘쳐나는 건강을 필요로 했던 것처럼 병을 필요로 한다. — 병들게-만드는 것krank-machen은 교회의 구원 절차 체계 전체에 숨겨져 있는 진짜 의도인 것이다. […] 교회가 바라는 종교적 인간은 전형적인 데카캉이다.[75]

니체에 의하면 그리스도교의 영혼론, 구원론, 윤리론은 일종의 "파렴치한 엉터리 치료제(die unerhörte Quacksalberei)"[76]이자 "모든 현실성을 부정하려는 의지"[77]로서 지속적인 자기극복에의 의지의 약화와 마취에 불과하며, 결과적으로 이는 힘에의 의지의 성격에 어긋난다. 그리스도교에 대한 믿음은 단지 "만병통치약(Universalmedizin)에 대한 믿음"[78]일 뿐이다.

> 그대들은 병의 힘을 약화시키려고 하면서 병든 자의 힘을 약화시켰다. 그대들

---

72 GM Ⅱ, 22, KSA 5, 332쪽.
73 N 7[5], KSA 12, 271쪽.
74 GM Ⅲ, 17, KSA 5, 377쪽.
75 AC, 51, KSA 6, 230쪽.
76 M Ⅰ, 52, KSA 3, 56쪽.
77 AC, 62, KSA 6, 253쪽.
78 MA Ⅱ, 방랑자와 그의 그림자, 83, KSA 2, 589쪽.

엉터리 의사이자 구원자들이여![79]

니체가 『도덕의 계보』에서 선과 악, 좋음과 나쁨과 같은 도덕적 가치의 발생에 대한 문제를 다루었다면, 『안티크리스트』에서는 그리스도교적 상징과 그것의 고안물로서의 교회 나아가 그리스도교적 개념의 가치 문제로 다루어진다. 여기서 그는 "피안, 최후의 심판, 영혼의 불멸, 영혼 자체"와 같은 교회의 개념들은 자연과 자연가치를 "탈가치화"하는 허위 개념인 동시에 사제들을 지배자로 만든 "고문기구"이자 "잔인함의 체계"들에 불과할 뿐이라고 말한다.[80] 자연과 자연가치의 탈가치화, 즉 인간 본연의 내적 욕구, 충동, 본능, 의지, 감각 등에 대한 그리스도교적-금욕주의적 평가와 처방은 필연적으로 삶에 적대적인 탈자연화와 반자연적인 세계를 전제로 한다.

하지만 니체에 의하면 가치의 관점은 근본적으로 삶의 보존이 아닌 극복을, 하강이 아니라 상승을 향하며, 이때 의지의 목적은 본질적으로 힘의 증대를 전제로 한다. "우리의 가치 평가가 우리가 어떤 사물을 받아들여야 할지 그리고 어떻게 그것을 받아들여야 할지를 규정한다. 그런데 이런 가치 평가는 힘을 향한 우리의 의지에 의해 고취되고 조절된다."[81] 그래서 니체는 "가치 평가의 변화는 의지의 변화이다."[82]라고 단호하게 말하는 것이다.

---

79 N 13[1], KSA 10, 419쪽.
80 AC, 38, KSA 6, 210쪽.
81 N 26[414], KSA 11, 262쪽.
82 N 5[46], KSA 9, 192쪽.

우리 자신을 가치 설정하는 존재로 간주해야 할 강제성이 종교에는 없다.[83]

니체는 더 이상 인간을 "종교적인 표상"을 통해서 지배하지 않고, "신의 벌"에 대한 "종교적 두려움"으로부터의 해방이 "모든 미래적인 세계 활동의 새로운 점"이라고 규정한다.[84] 그리고 지금까지 삶을 규정해온 모든 진리들을 의심하고, 삶의 조건으로서 진리에 반한 새로운 삶의 양식을 설정할 수 있는 철학자를 "위험한 가정의 철학자"로 표현한다.[85] "이제 어떤 새로운 것을 위한 시대이다. 아니면 사람들은 다시 낡은 순환에 빠져들 것이 틀림없다".[86] 이제 형이상학의 종말은 무언가 초월적인 것, 즉 플라톤적 사상과 신에 대한 믿음 등 초자연적인 것과 같은 초월적인 것에 대한 믿음이 더 이상 인간의 삶의 근거가 될 수 없다는 것을 의미한다.[87] 비저(E. Biser)의 말처럼 니체가 시도하는 그리스도교와 그리스도교적 도덕에 대한 비판의 긍정적 저의(Hintersinn)는 인간의 "위대함"에 이르는 길을 막는 결정적인 장애물의 제거에 있다.[88] "신적인 것에 관한 조소는 치유의 징후이다."[89]라는 니체의 말처럼 신과 절대적 진리에 대한 의심과 허구의 인식으로부터 인간의 변화가능성은 창조적으로 열리기 시작한다.

---

83 N 7[64], KSA 12, 318쪽.

84 N 5[24], KSA 8, 46쪽.

85 JGB Ⅰ, KSA 5, 16–17쪽 참조.

86 N 31[8], KSA 7, 751쪽.

87 Ernst Tugendhat, Anthropologie statt Metaphysik, München 2010, 13쪽 참조.

88 Eugen Biser, Gottsucher oder Antichrist? Nietzsches provokative Kritik des Christentum, Salzburg 1982, 54쪽.

89 N 3[5], KSA 12, 172쪽.

4) 4장. 데카당스의 표현으로서의 도덕

"세계는 도덕적 해석을 견뎌내지 못한다. 그리스도교는 도덕적 해석으로써 세계를 극복하려는, 즉 부정하려는 시도였다."[90] 철학과 종교의 이원론적 세계해석과 이로부터 파생된 도덕적 세계질서는 필연적으로 삶의 자연성에 대립하는 형이상학적-그리스도교적 토대를 전제로 한다. 이렇듯 철학적-종교적-도덕적 해석은 데카당스의 관념체계이며, 니체는 이를 인간 "정신의 자유"와 "삶의 경쾌함" 나아가 대지의 진정한 회복을 위해 반드시 극복해야만 하는 "굴레의 병(die Ketten-Krankheit)"[91]으로 표현한다. 도덕은 좁은 의미에서는 선, 행복, 좋음, 옳음에 대한 윤리적 가르침이자 한 사회의 규칙과 규범의 체계이다. 하지만 니체가 자신의 철학에서 문제시하는 것은 보다 포괄적 의미에서의 도덕, 즉 "형이상학과 그리스도교와 결합된"[92] 단 하나의 도덕적 진리와 절대적 덕이다.

이러한 의미에서 "허무적 종교들은 모두 다 : 종교적-도덕〈적〉 전문 용어 체계 밑에서 체계〈화된〉 병의 역사"[93]라는 니체의 말을 통해 그의 도덕비판이 필연적으로 종교비판임을 알 수 있다. 이를 바탕으로 니체는 데카당스 현대의 평균적 "무리본능"과 "무리-동물-도덕"을 그리스도교적 "탈자연화" 현상으로, 그리스도교를 모든 개인을 무리동물로 "사육(Züchtung)"하는 덕의 체계로, 민주주의를 "자연화된 그리스도교"로 해석한다.[94] 그래서 니체는 "'절대적 진리들'은 평준화의 도구이며, 특색 있는 형식들을

---

90 N 2[114], KSA 12, 119쪽.

91 MA II, 방랑자와 그의 그림자, 350, KSA 2, 702쪽.

92 Gerhard Schweppenhäuser, Nietzsches Überwindung der Moral, Würzburg 1988, 16쪽.

93 N 14[13], KSA 13, 223쪽.

94 N 10[75], KSA 12, 498–499쪽; 10[77], 499쪽.

삼켜버린다"[95]라고 말하는 것이다. "도덕적 존재론"[96]과 "종교적 도덕"[97]은 도덕의 형이상학적-종교적 성격을 잘 드러내주는 개념이며, 그의 도덕비판은 필연적으로 신, 진리, 최고 선, 영혼의 구원 등과 같은 가치비판으로 진행된다.

니체에 의하면 "강한 유형은 가치를 결정하면서 유지된다."[98] 하지만 그리스도교는 지금까지 강한 인간 유형에 적대적이었으며, 이들의 강한 본능을 부정하고 나아가 이로부터 "악"과 "악인" 개념을 만들어냈다.[99] 그리스도교가 이들에 대한 반박으로 만들어 낸 "이상"은[100] 필연적으로 선과 선한 자의 이상이자 선과 악의 대립적 관계를 내포한 도덕적 이상일 뿐이었다. 이 점과 관련하여 니체는 『선악의 저편』에서 강자와 약자의 유형학적 구분을 통해 선(Gut)과 악(Böse)을 좋음(gut)과 나쁨(schlecht)의 문제로 전환하고 이를 바탕으로 주인도덕과 노예도덕을 도출한다. 그리고 『도덕의 계보』의 「제1논문」에서는 도덕의 심리학적 (오류의) 계보를 통해 선과 악의 대립 속에 내재해온 가치전복의 역사적 근거를 추적한다.

여기서 그는 개인의 고유한 가치평가 행위를 부정하고 집단의 유용성만을 인정하는 도덕의 공리주의적 특징 속에서 "심리학적 모순이라는 병"[101]을 발견한다. 이를 바탕으로 니체는 선과 좋음이 결코 선한 자의 선한 행위의 결과일 수도, 악과 나쁨 역시 악한 자의 덕목이자 악한 행위의

95 N 6[163], KSA 9, 239쪽.
96 N 7[4], KSA 12, 265쪽.
97 N 17[6], KSA 13, 528쪽.
98 N 11[407], KSA 13, 188쪽.
99 N 11[408], KSA 13, 188쪽.
100 같은 책, 188쪽.
101 GM Ⅰ, 3, KSA 5, 260쪽.

결과일 수 없음을 나아가 선과 악, 좋음과 나쁨은 강자와 약자의 가치평가 방식(이기적-비도덕적-고귀함 : 비이기적-도덕적-비속함)에 따라 달라진다는 것을 규명했다.

> 도덕가들의 오류는 그들이 도덕적인 것을 설명하기 위해 이기적이고 비이기적인 것을 마치 비도덕적이고 도덕적인 것처럼 서로 대립시키는 것에 있다. 즉 그들이 도덕적 발전의 최종 목적과 우리의 현재 감각을 출발점으로 삼는 데 있다. 그러나 이러한 발전의 마지막 단계는 수많은 단계를 통해, 철학과 형이상학의 유입을 통해, 기독교에 의해 조건 지어지며, 도덕적인 것의 근원을 설명하는 데 철저히 이용되지 않는다.[102]

이렇듯 인간은 스스로 자기 삶의 가치를 "판단하는 동물"이다.[103] 하지만 그의 판단 속에는 지금까지 주어와 술어, 행위자와 행위, 원인과 결과의 인과관계에 대한 형이상학적 믿음이, 즉 "진리로 간주함"과 이에 대한 인식의 "확실성"으로 자리하고 있었다.[104] 니체에 의하면 "그리스도교적 실천" 역시 원인과 결과에 대한 잘못된 믿음을 바탕으로 하고 있다.[105] 즉 인간은 자기 상태의 결과(고통)를 원인(죄와 벌)으로부터 기인한다고 믿는다. 니체는 이러한 증상을 "그리스도교인의 '도덕적 신경과민'"[106]이라 표현한다. 이러한 측면에서 도덕 역시 "진리, 선, 완전함" 등의 수단을 삶의 다른 형식들을 배제하고 오직 단 하나의 특정한 삶을 위한 "척도"로 확

---

102 N 23[96], KSA 8, 437쪽.

103 N 4[8], KSA 12, 182쪽.

104 같은 책, 182쪽.

105 N 14[179], KSA 13, 363–364쪽.

106 N 14[181], KSA 13, 365쪽.

정하는 믿음과 확신의 "오류"를 범하고 있다.[107] 이 지점에서 개인의 이기적-비도덕적 충동과 본능을 배제하고 이타적-도덕적 무리본능의 의무적 양식으로 기능하는 도덕의 데카당스 성격이 드러난다.

> 데카당스 도덕은 데카당스를 가속시키는 실천과 규범을 추천하는 특징이 있다 […] 생리적으로도 그렇고, 심리적으로도 그렇다.[108]

"도덕적 인간"이 만들어 낸 "자유로운 세계" 역시 이 세계가 가진 경험적 실재의 조건에도 불구하고 진리와 비진리, 참과 거짓, 선과 악, 좋음과 나쁨의 가치가 서로 대립하는 참된 세계의 특징을 가지고 있다. 니체가 "의지의 병(의지 마비증)"을 "유럽의 병"으로 진단했던 것처럼,[109] 보편적-도덕적 진리와 현대의 무리본능 속에서 "병들고 퇴화하는 것은 의지"일 뿐이다.[110] 하지만 그에 의하면 인간은 본질적으로 "활동하는 존재"이며 힘의 생동적 관계 속에서 작용하는 하나의 "힘"이다.[111] 그리고 의지는 활동성에 대한 명칭이며 의지활동의 유일한 목적은 힘, 다시 말해 힘의 증대이다.[112] 그리고 "자유롭다는 것"은 힘을 향한 자신의 활동에 "강제"의 느낌이 없다는 것을, 즉 "힘의 증대"를 통해 "좋은 것, 나쁜 것, 행복"[113]

107 N 14[158], KSA 13, 342–343쪽.

108 N 14[210], KSA 13, 389쪽.

109 JGB VI, 208, KSA 5, 138–139쪽.

110 같은 책, 138쪽.

111 N 34[250], KSA 11, 505쪽.

112 이에 대한 자세한 논의로는, Volker Gerhardt, Vom Willen zur Macht. Anthropologie und Metaphysik der Macht am exemplarischen Fall Friedrich Nietzsches, Berlin/New York 1996, 231, 271쪽 참조.

113 AC, 2, KSA 6, 170쪽.

등 삶의 도덕적 가치를 스스로 평가하고 창조할 수 있는 "의지의 자유"를 의미한다.[114]

힘에의 의지를 바탕으로 매 순간 새롭게 창조되는 가치는 절대적 선과 선한 도덕적 행위의 관점에서 오히려 악이며 악한 비도덕적 행위의 결과일 수밖에 없다. 이에 대하여 니체는 다음과 같이 말한다.

> 선과 악에 있어서 창조자가 되어야 하는 자는 먼저 파괴자가 되어 가치들을 부숴버려야 한다. 이렇게 하여 최상의 악은 최상의 선에 속하게 된다. 최상의 선, 그것은 창조적인 선이다.[115]

창조적 가치는 삶의 변화를 원하는 인간 의지의 반영이자 자연성의 표출이며, "창조적인 선"은 위버멘쉬적 삶과 미래의 실현을 위한 유일한 덕이다. 위버멘쉬와 그의 힘에의 의지의 이러한 활동은 스스로 자기 삶의 가치와 덕을 창조할 수 없는 나약한 인간의 데카당스적 의지, 즉 "무에의 의지"[116], "진리에의 의지"[117], "종말에의 의지"[118]와 대립된다. 지속적인 자기극복에의 의지로서 힘에의 "의지의 부정은 존재의 부정이다."[119]

---

114 N 34[250], KSA 11, 506쪽.

115 Za II, 자기극복에 대하여, KSA 4, 149쪽.

116 AC, 18, KSA 6, 185쪽.

117 N 14[153], KSA 13, 337쪽.

118 WA, 서문, 12, KSA 6, 12쪽.

119 Marco Brusotti, Wille zum Nichts, Ressentiment, Hypnose. 'Aktiv' und 'Reaktiv' in Nietzsches Genealogie der Moral, in: Nietzsche-Studien, Bd.30 (2008), 117쪽.

5) 5장. 반동 : 왜 이 운동들은 하위에 있는가.

본 글이 분석하는 1888년 초 유고에 남겨진 니체의 계획(단편 15[20])은 이미 제시한 것처럼, 이 계획 이전에 작성된 계획(단편 14[169])을 바탕으로 수정, 보완된 것이다. 즉 「5. 반동 : 예술. 비극적인 것의 문제(14[169])」로부터 「5. 반동 : 왜 이것들이 하위에 있는지 (15[20])」로의 변화를 통해 알 수 있는 것처럼, 이 두 계획은 상호보완적 관계에 놓여있다. 그렇다면 이 두 계획의 5장은 「반동 : 그리스의 비극적 예술. 왜 이것들이 하위에 있는지」라는 통합된 하나의 제목으로 이해해도 무방할 것이다. 이렇듯 두 계획의 5장은 모두 철학적-종교적-도덕적 세계해석과 더불어 예술의 비극적-역동적 생명성을 이성적 합리성과 의식화를 통해 소멸시킨 소크라테스와 에우리피데스에 대한 반감으로부터 준비되었다. 니체는 이에 대한 반대운동을 비극의 부활을 통해 수행하고자 한다.

니체의 철학에서 예술 개념의 변화는 세계와 그 원리에 대한 그의 사상적 관점의 변화를 반영하고 있다. 세계를 고통받는 "근원일자" 혹은 "근원 존재"의 아폴론적-디오니소스적 활동에 의한 형이상학적 세계로, 예술을 인간 본래의 형이상학적 활동으로 규정했던 『비극의 탄생』으로부터 출발해 그의 철학의 후기에 이르러 세계와 인간은 힘에의 의지일 뿐, 그 어느 것도 아니라는 니체의 말[120]은 이후 "세계 자체는 단지 예술일 뿐이다."[121]라는 말로 연결된다. 이러한 변화는 "예술가-형이상학 혹은 미적 형이상학"으로부터 "예술생리학"에 이르는 과정임과 더불어 생성 속 고통으로부터의 해방이 아니라, 끊임없이 변화하는 생성의 고통마저도 있

---

120 N 38[12], KSA 11, 611쪽.

121 N 2[119], KSA 13, 121쪽.

는 그대로 긍정하는 (힘에의 의지로서의) 예술과 (힘에의 의지의 주체로서의) 인간의 변화, 근본적으로 니체의 철학에서 제시되는 디오니소스 개념의 변화이다. 그의 철학에서 예술은 비판적으로 수정될 뿐 포기되지 않는다. "삶으로서의 예술과 예술로서의 삶—이것이 니체의 복음이다."[122]

이렇듯 니체에게 있어 예술은 더 이상 자신의 삶에 괴로워하고 절망하며 체념하는 "병든 자"의 삶을 "매혹적인 환영"으로 가려주는 형이상학적 수단이 아니라[123], 오히려 삶에의 의지가 강한 창조적 인간을 위한 삶의 양식으로 기능한다. 또한 바그너의 예술과 같이 청중들에게 그리스도교적-반계몽주의적-도덕적 엑스터시를 제공하고 이를 통해 그들의 심리적-생리적 평준화를 유발하며[124], 일시적인 치료의 느낌을 불러일으키는 "결함을 위한 응급처방(Nothbehelf für Mängel)"[125]이 아니다. 오히려 비극은 삶의 모순을 여과 없이 드러내고 오히려 고통과 고난을 긍정하게 만드는 근원적 치유의 양식이다. 야스퍼스의 말처럼 비극은 인간이 자기 존재와 만나는 사건으로서 단지 "구경"하는 것이 아닌 "강렬한 체험"이다.[126]

비극의 부활에 대한 니체의 희망은 그리스인의 비극적 삶의 양식으로의 회귀를 의미한다. 그리고 이 희망은 종교와 도덕으로 인한 데카당스 현대의 나약한 무리 본능 속에서 더 이상 그리스인들의 삶의 신화적 지혜였던 "디오니소스적 지혜"[127]와 더불어 그들의 예술적-창조적 삶에의 의지를 발견할 수 없다는 사실에 기인한다. 여기서 디오니소스적 지혜는

---

122 Volker Gerhardt, Friedrich Nietzsche, Vierte, aktualisierte Auflage, München 2006, 89쪽.
123 N 10[168], KSA 12, 557쪽.
124 NW, 순결의 사도 바그너, 3, KSA 6, 430–431쪽; 내가 반박하는 곳, 418–420쪽.
125 N 7[7], KSA 12, 285쪽.
126 카를 야스퍼스, 『비극론』, 동서문화사, 2013, 176쪽.
127 GT, 19, KSA 1, 148쪽.

청중들에게 디오니소스 신의 고통에 대한 탈경계적-무아적 체험을 통해 삶의 고난과 고통, 존재의 유한성과 영원한 생성(디오니소스의 고통과 죽음 그리고 부활)과 같은 한계 상황에 대한 긍정과 극복의 계기를 제공해준 그리스인들의 삶의 지혜였다. 이러한 한계 상황과 직접적으로 대면할 수 있는 비극적 인식과 행위만이 인간을 변화시킬 수 있다. 즉 "디오니소스적 지혜는 디오니소스적 현실을 견디는 힘이다."[128]

비극은 고통과 고통받는 자를 전제로 한다. 하지만 비극의 진정한 의미와 기능은 수용자와 삶에 대한 그의 관점과 태도로부터, 즉 그의 정신적 강함과 약함, 삶의 충일과 결여, 긍정과 부정으로부터 결정된다.[129] 다시 말해 이로부터 "디오니소스적 예술"[130]과 '염세주의적 예술'은 구분된다. 그 이유는 강한 자는 비극으로부터 삶의 긍정과 극복의 느낌을 얻지만, 약한 자는 "도덕적 세계질서의 승리", "인간 삶의 무가치", "체념" 등의 가치감을 비극에 넣어 해석하며 자신의 지치고 약한 삶의 위안을 만들어 내기 때문이다.[131] 니체는 자신의 후기철학에 이르기까지 고통을 실존적 자기인식, 오랜 가치의 파괴와 새로운 창조를 위한 실존적 긍정과 극복의 조건으로서 제시한다. 하지만 그의 철학에서 중요한 것은 고통을 긍정하고 극복할 수 있는 위버멘쉬적 인간으로의 변화를 가능하게 하는 힘에의 의지의 체현이다.

니체는 인간이 도달할 수 있는 최고 긍정의 상태를 "비극적-디오니소

---

128 Rüdiger Safranski, Nietzsche. Biographie seines Denkens, Frankfurt am Main 2012, 73쪽.

129 NW, 우리 대척자들, KSA 6, 425쪽. 니체에 의하면 강함과 약함, ""강하다"는 것과 "약하다"는 것은 상대적인 개념"일 뿐이다. (FW Ⅲ, 118, KSA 3, 476쪽).

130 같은 책, 425쪽.

131 N 10[168], KSA 12, 556쪽.

스적 상태"라고 표현한다.[132] "세계를 고통에서 이해해보려는 것, 그것이 바로 비극에서 비극적인 것이다."[133] 세계와 인간 실존의 근원적 이해는 고통으로부터의 도피가 아니라, 고통에 대한 비극적-디오니소스적 긍정을 통해서 비로소 가능해진다. 니체는 고통스러운 세계와 삶마저도 디오니소스적으로 긍정하고 나아가 자신의 운명을 사랑할 수 있는 인간으로의 변화를 위한 자신의 철학적 시도를 "실험철학"이라고 명명한다.[134]

니체는 비극과 비극적-유희적 세계관의 종말을 가져 온 학문적-이론적 인간(소크라테스와 에우리피데스)에 반한 비극적-디오니소스적 인간 유형으로서 위버멘쉬를 제시한다. 이러한 의미에서 그는 『이 사람을 보라』의 「차라투스트라는 이렇게 말했다」에서 자신의 "디오니소스" 개념을 차라투스트라와 같은 인간 유형의 심리적-생리적 조건으로 규정하며, 이를 삶 자체를 긍정하고 극복하며 매 순간 "새로운 건강"을 획득하는 인간 유형인 위버멘쉬와 동일시한다.[135] 「차라투스트라는 이렇게 말했다」라는 작품에서 "디오니소스적인 것이 최고의 행위가 되었다"[136]라고 주장하는 니체의 말처럼, 디오니소스적 행위의 주체로서 차라투스트라와 그가 설

---

132 N 14[24], KSA 13, 229쪽.

133 N 6[20], KSA 8, 106쪽.

134 N 16[32], KSA 13, 492쪽. 백승영은 니체의 실험철학을 삶의 건강성과 연결지어 설명한다. 그녀에 의하면 니체의 실험철학은 철학적 가치평가의 새로운 토대를 "건강한 삶"으로 규정하고, 그동안 전통 형이상학이 절대적 진리를 추구하며 제기해온 낡은 물음, 즉 평가대상 "그 자체"에 대한 물음으로서 "그것은 무엇인가?"가 아니라, "건강한 삶을 위해 그것은 어떤 의미와 가치를 갖는가?"라는 물음으로의 전두를 시도한다. 니체의 이러한 시도는 진리 혹은 건강 그 자체가 아니라, 자기 삶의 건강성을 바탕으로 평가 대상의 의미와 가치에 대해 물으며 매 순간 변화하는 삶의 조건을 인식하고 스스로 건강한 삶을 구성할 수 있는 "건강한 디오니소스적 인간"의 탄생을 가능하게 한다. (백승영, 『니체, 건강한 삶을 위한 긍정의 철학을 기획하다』, 한길사, 2011, 40-42쪽 참조).

135 EH, 차라투스트라는 이렇게 말했다, 2, KSA 6, 337-338쪽; 6, 343-345쪽.

136 같은 책, 6, 343-344쪽.

파한 위버멘쉬는 그에게 있어 비극적-디오니소스적 인간 유형인 것이다. 니체가 자신의 철학 속에서 비극과 비극적인 것을 단념하지 않는 이유는 인간은 삶의 공포와 좌절, 모순과 부조리와 같은 고통 속에서 비로소 진정한 긍정과 극복을 배울 수 있으며 또한 이를 통해 비로소 위대한 인간의 정신이 드러날 수 있기 때문이다.

이와 관련하여 『즐거운 학문』이 『차라투스트라는 이렇게 말했다』의 서두 자체라는 니체의 말[137]은 차라투스트라의 몰락을 이야기하는 『즐거운 학문』의 342번 단편의 제목 "비극이 시작될 것이다……"가 『차라투스트라는 이렇게 말했다』의 비극적 성격을 예고한다는 것[138]과 더불어 이 책에서 비로소 삶 그 자체에 대한 비극적-디오니소스적 긍정(영원회귀)이 시작된다는 사실을 함의하고 있다. 그래서 니체는 『비극의 탄생』의 「자기비판의 시도」에서 차라투스트라를 "디오니소스적 괴물(der dionysische Unhold)"이라고 표현하는 것이다.[139] 이러한 의미에서 비극적-디오니소스적 인간의 가르침이 담긴 『차라투스트라는 이렇게 말했다』를 "비극적 철학", 즉 모든 형이상학적 삶의 의미로부터 해방된 "대지의 철학"으로 명명하는 블릭께르(Sylvain de Bleeckere)의 견해는 설득력이 있다.[140]

> 차라투스트라의 결론은 인간은 저 사상을 느끼지 않기 위해서는 동물로 되돌아가거나 위버멘쉬가 되지 않으면 안 된다는 것이다 [⋯] 주의. 인생에서 비극

---

137 같은 책, 1, 336쪽.

138 Sylvain De Bleeckere "Also sprach Zarathustra" : Die Neugestaltung der "Geburt der Tragödie", in: Nietzsche–Studien, Bd. 8, Berlin · New York 1979, 270쪽.

139 GT, 자기비판의 시도, 7, KSA 1, 22쪽.

140 Sylvain De Bleeckere, Also sprach Zarathustra" : Die Neugestaltung der "Geburt der Tragödie", 285쪽.

을 연출하고 그것을 즐기는 것![141]

비극적-디오니소스적 예술은 삶을 긍정하고 극복하는 자의 예술이자 그의 삶의 실존양식이다. 이에 반해 삶에 근본적으로 허무적 태도를 취하는 예술가는 데카당스 유형일 뿐이다.[142] 그 이유는 예술을 인간과 그의 삶의 실존적 예술화를 위해 심리-생리적으로 작용하는 "위대한 자극제"로 이해하는 니체에게 있어[143] "염세적 예술"이란 존재할 수 없기 때문이다.[144] 그에 의하면 예술은 본질적으로 삶에 대한 "긍정"이자 "축복"이며[145], 이러한 긍정을 바탕으로 행해지는 "비극적 예술가"의 창조행위는 곧 "자신의 존재에 대한 감사이다."[146] 삶의 이러한 비극적-디오니소스적 긍정은 "강함의 한 징후"이다.[147] 이러한 측면에서 니체는 다음과 같이 말한다. "비극은 체념을 가르치지 않는다."[148]

6) 6장. 우리의 현대 세계는 어디에 속하는가? 소진에? 아니면 상승에? — 현대 세계의 다양성과 동요는 최고 형식의 의식화에 의해서다

비극적-디오니소스적 지혜는 삶의 체념을 가르치지 않는다. 삶에 근본적으로 허무적 태도를 취하고 자신의 존재에 감사할 줄 모르는 인간은 데

141 N 15[4], KSA 10, 479–480쪽.
142 N 10[168], KSA 13, 557쪽.
143 N 14[23], KSA 13, 228.
144 N 14[47], KSA 13, 241쪽.
145 같은 책, 241쪽.
146 N 10[168], KSA 13, 557쪽.
147 같은 책, 556쪽.
148 N 14[47], KSA 13, 241쪽.

카당스 유형일 뿐이다. 이들은 "존재보다는 비존재"를, "삶에의 의지보다 무에의 의지"에 더 큰 의미를 부여한다.[149] 다시 말해 이들의 "허무적 본능"은 자신의 현실 세계에 대한 긍정이 아니라, 항상 "부정"을 말한다.[150] 니체는 이러한 증상을 그 자체로 삶의 "병"이자 "하강(Niedergang)"일 뿐이라고 단호하게 규정한다.[151]

> 세계가 '참된' 세계와 '가상' 세계로 나뉜다. 그 방식이 그리스도교식이든, (결국은 교활한 그리스도교인인) 칸트식이든 단지 데카당스를 암시하는 것에 불과하다 — 하강(niedergehend)하는 삶의 징후라는 말이다.[152]

니체에게 있어 자기 삶의 고유한 의미를 오랜 형이상학적-종교적-도덕적 가치들에 위임하는 데카당스적인 인간 유형들에게 삶의 행복은 자기 보존적일 뿐이다. 이에 대한 예로 "이성 = 덕 = 행복"으로 대변되는 소크라테스의 주지주의[153]는 "데카당스의 공식"[154]에 불과한 것으로서 니체에게 있어 삶의 근본충동—"자기 보존 의욕이 아니라 성장 의욕"[155]—을 오해한 오류로 비판받는다. 니체에 의하면 "삶이 상승하는 한, 행복은 본능과 같은 것이다."[156]

---

149 N 17[7], KSA 13, 528쪽.

150 같은 책, 528쪽.

151 N 17[8], KSA 13, 529쪽.

152 AC, 철학에서의 '이성', 6, KSA 6, 79쪽.

153 AC, 소크라테스의 문제, 10, KSA 6, 72쪽.

154 같은 책, 11, 73쪽.

155 N 2[179], KSA 12, 155쪽. "스피노자의 자기 보존 명제는 사실상 변화를 정지시켰어야 했다: 그런데 그 명제는 틀렸고, 그 반대가 옳다. 모든 생명 있는 것에서 가장 명백히 알려진 것은, 생명 있는 것은 자기 보존이 아니라 증대를 위해서 모든 것을 한다는 것이다……"(N 14[121], KSA 13, 301쪽).

> 옛 가치는 하강하는 삶으로부터, 새로운 가치는 상승하는 삶으로부터 생겨난 것임을. […] 모든 옛 이상들은 삶에 적대적인 이상들이라는 것을 (아무리 화려한 일요일의 치장을 한 도덕이라고 하더라도 데카당스로부터 생겨나며, 데카당스를 규정한다)157

니체의 말처럼 오랜 가치는 하강하는 삶으로부터, 새로운 가치는 상승하는 삶으로부터 생겨난다. 결국 모든 낡은 가치들의 파괴와 더불어 새로운 미래가치들의 창조는 인간 삶의 관점과 이를 통한 가치의 변화로부터 생겨난다. 여기서 변화란 마치 뱀이 낡은 허물을 벗어내듯 새로유 가치들이 미래를 향한 삶의 상승과 성장에 장애가 되는 기존의 낡은 가치들을 벗는 인간 실존의 작업을 의미한다.158 니체는 단적으로 다음과 같이 말하기도 한다.

> 각각의 인간은 그가 삶의 상승선을 나타내는지 하강선을 나타내는지에 따라 평가되어도 무방하다.159

하지만 여기서 중요한 것은 니체가 하강하는 삶의 징후로서 데카당스 현상 자체를 부정하지는 않는다는 것이다. 그에 의하면 데카당스는 인류의 모든 시기에 속해있으며, 이때 인류의 과제는 인류가 "전체"로서 단 하나의 목표, 즉 끊임없는 물질문명의 발전과 삶의 안녕을 향해 나아가

---

156 AC, 소크라테스의 문제, 11, KSA 6, 73쪽.

157 N 11[150], KSA 13, 71쪽.

158 "사람들은 우리를 혼동한다.―그것은 우리가 성장하고, 지속적으로 변화하며, 낡은 껍질을 벗어버리기 때문이다. 우리는 매년 봄마다 새 껍질을 입으며, 점점 더 젊어지고 미래적으로 되고 높아지고 강해진다."(FW V, 371, KSA 3, 623쪽).

159 GD, 어느 반시대적 인간의 편력, 33, KSA 6, 131쪽.

는 것이 아니다.[160] 다시 말해 "유전되는 것은 질병이 아니다. 병적인 것(Krankhaftigkeit)이 유전된다 : 즉 유해한 외래물 등에 저항하지 못하는 무기력 ; 꺾인 저항력—"[161]이라는 니체의 말처럼, 그가 경계하는 것은 데카당스 현상 자체가 아니라, 데카당스에 전염된 문화와 평준화된 인간이다. "데카당스는 싸울 수 있을 만한 상대가 아니다 : 그것은 절대적으로 필연적이고, 모든 시대와 민족에 고유한 것이다. 전력을 다해 싸워야 할 대상은, 데카당스를 유기체의 건강한 부분에 전염시키는 일, 바로 그것이다."[162]

데카당스에 대한 이러한 이해를 바탕으로 니체는 인류를 상승과 하강이 반복하는 삶의 다양한 과정들의 총계로 이해한다.[163] 즉 그는 상승과 하강을 건강과 병, 성장과 퇴화와 더불어 힘에의 의지의 투쟁 관계를 구성하고 지속시키는 명령과 복종, 쾌와 불쾌처럼 서로 자극을 주고받는 유기적 관계로, 다시 말해 삶의 자연성으로 규정한다. 니체는 이러한 관점과 가치의 변화를 자신의 삶을 통해 설명한다.

"나는 어떤 인간보다도 상승과 하강에 대한 예민한 후각을 갖고 있다. 나는 그것을 가르치는 교사 중의 교사이며 — 나는 양편 모두를 알고 있고, 나 자신이 양편 모두이다."[164] 니체의 이 말은 병과 건강 사이에서 스스로 겪고 깨달은 고통스러운 좌절과 극복의 경험들을 자신의 철학적 사유들과 연결하며 논의한 자전적 저서 『이 사람을 보라』의 「나는 왜 이렇게 현명한지」에 등장한다. 그의 이 말은 다음의 말과 동일한 의미를 지닌

---

160 N 11[226], KSA 13, 87쪽.
161 N 14[65], KSA 13, 250쪽.
162 N 15[31], KSA 13, 427쪽.
163 N 11[226], KSA 13, 87쪽.
164 EH, 나는 왜 이렇게 현명한지, 1, KSA 6, 264쪽.

다. “내가 데카당이라는 사실은 별도로 하고, 나는 데카당의 반대이기도 하다.”[165] 이렇듯 니체는 스스로를 건강과 병, 상승과 하강, 성장과 퇴화를 모두 경험한 인간으로 이해한다. 니체는 이 경험을 다음과 같은 말로도 설명한다.

> 병자의 광학으로부터 좀 더 건강한 개념들과 가치들을 바라본다든지, 그 역으로 풍부한 삶의 충만과 자기 확신으로부터 데카당스 본능의 은밀한 작업을 내려다본다는 것 — 이것은 가장 오랫동안 나의 연습이었고, 진정한 경험이었다. […] 왜 오로지 나에게만 ‘가치의 전환’이 도대체 가능할 수 있는지에 대한 첫 번째 이유이다.[166]

니체가 자신의 삶을 통해 경험한 관점과 가치의 전환은 ‘건강, 상승, 성장’과 ‘병, 하강, 퇴화’의 의미에 대한 근본적 변화였다. 즉 건강(상승, 성장)과 병(하강, 퇴화)은 존재론적으로 규정된 절대적-불연속적 이분화가 아니라, 건강으로부터 병으로의 하강 혹은 병으로부터 건강으로의 상승의 원리와 같은 연속적 변화의 관계를 맺고 있다는 것이다. 그가 깨달은 이러한 삶의 건강 원리는 자신의 개념 “커다란 건강”처럼 건강, 상승, 성장은 필연적으로 병, 하강, 퇴화를 보다 고양된 삶—니체의 표현에 의하면 “새로운 건강”—을 위한 “강력한 자극제”[167]로 이해함에 있다.

하지만 항상 부정만을 말하는 허무적 인간 혹은 데카당스적 인간에게 병, 하강, 퇴화는 그 어떤 새로운 변화의 의미를 가질 수 없다. 이러한 의

---

165 같은 책, 2, 266쪽.

166 같은 책, 1, 266쪽.

167 같은 책, 2, 266쪽.

미에서 니체가 자기 자신을 허무주의를—"자신의 뒤에, 자신의 밑에, 자신의 밖에 두는 자로서"—자신의 내부에서 끝까지 체험해 본 "유럽 최초의 완전한 허무주의자"라고 규정하는 것[168]은 허무주의 역시 새로운 미래 문화와 보다 건강한 미래 인간의 탄생을 위한 자극제일 수 있다는 것을 의미한다. 그래서 니체는 "내 저술은 데카당스의 온갖 자연적 유형들에 맞선다 ; 나는 허무주의 현상을 가장 포괄적으로 숙고했다."[169]라고 자신 있게 말할 수 있는 것이다.

니체는 실존적 무기력과 창조적 무능력이 만연한 현대와 현대인의 삶의 양식 속에서 분명하게 소진(Erschöpfung)의 증상들을 발견했다. 이에 대하여 그는 "덕"과 (스스로를 숙명으로 받아들이고 더 이상 다른 자기 자신을 원하지 않는) "탈아(脫我, Entselbstung)"와 "동정" 등 근본적으로 삶의 자연성(상승과 성장욕구)을 왜곡하고 부정하는 가치들은 모두 소진한 자들의 판단이자 "철학적-금욕적" 가치들일 뿐이라고 단언한다. 그리고 이러한 증상들을 "소진의 생리학(die Physiologie der Erschöpfung)"이라는 개념을 통해 설명한다.[170] 생리학적 소진의 증상은 저편세계에 대한 맹목적 믿음으로 더 이상 삶의 현실세계를 긍정하고 나아가 스스로를 극복하고 변화시킬 수 없는 지치고 피로한 인간들의 나약한 의지의 병이다.

니체에 의하면 역사는 지금까지 『도덕의 계보』에 등장하는 선한 인간(노예) 혹은 금욕주의적 성직자와 같은 소진한 자들이 충만한 자들로 혼동되어왔고, 오히려 충만한 자들이 해롭고 위험한 자들로 오해되어온 전

---

168 N 11[411], 3, 190쪽.

169 N 5[13], KSA 13, 414쪽.

170 EH, 나는 왜 이렇게 현명한지, 6, KSA 6, 273쪽; N 15[13], KSA 13, 412쪽; 14[65], KSA 13, 251쪽 참조.

율스러운 사실을 포함하고 있다.[171] 하지만 니체에 의하면 삶에 빈곤한 자와 약자는 삶을 더 빈곤하게 만들고, 삶에 풍요로운 자와 강자는 삶을 풍요롭게 만든다.[172] 그래서 니체는 "생리적 혼동은 모든 악의 원인이다."[173]라고 단호하게 말하는 것이다. "도덕에서의 노예반란"[174]도 이러한 생리적 혼동에서 비롯된 사건이다. 그럼에도 니체는 심리-생리적 힘의 소진과 충만을 존재론적-불연속적인 관계로 규정하지 않는다. 오히려 『차라투스트라는 이렇게 말했다』에서 제시된 동물(마지막 인간)과 위버멘쉬 사이의 경계처럼 인간의 실존적 자기결단을 통해 변화될 수 있는 열린 가능성의 영역으로 이해한다.

7) 7장. 힘에의 의지 : 삶에의 의지의 의식화……

니체철학에서 이 경계는 지속적인 자기극복의 영역이다. 다시 말해 "아직 확정되지 않은 동물"[175]인 인간이 비로소 자신의 현재와 나아가 미래까지도 확정짓고자 하는 강한 의지를 발현하는 경계이다. 이러한 실존적인 경계는 그의 철학에서 항상 존재론적 경계가 아니라, 끊임없이 반복되는 변화를 허용하는 관계론적 경계로 기능한다. 그리고 이 경계를 지속적인 변화의 영역으로 규정하는 것은 바로 마지막 인간과 위버멘쉬의 사이존재인 인간의 "자기극복에의 의지"[176], 즉 힘에의 의지이다. "나 너

---

171 N 14[68], KSA 13, 252쪽.

172 같은 책, 252쪽.

173 N 15[13], KSA 13,413쪽.

174 GM Ⅰ, 7, KSA 4, 268쪽.

175 JGB Ⅲ, 62, KSA 5, 81쪽.

176 Walter Kaufmann, Nietzsche. Philosoph–Psychologe–Antichrist, übersetzt von Jörg Salaquarda, Darmstadt 1982, 233쪽.

희들에게 위버멘쉬를 가르치노라. 사람은 극복되어야 할 그 무엇이다. 너희들은 너희 자신을 극복하기 위해 무엇을 했는가?"라는 차라투스트라의 질책은 실존의 경계에 선 채 자신에게 내재된 변화의 가능성을 망각한 인간들을 향하고 있다.

이러한 의미에서 "내 인간애는 끊임없는 자기극복이다."[177]라는 니체의 짧은 글은 차라투스트라가 말했던 인간이 사랑받아 마땅한 이유[178]에 대한 답으로 제시될 수 있다. 인간은 언제든지 이 불안한 경계에서 스스로를 긍정하고 극복하며 무리인간들의 획일화된 본능들로부터의 해방과 더불어 자신의 삶을 변화시킬 수 있는 존재이다. 이미 살펴보았듯이 니체는 동물과 위버멘쉬와 같은 모든 경계, 즉 건강과 병, 상승과 하강, 성장과 퇴화 역시 삶의 연속적 과정으로 인식했다. 그 이유는 인간의 내면세계를 지배하고 외면세계를 대변하는 힘에의 의지가 인간이 서있는 장소를 매 순간 실존의 선택을 요구받는 하나의 경계이자 모든 변화가 허용되는 가능성의 영역으로 만들기 때문이다. 니체 역시 이러한 경계 위에서 있었다. 하지만 그는 자기긍정과 극복을 통해 삶의 새로운 의미를 창조했으며 그렇게 자신의 삶에 드리운 염세주의적 위기를 극복했다.

> 내 건강에의 의지와 삶에의 의지를 나는 나의 철학으로 만들었다……왜냐하면 다음의 사실을 주목해보라 : 내 생명력이 가장 낮았던 그해는 바로 내가 염세주의자임을 그만두었던 때였다 : 나의 자기 재건 본능이 내게 비참과 낙담의 철학을 금지해버렸던 것이다……[179]

---

177 EH, 나는 왜 이렇게 현명한지, 8, KSA 6, 276쪽.
178 Za, 차라투스트라의 머리말, 4, KSA 4, 17쪽.
179 EH, 나는 왜 이렇게 현명한지, 2, KSA 6, 267쪽.

여기서 자신의 "자기 재건 본능"이 "비참과 낙담의 철학"을 금지해버렸다는 니체의 말은 자신의 삶은 물론 자신의 철학까지도 포괄하는 중요한 의미를 지니고 있다. "나는 내 자신을 떠맡아, 내 스스로를 다시 건강하게 만들었다."는 그의 말처럼, 건강한 인간은 형이상학적 종교가 규정한 "불행"과 "죄"조차도 믿지 않고 오직 자기 자신만을 삶의 근본적인 토대이자 조건으로 규정한다.[180] 이러한 인간 유형은 비록 데카당스적 병에 걸려있었다고 하더라도, 다시 건강해질 수 있는 기회의 부여자가 될 수 있다. 즉 데카당스적 병이 보다 건강한 삶을 위한 자극제로 작용한다. 이제 니체는 자신에 대해 다음과 같이 분명하게 말한다. "나는 데카당의 반대이다."[181] 그는 더 이상 스스로를 데카당으로 여기지 않으며 데카당스를 극복하고 새로운 미래를 창조할 수 있는 힘에의 의지의 주체로서의 "미래의 철학자"[182] 혹은 "진정한 철학자"[183]로 인식한다.

니체는 자신이 살았던 19세기 유럽문명의 발전과 진행 위에서 드러나는 문화적 염세주의의 현상에 주목했다. 문화적 염세주의는 오랜 형이상학의 인식론적-이분법적 분리와 극단적 합리주의에 의한 기계론적 사유 등이 혼재되어 드러나는 인간 실존의 허무주의적 위기의 근본 증상이기 때문이다. 그는 근대의 염세주의적 현상을 일종의 병적 증상으로서 인간 실존의 하강이자 퇴화로 그리고 이러한 현상을 "생리적인 자기모순"[184]으로 이해한다. 즉 염세주의를 삶의 실존적-정신적 권태와 무기력, 무의미,

---

180 같은 책, 266–267쪽.
181 같은 책, 267쪽.
182 JGB VI, 210, KSA 5, 142쪽.
183 같은 책, 211, 145쪽.
184 AC, 41, KSA 6, 143쪽.

피로와 소진으로 이해하며 이를 데카당스의 징후로 나아가 "허무주의의 선형식"[185]으로 규정한다.

여기서 "생리적인 자기모순"은 "힘에의 의지가 어떤 형태로든 쇠퇴하는 곳에서는 언제나 생리적 퇴행이, 즉 데카당스가 있다."는 니체의 말처럼[186] 힘에의 의지의 주체로서의 인간이 끊임없이 힘을 축척하고 이를 바탕으로 끊임없이 스스로를 극복할 수밖에 없는 자기 존재의 내재적 생명의 원리를 인식하지 못한다는 것을 의미한다.[187] 이렇듯 니체는 스스로를 병든 문화와 이 병의 근원을 치유할 수 있는 의사로 느꼈으며, 데카당스의 병을 효과적으로 극복할 수 있는 철학적 진단과 처방을 수행했다.[188]

니체에 의하면 지금까지 오랜 형이상학적-종교적-도덕적 가치들 역시 삶의 조건 위에서 해석된 것들이었다. 모든 낡은 가치들에 대한 그의 비판은 가치 그 자체뿐만 아니라, 삶의 공식으로 유전된 결과로서의 데카당스 가치이다. 그 이유는 낡은 가치들의 명령은 오랜 시간을 거쳐 삶에 지친 자들의 의식적 삶에 침투한 결과이기 때문이다. 니체는 이러한 현상을 "가치의 의식화(Bewußtwerden der Werthe)"[189]라는 개념을 통해 설명한다. "의식화란 진정한 도덕성이, 행위의 본능-확실성이 사라져버린다는

185 N 10[58], KSA 12, 491쪽.

186 AC, 17, KSA 6, 183쪽.

187 "삶 자체가 성장을 위한 본능, 지속을 위한 본능, 힘의 축척을 위한 본능, 힘을 위한 본능인 것 같다."(같은 책, 6, 172쪽).

188 Meindert Evers, Das Problem des Nihilismus. Thomas Mann & Nietzsche, in: Zur Wirkung Nietzsches: Der deutsche Expressionismus: Menno Ter Braak, Martin Heidegger, Ernst Jünger, Thomas Mann, Oswald Spengler, Hans Ester u. Meindert Evers (Hrsg.), würzburg 2001, 52쪽 참조. 쉬퍼게스(H. Schipperges)는 니체의 "문화의 의사"라는 개념에 대하여 다음과 같이 설명한다. "철학자는 그가 병든 상태들의 치료전문가를 천직으로 느낌으로써 건강한 삶의 세계의 진단자가 된다."(Heinrich Schipperges, Am Leitfaden des Leibes zur Anthropologik und Therapeutik Friedrich Nietzsches, Stuttgart 1975, 128쪽).

189 N 14[142], KSA 13, 327쪽.

것에 대한 징후다……"[190]

이에 대한 예로 니체에 의하면 "어떻게 행해져야 하는가?"라는 물음에 대한 도덕의 대답은 항상 오해였다. 그 이유는 인간의 행위에 대한 도덕적 판단은 항상 본능, 욕구, 정동 등과 같은 한 개인의 행위 원칙을 보편적 규범으로 전환하고자 하는 숙명적 당위의 성격을 띨 수밖에 없기 때문이다. 그래서 니체는 "'어떻게 행해져야 하는가?'는 원인이 아니라 결과이다. 도덕은 뒤따르며, 이상(理想)은 최후에 등장한다."[191]라고 말하는 것이다. 니체의 생각처럼 인간의 행위는 단 하나의 진리로 규정될 수 없다. 진리와 도덕 역시 삶의 구체적 조건에서 도출되는 하나의 해석일 뿐이기 때문이다. 이에 대하여 니체는 다음과 같이 구체적으로 설명한다.

> 1. 모든 철학자들의 이른바 순수 인식 충동은 그들의 도덕-'진리'들의 명령을 받는다. — 겉으로만 독립적으로 보인다……
> 2. '도덕 진리', '그렇게 행해져야 한다'는, 어떤 지쳐가는 본능의 한갓 의식-형태에 불과하다 : '우리에게서는 이러저러하게 행해져야 한다'라는 '이상'은 좀 더 강한 본능을 재건해야 한다 : 인간이 한갓 기계에 지나지 않을 때, 인간은 복종하면서 만족한다.[192]

의식과 의식화에 대한 니체의 비판은 근본적으로 삶의 모든 요소들을 "정신"과 같은 단 하나의 합목적 원인을 설정하고 이를 통해 통일하고자 하며 생성("운동과 변화")을 부정했던 전통 형이상학[193]과 더불어 근대 자

---

190 같은 책, 327쪽.

191 같은 책, 326쪽.

192 N 14[143], KSA 13, 328쪽.

193 N 14[144], 328–329쪽; N 14[145], KSA 13, 329쪽 참조.

연과학의 기계적 인과론과 이성을 통한 계몽의 기획에도 그대로 적용된다. 의식을 우위에 두고 인간의 정념과 같은 비이성적 자연성을 폄하하는 것은 삶의 본질을 오해하는 것에 불과하다. 니체에게 있어 인간의 내적 자연성(본능과 충동)들을 부정하고 인간을 이해한다는 것은 처음부터 불가능한 시도였을 뿐이다. 결국 인간을 이해하고자 했던 모든 시도들은 지금까지 삶과 세계가 지닌 혼돈을 제대로 설명할 수 없었다. "모든 진보는 의식화(Bewußtwerden)로의 진보 속에 있다 ; 모든 퇴보는 비의식화(Unbewußtwerden) 속에 있다 [⋯] 좀 더 나은 것으로의 진보는 단지 의식화에서의 진보일 뿐이다. 비의식화는 욕구와 감각 때문에 망쳐진 것으로 간주된다."[194]

이제 니체는 "아무것도 의욕하지 않는 것보다는 오히려 허무를 의욕"하고자 했던 인간, 그렇게 삶에 적대적인 가치를 추구하며 자기 존재의 "근본적인 전제"를 의심하고 이에 반발했던 인간들의 치유를 위해 삶의 개념을 보다 새롭고 분명하게 규정한다.[195] 삶의 개념이 새롭게 규정되면 삶에 대한 의식의 변화를 통해 인간의 행위 양식도, 삶의 총체로서의 세계도 다시 규정될 수 있으며 나아가 앞으로 창조될 가치와 미래도 오직 현실적 삶의 토대 위에서 해석될 수 있기 때문이다. 이에 대하여 니체가 제시하는 공식은 다음과 같다. "삶은 힘에의 의지이다."[196] 이제 삶은 힘에의 의지의 주체로서 인간의 내 · 외적 생기활동을 반영하는 생성의 장일 뿐, 더 이상 절대적 가치체계로서의 진리에 의존하지 않는다. 나아가 삶의 총체로서의 세계도 힘에의 의지일 뿐이다.[197]

---

194 N 14[146], KSA 13, 330쪽.

195 GM Ⅲ, 28, KSA 5, 412쪽.

196 N 2[190], KSA 12, 161쪽.

니체에게 있어 운동하고 있는 것, 즉 변화할 수 있는 것들은 모두 힘에의 의지라고 명명될 수 있으며, 그는 단 하나의 주체를 설정함으로써 유발되는 인과율 자체를 부정한다. 인간 내면에서 발생하는 지속적인 자기극복의 운동을 대변하는 생기는 단 하나의 주체 혹은 단 한 번의 생성, 다시 말해 일시적 변화로 설명될 수 없다.

> [⋯] 자신을 극복하는 것으로서의 생성 : 주체가 아니라 행위이며, 설정하는 것, 창조적인 것이지만 "원인과 결과"는 아니다. [⋯] 삶이 보여주는 모든 것, 전체 경향의 축약 공식으로 간주한다 : 그러므로 "삶" 개념의 새로운 고착, 힘에의 의지로.[198]

힘에의 의지는 세계와 삶을 생동하는 생성과 변화의 장으로 그리고 인간의 생기활동을 매 순간 창조와 파괴가 반복 · 순환하는 변화의 역동적 놀이로 규정한다. 다시 말해 힘에의 의지를 예술적 창조활동의 조건[199]으로 이해하는 니체에게 있어 세계와 삶은 예술 활동의 장이자 이러한 활동의 대상, 즉 예술 작품이 된다. 그리고 힘에의 의지의 주체로서의 인간의 행위는 삶으로 명명되는 예술작품의 주체, 즉 예술가의 창조적 행위로 인정된다.

니체의 예술 개념은 초기 『비극의 탄생』에서 인간의 "본래적인 형이상학적 활동"에 불과한 것으로 제시되었고 이후 스스로도 비판했지만, 그럼에도 실존의 그리스도교적-도덕적 해석에 반하여 보다 건강한 삶을 위해

---

197 N 38[12], KSA 11, 611쪽.

198 N 7[54], KSA 12, 313쪽.

199 N 14[61], KSA 13, 246–247쪽.

제시된 실천 양식이었다.[200] "삶"을 니체의 실천미학의 유일한 조건으로 규정하는 멘케(Christoph Menke)의 견해처럼[201], 니체가 자신의 철학에서 제시하는 삶의 미학은 끊임없는 실천을 요구한다. 니체의 미학(Ästhetik)은 미학함(ästhetisieren)을 전제로 성립된다.

삶이 힘에의 의지이듯이 자기 삶의 주인으로서 살아가고자 하는 의지, 즉 삶에의 의지 역시 힘에의 의지이다.[202] 그리고 예술을 가능하게 하는 "도취"와 "예술적 상태"가 힘의 증대와 충만의 느낌으로 규정되듯이[203] 삶과 예술은 힘에의 의지의 원리를 따른다. 삶이 예술로서 긍정될 때 삶은 예술을 통해 비로소 자신의 가장 깊은 곳을 드러내 보일 수 있다.[204] 이렇듯 현재의 삶을 넘어 보다 건강한 미래를 살아가고자 하는 의지는 힘에의 의지이지만, 이 실천적 의지의 방법론은 예술이다. "통상적 삶에서의 예술가적 능력의 참여, 그것의 행사(行使)는 강장적(tonisch)이다."[205] 니체의 이 말은 힘에의 의지로서의 예술이 일상에서 건강의 원리로 기능할 수 있다는 것을 함의하고 있다. 힘에의 의지로서의 예술은 오늘의 인간이

---

200 GT, 자기비판의 시도, 5, KSA 1, 17쪽.

201 크리스토프 멘케, 『미학적 힘. 미학적 인간학의 근본개념』, 김동규 옮김, 그린비, 2013, 150쪽 참조.

202 니체는 『차라투스트라는 이렇게 말했다』의 「자기극복에 대하여」에서 생명체의 본질을 "삶에의 의지"가 아니라 "힘에의 의지"로 규정했다. 하지만 니체가 이 장에서 강조하고자 하는 것은 힘에의 의지가 단순히 "생존을 위한 의지"가 아니라는 것과 더불어 "진리에의 의지"조차 하나의 삶을 위한 의지이지만 모든 생명체의 본질은 오직 그들의 내부에서 지속적인 자기극복의 원리로 작용하는 힘에의 의지일 뿐이라는 것을 명확하게 드러내기 위해서이다. (Za II, 자기극복에 대하여, KSA 4, 146–149쪽 참조).

203 N 17[9], KSA 13, 529쪽. 힘에의 의지로서의 예술을 통해 니체는 미와 추에 대한 개념을 힘의 느낌으로, 즉 미를 상승하는 인간의 힘-증대의 느낌으로, 추를 하강하는 인간의 힘-감소의 느낌으로 규정한다. (GD, 어느 반시대적 인간의 편력, 20, KSA 6, 124쪽). "무엇이 아름다움인가? 승리를 얻는 자와 주인이 된 자에 대한 표현."(N 6[26], KSA 12, 245쪽).

204 Volker Gerhardt, Friedrich Nietzsche, 93쪽 참조.

205 N 17[9], KSA 13, 530쪽.

내일과 모레의 인간일 수 있게 하는 창조적 변화의 근본원리이다.

이러한 의미에서 힘에의 의지의 또 다른 표현인 "생식에의 의지"는 비로소 인간이 자신을 가두었던 오랜 가치를 파괴하고 새로운 자신을 위해 매 순간 창조를 시도하는 생산적 의지, 즉 보기 흉한 돌 속에 갇혀 잠들어 있던 자신을 깨우고 다시 새롭게 작품을 창조하듯 스스로를 조형하는 조각가의 의지이다.[206] 이렇듯 힘에의 의지로서의 예술은 지금까지 오해되고 소외되어온 인간과 그의 삶을 은폐된 본질로부터 다시 인식할 수 있게 해주는 의식화의 원리로 작용한다. 이를 바탕으로 삶에의 의지의 의식화는 삶에의 의지의 예술적 의식화를, 즉 마치 예술가가 자신의 작품과 관계하듯이 매순간 자기 자신과 관계하며 자신의 삶을 예술작품으로 인식하는 예술가의 상태를 의미한다.

8) 8장. 미래의 의술

니체는 힘에의 의지로서의 예술을 오늘의 인간이 "내일과 모레의 인간"[207], 즉 미래의 인간일 수 있게 하는 삶의 근본원리로 이해한다. 삶에의 의지의 예술적 의식화를 통해서 삶의 데카당스(염세주의-허무주의) 현상은 극복될 수 있다. 그 이유는 자신의 삶과 끊임없이 관계하는 인간은 매 순간 변화하는 자신을 경험하게 되고 자신이 살아가는 모든 과정이 그 자체로 소중한 긍정과 극복의 대상이라는 것을 깨달을 수밖에 없기 때문이다. 현재의 삶과 관계하고 있는 그는 영원히 반복될 삶 역시도 사랑할

---

206 EH, 차라투스트라는 이렇게 말했다, 8, KSA 6, 349쪽; Za II, 자기극복에 대하여, KSA 4, 146-148쪽.

207 이 개념에 대한 내용으로는, 이상범,「니체의 미래철학에 대한 연구. 그의 "미래" 메타포에 대한 해명을 중심으로」, 『니체연구』, 제26집 (한국니체학회, 2014년 가을호), 213-252쪽 참조.

수 있다. 니체에 의하면 예술가의 이러한 탈형이상학적-탈종교적-탈염세주의적 시도는 "치료"이다.[208]

발머(H. P. Balmer)의 견해처럼 니체는 자신의 철학적 과제를 "인간의 새롭고 높은 미래의 생산적 조형"으로 규정했다.[209] 이를 위해 니체는 인간의 건강한 미래의 변화가능성을 불가능하게 했던 데카당스 병의 극복을 시도하며 지금까지 삶에 적대적인 허무적 가치로 기능해온 형이상학적-목적론적 근본토대로부터의 실존적 해방을 수행한다.[210] 니체의 개념 "미래의 의술"은 이러한 철학적 치유의 시도를 바탕으로 비로소 의미를 가질 수 있다.

니체는 자신의 철학에서 항상 보다 건강한 미래의 인간을 희망했다. 이에 대한 그의 미래철학의 단서는 『즐거운 학문』에서 지난 과거의 상속자가 아니라, 새로운 가치의 창조자의 조건으로 제시되는 "미래의 인간성"[211]으로, 『도덕의 계보』에서는 "미래의 인간"[212]으로, 1884년의 한 『유고』에는 "위버멘쉬적 미래"[213]로 등장한다. 그리고 『선악의 저편』에서는 책의 부제를 "미래철학을 위한 서곡"으로 제시하며 스스로를 "미래의 철학자"로, 자신의 철학을 "미래의 철학"으로 규정했다.

이에 대하여 들뢰즈는 미래의 철학자에 대하여 다음과 같이 말한다. "미래의 철학자는 입법자라는 단어 안에서 예술가와 의사이다".[214] 그리

208 N 37[12], KSA 11, 587쪽.

209 Hans Peter Balmer, Freiheit statt Teleologie. Ein Grundgedanke von Nietzsche, München 1977, 19쪽.

210 같은 책, 21쪽.

211 FW IV, 337, KSA 3, 564쪽.

212 GM II, 24, KSA 5, 336쪽.

213 N 27[74], KSA 11, 293쪽.

214 Gilles Deleuze, Die einsame Insel. Texte und Gespräche 1953~1974, Frankfurt am Main

고 오트만(H. Ottmann)은 "미래의 입법자"를 "존재 세계 그 자체도, 종교의 신도, 자연도, 이러한 과제로부터 떠나게 할 수 있는 인습도 아닌 순수하게 자율적인 법칙의 창조라는 거대한 과제 앞에 서 있는" 인간 유형으로 표현한다.[215] 이러한 측면에서 니체의 개념 "미래의 의술"은 미래철학의 일환으로 수행되며, 그의 이러한 철학적 시도는 건강한 미래를 향한 현재의 실험으로 진행된다. 지금의 병이 미래 건강의 토대일 수 있다는 사실로부터 "미래의 의술"은 결코 병을 부정하지 않는다. 니체가 시도하는 이러한 철학적 의술은 오히려 병(현재)으로부터 건강(미래)을 도출하는 미래 건강의 이론이다.

지금까지 살펴본 1888년 초의 두 계획 이후 니체는 1888년 가을에 자신의 이러한 철학적 시도를 "미래를 위한 사유" 혹은 "미래를 위한 지혜"라고 표현한다.[216] 니체의 미래철학은 세계와 인간과 삶의 모든 변화를 강조하고 허용하기에 그 자체로 미래를 향해있는 철학이다. 건강한 미래를 위한 지혜를 설파하고자 했던 그의 철학적 과제는 오늘보다 내일이 더 건강한 미래의 인간, 즉 삶을 고통과 고난의 장으로 여기지도, 이로부터 삶에 대한 원한을 갖지도 않고 건강한 미래는 건강한 오늘로부터 시작된다는 사실을 일깨운 인간, 그렇게 스스로를 치유하기 위해 끊임없이 삶을 긍정하고 극복할 수 있는 인간, 나아가 지속적으로 자기 삶의 새로운 의미와 가치들을 창조할 수 있는 인간으로의 변화를 일상적 삶에서 구현하고자 하는 것이었다.

니체는 자신의 이러한 철학적 과제를 단순히 "갑작스러운 정신의 영감

2003, 202쪽.

215 Henning Ottmann, Philosophie und Politik bei Nietzsche, Berlin/New York 1999, 280쪽.

216 N 19[3], KSA 13, 542쪽.

(Geistesblitz)"에 의해서가 아니라, 사상적 계획을 통해서 "미래를 위한 지혜"를 공식화했다.[217] 근대의 실존적 병에 대한 진단으로부터 시작되어 치유에 이르는 니체의 사상적 시도는 되찾은 현재의 건강으로부터 지속되는 미래의 건강을 향한다. 니체의 미래철학이 건강철학의 성격을 통해 규정될 수 있음도, 건강철학이 미래철학의 근본적인 과제로 설정될 수 있음도 "미래의 의술"이라는 개념으로 설명될 수 있다.

3. 미래철학의 과제 : 미래의 의술

니체의 철학 속에 다양한 개념과 의미로 등장하는 건강과 병의 의미를 이해하기 위해서는 니체의 삶을 이해함과 동시에 그의 철학의 본질과 성격을 이해할 수 있어야만 한다. 스스로 겪었던 병과 건강, 고통과 고통에 대한 의미의 재발견, 염세주의적 좌절과 극복, 삶 그 자체에 대한 긍정과 사랑 등 삶의 광학으로부터 자신이 살던 시대와 인간들을 진단함과 동시에 치유를 시도한 니체는 자신의 철학 속에서 건강한 실존의 도구들을 다양한 철학적 개념으로 창조해냈다. 건강한 인간과 그의 건강한 미래, 즉 위버멘쉬와 그의 "위버멘쉬적 미래"[218]의 실현을 위한 니체의 개념들은 낡은 가치들의 파괴를 통해 비로소 자신의 삶과 자유롭게 관계하고 치유된 현재로부터 지속되는 건강한 미래를 창조하고자 하는 인간에게 실천 방향을 제공해준다. 니체가 새로운 창조를 위한 파괴의 행위를 인간의 위

217 Friedrich Heinz, Vorbemerkungen. Nietzsche–ein Nachlaß problem?, 21쪽 참조.
218 N 27[74], KSA 11, 293쪽.

대함으로 규정하는 이유는 이 때문이다.[219]

"최선의 자(der Beste)에게도 역겨움을 일으키는 무엇이 아직 남아 있다. 그리고 최선의 자라 하더라도 아직은 극복되어야 할 그 무엇이다!"[220] 라는 니체의 말처럼, 건강한 미래는 오직 끊임없이 스스로를 극복해나가는 창조적 인간의 미래일 수밖에 없다. 위버멘쉬가 그 언젠가 실존했던 인간으로 명명되지 않고 "행위와 활동의 명칭"[221]으로서 "최고의 활동"이자 "멈추지 않는 과정적 자기되기의 특성"으로 규정되는 것은 바로 이 때문이다.[222] 이를 통해 건강과 병, 상승과 하강, 성장과 퇴화 역시 "행위와 활동"에 대한 명칭이자 세계와 인간 그리고 그의 삶의 특정 상태에 대한 표현이라는 것을 알 수 있다.

이러한 의미에서 니체의 "미래의 의술"은 건강과 병에 관련된 자신의 물음들에 대해 스스로 답할 수 있음과 동시에 그의 미래철학의 과제를 대변해주는 개념이다. 지금까지 살펴보았던 것처럼 그는 자신의 철학적 과제를 수행하기 위해서 오랜 전통 형이상학적-종교적-도덕적 가치들을 현재 삶의 구체적 조건에서 재해석하며 보다 새롭고 건강한 미래를 희망했다. 본 글에서 고찰한 니체의 철학적 계획은 예측할 수 없었던 삶의 마지막 사건이 발생하기 전까지 끊임없이 수정 · 보완되던 사유과정을 추적하고 이를 통해 그의 사상적 바람을 이해하며 나아가 힘에의 의지를 매개로

---

219 N 29[41], KSA 11, 346쪽.

220 Za Ⅲ, 낡은 서판과 새로운 서판에 대하여, 14, KSA 4, 257쪽.

221 Annemarie Pieper, Ein Seil geknüpgt zwischen Tier und Übermensch. Philosophische Erläuterungen zu Nietzsche erstem "Zarathustra", Stuttgart, 1990, 56쪽.

222 Annemarie Pieper, Zarathustra als der Verkünder des Übermensch, in: Stiftung Weimarer Klassik von Rüdiger Schmidt und Andreas Schirmer (Hrsg.), Entdecken und Verraten. Zu Leben und Werk Friedrich Nietzsches, Weimar, 1999, 242쪽.

세우고자 했던 그의 사상의 구조를 건강철학의 관점에서 고찰할 수 있는 또 하나의 가능성을 제공해줄 수 있을 것이다.

Ⅳ. 니체의 건강 개념과 이론 : "커다란 건강"

1. 『인간적인 너무나 인간적인』과 『즐거운 학문』에 등장하는 새로운 건강과 커다란 건강의 비교

건강과 병에 대한 니체의 개념 "커다란 건강"은 『인간적인 너무나 인간적인 I』의 서문과 『즐거운 학문』의 382번 단편에 등장한다. 니체의 이 두 저서에서 커다란 건강은 근본적으로 오랜 형이상학적 이상들로부터 해방된 자유정신의 인간과 그의 건강한 미래의 실현을 위해 현재의 병마저도 긍정하고 극복하는 인간 실존의 조건이라는 사실을 공유한다. 그렇다면 커다란 건강은 니체의 철학에서 어떤 역할을 하는 것일까? 단적으로 표현하면 커다란 건강은 개념적으로 '어떻게 건강이 매 순간 새로워질 수 있는가?'라는 물음에 대한 답을 내포하고 있다.

이전과는 다른 삶을 살기를 희망하는 자는 필연적으로 이전과는 다른 건강을, 니체의 표현에 의하면 "새로운 목적"을 위한 "새로운 수단"으로서의 "새로운 건강"을 필요로 한다. 이를 바탕으로 위의 물음을 다시 한 번 종합해보면, "커다란 건강"은 '어떻게 인간은 매 순간 새로운 건강을 얻을 수 있는가?'라는 물음에 대해 답할 수 있는 방법론적 특성을 지닌 개념이다. 즉 커다란 건강은 새로운 건강을 도출하는 방법론으로 규정될 수 있다. 니체의 철학에서 병은 커다란 건강에 대한 개념적 이해를 통해서야 비로소 다시 건강해질 수 있는 기회로 규정될 수 있다.

새로운 건강과 커다란 건강은 같은 층위에서 논의될 수 있는 개념이다. 하지만 지속적인 변화를 강조하는 커다란 건강은 인간 실존의 조건이자 가치로서의 건강을 현재로부터 미래에까지 동일한 것으로 확정하지 않고, 매 순간 달라지고 새로워져야만 하는 것으로 규정해주며 결과적으로 보다 자유로운 정신과 의지의 인간 그리고 그의 건강한 미래의 실현을 정당화해주는 방법론적 개념이다. 커다란 건강이 논의되지 않는다면 건강과 병의 유기적-연속적 관계는 온전히 해석될 수 없으며 또한 고통 속에서 삶을 이해하고자 했던 니체의 비극적 해석과 위대한 긍정에 대한 논의 역시 풍부해질 수 없다.[1]

그리고 커다란 건강을 논의함에 있어 새로운 건강을 염두에 두지 않는다면 커다란 건강이 지향하는 목적, 즉 "내일과 모레의 인간"과 그의 "내일과 모레의 건강"[2]을 위한 목적이 단지 병의 제거가 아니라, 병이 극복된 현재의 건강을 바탕으로 보다 건강해질 인간의 미래를 시도하는 구체적인 방법론으로 읽혀질 수 없다.[3] 니체의 미래철학은 시대의 병과 인간의 진단에 머물러 있지 않고, 이 병을 치유하기 위해 구체적인 처방을 내

---

1 이러한 의미에서 382번 단편의 마지막 문장 "비극이 시작될 것이다……"는 새로운 건강을 위해 매 순간 병과 고통을 긍정하는 커다란 건강의 특징과 이러한 삶의 비극적 성격을 시사해준다.

2 MA Ⅱ, 「서문」, 6, KSA 2, 376쪽.

3 니체의 메타포 "내일과 모레"에 대한 설명으로는, 이상범, 「니체의 미래철학에 대한 연구. 그의 "미래" 메타포에 대한 해명을 중심으로」, 『니체연구』, 제26집(한국니체학회, 2014년 가을), 213-252쪽 참조.

리는 의사가 되고자 했던 그의 사상적 바람으로부터 시작되고 변함없이 진행되어간다.

"새로운 건강"과 "커다란 건강"에 대한 내용은 일반적으로 『즐거운 학문』의 382번 단편에서 인용된다. 하지만 "새로운 건강" 역시 이미 『인간적인 너무나 인간적인II』의 서문에 등장한다. 이곳에서 니체는 새로운 건강을 오랜 시간 자신을 사로잡았던 과거로부터의 해방과 개인적인 치유의 경험을 확장시켜 여전히 오랜 이상에 의지하는 인간들의 변화된 미래를 위한 건강으로 제시하고 있다. 다시 건강해지기 위해서는 보다 더 무거운 짐을 짊어져야만 하며 스스로도 자기 자신에게 이르기 위해 주어진 고통을 긍정했다는 니체의 말처럼[4], "새로운 건강으로 가는 길" 혹은 "내일과 모레의 건강의 길"은 필연적으로 병과 고통을 전제한다. 새로운 건강은 병든 자의 삶에 주어질 수 있는 유일한 위안이다. 하지만 이 위안과 건강은 오직 자신의 병에 대한 긍정과 극복의 산물로서 주어질 뿐이다.

> 가장 힘겨운 길을 가는 너희에게, 귀한 사람들이자 가장 위험한 곳에 있는 사람들인 동시에 현대의 양심이어야 하며 그러한 영혼으로서 지식을 가져야 하는 가장 정신적이고 가장 용감한 사람들인 너희에게, 그리고 오늘날 질병, 독, 위험으로 생겨날 수 있는 것이 한데 모이는 너희에게 이 책을 권해도 되지 않을까? ― 너희의 운명은 너희가 어떤 개인보다도 더 심하게 아프기를 바라고 있다. 왜냐하면 너희가 '단지 한 개인'인 것만은 아니므로…… 너희의 위안은 하나의 새로운 건강으로 가는 길을 알게 되는 것이다. 아! 그리고 내일과 모레의 건강의 길로 나아간다. 너희 미리 예정된 자, 승리자, 시대를 극복한 자, 가장 건강한 자, 가장 강한 자, 너희 훌륭한 유럽인이여!― ―[5]

---

4 MA II, 서문, 4, KSA 2, 373–374쪽 참조.

『인간적인 너무나 인간적인』의 1권과 2권에 각각 제시되었던 커다란 건강과 새로운 건강은 『즐거운 학문』에서야 비로소 「커다란 건강」이라는 단편에서 통합되고 설명되어진다. 하지만 『인간적인 너무나 인간적인』과 『즐거운 학문』 사이, 다시 말해 1876년에서 1882년 사이의 차이에도 불구하고 커다란 건강의 개념적 내용은 본질적으로 다르지 않다. 이에 대한 내용은 다음과 같다. 첫째, 커다란 건강은 필연적으로 병을 전제한다. "병마저도 포괄하는 건강"[6]이라는 니체의 표현은 이런 맥락에서 이해될 수 있다. 또한 "건강 그 자체는 존재하지 않는다."[7]는 니체의 단언처럼, 건강 그 자체를 상정하지 않는 개념 "커다란 건강"은 병 그 자체 역시 인정하지 않는다.

이제 건강은 "극복된 병"[8]으로서 매 순간 새로운 건강일 뿐이다. 둘째, 커다란 건강에 이르는 길은 병든 이상으로부터의 해방을 시도할 수 있는 자유정신만의 특권이다. 이 건강은 힘과 건강을 향한 의지의 충만함을 바탕으로 기존의 오랜 가치들을 파괴하고 새로운 가치를 창조하기 위해 위험한 모험을 떠날 수 있는 자유로워진 정신이자 "유희하는 정신"[9]의 이상이다. 셋째, 이 건강은 자기보존과 보유의 개념이 아니라, 건강과 병의 유기적-연속적 관계와 이를 통한 변화를 바탕으로 인간의 다양한 실존적 변화를 도출하는 개념이다. 『인간적인 너무나 인간적인 I』의 서문과 『즐거운 학문』의 382번 단편에 등장하는 커다란 건강에 대한 글은 아래와 같다.

---

5 같은 책, 6, 376쪽.

6 MA Ⅰ, 서문, 4, KSA 2, 17쪽.

7 FW Ⅲ, 120, KSA 3, 477쪽.

8 Gerhard Danzer, Wer sind wir? Anthropologie im 20. Jahrhundert Ideen und Theorien für die Formel des Menschen, Berlin / Heidelberg 2011, 454쪽.

9 FW Ⅴ, 382, KSA 3, 637쪽.

> 커다란 건강의 표시인 저 유연하고 병을 완치하며 모조해내고 재건하는 힘이 넘쳐흐르기까지의 길도 아직 멀다. 그렇게 넘쳐흐르는 힘은 자유정신으로 하여금 시험에 삶을 걸고 모험에 몸을 내맡겨도 된다는 위험스런 특권을 부여한다. 그것은 자유정신의 거장다운 특권이다! 그 사이에는 긴 회복기가 놓여 있다. 그 시간은 고통스러우면서도 매혹적이고 다채로운 변화가 가득하여, 벌써 건강이라는 옷을 입고 위장을 한 건강을 향한 강인한 의지에 지배되고 규제되는 시간들이다. […] 사람들은 언젠가 자신 가운데에서 엄청난 다양성을 본 적이 있는 사람처럼 변하게 된다.[10]

> 커다란 건강 […] 이것은 사람들이 보유하는 것만이 아니다. 지속적으로 획득하고 계속 획득해야만 하는 것이다. 왜냐하면 그 건강은 계속해서 포기되고 포기되어야만 하기 때문이다! 그리고 이제, 오랜 항해를 했던, 이상을 찾는 아르고호의 뱃사람인 우리는 현명하기 보다는 용감하고, 이따금 난파와 파손을 당하기는 했지만 이미 말했던 것처럼 사람들이 우리에게 허락할 수 있는 것보다 훨씬 더 건강하며, 위험하리만큼 건강하고 계속해서 건강하다 — 마치 우리가 오랜 항해의 대가로 누구도 그 경계를 보지 못한 미지의 땅을 지금 우리가 직면하고 있는 것처럼 보일 것이다. 지금까지의 모든 나라의 저편에 있고, 이상의 한 귀퉁이이며, 아름다운 것과 기묘한 것과 수상쩍은 것과 공포스러운 것과 신적인 것들로 어찌나 가득 차 있는지, 우리의 호기심이나 정신을 차릴 수 없을 지경이 되고 마는 그런 땅을 말이다.[11]

그의 철학 중기에 형성된 새로운 건강과 커다란 건강은 대지의 나약한 인간들이 극복해야 할 사건과 시도해야 할 실존적 과제들이 제시되는 『차라투스트라는 이렇게 말했다』에 이르러 보다 분명해진다. 여기서 "신

10 MA Ⅰ, 서문, 4, KSA 2, 18쪽.
11 FW Ⅴ, 382, KSA 3, 636쪽.

의 죽음"은 비로소 모든 인간이 다시 새로운 건강을 희망할 수 있게 해주는 근본전제이고, "위버멘쉬"는 새로운 건강의 주체이며 "힘에의 의지"는 병에서 건강으로의 지속적인 변화를 가능하게 하는 커다란 건강의 내-외적 원리이다. 다시 말해 커다란 건강은 신의 죽음, 위버멘쉬, 힘에의 의지 등과 같은 차라투스트라의 가르침의 실천적 토대, 다시 말해 모든 인간의 지속적인 건강한 변화를 가능하게 하는 자기 치유의 심리-생리적 방법론[12]이다. 니체가 『이 사람을 보라』의 「차라투스트라는 이렇게 말했다」에서 차라투스트라의 생리적 조건을 "커다란 건강"으로 규정하며, 뒤이어 다시 한 번 『즐거운 학문』의 382번 단편을 반복하는 이유는 커다란 건강이 지속적인 건강과 변화를 가능하게 하는 개념이기 때문이다.

본 글의 목적은 건강과 병을 포괄하는 개념으로서 커다란 건강이 오랜 이상들이 부재하는 삶의 허무주의적 위기 속에서 자기 삶의 실존적 병을 인식하고 긍정하며 극복해나가는 인간의 실존적 건강의 개념임을 논의함에 있다. 이를 위해 우선 건강과 병의 의미와 가치 그리고 이에 대한 니체의 실존적 인식과 관점의 변화가 그의 철학 전반에 적용되는 과정에 대한 논의가 수반되어야만 할 것이다. 이를 바탕으로 "새로운 건강"은 자신의 몸과 삶을 지속적인 긍정과 극복의 장으로 규정하는 위버멘쉬와 그의 "위버멘쉬적 미래"[13]를 위한 건강으로 규정되고, 삶의 위기(고통스러운 병)마저 긍정하는 "커다란 건강"은 인간의 내재적 변화가능성과 그의 미래 건강의 실현을 위한 방법론으로 읽혀질 수 있는 가능성을 얻을 수 있을 것이다.

---

12 인간을 마지막 인간과 위버멘쉬 사이의 경계에 세우고, 이 경계에 선 인간의 정신과 의지의 강함을 바탕으로 그의 삶을 건강과 병, 상승과 하강, 성장과 퇴화로 진단하는 니체의 철학적 방법론은 심리-생리적이고, 이러한 그의 철학적 시도는 실존철학적 관점에서 이해할 수 있다.

13 N 27[74], KSA 11, 293쪽.

2. 자기인식과 자기관계의 수단으로서의 병

니체는 『인간적인 너무나 인간적인』을 초기 『비극의 탄생』부터 『반시대적 고찰』에 이르는 낭만주의적 성향으로부터의 위대한 정신적 해방을 위해 자신의 "건강한 본능"이 발명하고 처방한 "정신 치료"이자 "반낭만주의적 자기 치료"로, 즉 "건강의 가르침"으로 규정한다.[14] 이러한 정신의 변화 속에서 제시된 이후 『즐거운 학문』에 이르기까지 지속되는 건강 개념으로서 "새로운 건강"과 "커다란 건강"은 자신의 병에 대한 니체의 실존적-철학적 인식으로부터 시작된다. 이러한 사실은 니체가 『이 사람을 보라』의 「인간적인 너무나 인간적인」에서 표현한 것처럼, 쇼펜하우어와 바그너에 대한 사상적-정신적 의존상태로부터 해방된 후 경험한 그의 사상적 방황과 당시 자신의 육체적 병과 고통을 새로운 사유를 위한 변화의 계기로 긍정했다는 사실을 통해 알 수 있다.[15] 오히려 니체는 당시 자신의 사상적-정신적 고립과 고독을 병의 징후가 아니라, 오히려 병으로부터 회복이라고 생각했다.[16]

그에게 있어 병과 고통은 자신의 삶 전체를 본질적으로 인식하고 삶의

---

14 MA II, 서문, 2, KSA 2, 371쪽.

15 EH, 인간적인 너무나 인간적인, 3–6, KSA 6, 324–328쪽 참조.

16 니체는 자신의 이러한 체험을 "하나의 질병과 회복의 역사"라고 표현하며 다음과 같이 말한다. (MA II, 서문, 6, KSA 2, 376쪽). "의사가 환자에게 '지금까지'의 모든 것, 즉 걱정, 친구, 소식, 의무, 어리석은 일, 추억의 고통을 제거해주기 위해 그리고 새로운 영양, 새로운 태양, 새로운 미래를 향해 손과 감각을 뻗쳐나가는 것을 배우도록 해주기 위해 그를 완전히 낯선 환경에 처하게 하는 것과 같이, 한 사람 속에 의사와 환자를 동시에 지니고 있는 나는 지금까지 시도된 적이 없는 정반대의 영혼의 풍토로, 즉 낯선 고장과 낯선 것 속으로 물러서는 방랑과 모든 종류의 낯선 것에 대한 호기심을 나에게 강요했다……… 이것에서 오랜 방황과 탐구와 변화가 생겨났고 모든 고정적인 것과 모든 우둔한 긍정과 부정에 대한 적의도 생겨났다 ; 마찬가지로 멀리 달리고 높이 비상하며 무엇보다 항상 또 다시 비상하는 일을 정신에게 가능한 한 더 쉽게 만들어주려 했던 식이요법과 훈련도 생겨났다."(MA II, 서문, 5, KSA 2, 375쪽).

또 다른 지혜를 획득할 수 있도록 해주는 기회이며, 이때 고독은 오직 자기 자신과 관계함으로서 다시 자신으로 되돌아가기 위한 사유의 공간이다. "나는 고독이 필요하다. 내가 말하고자 하는 바는 내게는 회복, 나로의 귀환(Rückkehr zu mir), 자유롭고 가볍게 유희하는 공기의 숨결이 필요하다는 것이다."[17] 이러한 측면에서 "1873년 이래 여러 가지 육체적인 질병의 발생은 니체의 정신적 '해방'과 병행한다."[18]는 야스퍼스의 말은 니체의 병과 그의 정신적 변화의 관계를 보여준다. 병은 단지 삶 자체를 변화시킨 것만이 아니라, 이에 앞서 삶에 대한 니체의 관점을 변화시켰다.

> 어떤 종류든지 삶, 최고의 악조건, 병, 빈곤 — 내가 보기에 이 모든 것이 그 무가치한 '무사(無私, Selbstlosigkeit)'보다 더 나은 것 같았다. […] 내 병은 내게 나의 모든 습관으로 완전히 되돌아갈 권리를 주었다 ; 내 병은 망각을 허락했고, 망각하라고 명령했다 ; 내 병은 내게 조용히 누워 있는 것, 한가로움, 기다림과 인내의 필요를 선사했다…… 그런데 이것이야말로 생각한다는 것이 아니겠는가![19]

니체의 철학에서 삶의 진정한 주인, 다시 말해 건강한 창조의 주체가

---

17 EH, 나는 왜 이렇게 현명한지, 8, KSA 6, 276쪽.

18 칼 야스퍼스, 『니체-생애』, 강영계 옮김, 도서출판 까치, 1984, 150쪽. 야스퍼스에 의하면 니체는 1880년 이래로 학적으로 진단되지 않는 생물학적 병이 요인이 되어 심리적 변화가 나타났지만, 1873년 이래 1879년까지의 병은 그의 정신적 경험과 심리적 변화에 큰 영향을 주지 않았다고 말한다. 오히려 이 당시에는 안구 질병이 연구 능력과 독서와 집필 혹은 이로 인한 문체의 변화에 간접적인 영향을 주었을 뿐이라고 그는 생각한다. 물론 야스퍼스의 이 견해가 틀렸다고 단정할 수는 없다. 하지만 본 글에서 중요하게 여기는 것은 니체의 철학에서 병이 가지는 의미이다. 『반시대적 고찰(1873-74)』과 『인간적인 너무나 인간적인 Ⅰ · Ⅱ(1878-1880)』 그리고 이 사람을 보라」의 「인간적인 너무나 인간적인」에서 볼 수 있듯이 니체의 철학에서 병은 여전히 자기 자신과 더불어 보편적인 인간의 삶을 읽어내고 이를 바탕으로 시대의 병을 진단하는 근본 도구이다.

19 EH, 인간적인 너무나 인간적인, 4, KSA 6, 326쪽.

되고자 하는 인간과 그의 실존적 변화의 근거는 오직 내면의 "자기(das Selbst)"이며, 니체는 이러한 자기 찾기의 개념을 "나로의 귀환(Rückkehr zu mir)"[20]으로 표현한다. 니체는 병든 실존에 대한 긍정과 극복을 가능하게 하는 자기 인식과 이를 통한 보다 건강한 실존으로의 변화를 삶의 참된 회복으로 이해한다. 이때 병은 지금까지 자아에 은폐되어온 내면의 자기를 깨우며, 자기 자신과의 온전하고 지속적인 관계를 맺게 해주는 역할을 한다. 이러한 "병의 가치"에 대하여 니체는 다음과 같이 말한다.

> 병의 가치 — 병에 걸려 누워 있는 사람은 때로는 그가 자신의 일상적 직분, 업무 또는 교제에서도 병에 걸려 있으며, 그로 인해 자기 자신에 대해 숙고하는 일을 완전히 잃어버리고 있었다는 사실을 깨닫게 된다 : 그는 질병이 그에게 강요한 한가함에서 이러한 지혜를 얻게 된다.[21]

이러한 의미에서 니체는 문헌학, 책, 독서 등과 같은 무거운 일상과 학적 "의무감"으로부터 벗어나 비로소 자기 내면의 또 다른 자신의 목소리

20 『차라투스트라는 이렇게 말했다』의 「창백한 범죄자에 대하여」에서 제시되는 "자기에로의 의지(Wille zum Selbst)" 역시 "나로의 귀환"과 동일한 개념적 의미로 이해할 수 있을 것이다. (ZA, KSA 4, 47쪽). 게르하르트(V. Gerhardt)는 "자기에로의 의지"를 『차라투스트라는 이렇게 말했다』의 「세 단계의 변화에 대하여」에 등장하는 어린아이의 메타포 "스스로의 힘에 의해 돌아가는 바퀴"를 예로 들어 설명한다. 그리고 그는 이 의지를 자기 자신의 자유로운 정신과 의지의 창조적 행위를 통해 다시 자신에게 이르는 인간의 내 · 외적 생기의 길로서 설명한다. (같은 책, 31쪽; Volker Gerhardt, Selbstbegründung. Nietzsches Moral der Individualität, in: Jan-Christoph Heilingerund Nikolaos Loukidelis (Hrsg.), Die Funken des freien Geistes, Beriln/New York 2011, 191-192쪽 참조).파괴를 동반하는 창조적 긍정의 놀이를 하는 어린아이는 매 순간 자기 자신을 새롭게 인식하는 인간의 실존적 변화를 대변한다.

21 MA I, 289, KSA 2, 234쪽. 진정한 자기인식을 위해 병은 건강만큼이나 필요하다. 이러한 의미에서 『즐거운 학문』의 382번 단편에서 제시된 "커다란 건강"은 같은 책 120번 단편에서 제기하는 병의 가치에 대한 물음, 즉 "우리가 병 없이 제대로 살 수 있을 것인가, 우리의 덕의 발전을 위해 병이 없어도 될 것인가, 인식과 자기인식을 향한 우리의 갈증은 건강한 영혼만큼이나 병든 영혼을 필요로 하는 것은 아닌가(?)"라는 "위대한 물음(die grosse Frage)"에 대한 대답이기도 하다. (FW Ⅲ, 120, KSA 3, 477쪽).

에 귀를 기울일 수 있었던 기회를 병과 고통에 의한 자기인식을 통해 비로소 가능했던 것으로 이해하며, 이를 "최상의 회복"으로 규정한다.[22] 이렇듯 실존적 자기인식의 토대로서의 병은 병이 든 인간을 고통 속에 홀로 놓인 고독한 대상으로 만든다. 이때 병과 고통으로부터의 도피는 자기인식의 회피와 더불어 자기탐구와 실험의 불가능성에 불과할 뿐이다.

> 나의 삶에서 가장 아팠고 고통스러웠던 그 시절에 내가 느꼈던 행복보다 더 큰 행복을 나는 결코 가져보지 못했다 : 이러한 '나로의 귀환'이 무엇이었는지를 알려면 《아침놀》이나 〈방랑자와 그의 그림자〉를 보면 된다 : 그것은 최상의 회복 그 자체이다! …… 다른 것들은 여기서 파생되는 것들일 뿐이다.[23]

3. 니체의 철학적 파토스로서의 병

"건강에 대한 개념을 가진 철학자들에게 병의 모든 현상들이 필연적으로 연관되어 있다는 것은 우연이 아니다."[24]라는 쉬퍼게스(H. Schipperges)의 말처럼, 건강에 대한 니체의 실존적-철학적 인식 역시 자신의 병과 고통에 대한 관찰과 경험을 전제로 하고 있다. 니체에게 있어 건강은 그 자체로서 이해될 수 없으며, 오직 병과 고통을 통해서만 이해될 수 있다. 건강을 인식할 수 없을 때, 병은 건강을 인식할 수 있는 것으로 만든다. 건강한 삶에 대한 참된 인식은 필연적으로 병과 고통을 전제로 한다.

---

22 EH, 인간적인 너무나 인간적인, 4, KSA 6, 326쪽.

23 같은 책, 4, 326쪽 참조.

24 Heinrich Schipperges, Am Leitfaden des Leibes zur Anthropologik und Therapeutik Friedrich Nietzsches, Stuttgart 1975, 137쪽.

즉 니체의 철학적 파토스는 병이다. 보다 구체적으로 말하면 병의 모든 현상들과 더불어 병으로부터 파생되는 고통이 그의 철학적 파토스이며, 이는 삶의 "난관", "병", "고통", "고뇌", "죽음"처럼 갑자기 엄습하는 "압도적 경험" 등[25]을 포괄한다. 니체 역시 "정신의 긍지"는 허약, 개심(Umkehr/改心), 체념, 완고, 음울 등 건강한 때에는 알 수 없는 "정신의 모든 병적인 상태"의 인정과 허용을 통해서 비로소 강해질 수 있다고 말한다.[26]

인간을 지배하는 강력한 감정으로서 파토스(Pathos)는 그 어떤 외적 자극으로 인한 내면의 변화 상태를 의미하지만, 비극, 삶, 생명 그리고 힘과 의지에 대한 니체의 해석은 고통을 감수하는 인간 존재의 수동적 상태[27]를 긍정하고 극복하고자 하는 능동적 상태로 전환시킨다.[28] 고통의 참된

---

25 Cornelia Zumbusch, Problem mit dem Pathos, in : Pathos. Zur Geschichte einer problematischen Kategorie, Cornelia Zumbusch (Hrsg.), Berlin 2010, 9쪽 참조.

26 FW, 제2판 서문, 2, KSA 3, 347–348쪽 참조.

27 Cornelia Zumbusch, Problem mit dem Pathos, 8쪽 참조.

28 이러한 의미에서 니체의 개념 "거리의 파토스(Pathos der Distanz)" 중 파토스(Pathos)를 "행위 개념의 대안"으로, 거리(Distanz)를 "귀족적 덕의 근본 전제"로 이해하는 게르하르트의 관점에서 파토스는 단지 그 어떤 외부적 자극에 의한 특정한 수동적 상태, 다시 말해 고통을 겪고 있는 상태가 아니라, 자신의 고통에 새로운 의미와 가치를 부여하고자 하는 능동적 상태와 행위를 내포하고 있다. (Volker Gerhardt, Pathos und Distanz, in: Joachim Ritter und Karl fried Gründer (Hrsg.), Historisches Wörterbuch der Philosophie Bd.7, Basel 1989, 200쪽 참조). 파토스를 능동적 개념으로 이해함에 도움을 줄 다음의 글도 함께 참조하자. "힘에의 의지는 존재도 아니고 생성도 아니다. 오히려 파토스가 가장 원초적 사실이며, 이것으로부터 비로소 생성과 작용이 발생한다."(N14[79], KSA13, 259쪽). 니체는 이 글에서 파토스를 존재(삶의 보존)와 생성(삶의 극복과 변화)을 발생하게 하는 것으로 규정하고 있다. 즉 그는 인간을 지속적인 변화를 실현하는 능동적인 존재, 지속적으로 되어가는 존재로, 다시 말해 생성하는 존재로 설명하기 위해 힘에의 의지가 아니라, 감정, 의욕, 정동, 충동 등을 모두 포괄하는 보다 적극적인 의미에서의 파토스라는 명칭을 사용하고 있다. 적극적인 의미에서의 파토스는 인간의 내면세계와 그 활동에 대한 니체의 깊은 이해를 담고 있다. 니체는 파토스를 삶에 대한 소극적–수동적 태도로서의 '고통을 받고 있는 상태'가 아니라, 자신의 상태에 대한 인간의 인식의 변화를 통해 그 상태를 긍정하고 극복하고자 하는 적극적–능동적 태도로의 전환을 가능하게 하는 가장 원초적인 조건으로 이해한다. 의지는 힘 그 자체, 다시 말해 힘의 반복적인 동일운동이 아니라, 매 순간 변화되는 힘의 증대와 감소, 즉 쾌와 불쾌의 감정에 의해 발생한다. 그렇다면 니체의 주장처럼 힘에의 의지보다 더 근본적인 것은 파토스이다. 위의 글은 이를 잘 보여주고 있다. 하지만 여기서 중요한 것은

의미는 고통 그 자체가 아니라, 오직 고통에 대한 태도로부터 드러난다. 이렇듯 니체는 자신의 철학에서 인간 내면의 활동을 새롭게 해석하는 것으로부터 끊임없이 삶을 긍정하고 극복하는 자세를 확립한다.

인간 내면의 모든 충동과 정동(Affekt), 정열 등을 추구하는 니체의 철학적 파토스는 더 이상 고통을 삶의 고난으로 받아들이지 않고 오히려 이를 허용하는 "비극적 파토스"[29]이자 고통에 대한 긍정을 넘어 자신을 고통스럽게 하는 모든 것에 대한 "최고 긍정의 파토스"[30]이다. 삶 그 자체에 대한 이러한 긍정의 파토스는 니체에게 있어 비극적인 것임과 더불어 디오니소스적인 것이다.

> 삶의 가장 낯설고 가혹한 문제들에 직면해서도 삶 자체를 긍정한다 ; 자신의 최상의 모습을 희생시키면서 제 고유의 무한성에 환희를 느끼는 삶에의 의지 — 이것을 나는 디오니소스적이라고 불렀다.[31]

비극적 고통 속에서도 삶을 부정하지 않고, 오히려 이를 긍정하는 디오니소스적 실존의 인간으로, 다시 말해 (힘에의) 의지의 디오니소스적-비

힘에의 의지와 파토스는 서로 다른 개념이 아니라, 끊임없이 저항하고 투쟁할 수밖에 없는 존재의 운동과 변화를 설명하기 위한 측면에서 동일하게 이해될 수 있는 능동적 개념이라는 것이다.

29 EH, 차라투스트라는 이렇게 말했다, 1, KSA 6, 336쪽. 출생과 동시에 병(뇌성마비)을 실존의 무거운 짐으로 짊어지게 된 졸리앵(Alexandre Jollien)이 계속되는 삶의 고난과 고통 속에서 자기 존재의 비극적 실존을 탐구하며 내린 다음과 같은 결론은 삶 그 자체에 대한 긍정의 파토스를 잘 드러내주고 있다. "비극적인 것은 우리와 공범이든 적이든 상관없이, 배경, 즉 내 조건의 실체 자체가 된다. […] 비극적인 것이 우리를 가르친다. 비극적인 것을 늘 가까이 하는 사람은 성장한다. 괴로움, 좌절, 고통에 의해 풍성해지고 나날이 극복하는 장애에서 자양분을 얻은 지혜는 아마도 얼마간 쓸모가 있을 터이다."(알렉상드르 졸리앵, 『인간이라는 직업. 고통에 대한 숙고』, 임희근 옮김, 문학동네, 2015, 59–61쪽).

30 EH, 차라투스트라는 이렇게 말했다, 1, KSA 6, 336쪽.

31 같은 책, 비극의 탄생, 3, KSA 6, 312쪽.

극적 인간으로 살기를 요구하는 니체의 사상적 시도가 바로 삶의 "디오니소스적 지혜"[32]이다. 그리고 이러한 삶의 지혜는 그의 초기 『비극의 탄생』의 보편적-존재론적-우주적 차원의 자연적 힘과 충동으로부터 후기에 이르러 제시되는 영원회귀의 긍정조건으로의 변화, 즉 디오니소스적인 것으로의 정신적 변화의 전제로 지속된다.[33] 니체가 스스로를 "염세적 철학자에 대한 극단적인 대립이자 대척자"로서 "최초의 비극적 철학자"라고 명명하는 것은 바로 이러한 삶의 근원적 지혜를 통찰하고 있었기 때문이다. 고통, 병, 불행, 슬픔, 모순은 삶을 확정된 것으로 규정하지 않으며, 이러한 통찰 없이 건강, 행복, 기쁨의 참된 의미가 규정될 수 없다는 삶의 비극적-디오니소스적 인식을 니체는 "최고의 통찰"이자 "가장 심오한 통찰"이라고 표현한다.[34]

> 나 이전에는 디오니소스적인 것을 이렇게 철학적 파토스로 변형시키지는 않았었다 : 비극적 지혜가 결여되어 있었던 것이다.[35]

자신의 "가장 내적인 경험" 속에서 "디오니소스적 현상"을 최초로 발견했다는 니체의 말[36]은 고통 속에서도 삶의 건강과 희망을 포기하지 않았던 그의 삶에의 의지를 잘 드러내준다. 고통이 지속되는 삶이었지만, 오히려 고통과 대면하며 자신의 강한 정신과 의지를 증명한 니체의 철학적

---

32 GT, 19, KSA 1, 148쪽.

33 Rainer Schäfer, Die Wandlungen des Dionysischen bei Nietzsche, in: Nietzsche-Studien, Bd.40 (2011), 178–180, 182, 199–200쪽 참조.

34 EH, 비극의 탄생, 2, KSA 6, 311쪽.

35 같은 책, 3, 312쪽.

36 같은 책, 2, 311쪽.

파토스는 생동하는 삶을 전제로 하며, 그의 이러한 삶의 파토스는 고통으로부터의 일시적인 해방, 다시 말해 순간적인 자기보존을 위한 긍정일 수 없다. 이러한 의미에서 그가 병과 고통 속에서도 자신의 삶을 긍정하고 미래의 건강을 향해 나아가는 새로운 건강의 특성을 "유쾌한 건강(eine lustigere [···] Gesundheit)"[37]이라고 표현하는 것은 당연하다. 지금까지 은폐되어온 삶의 근원적인 비밀을 일깨운 듯, 니체의 유쾌한 건강은 고통 속에서도 절대로 삶이 가진 본질적 힘을 잃지 않는 유쾌한 긍정이다. 『반시대적 고찰』에서 논의한 그리스인들의 "비극"과 "명랑성"은 이렇게 정당화될 수 있다. 그리스 비극이 노래하는 영웅들의 고귀한 정신과 위대한 행위는 이를 잘 증명해준다.

> 무엇이 영웅적으로 만드는가? — 최고의 고통과 최고의 희망을 동시에 향해 나아가는 것.[38]

건강 속에서 건강의 한계를, 즉 자기 실존의 한계로서 병과 고통을 염두에 둘 때 비로소 정신과 의지의 참된 자유와 인간 실존의 변화는 실현될 수 있다. 이제 병과 고통은 관조하는 삶이 아니라 끊임없이 나 자신과 관계하는 삶으로 몰아내고 지속적으로 삶의 생명력을 자극하는 적극적인 힘이다. 니체에게 있어 이 힘의 실존적 발현이 곧 건강의 의미와 가치를 대변한다. 이 생명력과 힘은 그의 철학에서 정신적 강자와 약자, 삶의 상승과 하강, 성장과 퇴화를 구분하는 근본적인 조건으로 제시되며, 이를 통해 인간의 건강한 삶과 미래가 지속적인 자기극복을 향한 의지로서 힘

---

37 FW V, 382, KSA 3, 636쪽.

38 FW III, 268, KSA 3, 519쪽.

에의 의지와 연관되어 있음을 알 수 있다.

4. 건강과 병에 대한 니체의 실존적 관점

니체철학에서 제시되는 건강과 병은 끊임없이 자기 자신을 긍정하고 극복하고자 하는 인간만이 획득할 수 있는 '실존적 가치'의 개념이다. 이에 대한 하나의 이유를 들자면 니체가 초기 『반시대적 고찰』에서부터 중기 『즐거운 학문』에 이르기까지 언급하고 제시한 "의사(Arzt)"의 개념이 단어 그 자체의 의미에서 생물학적 건강 혹은 병과 직접적으로 관계하는 의사의 임무를 의미하지 않듯이[39], 그의 철학에 등장하는 건강과 병의 개념 역시도 엄밀한 의미에서 의학적이거나 생물학적이지 않다. 오히려 니체는 건강이라는 새로운 가치를 삶의 생명력의 저하와 실존적 무기력으로부터 발견했다. 다시 말해 그는 건강이라는 가치를 자신의 삶으로부터 점점 더 멀어지게 만드는 병과 고통에 대한 실존적 인식과 극복에의 의지("생명력의 증대"[40])를 통해서 비로소 획득했다. 니체의 병과 그의 작품의 유기적 연관성에 대한 야스퍼스(Karl Jaspers)의 실존적 해석은 이 점을 분명히 지적하고 있다.

> 니체의 실존적 해석에서 척도가 되는 것은 생물학적 혹은 의학적 사실과 관계없이 실존적 단계의 전체성에서의 그 사람의 가치에 관계된 건강의 이념이다.

---

39 Paul Van Tongeren, Schank Gerd und Siemens Herman (Hrsg.), *Nietzsche Wörterbuch*. Band I : Abbreviatur-einfach, Berlin 2004, 129쪽.

40 EH, 나는 왜 이렇게 현명한지, 1, KSA 6, 265쪽.

니체가 병을 정복하려고 했던, 특이한 논구(論究)는 이러한 맥락에서 비로소 그 의미를 획득한다. 즉 그는 병에 자신을 맡기고 병에 귀를 기울이며 결국 병을 극복한다. 이는 특별히 추구하여야 할 것이다.[41]

비록 니체는 실제로 의사와 같은 의학 전문가는 아니었지만, 스스로가 병자로서 20여 년간 지속된 고통스러운 병의 경험을 바탕으로 자기 자신의 심리적-생리적 상태를 주의 깊게 관찰하고 분석하였다.[42] 오랜 시간 반복된 병과 회복의 경험 그리고 이에 대한 실존적 인식을 통해 알 수 있는 것처럼, 니체는 병과 고통 속에서 점점 감소하는 생명력과 나약해지는 정신과 의지의 병을 자기 실존의 장애로 느꼈다. 그는 자신의 삶에서 병과 건강이 끊임없이 반복되던 과정을 "데카당스 유형의 주기성"[43]이라고 표현한다.

이때 이 주기는 병과 고통에 대한 긍정과 극복에의 의지의 강함(생명력

---

41 칼 야스퍼스, 『니체-생애』, 163쪽; Ludwig Giesz, Philosophische Spaziergänge. Zwölf vorsichtige Antworten auf die Frage, wie man sich denn im Leben einzurichten hätte, Tübingen 1990, 86쪽도 함께 참조.

42 Jörg Salaquarda, Gesundheit und Krankheit bei Fr. Nietzsche, in: Istituto Universitario Orientale (Hg.), Annali. Sezione Germanica. Studi Tedeschi. Bd. XVII/2, Neapel 1974, 74쪽; Oliver G. Bosch und Friederike X. E. Höfer, La Gaya Dementia. Nietzsche als Patient, in: Weimar-Jena : Die groß e Stadt 4/1 (2011), 6쪽 참조. 섭생(Diätetik)에 대한 니체의 글들은 병과 고통에 대한 그의 관심과 노력을 보여준다. 보다 나은 건강을 위해 1879년 이래 시작된 니체의 여행은 이미 그가 삶의 많은 고정된 습관과 결별해야만 했었다는 것을 알 수 있게 해준다. 그럼에도 그는 여전히 건강을 위해, 다시 말해 병으로부터의 해방을 위해 총체적인 의미에서의 삶의 새로운 습관을 필요로 했다. 그 방법이 바로 종종 그의 글들에 등장하는 섭생이다. 물론 그의 철학은 이와 깊은 연관을 맺고 있다. 니체의 섭생술을 그의 철학 속에서 살펴 본 글로는, Tobias Nikoluas Klass, Wie man wird, was man isst. Nietzsches Diätetik, in: Nietzsche-Philosoph der Kultur(en)?, Herausgegeben von Andreas Urs Sommer, Berlin 2008, 411-421쪽; Tobias Dahlkvist, Nietzsche and Medicine, in: Handbuch. Nietzsche und die Wissenschaften, Helmut Heit und Lisa Heller (Hrsg.), 138-143쪽. 하지만 이 글들은 니체의 철학에서 영양, 배고픔, 위, 소화 등의 개념으로 대변되는 섭생 개념을 그의 철학적 문제의식과 사상적 시도 속에서 구체적이고 체계적으로 해명하고 있지는 않다.

43 EH, 나는 왜 이렇게 현명한지, 1, KSA 6, 265쪽.

의 증대)과 나약함(감소)의 반복, 즉 모든 생명의 근본원리로서 힘에의 의지의 운동과 정지의 구분을 내포한다. 이러한 의미에서 라이헬(N. Reichel)은 다음과 같이 명확하게 말한다. "병 속의 건강 그리고 건강 속의 병은 매 순간 힘에의 의지의 형식의 표어로서 기능한다."[44] 이렇듯 건강과 병의 개념은 니체의 철학에서 인간의 실존적 상태에 대한 표현으로, 다시 말해 병은 건강을 향한 생명력의 끊임없는 자극제로, 건강은 병에 대한 긍정과 극복의 기호로 규정된다.

니체가 자신의 병든 몸을 실마리로 하여 깨달은 것은 몸이 고통 속에서도 내재적 생명력에 의해서 매 순간 새로운 건강을 향해 생동하고 있다는 사실이었다. 생명력은 끊임없이 고통을 극복하고자 하는 생기현상이자 자신의 나약한 의지의 주인이 되고자 하는 힘의 원천이다. 그는 이러한 경험 속에서 비로소 몸의 가치에 대한 새로운 인식을 얻었다. 니체는 이제 더 이상 몸을 의학적-생물학적 대상 혹은 전통 형이상학의 이원론적 해석 속에서 단순히 영혼을 가둔 물질이 아니라, 자신의 정신적 데카당스마저도 포괄하고 또한 이를 긍정하고 극복하고자 하는 치유의 힘이 내재하는 인간의 존재론적 대지이자 인간이라는 존재 그 자체로 이해하고 규정한다. 니체는 이러한 몸을 『차라투스트라는 이렇게 말했다』에서 의식적-무의식적, 심리적-생리적, 정신적-육체적 기능과 작용을 모두 포괄하는 "커다란 이성"[45]으로 표현한 바 있다.

> 점점 더 분명히, 몸(Leib)의 건강 문제가 '영혼'의 건강에 대한 문제에 앞선다 :

---

44 Norbert Reichel, Der Traum vom höheren Leben. Nietzsches Übermensch und die Conditio humana europäischer Intellektueller von 1890 bis 1945, Darmstadt 1994, 10쪽.

45 ZA, 몸을 경멸하는 자들에 대하여, KSA 4, 39쪽.

후자는 전자에 잇따르는 상태로 파악되며 적어도 선결조건으로서——46

건강과 병은 니체에게 있어 삶 그 자체의 문제였다. 그리고 건강과 병의 경계에서의 그의 철학함(philosophieren)은 현실적-구체적 실존의 문제와 연결되어 있었다. 자신의 병과 고통에 대한 니체의 실존적 해석은 곧 그의 시대와 철학의 병의 치유를 위한 시도에도 동일하게 적용되며, 이것은 그의 철학함의 근본적인 파토스이다. 이렇듯 니체의 병에 대한 의학적 진단으로부터 그의 정신적 사고(思考)와 작품을 바라보는 것, 다시 말해 그의 삶의 말기에 발발한 정신병을 바탕으로 정신적 극복과 창조의 시기를 바라보는 것이 아니라,[47] 자신의 병에 대한 니체의 실존적 해석으로부터 그의 철학과 철학함을 이해해야만 한다.[48] 이를 통해 건강과 병에 대한 니체의 관점과 이해는 비로소 삶의 구체적 영역뿐만 아니라, 사상의 영역에까지 이해되고 적용될 수 있다. 이러한 의미에서 다음과 같은 야스퍼스의 견해는 니체의 철학에서 건강과 병의 의미를 해석함에

---

46 N 9[121], KSA 12, 407쪽.

47 칼 야스퍼스, 『니체-생애』, 148–158쪽 참조. 빌케스(J. Wilkes)에 의하면 니체의 병은 그의 열렬한 추종자, 숭배자와 날카로운 비판가를 화해할 수 없을 정도로 대립하게 만들었으며, 천재와 광기라는 대립적인 개념으로 표현될 수 있는 신화의 토대가 되었지만, 그럼에도 니체의 정신병력 혹은 그의 병에 대한 앎으로부터 그의 저작들을 비판하는 것은 위험하며 학술적으로도 옳지 못하다. (Johannes Wilkes (Dr. med.), Nietzsches Krankheit. Genie und Wahnsinn. Dergeistige Zusammenbruch vollzog sich in verschiedenen Stufen, in: Deutsches Arzteblatt 97, Heft 11, 17. Marz 2000, A–714쪽 참조).

48 미타쉬(A. Mittasch)는 니체가 자신의 철학에서 "철학함의 유형은 사상가의 건강상태에 의존하게 된다는 것"을 반복해서 보여준다고 말하며, 이에 대하여 『즐거운 학문』의 서문에 제기된 "철학과 건강"에 대한 다음과 같은 니체의 글을 제시한다. "심리학자 자신이 병이 든다면 그는 자신의 학문적 호기심 전체를 병에 집중할 것이다(FW, 제2판 서문, 3, KSA 3, 349쪽)." 니체의 철학에 등장하는 건강과 병의 철학적 의미에 대한 미타쉬의 논의가 아쉽기는 하지만, 그가 자신의 책 속 「니체의 건강의 가르침에 대하여」라는 장에서 전하고자 하는 내용은 근본적으로 니체의 개념 '건강과 병'이 인간 실존의 지평 위에서 논의되고 있다는 것이다. (Alwin Mittasch, Friedrich Nietzsche als Naturphilospoh, Stuttgart 1952, 268–271쪽 참조).

있어 좋은 명제가 되어준다. "니체를 철학적으로 적절히 이해하려 할 때 의학적 범주들은 의심의 여지가 없을 때에만 의미가 있다."[49]

1) 관점의 전환

이미 앞에서 언급되었던 것처럼 건강과 병의 경계에서 니체의 철학함은 그의 철학의 형성에 많은 영향을 주었다. 니체의 철학적 파토스를 병으로 제시할 수 있는 이유는 그의 철학이 근본적으로 인간과 그의 삶의 참된 건강을 향하고 있기 때문이다. 이 건강은 현재의 지속적인 유지가 아니라, 병든 현재에서도 매 순간 내일의 건강을 희망하고 실현할 수 있는 미래의 건강을 의미한다.

병은 삶에 대한 기존의 모든 관점과 가치들을 강하게 의심하도록 만든다. 병이 들어 고통스러운 삶에 대한 니체의 실존적 이해는 근본적으로 병과 고통에 대한 자신의 새로운 관점, 즉 새로운 의미의 부여를 통한 "가치의 전환"[50]을 통해 비로소 가능해졌다. 관점과 가치의 전환은 병을 자기 삶의 일부로 긍정하고 허용한다는 것을 의미하며, 이는 삶에 대한 인식의 변화를 가능하게 한다. 이러한 의미에서 니체의 관점주의는 육체적 고통과 더불어 정신적 고통—바그너에 대해 실망한 당시의 상황—으로부터의 해방을 통해 얻은 실존적 자기인식과 변화된 의지의 산물이다. 모든 정신적 의존관계로부터 벗어나 다시 자신의 삶을 향하면서 표출되는 정신의 해방[51], 그의 표현에 의하면 비로소 "다시 자기 자신을 소

---

49 칼 야스퍼스, 『니체-생애』, 148쪽. 얀츠(C. P. Janz) 역시 야스퍼스의 견해에 동의하며, 니체의 오랜 병의 과정 혹은 그 어떤 생물학적 요인이 그의 정신적 사건에 영향을 주었는지의 여부에 대해 근본적인 의문을 제기한다. 이에 대해서는, Curt Paul Janz, Friedrich Nietzsche. Biographie in drei Bänden, Bd.3, München Wien, 15–16쪽 참조.

50 EH, 나는 왜 이렇게 현명한지, 1, KSA 6, 266쪽.

유하게 된 자유롭게 된 정신"[52]으로의 길이 곧 "새로운 건강(eine neue Gesundheit)"[53]에 이르는 길이다. 이렇듯 니체 스스로 시도한 "정신의 위대한 해방"[54]은 오랜 이상들로부터의 해방과 더불어 자기 자신에 대한 인식의 병을 치유하는 삶의 지혜이자 건강이론이다.

> [⋯] 자유정신의 기질을 가지고 병에 걸려 한동안 앓고 나서, 그 후에 더 오랫동안 건강하게, '더욱 건강하게' 되는 것이 모든 염세주의(알려진 것처럼 염세주의는 낡은 이상주의자와 거짓말쟁이의 암이다)에 대한 근본적인 치료법이다. 그곳에 있는 지혜, 즉 삶의 지혜는 오랜 기간 동안 소량의 약만으로 건강 자체를 처방한다는 것이다.[55]

하지만 니체에 의하면 "해방은 동시에 인간을 파멸시킬 수도 있는 하나의 병"[56]이기도 하다. 그럼에도 그는 병을 "인식의 수단"이자 "인식을 낚는 낚싯바늘"로서 긍정한다.[57] 건강과 병의 실존적 경계에서 니체는 더 이상 병과 병들어 있다는 것(Kranksein)을 삶을 비관하게 만드는 정신의 염세주의 혹은 데카당스 증상으로 여기지 않고, 오히려 보다 확장된 인식과 관점의 전제로서 긍정한다. 이러한 정신의 해방을 통해 니체는 자신의 삶을 새로운 건강의 관점에서 볼 수 있게 되었다. 이때 이 관점의 변화 역시 필연적으로 병든 데카당스적 삶을 전제한다.

---

51 MA Ⅰ, 서문, 5, KSA 2, 19쪽.
52 EH, 인간적인 너무나 인간적인, 1, KSA 6, 322쪽.
53 FW Ⅴ, 382, KSA 3, 636쪽.
54 MA Ⅰ, 서문, 3, KSA 2, 15쪽.
55 같은 책, 5, 19쪽.
56 같은 책, 3, 16쪽.
57 같은 책, 4, 17쪽.

나는 데카당스를 앞에서 뒤로, 그리고 위에서 앞으로 판독해보았다. […] 병자의 광학으로부터 좀 더 건강한 개념들과 가치들을 바라본다든지, 그 역으로 풍부한 삶의 충만과 자기 확신으로부터 데카당스 본능의 은밀한 작업을 내려다본다는 것— 이것이 가장 오랫동안 나의 연습이었고, 진정한 경험이었다. 어디선가 내가 대가가 되었다면 바로 여기서다. 이제 나는 관점을 전환할 근거를 가지고 있고, 관점을 전환할 도구를 가지고 있다 : 왜 오로지 나에게만 '가치의 전환'이 도대체 가능할 수 있는지에 대한 첫 번째 이유이다.[58]

야스퍼스는 니체의 이러한 새로운 관점을 자신의 병과 고통이 순수하게 정신적인 것도 육체적인 것도 아닌, 전체로서 "제 3의 어떤 것"이며, 이때 "자기극복이 자신의 가장 강한 힘"이라는 니체의 편지글[59]을 인용하며 설명한다. 니체의 육체적 고통은 항상 정신적 고통을 동반했다. 이러한 의미에서 "제 3의 어떤 것"은 건강한 삶과 병든 삶 혹은 육체적 고통과 정신적 고통을 모두 포괄하는 몸으로서의 삶, 즉 끊임없는 극복활동이 일어나는 장으로서 몸을 통해 병에서 건강으로 상승하고 때로는 건강에서 병으로 하강하는 삶의 총체적이고 연속적인 과정을 포괄하는 표현이다. 니체의 이러한 실존적 자기인식과 심리적 결단은 이후 존재의 생명력을 방법론적으로 규정한 힘에의 의지와 이를 바탕으로 수행되는 자기극복이라는 사상적-보편적 원리를 도출하게 한다.

---

58 EH, 나는 왜 이렇게 현명한지, 1, KSA 6, 266쪽.

59 "나는 이제 정신도 아니며 육체(Körper)도 아니고 제 3의 어떤 것(etwas drittes)이네. 나는 항상 전체에 시달리고 전체 속에서 괴로워하네. […] 나의 자기 극복은 실은 나의 가장 강한 힘이네."(Brief an Franz Overbeck vom 31. Dezember 1882, in: Friedrich Nietzsche, Sämtliche Briefe. Kritische Studienausgabe in 8 Bänden, Bd. 6, hrsg. von Giorgio Colli und Mazzino Montinari, Berlin/New York 2003, 313– 314쪽).

이 제 3의 것, 즉 정신과 육체(Körper)를 지탱하고 지배하며 모든 것을 자기 안에 취하는 자기 극복의 운동을 통하여 나타나는 실존을 근거로 하여 니체는 자신의 병과 병에 대한 자신의 태도를 복잡하고도 위대한 방식으로 해석한다. 이 실존적 해석은 유용성의 범주와 의학적, 치료적 범주를 초월한다. 그러한 실존적 해석에 의하여 병과 건강의 개념은 새로운 차원에서 획득될 수 있다.[60]

이렇듯 니체에게 있어 병과 고통, 불쾌 등과 같은 삶의 저항들은 오히려 삶의 긍정적 자극으로서 상승과 성장을 위한 자기극복의 필연적 요소들일 뿐이다. 그래서 니체는 힘에의 의지의 근본적 특징을 대변하는 지속적인 자기극복에의 의지를 오히려 "괴로움을 향한 의지(Wille zum Leiden)"[61] 혹은 "고통을 향한 의지(Wille zum Schmerz)"[62]라고까지 표현하는 것이다.

2) 고통의 의미

니체에게 병은 때때로 자신의 삶을 좌절하게 만들 정도로 괴로운 정신적-육체적 고통 그 자체였다.[63] 병과 건강이 반복되던 자신의 삶을 "가치의 전환"을 위한 "오랜 연습이자 진정한 경험"으로 표현했던 것처럼,[64] 니체가 시도한 자기 실존의 위대한 실험은 고통으로부터의 완전한 쾌유가

60 칼 야스퍼스, 『니체-생애』, 161-162쪽; Karl Jaspers, Nietzsche. Einführung in das Verständnis seines Philosophierens, Berlin, 1981, 112쪽.

61 N 26[275], KSA 11, 222쪽.

62 M IV, 354, KSA 3, 240쪽.

63 다음의 글이 니체의 정신적-육체적 고통에 대한 적절한 예가 될 수 있을 것 같다. "나는 육체적 고통(der phys〈iche〉 Schmerz)에 대해 더욱더 저항할 수 없게 되었다 : 오래된 발작이 도지는 날이 찾아오면, 고통은 금방 그 어느 것과도 비교할 수 없는 영혼의 고문으로 바뀐다."(N 1[208], KSA 12, 57쪽).

64 EH, 나는 왜 이렇게 현명한지, 2, KSA 6, 267쪽.

아니라, 오히려 자신의 삶에서 고통이 가지는 의미의 전환이었다. 그는 자신의 병과 고통을 긍정하면서 비로소 삶을 새로운 관점에서 바라볼 수 있게 되었다. 이렇듯 니체는 정신적 상승과 성장을 가능하게 하는 실험적 사유들로부터 자신의 철학을 만들었으며, 이때 병이라는 철학적 파토스는 병자의 관점에서 건강을 희망하고 병을 극복하고자 하며 다시 건강해진 이후에도 병의 존재를 잊지 않는 병자의 심리학의 토대이다. 그 이유는 자신의 건강을 위한 어느 한 사람의 노력이 단지 병들지 않기 위한 노력이라면 이는 극복이 아니라 보존일 뿐이기 때문이다. 츠바이크(S. Zweig)는 니체 철학의 이러한 특성을 다음과 같이 설명한다.

> 니체에 의하면 그저 유전적으로 물려받아 흔들림 없는 건강이란 무디고 발전도 없는 자족적인 것이다. 곰처럼 우둔한 건강은 아무것도 원치 않고, 아무것도 묻지 않는다. 그렇기에 건강한 자들에게는 심리학이 존재하지 않는다. 모든 지식은 고통으로부터 나왔다.[65]

여기서 "모든 지식은 고통으로부터 나왔다."라는 츠바이크의 말은 니체의 철학을 구성하는 근본토대로서 고통의 의미를 사상적으로 부각시킨다. 니체에 의하면 건강은 고통이 없는 상태를 의미하지 않으며 또한 고통이 건강하지 않다는 증거도 아니다.[66] 병과 고통은 보다 "새로운 건강"을 향해 생동하며 생명력을 자극하는 "커다란 건강"의 전제일 뿐이다. 이러한 의미에서 니체는 다음과 같이 말한다.

---

65 슈테판 츠바이크, 『니체를 쓰다』, 원당희 역, 세창미디어, 2013, 44쪽.

66 N 11[116], KSA 9, 482-483쪽 참조.

> 가장 좋은 치료제 — 환자에게 가장 좋은 치료제는 건강 상태가 약간씩 나빠지고 좋아지는 것이다.[67]

니체의 이 말은 병자에게 있어 가장 좋은 치료제는 완전한 건강이 아니라, 오히려 병으로부터 치유되어가는 과정에서 느낄 수 있는 병에 대한 긍정과 건강에 대한 희망이라는 사실을 함의하고 있다. 진정한 의미에서의 실존적 자극은 병에 대한 망각이 아니라, 건강에 이르는 과정에서 병을 새로운 의미와 가치로 해석할 수 있는 정신의 자유이다. 니체에 의하면 고통의 본질적 의미는 자기 자신과 삶에 대한 새로운 인식을 가능하게 해준다는 사실에 있다. 이러한 의미에서 츠바이크는 긴 시간 수많은 고통을 동반한 니체의 병은 그 자신을 내적 인간으로 다시 태어나게 한 "산파"였으며, 이를 통해 비로소 삶을 오랜 인식과 습관의 결과가 아니라, 새로운 것으로 다시 발견했다고 말한다.[68]

> 우리는 심지어 궁핍이나 자주 변하며 엄습해오는 병에 대해서조차 감사한다. 왜냐하면 그것은 항상 우리를 어떤 규칙이나 그 '선입견'에서 해방시켜주기 때문이다.[69]

병은 필연적으로 고통을 동반하고 고통은 병의 이름 아래 사람을 지배한다. 하지만 병의 극복은 근본적으로 고통의 긍정을 전제한다. 고통을 긍정하게 될 때 비로소 다시 건강해질 수 있는 삶의 변화가능성은 열리게

---

67 MA Ⅱ, 325, KSA 2, 696쪽.

68 슈테판 츠바이크, 『니체를 쓰다』, 43쪽.

69 JGB Ⅱ, 44, KSA 5, 62쪽.

된다. 이렇듯 오직 고통받는 인간만이 자기 실존의 한계로서의 고통을 극복하며 새로운 건강으로의 변화를 실현할 수 있다. 위대한 변화를 위한 위대한 행위는 그에 상응하는 고통으로부터 시작된다. 이에 대하여 니체는 『즐거운 학문』에서 "커다란 고통(der grosse Schmerz)"이라는 개념을 통해 고통의 진정한 의미를 실존적 관점에서 설명한다.

그에 의하면 고통은 삶 자체가 문제시되는 계기로서 진정한 자기반성과 동시에 이를 통해 삶을 지배했던 기존의 모든 정신적 양식으로부터의 실존적 해방을 가능하게 한다. 또한 다시 건강해지고자 하는 긍정과 극복에의 의지를 자극하고 나아가 자연스럽게 미래의 건강을 위한 지속적인 실천을 요구한다. 여기서 "내 건강에의 의지와 삶에의 의지를 나는 내 철학으로 만들었다."[70]라는 니체의 말은 비로소 본연의 의미를 갖게 된다. 이렇듯 인간은 고통을 통해 자신의 삶과 더욱 깊고 신중하게 관계한다. 니체에 의하면 고통 역시도 자신의 삶에 대한 또 다른 방식의 사랑이다.[71] 그 이유는 고통이 이 모든 변화의 근본전제이기 때문이다.

> 커다란 고통이야말로 정신의 최종적인 해방자이다. […] 커다란 고통, 시간을 끄는 길고 오랜 고통, 생나무 장작에 불태워지는 고통만이 비로소 우리들 철학자들로 하여금 우리가 지닌 궁극적인 깊이에까지 이르게 하고, 모든 신뢰와 선의, 부드러운 가식, 온순, 중용 등 아마도 우리가 이전에는 우리의 인간성을 쏟았던 것들과 결별하도록 만든다. 나는 그러한 고통이 우리를 "더 낫게 만든다"는 것에 대해서는 회의적이다. 하지만 그것이 우리를 더 심오하게 만든다는 것은 알고 있다. 우리가 그 고통에 대해 긍지와 경멸, 의지력을 내세우는 것을 배

---

70 EH, 나는 왜 이렇게 현명한지, 2, KSA 6, 267쪽.

71 FW, 제2판 서문, 3, KSA 3, 350쪽.

워, 아무리 고문을 가할지라도 독기를 품은 혀로써 이를 버텨내는 인디언처럼 행동하건, 아니면 고통 앞에서 사람들이 열반이라고 부르는 저 동양의 무(無)로, 입과 귀를 닫는 완고한 자기포기, 자기망각, 자기소멸로 빠져들건 간에 우리는 이 길고 위험한 극기 훈련을 거쳐 다른 사람이 된다. […] 삶에 대한 신뢰는 사라져버리고 삶 자체가 문제가 되어버린다.[72]

병과 고통에 대한 관점과 의미의 전환은 삶의 건강에 기여할 수 있는 가치의 창조를 가능하게 함과 동시에 삶에 대한 기존의 인식과 습관을 극복하고 새로운 변화를 실현할 수 있는 근본조건이다. 고통은 창조적 능력과 불가분의 관계에 있다. 고통은 새로운 자기인식과 창조적 변화를 가능하게 하는 숨은 기회이자 스스로를 변화시키는 것, 행동하게 만드는 것이다.[73] "가치의 변천, 그것은 곧 창조하는 자들의 변천이기도 하다. 창조자가 되지 않을 수 없는 자는 끊임없이 파괴를 하기 마련이다."[74] 창조는 의미와 무의미, 변화와 보존을 구분 짓는 척도이다. 창조가 동반하는 파괴의 고통에 대한 긍정의 여부가 마지막 인간과 위버멘쉬의 실존적 차

---

72 같은 책, 350쪽. "고통은 인간의 현존재에 속한다. 고통 아래 인간은 태어나며 죽게 된다. 인간적인 존재는 괴로운 것과 고통스러운 것의 다양한 경험으로부터 말한다. 고통은 기쁨에 반(反)하는 것이 아니다. 양자는 인간이 자신의 존재를 선물이자 과제로서 경험할 수 있는 선물이다."(Fritz Leist, Existenz im Nichts. Versuch einer Analyse des Nihilismus, München 1961, 85-86쪽). 즉 "고통의 경험은 비로소 인간을 인간으로 만든다. 인간은 고통 받으면서 배운다."(Günter Rohrmoser, Nietzsche als Diagnostiker der Gegenwart, Hrsg. von Michael Grimminger, München 2000, 175쪽). 하지만 니체에 의하면 삶의 안전과 무사, 평등과 같은 행복만을 원하는 평균인들은 동정을 통해서 고통을 제거해야만 하는 것으로 여길 뿐이다.(JGB Ⅱ, 44, KSA 5, 61쪽). 고통에 대한 인식과 삶에 대한 태도로부터 인간의 실존적 차이, 즉 거리(Distanz)가 발생한다. 니체에게 있어 인간의 유형학적 차이는 고통을 긍정하고 극복할 수 있는 힘의 크기에 좌우된다. 이에 대하여 니체는 『선악의 저편』에서 고통의 의미에 대하여 다시 한 번 명확하게 말한다. "깊은 고통은 사람을 고귀하게 만든다. 이것은 사람을 구분시킨다."(JGB Ⅸ, 270, KSA 5, 225쪽).

73 Stefan Thumfart, *Der Leib in Nietzsches Zarathustra*, Frankfurt am Main 1995, 311쪽.

74 Za Ⅰ, 천 개의 목표와 하나의 목표에 대하여, KSA 4, 75쪽.

이를 드러낸다. 니체에 의하면 병과 고통의 의미를 새로운 관점에서 또 다른 긍정의 가치로 전환시킬 수 없는 창조적 무능력과 실존적 무기력, 즉 고통의 무의미에 지쳐 저편의 세계를 희망하는 인간은 "병든 동물"일 뿐이다.

> 인간이란 대체적으로 보아 병든 동물이었다 : 그러나 그의 문제는 고통 자체가 아니었고, "무엇 때문에 고통스러워하는가?"라는 물음의 외침에 대한 해답이 없다는 것이었다. […] 지금까지 인류 위로 널리 퍼져 있던 저주는 고통이 아니라, 고통의 무의미였다. — 금욕주의적 이상은 인류에 하나의 의미를 주었던 것이다! 그것은 지금까지 유일한 의미였다. 어떤 의미가 있다는 것은 아무런 의미가 없다는 것보다는 낫다. […] 이 이상 속에서 고통은 해석되었다.[75]

니체에게 있어 건강과 병에 대한 오랜 형이상학적-종교적 오해와 같은 낡은 가치의 파괴는 새로운 가치의 창조라는 의미로 인해 비록 고통이 동반된다고 하더라도 긍정된다. 이러한 의미에서 "창조자는 파괴자다."[76]라는 니체의 단호한 말에는 고통에 대한 창조자의 긍정과 극복의 원리, 즉 새로운 건강을 창조하고자 하는 자는 필연적으로 기존의 건강이 파괴되는 고통을 경험해야만 한다는 자유로운 정신의 원리가 내포되어 있다. 건강과 병에 대한 낡은 형이상학적-종교적 오해로부터 해방된 정신의 자유를 통해서야 비로소 고통은 괴로움(Leiden)과 아픔(Schmerz)이기를 멈추고 삶의 새로운 변화를 위한 자양분으로 기능할 수 있게 된다. 이렇듯 새로운 건강을 창조하고자 하는 자는 필연적으로 기존의 건강이 파괴되

75 GM Ⅲ, 28, KSA 5, 411쪽.

76 N 29[41], KSA 11, 346쪽.

는 고통을 긍정해야만 한다. 이러한 의미에서 "고통으로부터의 위대한 구원(die grosse Erlösung vom Leiden)"은 고통에 대한 형이상학적-종교적 위안이 아니라, 오히려 고통을 새로운 건강을 위한 전제로 긍정하는 것으로부터 가능해진다.

> 창조. 그것은 고통으로부터의 위대한 구원이며 삶을 경쾌하게 하는 어떤 것이다. 그러나 창조하는 자가 존재하기 위해서는 고통이 있어야 하며 많은 변신이 있어야 한다. […] 창조하는 자 자신이 다시 태어날 어린아이가 되기 위해서는 먼저 산모가 되어야 하며 해산의 고통을 마다하지 않아야 한다.[77]

새로운 삶은 보다 자유로워진 정신을 바탕으로 매 순간 삶의 새로운 변화의 가능성을 인식하고 이를 창조적으로 실현할 수 있는 인간이 살아가는 방식이다. 그리고 건강한 삶도 이와 마찬가지로 건강한 인간이 살아가는 삶의 방식, 즉 건강한 가치로 창조되고 구성된 삶을 의미한다. 니체에 의하면 건강한 인간은 항상 자기 자신을 극복하는 유형이다. 그에게 있어 이러한 인간 유형은 기존의 모든 이상으로부터 해방된 자유로운 정신이자 창조적 가능성으로 열린 대지의 현실적 삶을 살아가는 "위버멘쉬"이다. 그는 자신의 고통에 새로운 의미를 부여하고 자신만의 고유한 가치를 창조하며 대지의 삶을 긍정하는 자이다. 이와 반대되는 인간 유형을 니체는 "더 이상 고통받지 않는 상태를 열망"하며, 끊임없이 생성하는 대지의 삶을 "악의 토대"로 생각하는 데카당스적 인간으로 규정한다.[78]

---

77 Za, 행복한 섬에서, KSA 4, 110–111쪽.

78 N 17[6], KSA 13, 528쪽.

> 나는 고통을 받고 있는 자, 나 자신을 극복한 것이다. 나는 나 자신의 타고 남은 재를 산으로 날랐으며, 그 재로부터 타오르는 밝은 불꽃을 만들어냈던 것이다. 보라! 그러자 저 유령이 내게서 달아나지 않던가! 저와 같은 유령을 믿는 것, 그것은 이제 병에서 건강을 되찾고 있는 내게는 고통이 되고 번민이 되리라. 이제 그것은 고통이 되고 굴욕이 되리라. 저편의 또 다른 세계를 신봉하는 자들에게 나 이렇게 말하는 바이다. 저편의 또 다른 세계를 꾸며낸 것은 고통과 무능력, 그리고 더없이 극심하게 고통스러워하는 자만이 경험하는 그 덧없는 행복의 망상이었다.[79]

5. 건강과 병의 의미와 가치의 철학적 전환

병이라는 니체의 철학적 파토스는 다시 건강해질 수 있는 인간의 실존적 변화가능성을 바탕으로 수행되며, 이때 그의 파토스가 지향하는 삶의 참된 의미와 가치의 척도는 오직 건강일 뿐이다. 이러한 의미에서 니체가 자신의 시대를 허무주의 혹은 데카당스적 병의 시대로 분석하는 것은 곧 건강을 삶의 모든 관계영역을 포괄할 수 있는 가치 척도로 규정하고 있다는 사실을 의미한다.[80] 니체의 이러한 관점은 새로운 사유를 가능하게 하는 본질이며, 이는 인간 실존의 건강이론으로서 그 자신의 실존적 치유와 더불어 그의 철학에도 동일하게 적용된다. 이제 니체는 이러한 확장된 관점을 통해서 자신의 시대, 동시대인들의 삶 나아가 현실로부터 멀어진 철학을 건강과 병의 관점에서 바라본다.[81] 건강과 병에 대한 이러

---

79 Za, 저편의 또 다른 세계를 신봉하고 있는 사람들에 대하여, KSA 4, 35–36쪽.

80 Anette Horn, Nietzsches Begriff der décadence. Kritik und Analyse der Moderne, Frankfurt am Main 2000, 142쪽.

한 실존적 이해로부터 니체의 철학은 삶의 철학, 철학적 인간학, 건강철학[82]으로 규정될 수 있는 해석의 가능성을 획득하게 된다.

건강과 병은 삶의 문제이기에 근본적으로 삶과의 유기적 연관 속에서 해석되어야 한다. 이미 언급된 니체의 제 3의 관점은 건강과 병, 상승과 하강, 성장과 퇴화의 경계에서 끊임없는 자기극복을 통해 삶의 고양을 시도했던 자신의 경험을 통해 획득한 실존적 관점이다. 그는 근대문명의 발전 과정에서 발생한 현대인의 왜소화, 사물화, 자기소외, 자기보존 등과 같은 삶의 데카당스적 현상과 실존적 하강의 증상으로부터 보다 큰 병인 허무주의의 필연적 도래를 예측한다. 이 점이 팔케(E. Falcke)가 니체의 철학에서 허무주의는 개인적 병의 개념이 방법론적으로 보편적인 병의 개념으로 확장된 사건이라고 말하는 이유이다.[83] 그리고 허무주의라는 이 총체적 퇴락현상은 지금까지 인간과 그의 삶의 근본 토대로서 기능하고 작용해온 모든 문화적 영향력의 소진, 다시 말해 신의 죽음으로 대변되는 모든 형이상학적-종교적-도덕적 가치 토대의 상실을 내포한다.

---

81 "고통스러워하는 인간의 인식에 대하여 — 오랫동안 끔찍할 정도의 고통에 시달렸음에도 불구하고 지성이 흐려지지 않는 병자의 상태는 인식의 획득을 위해 가치가 없지는 않다. 깊은 고독과 모든 의무와 습관에서 갑작스럽게 허용된 자유가 수반하는 지적인 이익을 전적으로 도외시하더라도, 무서운 병고에 시달리는 사람은 자신의 상태에서 섬뜩할 정도로 냉정하게 세계를 내다본다. 그에게서는 건강한 사람의 눈이 보는, 사물을 둘러싸고 있는 저 보잘것없고 기만적인 매력들이 사라진다. 아니, 그 전에 〔병자〕 그 자신이 솜털도 색깔도 없이 자신 앞에 놓여 있다. 그가 이제까지 어떤 종류의 위험한 환상 속에 살아왔다면, 고통을 통해 이렇게 최고의 냉정함을 회복하는 것은 그를 그 환상에서 벗어나게 하는 수단이며 더 나아가 아마 유일한 수단일 것이다……고통에 저항하려는 지성의 엄청난 긴장은 그가 보는 모든 것으로 하여금 이 새로운 빛 속에서 빛나게 한다."(M II, 114, KSA 3, 104–105쪽).

82 니체 철학에 등장하는 건강과 병에 대한 실존적 측면을 부각시키며, 그의 철학을 삶의 구체성의 철학으로서 건강철학으로 규정하는 글로는, 김정현, 『니체, 생명과 치유의 철학』(책세상, 2006)에 실린 「니체의 건강철학」, 360–396쪽 참조.

83 Eberhard Falcke, Die Krankheit zum Leben. Krankheit als Deutungsmuster individueller und sozialer Krisenerfahrung bei Nietzsche und Thomas Mann, Frankfurt am Main 1992, 62쪽.

이제 니체는 자신의 철학적 과제를 현대인의 데카당스적 병의 치유로 설정하며 신의 죽음, 위버멘쉬, 모든 가치의 전도, 운명애, 영원회귀 등과 같은 개념들을 통해 적극적으로 수행한다. 니체에 의하면 삶의 염세주의, 즉 저편 세계에 의지해 현실적 대지의 삶을 부정하는 "허무적 본능"[84]은 현대에 대두된 새로운 증상이 아니라, 이미 오랜 잠복기를 거쳐 터져 나온 필연적인 만성의 병이다. 니체는 이 병의 원인을 인간의 생리적 나약함을 통해 설명한다.

1) 건강과 병의 심리–생리적 이해

니체는 이 병의 증상을 "생리적 불쾌"[85] 혹은 "생리적 장애감정"[86]이라고 표현한다. 이 병의 증상은 "힘에의 의지가 어떤 형태로든 쇠퇴하는 곳에서는 언제나 생리적 퇴행이, 즉 데카당스가 있다."[87]라는 그의 잘 알려진 말처럼, 삶의 근본적 생명력의 퇴화, 다시 말해 힘의 증대를 위해 끊임없이 다른 힘들과의 투쟁을 원하는 본능, 충동, 의지, 정동(Affekt)과 같은 내적 자연성의 부정과 이를 바탕으로 자기 삶의 고유한 의미와 가치를 창조할 수 있는 힘의 부재를 의미한다. 니체에게 있어 이러한 삶의 하강과 본능의 퇴화 현상은 병과 다름없다. 이러한 의미에서 건강과 병은 니체의 철학에서 그의 시대에 전승된 오랜 형이상학적-종교적-도덕적 가치들과 이로부터 발생하는 인간 삶의 심리-생리적 억압과 오해의 현상을 표현해주는 중요한 기호이다.

---

84 N 17[7], KSA 13, 528쪽.
85 GM Ⅲ, 16, KSA 5, 376쪽.
86 같은 책, 17, KSA, 5, 378쪽.
87 AC, 17, KSA, 6, 183쪽.

> 어떤 젊은이가 일찌감치 얼굴이 창백해지고 생기를 잃어 가면, 그의 친구들은 말한다 : 이러저러한 질병 때문이다. 나는 말한다 : 그가 병들었다는 것, 그가 질병을 견뎌내지 못했다는 것이 이미 퇴락해버린 삶의 결과이며 힘의 소진이 유전되었던 결과이다.[88]

이에 대하여 니체는 "소진의 생리학(die Physiologie der Erschöpfung)"[89]이라는 개념을 통해서 현재까지 유전된 낡은 가치들의 심리-생리학적 오류들을 추적한다. 그는 성스러운 신의 개념 이면에 자리한 삶의 부정, 즉 내세적 위안을 희망하고 생성하는 대지의 삶을 부정하는 인간의 심리-생리적 나약함의 근원을 발견한다. 또한 고통을 실존의 새로운 가능성으로 승화시킬 수 없는 탈아의 덕으로서의 (쇼펜하우어적인) 동정을 내면의 지속적인 자기긍정과 극복의 힘이 소진한 자들의 가치로 규정한다.[90]

> 나는 약하게 하고, — 소진하게 하는 것 전부에 〈대한〉 부정을 가르친다. 나는 강하게 하고, 힘을 축척하고, 긍지를 ——— 하는 것 전부에 대한 긍정을 가르친다. 이제까지는 두 가지 모두 가르쳐지지 않았다 : 오히려 덕, 탈아, 동정이 가르쳐지고, 심지어 삶에 대한 부정이 가르쳐졌다…… 이것들은 전부 소진한 자들의 가치들이다. […] 생리적 혼동은 모든 악의 근원이다. 〈왜냐하면〉 그 본능이 소진한 자에 의해 자신의 최선을 은폐하고 자신의 중심을 상실하도록 오도되었기 때문이다……추락 — 삶의 부정 — 이것 역시 상승으로, 미화로, 신성시로 받아들여져야 했다.[91]

---

88 GD, 2, KSA 6, 89–90쪽.

89 N 15[13], KSA 13, 412쪽.

90 같은 책, 412–413쪽. "고통 자체가 이미 삶에 끼〈치는〉 힘의 손실은 동정으로 인해 더욱 커지고 몇 배로 불어난다. 고통 자체가 동정에 의해 감염되며 ; 경우에 따라서는 동정에 의해 삶과 생명력의 총체적 손실이 이루어질 수도 있다."(AC, 7, KSA 6, 172–173쪽).

91 N 15[13], KSA 13, 412–413쪽.

위 글에서 니체가 진단한 "생리적 혼동(die physiologische Verwechslung)"은 강한 주인적 인간의 가치("주인도덕")가 나약한 노예적 인간의 원한("노예도덕")에 의해 전복되었음을 논의한 『선악의 저편』과 『도덕의 계보』의 내용과 맞닿아 있다. 니체의 이러한 견해는 단 하나의 진리가 사라진 신이 죽은 세계에서 삶의 새로운 실험을 시도할 수 있는 정신적 강자가 정신적 약자의 심리-생리적 반작용과 수동성, 평균성에 의해 오히려 세상의 악으로, 악한 가치로 전환되는 것에 대한 반박이다. "병자는 건강한 자들에게 가장 큰 위험이다. 강자에게 닥치는 재앙은 가장 강한 자에게서 오는 것이 아니라, 가장 약한 자에게서 온다."[92] 또한 니체는 다음과 같이 단호하게 표현하기도 한다. "'주인'은 처리되어 없어졌고, 평범한 사람의 도덕이 승리했다."[93]

니체에 의하면 이러한 증상은 근본적으로 "자기모순(Selbst-Widerspruch)"[94]이다. 『도덕의 계보』의 「제3논문」에서 주요 논쟁을 "금욕주의적 성직자의 편에서 본 우리의 삶에 관한 가치 평가이다."[95]라고 한 것처럼, 하나의 절대적 이상을 통해 삶의 의미와 가치가 형성되고 정당화될 수 있다는 것은 그 자체로 모순이다. 니체에 의하면 이 모순은 인간의 내재적 자연성에 대한 금욕적 억압을 전제하는 심리-생리적 자기모순으로부터 발생하는 병이다. "금욕주의적 삶이란 하나의 자기모순"[96]이다. 이러한 자기모

92 GM Ⅲ, 14, KSA 5, 367–368쪽; 다음의 글도 함께 참조하자. "강자는 약자에게 맞서 항상 무장을 하고 있어야 한다 ; 행운아는 불행한 자에게 맞서 ; 건강한 자는 영락하고 유전적 질환이 있는 자에게 맞서."(N 14[123], KSA 13, 304쪽).

93 GM Ⅰ, 9, KSA 5, 269쪽.

94 JGB Ⅰ, 21, KSA 5, 35쪽.

95 GM Ⅲ, 11, KSA 5, 362쪽.

96 같은 책, 11, 363쪽.

순은 생명체의 생명력으로서의 힘을 향한 본능적인 의지의 퇴화, 즉 데카당스와 다름없다.[97]

하지만 그에게 있어 삶 그 자체는 "힘에의 의지"이다.[98] 이 의지의 내재적-유기적 근본원리로부터 벗어나는 것, 즉 의지의 취향과 방향을 변경하는 것은 그 자체로 생명과 본능에 대한 본질적 모순이다. 이러한 의미에서 니체는 금욕주의자들의 자기 모순적 삶을 "삶에 거스르는 삶(Leben gegen Leben)"[99]이라고 표현한다. 그에 의하면 이 금욕주의적 표어에는 본질적으로 삶에 대한 자기 모순적 관심이 내포되어 있다.[100] 중요한 것은 이 표어가 강한 자들의 관심이 아니라, '무'라도 의지하고자 하는 나약한 자들의 의존 현상을 대변한다는 것이다.[101]

금욕주의적 이상을 통해서 비로소 인간의 "의지 자체가 구출되었다"는 니체의 말[102]은 인간 실존의 의미에서 의지의 마비상태, 다시 말해 인간 스스로 자기 자신을 의욕하며 삶을 변화시킬 수 없다는 것과 더불어 건강(존재)과 병(생성)의 오해를 전복시킬 수 없다는 것을 의미한다. 신의 죽음과 모든 가치의 전도는 지금까지 나약한 의지와 속박된 정신에 각인되어 온 건강과 병의 존재론적 위계를 전복하며 생성하는 대지로 국한시키는 의미론적 전환을 가능하게 하는 중요한 개념이다. 이 지점에서 모든 생명체의 본질을 대지의 지평 위에서 설명하는 힘에의 의지는 건강과 병

97 니체에게 있어 인간의 심리-생리적 자기모순은 데카당스 현대를 규정하는 근본증상이다. "현대성이라는 것을 나는 이미 생리적인 자기모순으로 규정했었다."(GD, 41, KSA 6, 143쪽).

98 N 2[190], KSA 12, 161쪽.

99 GM Ⅲ, 13, KSA 5, 365쪽.

100 같은 책, 11, 363쪽.

101 같은 책, 28, 412쪽.

102 같은 책, 412쪽.

을—상승과 하강, 성장과 퇴화처럼—지속적으로 변화하는 삶의 연속적 과정으로 규정해준다.

2) 건강과 병의 존재론적 이분화

이러한 금욕주의적 이상을 삶의 절대적 진리로 제시하는 금욕주의적 성직자에 대한 니체의 근본적인 비판은 고통받는 자들의 고통의 원인을 부정할 수 없는 존재론적 조건으로서 '죄와 죄의식' 그리고 이에 대한 '벌'이라는 최면을 걸고[103], 나아가 이 대지를 단지 내세를 위한 하나의 과정으로 폄하함에 있다.[104] 금욕주의적 성직자들에게 있어 고통의 원인에 대한 제거는 삶 자체에 대한 제거와 다르지 않다. 그래서 그들은 고통을 완화와 감소의 관점에서 해석할 뿐이다.[105]

니체가 경계한 것은 이렇듯 병이 죄와 벌로서 인식되고 이로 인해 영원히 고통받는 인간일 수밖에 없는 병의 존재론적 의미의 고착화이다.[106]

---

103 같은 책, 20, 388–389쪽.

104 "금욕주의적 삶의 경우에 삶이란 저 다른 생존을 위한 하나의 다리로 간주된다."(같은 책, 11, 362쪽).

105 알렉산더 네하마스, 『니체, 문학으로서의 삶』, 김종갑 옮김, 책세상, 1994, 180–183쪽 참조.

106 『선악의 저편』에서 논의된 형벌의 문제와 『도덕의 계보』의 「제3논문」에서 문제시된 금욕주의적 성직자와 고통의 의미-해석에 대한 문제는 그보다 앞서 『아침놀』에서 다음과 같은 물음을 통해 제기되고 있다. "병에 대한 사상! — 병자가 최소한 지금까지처럼 병 그 자체 때문에 괴로워하기보다는 병에 대한 그의 생각 때문에 더 많이 고통을 받지 않도록 병자의 공상을 진정시킬 것.—이것이 중대한 일이라고 나는 생각한다! 그리고 그것은 하찮은 일이 아니다! 그래, 그대들은 이제 우리의 과제를 알겠는가?"(M I, 54, KSA 3, 57쪽). 니체는 병과 고통에 대한 공상과 이에 대한 차이와 위험성을 같은 책의 78번 단편 「형벌을 내리는 징의」에서 고대 그리스와 그리스도교를 구별하며 다음과 같이 설명한다. "[…] 죄와 불행을 다루는 그리스 비극은 고대인이 직접 느낄 수 없을 정도로 위대한 심정의 해방자들에 속한다. 그들은 너무나 순진무구해서 죄와 불행 사이에 아무런 '상응 관계'를 설정하지 않았다. […] 기독교가 나타나면서 비로소 모든 것이 벌이 되며, 받아 마땅한 벌이 된다. 기독교는 고통을 겪는 사람으로 하여금 그의 상상력을 통해 더욱더 큰 고통을 받게 한다. 따라서 불행을 겪을 때 그 사람은 언제나 자신이 도덕적으로 비난받아야 하는 것으로 느끼고 자신을 저주받은 것으로 느낀다!"(같은 책, 78, 76–77쪽).

생성 세계에 대한 오해가 존재 세계의 고착화로부터 시작되듯이 건강에 대한 오해 역시 건강을 진리와 동일시하는 존재론적 의미의 고착화로부터 발생한다. 건강과 병의 이러한 존재론적 고착화 속에서 죄인이 병자가 되는 것은 자연스러운 해석이다. 오랜 형이상학적-종교적 세계해석과 더불어 이러한 세계질서의 유지를 위한 도덕과 실천에 대한 강압적 요구는 니체에게 있어 삶의 건강을 위해서가 아니라 절대적 믿음의 체계일 뿐이다. 니체는 이러한 절대적 믿음을 "신성한 병(eine heilige Krankheit)"이라고 표현한다.

> 믿음은 '신성한 병'이다 : 신성한 병ἱερὰ νόσος [⋯] 믿음, 이것은 어떤 것이 참이어야 한다는 어리석게 만드는 내적 강제이다⋯⋯107

니체에게 있어 하나의 목적론적 이상을 통해 세계와 삶을 해석하고 확정하는 시도는 인간 삶의 자연성을 억압하는 금욕주의적-허무주의적일 뿐이다. 그 이유는 인간의 내적 자연성의 억압은 건강한 주인으로서의 삶을 가능하게 하는 의지에 대한 강압이자 힘의 부정일 수밖에 없기 때문이다. 니체에 의하면 인간의 자연적 삶의 양식은 "방어본능과 구원 본능"과 같은 자기 보존본능이 아니라, 삶의 위대한 자기 실험을 통해 스스로 삶의 미래를 창조할 수 있는 지배본능을 통해 수행된다.108

이와 관련하여 니체는 『도덕의 계보』의 「제2논문」에서 오랫동안 삶을 비방해온 반자연적 성향들로부터 자연적 본능, 감각 등과 같은 자연적 성향으로의 전환을 시도하고자 하며, 이를 위해 선행되어야만 하는 인간 인

---

107 N 9[136], KSA 12, 413쪽.

108 GM Ⅲ, 13, KSA 5, 366-367쪽.

식의 근본적인 변화를 "커다란 건강"이라는 개념을 통해 수행한다.

> 저 목표를 달성하기 위해 바로 이 시대에 있을 법한 것과는 다른 방식의 정신이 필요하다 : 그것은 전쟁과 승리로 단련되었으며, 정복, 모험, 위험 그리고 심지어는 고통까지도 필요하게 된 정신이다. 이 정신에 이르기 위해서는 날카로운 고지의 바람과 겨울의 방랑, 어떤 의미에서의 얼음과 산악에도 익숙해질 필요가 있다. 이 정신에 이르기 위해서는 일종의 숭고한 악의조차 필요하며, 커다란 건강에 속하는 극단의 자기 확신성을 갖는 인식의 방자함이 필요하다. 간단하고도 좀 나쁘게 말하자면, 이 커다란 건강이야말로 필요한 것이다![109]

여기서 "커다란 건강에 속하는 극단의 자기 확신성을 갖는 인식의 방자함(ein letzter selbstgewissester Mutwille der Erkenntnis)"이라는 그의 표현은 건강은 보유하는 것이 아니라 지속적으로 획득해야 하기 때문에 계속해서 포기되어야만 한다는 커다란 건강의 특징처럼, 더 이상 건강을 신의 은총으로, 병을 죄와 벌로 여기지 않음으로서 건강과 병의 존재론적 이분화와 그 의미의 고착화를 해체할 수 있는 인간 인식의 위대한 변화를 함의하고 있다. 니체에 의하면 건강과 병에 대한 이러한 자기 확신과 오만한 인식으로의 변화를 통해서 정신과 의지는 비로소 다시 자유로워질 수 있으며, 이로부터 "무에의 의지"와 "허무주의"는 극복될 수 있다.[110] 병든 현재는 건강한 미래를 위한 기회로 규정될 수 있을 때 진정으로 극복될 수 있다.

---

109 GM II, 24, KSA 5, 336쪽.

110 같은 책, 336쪽.

3) 병의 논리로서의 허무주의의 극복

건강과 병의 의미와 가치에 대한 인식의 변화를 통해 지금까지 지속되어 온 낡은 오해가 해소되면, 다시 말해 병이 보다 새로운 건강을 위한 중요한 토대로 작용할 수 있다는 인식이 강화되면 개인의 데카당스적 병이 시대의 보편적인 병으로 확장된 허무주의의 극복은 가능해진다. 이때 니체가 시도한 모든 가치의 전도는 곧 건강과 병에 대한 인식과 가치의 전환을 전제로 한다. 즉 인식과 가치의 전환은 기존의 건강이 더 이상 동일한 건강일 수 없으며 또한 기존의 병이 더 이상 동일한 병일 수 없다는 사실을 증명해준다. 이러한 의미에서 니체가 커다란 건강이라는 개념을 통해서 제시하고자 하는 것은 새로운 건강이 낡은 가치들(병)에 대한 새로운 인식과 가치전환의 산물일 수밖에 없다는 사실이다.

이렇듯 니체의 철학에서 시대의 필연적 병으로서 허무주의의 극복은 근본적으로 낡은 인식과 가치의 전환으로부터 시작된다. 그 이유는 허무주의는 모든 개인들의 병, 다시 말해 그들의 나약한 정신과 의지가 도출하게 되는 "최후의 결론"[111]이기 때문이다. "허무주의는 그 끝에 이르기까지 생각된 우리의 중요한 가치들과 이상들의 논리"[112]라는 니체의 말처럼, "허무주의는 원인이 아니라 데카당스의 논리일 뿐"[113]이다. 여기서 오랜 기간 유전되어 온 진리의 허구를 폭로한 니체의 의도는 단지 낡은 가치들에 대한 파괴에 머무르지 않고 지금까지 삶에 적대적이었던 이러한 "가치들의 가치"[114]에 대한 인식을 새롭게 하기 위함이다.

---

111 N 11[411], 4, KSA 13, 190쪽.

112 같은 책, 190쪽.

113 N 14[86], KSA 13, 265쪽.

114 N 11[411], 4, KSA 13, 190쪽.

허무주의를 필연적으로 도출하는 데카당스라는 병의 논리는 삶의 의미와 가치에 대한 인식의 부재로부터 발생한다. 그리고 이러한 인식의 부재는 동시에 대지라는 참된 인식의 토대의 상실을 의미한다. 니체에 의하면 인간의 실존적 병과 허무주의적 고통은 대지에 충실하지 못한 그들의 데카당스적 태도로부터 유발된 필연적인 결과이다. 이제 니체는 건강을 대지의 의미를 자각하고 이를 긍정하는 위버멘쉬적 인간만이 획득할 수 있는 실존의 가치로 제시한다. 대지의 의미가 바로 설 때 인간 삶의 가치 역시 바로 설 수 있다. 이를 통해 비로소 가능해지는 자기인식과 창조의지가 바로 개인의 병이 시대적 병으로서의 허무주의로 확장되어 가는 데카당스의 논리를 해체시킬 수 있는 근본원리이다. 허무주의의 극복은 오직 대지와 이곳에서의 삶을 긍정하는 자들에게 주어진 과제이자 실존적 변화 가능성의 기회이다.

허무주의의 극복은 데카당스로 대변되는 삶에 적대적인 형이상학적-종교적-도덕적 병의 치유와 더불어 새로운 가치로 대변되는 건강의 획득을 의미한다. 그리고 병에서 건강으로의 상승과 건강에서 병으로의 하강의 변화과정은 힘에의 의지의 본성을 바탕으로 끊임없이 지속된다. 건강과 병의 이러한 유기적-연속적 원리는 "새로운 건강"의 방법론적 원리, 즉 보유하는 것이 아니라, 지속적으로 획득되기 위해 계속해서 포기되어야만 하는 "커다란 건강"을 통해서 보증된다.[115]

이러한 의미에서 "건강 그 자체는 존재하지 않으며" 오히려 "무수히 많은 몸의 건강(Gesundheiten des Leibes)이 있다."[116]는 니체의 말처럼, 이

115 FW V, 382, KSA 3, 636쪽.

116 같은 책 III, 120, KSA 3, 477쪽.

제 건강은 더 이상 절대적이고 지속적인 존재론적 개념이 아니라, 오히려 모든 인간이 삶 속에서 매 순간 경험해야만 하는 일시적인 것 혹은 변화하는 것으로서의 생기현상을 의미한다.[117] 니체에 의하면 "모든 무조건적인 것(alles Unbedingte)"은 "병리학"에 속하며,[118] 그의 철학에서 건강과 병 역시 예외일 수 없다. 이렇듯 건강이 그 자체로 존재하거나 확정될 수 없다는 명제로부터 니체는 모든 개인들이 자신만의 고유한 실존적 건강을 획득할 수 있다는 결과를 도출한다. 그리고 이 결과는 모든 개인의 다양성을 인정하고 또한 그들만의 건강한 변화를 허용하는 이상(Ideal)의 근본토대이며, 이는 니체가 새롭게 건설하고자 하는 미래의 상(像)의 전제이다.

> '건강'을 확고한 것으로 정의하지 않는 것. 모두가 가장 좋아하는 것을 최상으로 행할 수 있는 상태에 대한 이상.[119]

6. 건강의 근본원리와 특징

이미 언급된 니체의 제 3의 관점은 삶을 건강과 병, 상승과 하강, 성장과 퇴화의 경계에서 자기극복과 삶의 고양을 시도했던 자신의 경험을 통해 획득한 실존적 관점이다. 니체는 더 이상 건강과 병을 단순히 육체적 증상에 국한시키거나 혹은 병을 무조건 제거해야 할 삶의 장애가 아니라,

---

117 Anette Horn, Nietzsches Begriff der décadence, 145–146쪽 참조.

118 JGB IV, 154, KSA 5, 100쪽.

119 N 8[62], KSA 9, 396쪽.

다시 자기 자신에게로 돌아가 지속적으로 관계할 수 있는 자기인식의 기회로 여긴다. "병에 걸린 것처럼 자기 자신에 붙들려 있는 것—그렇게 해서 나는 여러 가지 소질을 발견했다."[120] 니체는 스스로 삶의 실존적 경계, 다시 말해 상승과 하강, 성장과 퇴화의 경계에 서 있었던 경험과 이로부터 얻은 자신의 인식론적 특징을 다음과 같이 표현한다.

> 생명의 사다리에서 제일 꼭대기와 제일 밑바닥으로부터의 혈통은 데카당이면서 동시에 시작이기도 하다 — 이러한 이중적인 혈통은 중립성과 삶 전체의 문제를 편파적으로 보는 데로부터의 해방을 설명해주며, 이것은 아마도 나를 특징짓는 점들일 것이다.[121]

건강과 병이 상승과 하강, 성장과 퇴화와 동일한 의미지평에서 논의될 수 있는 이유는 두 개념이 삶의 자기보존과 자기극복의 경계에서 인간의 위버멘쉬적 변화와 그의 고양된 "위버멘쉬적 미래"로의 변화를 위한 근본적인 시금석으로 작용하기 때문이다. 건강과 병, 상승과 하강, 성장과 퇴화의 유기적-연속적 의미연관 속에서 허무주의가 나약한 인간들의 데카당스적 가치가 만들어 낸 필연적 사건이자 극단적 결과라는 것과 더불어 시대의 병은 필연적으로 인간의 병을 전제한다는 것을 다시 한 번 확인할 수 있다.

니체의 철학 속에서 건강과 병, 상승과 하강, 성장과 퇴화는 근본적으로 생동하는 내적 힘의 투쟁을 통해 비로소 창조될 수 있는 삶의 가치의 문제와 연결되어 있다. 자기 삶의 실존적 의미를 담은 가치가 비로소 건

---

120 N 11[39], KSA 9, 455쪽.

121 EH, 나는 왜 이렇게 현명한지, 1, 264쪽.

강한 인간과 그의 건강한 삶, 다시 말해 삶의 상승과 성장을 가능하게 한다. 이 점이 니체의 철학을 단지 낡은 철학의 병을 치유하는 사상적 해법일 뿐만 아니라, 인간 실존의 건강을 위한 가르침으로 명명될 수 있는 이유이다. 여기서 치유라는 개념은 오랜 가치들로부터의 해방 후 다시 대지로 돌아와 자신만의 삶을 살아간다는 것을 의미하며, 건강은 이러한 삶의 과정에 부여되는 명칭이다.

1) 자기극복과 삶의 열정

건강과 병은 모든 생명체의 생명성인 자기극복의 원리에 대한 해명을 통해서 보다 인간학적인 삶의 변화인 실존적 상승과 하강, 성장과 퇴화의 의미로 읽힐 수 있다. 슈리프트(Alan D. Schrift)에 의하면 건강과 병, 고양과 부정은 단지 힘에의 의지의 두 극점(Pole)일 뿐, 대립적인 것이 아니다. 그 이유는 인간은 "절대적인 건강"이나 "절대적인 삶의 고양"을 가질 수 없으며 단지 "건강 또는 삶의 고양으로부터 더 멀리 혹은 더 가까이 움직일 수 있을 뿐"이기 때문이다.[122]

이러한 그의 견해는 "힘에의 의지는 생성을 끝낼 수" 없으며[123], 이를 통한 "변화는 정지하지 않는다."[124]는 니체의 말처럼, 힘을 향한 지속적인 의지의 증대와 감소, 강화와 약화를 확정하는 그 어떤 이원론도 존재하지 않으며, 있는 것은 오직 힘에의 의지일 뿐이라는 것을 전제로 한다.[125] 이렇듯 건강과 병, 상승과 하강, 성장과 퇴화는 서로 대립하는 개념들이기

---

122 앨런 슈리프트, 『니체와 해석의 문제』, 박규현 옮김, 푸른숲, 1997, 344쪽.

123 N 11[29], KSA, 13, 17쪽.

124 N 14[121], KSA, 13, 301쪽.

125 앨런 슈리프트, 『니체와 해석의 문제』, 344쪽.

는 하지만, 힘에의 의지의 생기활동을 통해 증대와 감소가 변화·반복하는 연속적인 관계에 놓여있다. 니체가 자신의 예술생리학에서 미와 추, 미화와 추화를 힘의 충만과 결여로 이해하듯이, 그는 건강을 상승하고 성장하는 가치로, 병을 하강하고 퇴화하는 가치로 규정한다.

니체에게 있어 삶의 가장 무거운 병은 그가『이 사람을 보라』에서 "러시아적 숙명론"[126]을 예로 들어 설명했던 것처럼 병과 고통에 대한 무저항이다. 니체는 이를 "겨울잠을 자게 만드는 의지"[127]라고 표현한다. 그 이유는 힘에의 의지의 정지는 곧 인간에게 내재된 변화가능성의 정지를 의미하기 때문이다. "병들어 있다는 것이나 약하다는 것을 어떤 이유에 의거해서든 누군가가 정녕 반대해야만 한다면, 이것은 그에게서 진정한 치유 본능, 즉 인간 안에 있는 저항과 공격 본능이 쇠퇴해간다는 점을 나타내는 것이다."[128] 병들고 나약한 의지의 증상으로 대변되는 저항과 공격 본능의 쇠퇴가 치유 본능의 쇠퇴인 이유는 다음과 같다.

> 병자에게서 건강의 에너지는 병들게 하는 요소에 대한 거친 저항에서 드러난다……[129]

힘에의 의지는 그 자체로 항상 더 많은 힘을 얻고자 하며 힘의 증대를 위해 다수의 힘과 적극적인 투쟁을 벌이는 내재적 생기 그 자체로서 "자

---

126 EH, 나는 왜 이렇게 현명한지, 6, KSA 6, 272쪽.

127 같은 책, 272쪽.

128 같은 책, 272쪽. 다음의 글도 함께 참조하자. "병은 물론 내게서는 절대 폄하되어서는 안 될 정도로 유익했지만, 나는 그것이 인간의 저항 및 공격 본능을 쇠퇴시킨다는 이의를 제기하고자 한다."(N 24[1], 2, KSA 13, 617쪽).

129 N 14[211], KSA 13, 389쪽.

기극복에의 의지"이다.[130] 이때 극복은 힘과 의지의 관계에서 힘의 증대를 위한, 즉 삶의 상승과 성장을 위한 의지의 구체적 활동을 의미한다. 니체에 의하면 삶의 상승과 성장으로의 변화를 향한 힘에의 의지의 이러한 극복의 활동은 곧 삶에 대한 "열정"[131]을 의미하며, 이 열정을 통해 인간 실존의 병으로서 삶의 염세주의와 권태, 관조는 극복될 수 있다. 여기서 삶의 건강한 주권을 위해 보다 많은 힘을 추구하는 의지는 위버멘쉬로의 변화와 "위버멘쉬적 미래"를 향한 끊임없는 열정을 가능하게 하는 근본적인 추동력으로서 작용한다.

> '의지'는 우리의 모든 열정을 결합하기 위한 개념이다. 열정은 우리가 육체(Körper)에 귀속시키지 않는 어떤 육체적인 상태(körperliche Zustände)들을 지탱하기 위한 느낌들이다.[132]

이러한 측면에서 "나 너희들에게 위버멘쉬를 가르치노라. 사람은 극복되어야 할 그 무엇이다. 너희들은 너희 자신을 극복하기 위해 무엇을 했는가?"[133]라는 차라투스트라의 질책은 삶에 대한 열정으로 끊임없이 자신을 긍정하고 극복하는 위버멘쉬에 대한 가르침인 동시에 삶의 자기극복과 열정이 결여된 자들에 대한 질책이기도 하다.

> 인간은 극복되어야 할 그 무엇이다. 이것은 생을 위대한 자기-극복으로 보는

---

130 Walter Kaufmann, Nietzsche. Philosoph–Psychologe–Antichrist, übersetzt von Jörg Salaquarda, Darmstadt 1982, 233쪽.

131 니체의 "열정(Leidenschaft)" 개념에 대한 자세한 설명으로는 다음의 글을 참조. Marco Brusotti, Leidenschaft, in: Christian Niemeyer (Hrsg.), Nietzsche–Lexikon, Darmstadt 2009, 200쪽.

132 N 9[39], KSA 10, 357쪽.

133 Za, 차라투스트라의 머리말, 3, KSA 4, 14쪽.

가르침이다.[134]

이에 대하여 니체는 다음과 같이 말한다. "기계에 증기를 사용하듯 열정을 사용할 것. 자기-극복"[135] 니체에게 있어 인간의 자기 극복은 삶에 대한 열정 속에서 이루어진다.[136] 이렇듯 니체가 자신의 고통스러운 현실을 극복할 수 있었던 새로운 인식과 가치의 전도는 병과 고통으로부터의 도피가 아니라, 바로 자기 삶에 대한 진정한 사랑을 바탕으로 병과 고통마저도 긍정하는 강한 열정을 통해서이다.

이 열정은 병을 다시 건강해질 수 있는 하나의 기회로 만든다. 여기서 중요한 것은 니체에게 있어 다시 건강해진다는 것은 단지 삶의 오랜 습관 속에서 건강해지는 것이 아니라, 새로운 양식으로 건강해진다는 것을 의미한다.[137] 이러한 의미에서 츠바이크의 글은 매 순간 새로워지는 건강의 실존적 특징을 잘 표현해주고 있다. "건강하게 된다는 것은 일반적 삶의 상태 이상의 의미를 지닌다. 그것은 변화를 의미할 뿐만 아니라, 보다 확장된 상태로서의 상승, 고양, 정화를 의미한다.[138] 이 점이 바로 니체가 병을 새로운 건강을 위한 극복의 대상으로서 삶의 "강력한 자극제(ein

---

134 N 18[49], KSA 10, 579쪽. "극복된 인간 자신은 위버멘쉬의 아버지였다. 나는 이렇게 가르치는 것에 질리지 않는다. 인간은 극복되어야 하는 어떤 것이다. 그렇게 말하는 것도 나는 인간이 극복될 수 있다는 것을 알기 때문이다."(N 18[56], KSA 10, 581쪽).

135 N 25[10], KSA, 11, 13쪽.

136 1882년 12월 중순, 살로메(Lou Salomé)와 레(Paul Rée)와 연관된 자신의 불편한 기억에 대해 말비다 폰 마이젠부크에게 쓴 편지에서 니체는 자신에 대해서 "자기-극복의 재주꾼(Tausendkuenstler der Selbst-Überwindung)"이라 표현한다. (Brief an Malwida von Meysenbug vom Mitte Dezember 1882, KSB 6, 304-305쪽). 니체에게 "극복"은 그 어떤 형이상학적 믿음이 아니라, 그의 삶 전반에 중요하게 작용하는 심리-생리적 기제이다.

137 Jörg Salaquarda, Gesundheit und Krankheit bei Fr. Nietzsche, 95쪽.

138 슈테판 츠바이크, 『니체를 쓰다』, 45-46쪽.

energisches Stimulans)"[139]이자 "막강한 자극제(ein mächtiges Stimulans)",[140] 즉 "커다란 건강의 자극제"라고 이해하고 규정하는 근본적인 이유이다.

> 건강함과 병약함 : 주의하라! 척도는 언제까지나 몸의 개화, 정신의 도약하는 힘, 용기, 그리고 즐거움이다 — 그러나, 물론 이것도 역시 척도가 된다. 그가 병적인 것을 얼마나 많이 감수하고 극복할 수 있는가 — 건강하게 만들 수 있는가. 좀 더 연약한 인간들을 몰락하게 만드는 것은 커다란 건강의 자극제(Stimulanz-Mitteln der gro ß en Gesundheit)에 속한다.[141]

2) 상승과 하강

니체에게 있어 상승과 하강은 삶의 양식과 태도, 가치와 더불어 인간과 삶의 유형을 건강과 병의 관점에서 구분하는 진단기호이다. 니체는 상승과 성장을 힘의 증대를 향한 의지의 역동적 운동과 이를 통한 삶의 건강한 느낌과 변화로 이해하고, 하강과 퇴화를 힘에의 의지의 소진으로 대변되는 퇴폐, 타락, 쇠퇴, 부패 등과 같은 정신적-사회적-문화적 데카당스 현상을 포괄하는 다양한 의미 영역에서 사용한다. 이러한 의미에서 니체는 자기보존적 무리본능 속에서 더 이상 새로운 자신이 되고자 하지 않는 대중적이고 평균적인 현대인의 "의지 마비증"과 "의지의 병"을 허무주의의 원인이자 그 증상으로, 그리고 이러한 "유럽의 병"을 허무주의로 진단하였다.[142]

---

139 EH, 나는 왜 이렇게 현명한지, 2, KSA 6, 266쪽.
140 N 15[118], KSA 13, 480쪽.
141 N 2[97], KSA, 12, 108쪽.
142 JGB VI, 208, KSA 5, 138-139쪽.

하강-본능이 상승-본능을 지배하게 되었다……무에의 의지가 삶에의 의지를 지배하게 되었다……[143]

신의 죽음 이후에 내면적 힘의 근원을 더 이상 자신 안에서 찾을 수 없는 증상으로 드러나는 일종의 "병"으로서 의지의 "생리학적 데카당스"는 삶의 긍정과 부정의 경계에서 부정을 말하며, 존재보다 비존재를, 삶에의 의지보다 무에의 의지에 가치론적 우위를 부여하는 "허무적 본능"의 결과이다.[144] 니체의 철학에서 정신적 강자와 약자, 자연성과 금욕(반자연성), 건강한 삶과 병든 삶, 긍정과 부정, 능동적인 태도(상승 본능)와 수동적인 태도(하강 본능), 삶의 예술적 미화와 추화의 구분은 인간의 자기보존과 자기극복의 실존적 경계, 즉 마지막 인간과 위버멘쉬 사이에 놓인 변화가능성의 경계에서 발생한다. 니체에게 있어 전자가 힘에의 의지의 실천이라면 후자는 허무주의의 실천이다. 이를 바탕으로 그는 상승과 하강의 관점에서 다음과 같은 두 가지 인간 유형과 삶의 유형을 구분한다.

나는 상승하는 삶의 유형과, 퇴락하고 붕괴하고 약한 다른 유형을 구별한다.[145]

각각의 인간은 그가 삶의 상승선을 나타내는지 하강선을 나타내는지에 따라 평가되어도 무방하다.[146]

보다 많은 힘의 증대를 향한 힘에의 의지의 지속적인 자기극복을 통해

---

143 N 14[140], KSA 13, 323쪽.

144 N 17[7], KSA 13, 528쪽.

145 N 15[120], KSA 13, 481쪽.

146 GD, 어느 반시대적 인간의 편력, 33, KSA, 6, 131쪽.

인간은 일종의 쾌감으로서 삶의 상승을 경험한다. 뮐러 라우터(W. Müller-Lauter)의 견해처럼, 니체의 철학에서 "상승"의 개념은 "강자의 정신화"를 대변하며 강조한다.[147] 그 이유는 니체에 의하면 "삶 자체는 무엇을 위한 수단"이 아니라, "힘의 증대형식들에 대한 표현"이며[148], 상승은 일종의 쾌감으로서 힘이 증대된 느낌이기 때문이다. 이러한 상승의 쾌감과 삶의 고양은 장애가 극복된 느낌으로서 정신적 강자만이 가질 수 있는 특권일 뿐이다. 니체에게 있어 강자의 정신화는 힘에의 의지가 탈정신화된 형식으로서 나약한 인간의 심리-생리적 의존과 보존이 아니라, "힘의 최고 정신화"[149]를, 즉 매 순간 자신의 삶을 위한 "새로운 목표"의 설정을 가능하게 하는 "정신성의 넘쳐나는 힘"의 발현을 의미한다.[150]

3) 성장과 퇴화

상승과 더불어 성장 역시 니체의 철학에서 건강과 병의 개념군 안에서 이해할 수 있다. 역동적 생명력의 근원으로서 제시된 힘에의 의지의 활동은 다양한 힘들과의 대립관계 속에서 진행되며, 승리(명령)와 패배(복종)로 대변되는 힘의 유희 과정을 통해서 인간은 삶의 상승과 하강, 성장과 퇴화의 변화, 즉 건강과 병의 변화를 반복하게 된다. 니체에게 있어 지속적인 힘의 증대를 통한 인간과 그의 삶의 상승은 성장과 동일한 의미를 지닌다.[151] 즉 생명은 본질적으로 성장하고자 하며 이를 위해 힘의 증대

---

147 Wolfgang Müller–Lauter, Über Freiheit und Chaos. Nietzsche–Interpretation II, Berlin/New York 1999, 323–324쪽 참조.

148 N 9[713], KSA 12, 345쪽.

149 N 9[8], KSA 12, 343쪽.

150 N 9[7], KSA 12, 342쪽.

151 니체는 힘에의 의지를 통해 삶의 상승을 경험하는 인간을 성장의 메타포로서 "소나무"로

는 필수조건이다. 그리고 증대된 힘의 느낌은 곧 인간과 삶의 상승의 느낌과 더불어 성장의 느낌과도 다르지 않다.

> 삶 자체가 성장을 위한 본능, 지속을 위한 본능, 힘의 축척을 위한 본능, 힘을 위한 본능인 것 같다.[152]

지속적으로 상승하고 성장하고자 하는 힘에의 의지는 모든 생명체의 근본충동이다. 니체에게 있어 본능, 충동, 욕구, 정동 등과 같이 오랜 시간 이성에 의해 부정되어온 인간의 내적 자연의 해방은 삶의 데카당스 현상, 즉 삶을 물질적으로 풍부하게 해주었지만 이와 동시에 그의 자연성을 제어하고 자연법칙을 변형한 "길들임의 문화"[153]를 극복할 수 있는 그 자신의 사상적 해법이기도 하다.

> (자기 보존 의욕이 아니라 성장 의욕인) 생명에 관한 관념에서 출발해 나는 유럽의 정치적 정신적 사회적 운동의 근본 충동을 관찰했다.[154]

니체에 의하면 "성장 자체는 더 많이 존재하려는 욕망이다."[155] 그리고 이 욕망은 지속적인 자기극복을 통해 자신의 건강한 미래를 사랑으로 긍정하는 실존적 변화의 힘으로 끊임없이 계속된다.

표현한다. "오 차라투스트라여, 지상에서, 강하고 높은 의지가 성장하는 것보다 더 즐거운 것은 없다 : 이 의지는 가장 아름다운 식물이다. […] 오 차라투스트라여, 너처럼 키 크고, 말 없으며, 강하게, 홀로, 가장 휘기 쉬운 나무로 훌륭하게 성장하는 자를 나는 소나무와 비교한다."(N 33[1], KSA 11, 420쪽).

152 AC, 6, KSA 6, 172쪽.

153 Anette Horn, Nietzsches Begriff der décadence, 135쪽.

154 N 2[179], KSA 12, 155쪽.

155 N 2[157], KSA 12, 142쪽.

> 사람들은 우리를 혼동한다.—그것은 우리가 성장하고, 지속적으로 변화하며, 낡은 껍질을 벗어버리기 때문이다. 우리는 매년 봄마다 새 껍질을 입으며, 점점 더 젊어지고 미래적으로 되고 높아지고 강해진다.[156]

7. 커다란 건강의 오해

건강과 병의 실존적-연속적 변화가능성을 대변하는 커다란 건강의 이러한 사상적 의미에도 불구하고 니체의 건강 개념은 국가사회주의적 이데올로기 속에서 잘못 해석되고 적용됐다. 작가이자 농업 정책가였으며 국가사회주의 시대의 SS-친위대(Waffen-SS)의 간부였던 발터 다레(Richard Walther Darré)는 니체와 그의 철학 자체에 대한 이해 없이 커다란 건강을 단지 생물학적 강함의 상징으로 해석했다.[157] 그와 더불어 인종연구자이자 위생학자였던 한스 귄터(Hans Günther) 역시 독일 민족의 이상적 상, 즉 "빛나는 육체"와 "정신" 그리고 "보다 높은 통일체"로서의 영웅적-엘리트적 모범에 대한 사상적-이데올로기적 토대를 니체 철학에서 찾았다.[158] 이제 위버멘쉬는 추구할만한 가치가 있는 제국주의적 인간 유형으로 규정된다. 결국 위버멘쉬는 약자를 부수고 파괴하는 강자의 행위에 대한 새로운 기준으로 제시된다.[159]

---

156 FW V, 371, KSA 3, 623쪽.

157 Fritz Giese, Nietzsche. Die Erfüllung, Tübingen 1934, 56쪽 참조.

158 같은 책, 56쪽 참조.

159 같은 책, 58쪽.

이러한 오해 속에서 기이제(Fritz Giese)는 커다란 건강을 지향하는 인간의 상을 "위대한 풍자가", "유혹자", "정복자" 그리고 동시에 "전능한 인간" 속에서 찾았다.[160] 이러한 측면에서 매 순간 새로운 건강을 위해 지속적으로 자기 자신을 극복하는 실존적 인간 유형으로서의 위버멘쉬가 "금발의 야수"와 연결됨[161]은 니체의 "커다란 건강"이라는 개념 자체에 대한 오해의 시작이다. 강자로서 "커다란 건강의 인간(der Mensch der großen Gesundheit)"이 힘이 부족하거나 더 이상 힘을 가질 수 없는 약자와 구분된다는 그의 해석[162]은 표면적으로는 옳을 수 있지만, 건강과 병, 강자와 약자의 거리를 가치론적 차이의 전복과 변화가능성의 거리로 규정하지 않고 전복불가능성, 변화불가능성, 불연속성으로 규정하는 것은 커다란 건강에 대한 개념적 이해가 본질적으로 잘못된 것이다.

나아가 힘이 충만하고 건강한 인간 유형으로서 위버멘쉬가 실존적 자기극복을 통한 자기 지배가 아니라, 타자에 대한 정치적-야만적 지배로 해석된다는 것은 하나의 개념이 아닌 니체 철학 전반에 대한 오해이다. 기이제에게 "커다란 건강의 인간"과 위버멘쉬는 의미적으로 동의어이며, 이 인간 개념은 곧 제3국의 인간상으로 제시된다.[163] 커다란 건강의 인간과 위버멘쉬를 육체적-정신적 강자로 해석하고 이 힘을 지배적인 권력으로 해석할 수 있었던 근거는 바로 니체의 철학에서 건강이 가진 본질적 의미에 대한 오해로부터, 즉 그의 개념 "커다란 건강"을 제국주의적 인간상의 조건으로 규정함으로부터 이미 시작된다.

---

160 같은 책, 69쪽.

161 같은 책, 60쪽, 61쪽 참조.

162 같은 책, 71쪽.

163 같은 책, 77쪽; 177쪽 참조.

8. 커다란 건강 : 건강한 인간의 심리--생리적 전제

"유전되는 것은 질병이 아니다. 병적인 것이 유전된다 : 즉 유해한 외래물 등에 저항하지 못하는 무기력 ; 꺾인 저항력—"[164] 니체의 이 말은 인간의 "자기 재건 본능"과 "건강한 본능"[165]의 결여, 즉 데카당스적인 가치에 의존한 인간의 "건강에의 의지와 삶에의 의지"의 결여 증상을 의미한다.[166] 하지만 병적인 것을 삶을 위한 자극제로 긍정할 수 있을 때 비로소 삶은 새롭게 발견될 수 있다.[167]

> 전형적으로 병약한 존재(morbid)는 건강해질 수 없고, 자기 스스로 건강하게 만들기는 더욱 어렵다 : 반대로 전형적으로 건강한 존재에게는 병들어 있다는 것이 심지어는 삶을 위한, 더 풍요로운 삶을 위한 강력한 자극제가 될 수 있다.[168]

니체에게 있어 스스로 변화를 시도하지 않는 인간은 다시 건강해질 수 없으며, 또한 오랜 가치와 습관에 대한 자기인식의 변화 없이 스스로를 다시 건강하게 만들기 어렵다. 즉 "새로운 건강"의 경험과 획득은 불가능하다. 니체에 의하면 과거 이상들과 최고의 가치에 대한 믿음으로부터 유전되는 병은 필연적으로 인간의 "유전적 허약(die erbliche Schwäche)"[169]을 전제하며 또한 이를 지속시킨다. 니체는 이러한 허약함의 심리-생리

---

164 N 14[65], KSA 13, 250쪽.
165 N 37[11], KSA 11, 586쪽.
166 EH, 나는 왜 이렇게 현명한지, 2, KSA 6, 267쪽.
167 같은 책, 266–267쪽.
168 같은 책, 266쪽.
169 N 14[65], KSA 13, 250쪽.

적 원인, 즉 심리적 의존이 야기하는 생리적 힘의 필연적인 결여 현상을 다음과 같이 제시한다.

> 주의! 사람들이 허약을 원한다 : 왜? …… 그들 대부분이 필연적으로 약하기 때문이다…… 욕망, 쾌감과 불쾌감의 허약화, 힘에의 의지와 긍지감과 소유와 더-많이 갖고자 하는-의욕이 허약화 ; 순종으로서의 허약화 ; 신앙으로서의 허약화 ; 모든 자연적인 것에 대한 적의와 수치심으로서의 허약화, 삶의 부정으로서, 질병과 습관성 허약으로서의 허약화…… 복수와 저항과 적개심과 분노의 포기로서의 허약화. 행위에서의 실책 : 허약함에 맞서 강장 체계(ein systéme fortifiant)에 의해 싸우려 하지 않고, 정당화나 도덕화의 방식으로 싸우려 한다 : 즉 해석에 의해……[170]

하지만 자기극복의 원리를 바탕으로 건강과 병을 삶의 유기적-연속적 변화의 개념으로 파악하는 니체의 "커다란 건강"은 이상, 습관, 가치 등 삶을 총체적 관점에서 재규정하며 진정한 건강과 그 원리를 제시한다. 이러한 측면에서 지금까지 삶을 규정해온 전통적 이상들의 근원을 거슬러 올라가는 니체의 계보학은 기존 가치들의 현재적 의미를 재해석하는 중요한 도구이다. 그 이유는 현재의 진단과 치유의 시도는 과거로부터 유전된 병적인 이상과 습관들에 대한 반성이자 새로운 미래 건강의 창조를 위한 시작이기 때문이다. 니체는 인간의 생명력과 자연성, 본능과 충동의 억압 증상을 데카당스적 병으로 규정하며, 이를 바탕으로 삶을 지배해온 전통적 이상과 습관들, 다시 말해 그리스도교를 심리-생리적 데카당스의 전형이자 "퇴화 운동"[171]으로 그리고 절대적 진리를 인식의 "가장

---

170 같은 책, 251쪽.

무력한 형태"[172]로 마지막으로 도덕을 자연에 대한 폭압이자 강제[173]로 규정했다.

니체의 철학적 치유의 관점에서 보다 본질적인 문제는 증상으로서의 "병"이 아니라, 변함없이 현재 삶의 토대로 작용하는 "병적인 것"이다. 허무주의가 데카당스적 삶의 필연적 귀결이듯이, 현대의 데카당스 증상은 형이상학-그리스도교-도덕 등과 같은 병적인 것이 유전된 결과일 뿐이다. 이러한 의미에서 니체의 철학적 파토스인 병은 '병 그 자체'가 아니라, 병으로 고통받는 인간의 정신과 의지의 현재 상태를 문제시 한다. 정신의 해방, 삶의 긍정과 극복 그리고 이를 위한 의지의 변화와 강화 등이 인간의 병든 실존을 치유하는 개념들—모든 가치의 전도, 영원회귀와 운명애, 위버멘쉬, 예술생리학 등—을 수행함에 근본적인 조건으로 제시되는 것은 이러한 이유 때문이다. 항상 병을 극복한 건강을 향하기에 그의 이러한 철학적 파토스는 건강 그 자체를 존재론적 상태로 규정하지 않는다. 건강과 더불어 병 역시도 그 자체로 지속적인 자기긍정과 극복 그리고 이를 통한 끊임없는 변화를 필요로 한다.

병적인 것마저도 삶의 건강으로 변화시킬 수 있는 위버멘쉬적 인간과 그의 삶의 실존양식 나아가 그의 위버멘쉬적 미래의 실존적 조건을 대변하는 개념으로서 "커다란 건강"은 허무주의라는 니체의 시대진단과 미래철학의 논의 속에서 고귀하고 주권적인 인간의 "위대함"[174]을 대변하는

---

171 N 14[91], KSA 13, 267.

172 FW Ⅲ, 110, KSA 3, 469쪽.

173 JGB Ⅴ, 188, KSA 5, 108쪽.

174 같은 책 Ⅵ, 212, KSA 5, 147쪽. 니체에게 있어 "건강은 곧 위대한 것의 변증법적 의미를 위한 납득할만한 예이다. 위험한 병을 모험하면서 인간은 자신의 저항력을 증대시키고 매번 병으로 인해 몰락하지 않을 것이라는 보장 없이도 여전히 위험한 병을 모험할 수 있다."

또 하나의 개념으로서 기능한다. 하지만 여전히 중요한 것은 건강과 병을 포괄하는 개념으로서 커다란 건강이 니체의 위대한 실존의 경험에서 시도된 자기실험을 바탕으로 도출된 존재의 위대한 표현이자 삶의 실존적 양식이었다는 것이다. 이러한 의미에서 니체의 모든 가르침을 설파하는 차라투스트라가 니체의 철학적 가면이라면, 진정한 건강의 소유자로서 차라투스트라의 생리학적 전제가 "커다란 건강"이라는 니체의 말[175]은 커다란 건강이 자신의 바람이자 철학의 목적이라는 사실을 함의한다. 다음의 글은 건강과 병이 반복되는 실존적 경계에서 태어난 니체의 철학과 그의 삶의 관계를 잘 드러내준다.

> 어떤 때보다 내 삶의 가장 어려웠던 시절에 더 깊이 감사해야 하지 않을까라고 나는 종종 자문했었다. 내 가장 내적인 본성이 가르쳐주듯이, 높은 곳에서 바라보면 모든 것은 다 필연적이며, 거시경제적 의미에서는 모든 것은 다 그 자체로 유용하기도 하다 — 그것들을 사람들은 견뎌야 할 뿐 아니라 사랑해야 한다……운명애 : 이것이 내 가장 내적인 본성이다. — 그리고 나의 오랜 질환(Siechtum)에 대해 말하자면, 나는 내 건강보다도 그것에 말할 수 없을 정도로 더 많은 덕을 입은 것은 아닌가? 자기를 죽이지 않는 모든 것에 의해 더 강력해지는 내 고차의 건강(eine höhere Gesundheit)은 그 질환 덕택이다! — 내 철학 역시 내 질환 덕택이다…… 커다란 고통이야말로 정신을 최종적으로 해방하는 자인 것이다.[176]

(Werner Stegmaier, Nietzsches Befreiung der Philosophie. Kontextuelle Interpretation des V. Buchs der Fröhlichen Wissenschaft, Berlin · Boston 2012, 606쪽).

175 EH, 차라투스트라는 이렇게 말했다. 2, 337쪽.

176 NW, 후기, KSA 6, 436쪽.

V. 니체의 정신 위생학

1. 니체의 위생학 : 유기체의 건강한 삶을 위한 철학적 방법론

"어느 정도의 건강의 증진과 쇠퇴는 최상의 치료법이다."[1] 니체의 이 말은 병과 건강이 결코 존재론적으로 분리될 수 없다는 것과 더불어 건강은 건강 자체로 유지되는 것이 아니라 오히려 건강의 쇠퇴, 다시 말해 병이 전제되어야만 한다는 사실을 함의하고 있다. 이는 곧 니체가 자신의 철학에서 제시하는 치료이론 혹은 건강이론이 단순히 건강을 위해 병을 제거하는 방식이 아니라, 병에 대한 총체적 인식의 변화 과정에 중점을 두고 있음을 유추할 수 있다.

만약 병에 대한 평가가 의학적 관점에서 시도된다면, 다시 말해 병이 그 의미와 가치가 반영되는 삶의 관점에서 평가되지 않는다면, 병은 건강의 영역에서 배제하고 제거해야만 하는 대상으로 간주될 수밖에 없다. 그렇다면 니체의 철학에서 병과 건강 사이의 실존적 경계에 놓인 인간의

---

1 니체, 『유고(1882년 7월~1883/84년 겨울)』, 509쪽.

정신과 의지의 변화는 사상적 의미를 잃게 될 것이다. 이렇듯 니체의 위생학은 병적이고 고통을 주는 대상으로부터의 해방 혹은 제거가 아니라, 그 대상이 가진 의미와 가치의 전환에 있다. 이때 정신과 의지의 강화가 니체에게 중요한 인간학적 과제가 되는 이유는 강한 정신과 의지의 소유자만이 병과 고통의 의미와 가치의 전환을 수행할 수 있기 때문이다.

위생학의 일반적인 의미처럼, 니체의 위생학 역시 건강의 유지와 증진을 위해 수행된다. 여기서 중요한 것은 니체는 병과 건강의 경계에서 건강을 위한 건강이 아니라, 오히려 고통과 고통에 대한 해석을 실마리로 자신의 위생학을 전개한다는 것이다.[2] 즉 그의 위생학은 고통받는 인간

---

2 아리스토텔레스의 비극 이해와 카타르시스 역시 삶의 고통을 전제로 하고 있다. 하지만 위생학적 관점에서 아리스토텔레스와 니체는 다음과 같은 차이점을 가지고 있다. 카타르시스(Katharsis)란 일반적으로 그리스의 제식, 의학, 음악(비극), 철학 등의 영역에서 "정화(Reinigung)"의 의미로 사용되며, 이때 정화는 삶에 대한 부정적인 감정의 분출("의학적 배설(die medizinische Purgation)"을 발생시킴으로써 영혼의 건강을 유지하는 위생학적인 성격을 내포한다. 하지만 니체는 고통으로부터의 일시적 해방이 아니라, 오히려 고통에 직접적으로 대면하는 인간의 비극적 관점을 추구한다. 고통으로부터의 일시적 해방은 그 언젠가 다시 겪게 될 고통에 대한 용기를 보증해주지 못한다. 다음의 글은 정화에 대한 아리스토텔레스와 니체의 차이점이 잘 드러내주고 있다. "공포와 동정에서 벗어나기 위해서가 아니라, 감정의 격렬한 방출을 통해 위험한 아펙트에서 자기를 정화하기 위해서가 아니다 — 그런 것은 아리스토텔레스의 방식이었다 : 오히려 공포와 동정을 넘어서서 생성과 창조에 대한 영원한 기쁨을 즐기기 위해서, 자기의 공포와 자기의 동정을 자기 밑에 두기 위해서…… (니체, 『유고(1888년 초~1889년 1월 초)』, 24[1], 9, 541쪽)." 니체의 위생학, 보다 정확히 말해 니체의 정신위생학은 고통스럽게 억눌린 감정에 대한 분출을 통한 아리스토텔레스적 영혼의 치유가 아니라, 오히려 이를 넘어서 매 순간 다가올 고통에 대한 긍정과 이를 창조의 원리로 승화하는 것에 보다 큰 의미를 부여한다. 아리스토텔레스에게 있어 카타르시스는 삶의 고통, 부조리, 모순, 공포로부터의 해방과 치유를 전제로 하고 있지만, 니체는 오히려 고통과 모순 속에서 생명과 삶을 이해한다. 즉 니체가 추구하는 진정한 치유는 카타르시스라는 심리-생리학적(육체적-감정적) 도구가 아니라, 오히려 도구가 없다는 것, 다시 말해 삶 그 자체에 대한 조건 없는 긍정으로부터 가능해진다. 니체는 고통이 없는 삶 혹은 고통으로부터 해방된 삶이 아니라, 오히려 고통을 삶의 자극제로 긍정한다. 즉 고통이 삶을 확정된 것이 아니라, 되어가는 것(생성)으로 만드는 것이다. (Hellmut Flashar, Katharsis, in: Joachim Ritter und Karlfried Gründer (Hrsg.), Historisches Wörterbuch der Philosophie Bd.4, Basel 1976, 784쪽; 김효, 「아리스토텔레스의 『시학』에 대한 비판적 고찰-카타르시스를 중심으로」, 『프랑스학연구』 제54집(한국프랑스학회, 2010.11.15), 29-52쪽; 이주동, 「아리스토텔레스의 카타르시스 개념에 대한 수용과 비판」, 『독일언어문학』 제34집(독일언어문학연구회, 2006.12), 169-195쪽).

을 전제로 하며, 고통의 의미에 대한 해석이 인간의 삶에 어떤 영향을 미치는지를 심리-생리적 관점에서 고찰한다. 하지만 니체는 고통이 없는 상태를 건강으로 혹은 고통이 있는 상태를 병으로 규정하지 않고, 고통의 의미에 대한 해석을 바탕으로 인간의 심리-생리적 강함과 약함을 구분하며 그 근원에 대한 계보학적인 탐구를 시도한다.

이때 병과 건강은 육체적 상태에 국한되지 않고, 오히려 인간의 실존적 상태를 지시하는 가치론적 개념으로서 제시된다. 고통의 종교적 해석에 대한 니체의 비판은 항상 육체적 고통과 동시에 정신적 고통을 전제로 하고 있다. 그 이유는 육체적 고통은 정신적 고통을 동반하며, 정신적 고통은 육체적 고통으로부터의 해방을 위해 종교적 위안과 이편의 대지 세계에 대립된 저편 세계를 희망하게 만들기 때문이다. 이렇듯 니체는 고통을 실마리로 하여 고통받는 인간의 심리-생리적 상태를 진단하며, 이때 그의 위생학은 고통에 담긴 의미의 전환으로부터 삶에 대한 진정한 긍정을 도출하는 방법론으로 수행된다.

2. 니체의 생명철학과 위생학

1) 유기체의 생명(성)과 생명력에 대한 해명

니체의 철학에서 제시되는 위생학의 개념적 성격을 규명하기 위해서는 우선 그의 위생학과 관련된 사상적 제반사항들을 먼저 살펴봐야 한다. 위생학은 일반적으로 건강의 유지와 증진을 위한 학문으로 규정되지만, 그의 철학에 등장하는 위생학은 그의 생명이론 및 인간학이 힘에의 의지를 바탕으로 하기 때문에 일차적으로 인간에 대한 본질적인 물음[3]과 존재규명이, 즉 모든 생명에는 특유의 생명성과 생명력이 내재되어 있다는 것과 더불어 이러한 생명의 특성이 힘에의 의지와 동일한 지평 위에서 설명될 수 있다는 사실이 먼저 논의되어야만 한다.

생명체로서의 유기체에 대한 본질적인 존재이해로부터 니체의 위생학이 담고 있는 철학적 의미와 방향은 명확하게 드러날 수 있다. 그 이유는 생명은 영혼(psyche)에 대한 고대 그리스의 이해처럼 일차적으로 생과 사를 구분 짓는 영적인 요소이지만 니체의 철학에서 생명은 인간의 실존과의 연관 아래 그의 실존적인 양태에 관여하는 힘, 다시 말해 긍정과 부정, 극복과 보존, 상승과 하강, 성장과 퇴화, 병과 건강 등 강함과 약함의 경계에서 작용하는 힘(생명력)으로서의 기능을 하기 때문이다.

그렇다면 니체는 자신의 철학에서 생명이라는 개념을 어떤 의미로 사용하고 있을까? 이와 관련하여 니체는 자전적 저서 『이 사람을 보라』의 「나는 왜 이렇게 현명한지」에서 생명의 의미를 삶과 죽음의 원리뿐만 아니라, 자기 자신과 삶 나아가 자신의 철학을 특징짓는 요소로 제시하고 있다.

---

3 위생학과 관련하여 근대 생물학(다윈주의)을 토대로 하고 있는 우생학(1883년 골턴(Francis Galton)의 개념)을 바탕으로 벌어진 아우슈비츠의 학살마저도 생물학적 개조를 위한 과학으로 규정하고자 했던 나치의 반유대주의 역시 위생학(인종위생학, Rassenhygiene)이라는 개념을 사용한다. 이들은 인종에 대한 생물학적 차이를 통해 인간의 본질, 다시 말해 모든 생명체의 신체적 특성과 형태를 유전학적으로 규정하며, 이를 통해 우성(아리아 인종)과 열성(유대인과 보헤미아인)을 구분한다. 예를 들어 니체의 위버멘쉬적 인간의 탄생을 위해 유대인들을 유전적 장애로, 열성인자들로 규정하는 우생학은 필연적으로 인종위생학이라는 나치즘의 과학으로 탈바꿈된다. 하지만 니체가 반유대주의 철학자가 아니었음은 오늘날 더 이상 논의할 가치가 없다. 다음의 글은 직접적인 증거가 될 수 있을 것이다. "반유대주의는 독일제국의 너무나도 부조리하고 너무나도 부당한 자기-응시(Selbst-Anglotzung)의 가장 병적인 이상 발육(krankhaftesten Auswüchse)의 하나인 것이다……."(니체, 『유고(1888년 초~1889년 1월 초)』, 24[1], 6, 534쪽; 앙드레 피쇼, 『우생학. 유전학의 숨겨진 역사』, 이정희 옮김, 아침이슬, 2009, 21, 25, 28-29, 59, 64쪽; 아돌프 히틀러, 『나의 투쟁』, 황성모 옮김, 동서문화사, 2015, 431-450, 539-541쪽 참조; 히틀러의 정치적 야심과 철학적 정당화에 대한 내용으로는, 이본 셰라드, 『히틀러의 철학자들. 철학은 어떻게 정치의 도구로 변질되는가?』, 김민수 옮김, 여름언덕, 2014 참조).

내 삶의 행복, 내 삶의 유일성은 아마도 내 삶의 숙명에 자리하고 있으리라 : 수수께끼 형식으로 말하자면, 나는 내 아버지로서는 이미 사망했고, 내 어머니로서는 아직도 살아서 늙어가고 있다. 이런 이중적 혈통, 말하자면 생명의 사다리에서 제일 꼭대기와 제일 밑바닥으로부터의 혈통은 데카당이면서 동시에 시작이기도 하다 — 이러한 이중적인 혈통은 중립성과 삶 전체의 문제를 편파적으로 보는 것으로 부터의 해방을 설명해주며, 이것은 아마도 나를 특징짓는 점들일 것이다. 나는 어떤 인간보다도 상승과 하강에 대한 예민한 후각을 갖고 있다. 나는 그것을 가르치는 교사 중의 교사이며 — 나는 양편 모두를 알고 있고, 나 자신이 양편 모두이다.[4]

또한 니체는 병으로 인한 자신의 고통스러운 삶을 생명의 관점에서 바라보며 이를 "생명력(Vitalität)의 가장 낮은 지점"이라고 표현한다. 이제 니체는 단지 모든 생명 있는 것들의 존재 근거로서의 생명 자체에 대한 논의보다는 "생명력"이라는 단어를 사용해서 생명을 보다 더 능동적인 힘, 다시 말해 생기(Geschehen)를 일으킬 수 있는 힘으로 설명한다. 이렇듯 니체는 생명력으로 대변되는 힘을 단지 인간의 육체에 국한된 것이 아니라, 인간 실존의 전 영역에서 발생하고 작용하는 요소로 이해한다. 니체가 생명력이 약한 인간의 정신적 퇴락을 데카당스로 표현하는 것은 바로 이러한 이유 때문이다.

내 위의 통증은 그것이 아무리 극심하다고 하더라도 몸 전체가 소진한 결과이고, 내장 조직 전체가 극도로 약화되어서이지 위 그 자체만이 원인인 것은 아니다. 때때로 보지 못할 정도의 위험에 이르기도 하는 내 눈의 통증도 단지 결과일 뿐이지 그런 위험의 원인은 아니다 : 내 생명력(Lebenskraft)이 증대됨에

4 니체, 『이 사람을 보라』, 「나는 왜 이렇게 현명한지」, 1, 331쪽.

따라 시력 또한 다시 좋아졌으니 말이다. […] 유감스럽지만 그것은 동시에 특정 유형의 재발과 붕괴라는 데카당스의 주기성을 의미하기도 한다. 이러함에도 내가 데카당스 문제에 관한 한 전문가라고 굳이 말할 필요가 있겠는가? 나는 데카당스를 앞에서 뒤로, 그리고 위에서 앞으로 판독해보았다.[5]

이러한 의미에서 "병자의 광학으로부터 좀 더 건강한 개념들과 가치들을 바라본다든지, 그 역으로 풍부한 삶의 충만과 자기 확신으로부터 데카당스 본능의 은밀한 작업을 내려다본다는 것—이것은 가장 오랫동안 나의 연습이었고 진정한 경험이었다."[6]라는 니체의 말은, 생명력이 가장 낮았던 때에 생명력을 증진시킬 수 있는 가치들과 이와 반대로 생명력이 높았던 때에 생명력을 감소시켰던 가치들에 대한 경험이 오히려 데카당스를 극복할 수 있었던 삶의 관점과 가치전환의 사상적 토대가 되었다는 것을, 보다 구체적으로 삶의 긍정은 오히려 고통으로부터 도출될 수 있다는 사실을 함의한다.[7] "내 건강에의 의지와 삶에의 의지를 나는 나의 철학으로 만들었다……왜냐하면 다음의 사실을 주목해보라 : 내 생명력(Vitalität)이 가장 낮았던 그 해는 바로 내가 염세주의자임을 그만두었던 때였다 : 나의 자기 재건 본능이 내게 비참과 낙담의 철학을 금지해버렸던 것이다……"[8] 같은 책에 있는 다음의 글은 이와 관련된 보다 구체적인 내용들

---

5 니체, 『이 사람을 보라』, 「나는 왜 이렇게 현명한지」, 1, 333쪽.

6 같은 책, 333쪽.

7 또한 니체는 오히려 생명력이 가장 낮았던 그 해에 다음과 같은 두 권의 저서를 완성했다고 말하고 있다. "내 생명력(Vitalität)의 최소치 : 〈방랑자와 그의 그림자〉는 그 사이에 나왔다. 의심할 여지없이 나는 그 당시 그림자에 대해 잘 알고 있었다……제노바에서의 나의 첫 겨울인 그 다음 겨울, 피와 근육의 극심한 빈곤이 야기시켰다고도 할 수 있는 안락함과 정신화가 《아침놀》을 탄생시켰다."(같은 책, 1, 332쪽). 즉 니체에게 생명력은 육체적-정신적 영역을 모두 포괄하는 힘과 의지로 대변될 수 있다.

8 같은 책, 2, 334–335쪽.

을 담고 있다.

> 오히려 내 삶에 적지 않은 폐를 끼친 것은 선의였고, 차라리 이것에 대해 내가 불평해야 했었을 것이다. 내 경험은 내게 소위 말하는 '사심 없는' 충동들이나, 충고하고 행동하게 하는 '이웃 사랑' 전체를 불신할 권리를 부여한다. 이런 것들은 내가 보기에는 그 자체가 나약함이고, 자극에 대해 저항할 수 없는 무능력의 특수한 경우이다. — 동정은 데카당에게서만 덕의 일종이다. […] 동정을 극복하는 것을 나는 고귀한 덕목의 하나로 친다 […] 이것이 시험이며, 아마도 차라투스트라가 치러야만 하는 마지막 시험일 것이다 — 그의 힘에 대한 진정한 증거일 것이다.[9]

위의 글이 의미하는 것은 첫째, 이웃 사랑, 동정과 같은 그리스도교적 덕은 생명력이 높았던 때 니체가 바라보았던 낮은 생명력의 가치들일 뿐이었지만, 생명력이 낮을 때 이 가치들은 오히려 높은 의미를 지닐 가치들일 수 있다. 둘째, 생명력의 하강을 토대로 영향을 발산하는 이러한 덕들을 실천하는 인간 유형은 데카당일 뿐이다. 셋째, 이 데카당스 덕의 극복은 강한 생명력, 다시 말해 강한 내면의 힘을 통해서 비로소 가능하다. 이와 관련하여 1888년의 한 유고에서도 니체는 숙명적으로 단 하나의 진리만을 추구하는 순수한 이론가들의 진리에의 의지, 즉 그들의 본능과 활동의 배후에 "생명력(Vitalität)"이 문제되고 있음을 지적하고 있다.[10]

이렇듯 니체는 생명력을 단순히 생명 유지와 관련된 활동과 현상에만 국한하지 않고, 강함과 약함, 상승과 하강, 성장과 퇴화 등과 같은 실존의

---

9 같은 책, 4, 339쪽.

10 니체, 『유고(1888년 초~1889년 1월 초)』, 14[142], 149쪽.

경계에서 인간을 보다 건강한 삶으로 추동하고 이로부터 도출되는 실존적 변화를 대변하는 힘으로 확장시킨다. 그 이유는 니체는 강함, 건강, 생명력을 약함, 병, 무기력과 같은 자극과의 끊임없는 긴장 상태에 놓인 것으로, 즉 삶의 상승과 성장을 안정이 아니라 오히려 "증대된 긴장"의 결과로 이해하기 때문이다. 이에 대하여 니체는 다음과 같이 단언한다. "모든 강함과 건강과 생명력(Stärke, Gesundheit, Vitalität)은 증대된 긴장에서부터 자기 자신의 명령적 본능에 이르기까지 다 보여준다. 느슨해지는 것은 전부 데카당스다."[11]

주지하다시피 생명은 모든 유기체의 존재근거이자 생의 전 과정을 가능하게 하는 유일한 힘의 원천이다. 소크라테스 이후 서구 합리주의와 현대의 과학적 진보는 생명의 구조 및 현상과 작용에 대한 생명공학적 해명을 가능하게 했다. 그럼에도 불구하고 생명은 모든 유기체를 생명체로 규정해주는 자연의 원리이자 유기체의 고유한 가치와 내재적 변화를 설명할 수 있는 유일한 존재론적 토대이다. 모든 유기체는 생명으로서, 다시 말해 살아 있는 생명체로서 비로소 그 자신으로 존재할 수 있다. 생명은 지속적으로 그 자신으로서 살아가고자 하는 힘이며, 이는 자연의 근본 속성이다. 끊임없이 활동하며 이로부터 지속적인 삶의 변화를 추구하는 힘에의 의지는 생명과 자연의 특성을 공유한다.

삶은 생명성, 즉 이러한 자연의 속성이 반영된 현상이며 나아가 인간의 생명성, 다시 말해 그의 자연성을 드러내는 시도는 필연적으로 인간 내면의 생기활동에 대한 해명으로 진행되며, 이는 니체의 철학적 과제이다.

---

11 같은 책, 22[18], 493쪽. 니체는 이와 같은 긴장 상태에 적대적으로 저항하고 자기 내면의 힘을 불신하는 등 본능의 부정증상을 유발하는 현대의 문명과 (도덕적) 진보를 "생명력(Vitalität)"의 감소에서 나타나는 결과 중 하나라고 이해한다. (니체, 『우상의 황혼』, 174쪽).

이때 힘에의 의지는 인간과 삶 그리고 세계의 현상과 본질을 규명하는 중요한 사상적 토대로 작용한다. 니체철학에서 힘에의 의지는 생명의 생명성과 생명력에 대한 표현이다.

2) 생리학 그리고 힘에의 의지

힘에의 의지는 생명의 활동능력(생명성과 생명력)을 대변하며 나아가 삶을 지속적인 운동과 변화를 가능하게 하는 힘이다. 그리고 니체의 철학에서 인간, 보다 본질적으로 말해 유기체의 활동능력을 연구하는 방법론은 생리학이다. 후기에 이르러 생리학은 예술과 결합하여 인간의 예술적 상태 혹은 미적 체험을 가능하게 하는 도취와 생명감의 조건을 탐구하는 인간학적 미학의 사상적 토대 및 이론으로서의 역할을 한다. 이때 미적 체험의 전제로서 도취와 생명감의 조건은 힘의 심리-생리적 느낌의 변화를 의미한다. 몸 전체에 작용하는 도취와 생명감에 대한 생리학적 탐구는 곧 힘에의 의지에 대한 내면적 탐구임과 동시에 본연의 인간 그 자체에 대한 탐구이다. 니체가 생리학을 "힘에의 의지의 형태론과 발달이론"[12]으로 이해하는 것은 이러한 이유 때문이다.

그렇다면 생리학이 관념론적 철학의 탐구 대상이 아니라는 사실은 분명하다. "양심적으로 생리학을 연구하기 위해서는, 감각기관이 관념론적 철학이 의미하는 현상은 아니라는 사실을 명심해야만 한다. 감각기관은 그 자체로 어떤 원인이 될 수 없을 것이다!"[13] 이렇듯 니체의 생리학은 생명과 생명체로서 유기체의 활동을 어떤 목적론적 관점에서 설명하기 위

---

12 니체, 『선악의 저편』, 44쪽.

13 같은 책, 33쪽. "'생명'은 감각과 함께 출현한다. 요컨대 우리는 감각을 '유기적인 것'의 조건으로 간주한다."(니체, 『유고(1864년 가을~1868년 봄)』, 62[52], 603쪽).

한 이론이 아니다. 생명 있는 자연의 일부로서의 유기체—니체의 표현에 의하면 "유기체적 생명(das organische Leben)"—에 대한 니체의 생리학적 탐구는 외적 현상과 법칙들을 "어떤 내적 사건의 증후(Symptom eines innerlichen Geschehens)"를 통해, 다시 말해 힘에의 의지로 대변되는 내적 생기현상으로서 본능과 충동들의 투쟁[14]을 통해 해명하기 위한 방법론이다. 물론 힘에의 의지가 보편적 존재론의 성격을 담고 있기는 하다.[15] 하지만 힘에의 의지를 통한 인간의 변화가 자신과 자신의 삶으로부터 벗어나는 형이상학적 자기초월이 아닌 건강, 상승, 성장 등과 같은 내재적 변화를 의미하기 때문에, 이를 탐구하는 방법론으로서 니체의 생리학은 형이상학적 목적론과 인과율에 의존하는 기계론으로부터 자유롭다.

> 우리의 물리학자가 신이나 세계를 창조했던 "힘"이라는 승리에 찬 개념은 여전히 보완될 필요가 있다 : 그로서는 이것을, 내가 "힘에의 의지"로, 즉 힘을 나타내는 지치지 않는 요청으로, 혹은 힘의 사용이나 실행으로, 창조적 충동으로 표현하는 어떤 내적 세계로 되돌리지 않으면 안 된다. […] 모든 운동, 모든 "현상", 모든 "법칙"은 단지 어떤 내적 사건의 증후로서 파악될 수밖에 없으며, 종국적으로는 인간의 유사성에 기여하게 된다. 동물에 있어서 힘에의 의지로부터 모든 충동을 이끌어내는 일은 가능하다 : 유기체적 생명의 모든 기능을 이러한 하나의 원천에서 이끌어내는 일도 마찬가지다.[16]

이렇듯 니체의 생리학은 생명과 유기체에 대한 관념론적-목적론적 해

---

14 니체는 인간 내면에서 일어나는 힘-충동들의 구조를 "충동의 사회화"라고 표현한다. (니체, 『유고(1882년 7월~1883/84년 겨울)』, 7[94], 357쪽).

15 백승영, 「니이체 철학에서 인식/해석과 존재」, 『철학』, 제58집(한국철학회, 1999년 봄), 235쪽 참조.

16 니체, 『유고(1884년 가을~1885년 가을)』, 36[31], 375쪽.

석을 거부한다. 생명에 대한 니체의 이러한 비판적 견해는 그의 철학의 초기에서 후기까지 계속된다. 그는 이미 1864년 가을~1868년 봄에 쓰인 초기 유고에서 생명과 유기체의 목적론적 해석에 대한 비판적 견해, 즉 유기체를 "형태가 부여된 생명"[17]으로 규정하는 명제 아래 유기체의 존재론적 조건을 생명으로 규정할 수 있음에도 불구하고, 생명을 유기체의 모든 행위와 활동의 목적으로 해석할 수 없다는 견해를 제시한다. "작용의 관념으로서 원인인 것은 오직 생명의 형태일 뿐이다. 목적에 따라 행동하기 위해서는 생명이 전제되므로, 생명 자체는 목적으로 생각할 수 없다."[18] 니체에 의하면 생명은 살아 있는 생명체의 존재론적 토대일 뿐, 하나의 목적으로써 유기체의 행위와 활동 전체를 규정할 수 있는 합목적적 조건으로 규정될 수 없으며, 결과적으로 "목적론적 고찰"과 "유기체의 고찰"[19]이 일치할 수 없음을 명확하게 제시한다.

> 유기체적인 것의 합목적성, 비유기체적인 것의 합법칙성은 우리의 오성에 의해 자연에 이입된 것이다.[20]

그래서 니체는 생명과 유기체의 관계를 어떤 법칙으로 설명하거나 위계를 설정하지 않고, "유기체적 생명"으로 표현하는 것이다. 여기서 "유기체적(organisch)"이라는 형용사는 단지 살아 있음에 대한 표현이 아니라, 살아가기를 의욕하는 능동적 활동에 대한 명칭으로서 변화가 정지된

---

17 니체, 『유고(1864년 가을~1868년 봄)』, 62[46], 595쪽.
18 같은 책, 62[46], 595쪽.
19 같은 책, 62[47], 598쪽
20 같은 책, 62[17], 576쪽.

낡은 가치와 이를 추구하는 맹목적 욕구에 반하는 개념으로 사용되기도 한다. 이와 같은 내용이 담겨 있는 1886년 말의 후기 유고에서 니체는 다시 한 번 "유기체적 생명"이라는 표현을 사용한다.[21] 이러한 의미에서 니체는 형이상학적-종교적 절대가치와 이로부터 도출된 절대적 도덕의 해결방안에 대하여 다음과 같이 말한다. "결정론은 이렇게 제거될 수 있다. [···] '유기체적=도덕적'이 도덕적 문제의 해답이다."[22] 이렇듯 '유기체적인 것' 그리고 이를 탐구하는 생리학은 니체철학에서 목적론, 기계론, 결정론, 인과율 등과 같은 모든 형이상학적-종교적 법칙으로부터 자유로운 개념으로 사용된다.

> 자연의 합법칙성은 잘못된 인간적 해석이다. 유기체의 생명에서 미래의 선취나, 요컨대 정신이 수반하는 조심성이나 술책이나 영리함, 힘의 관계의 절대적인 확정이, 무자비함 전체가 경화되지 않고 문제시된다. 힘에의 의지의 절대 순간이 지배한다. 인간 속에는 (이미 세포 속에서) 이러한 확정이, 모든 관련자의 성장에서 지속적으로 모습이 바뀌는 어떤 과정이 — 지배자와 피지배자의 관계 역시 여전히 하나의 싸움으로, 복종하는 자와 지배자의 관계가 여전히 저항으로 이해될 수 있도록, 이 용어를 더 넓고 깊게 이해한다고 전제한다면, 어떤 투쟁이 있다.[23]

---

21 "우리의 가치 평가의 기원 : 우리의 욕구로부터(.) 우리의 외관상의 "인식"의 기원을 오래된 가치 평가에서, 즉 너무나 확고하게 우리와 일체가 되어 우리를 구성하는 근본 요소가 된 오래된 가치 평가에서 찾아야 하는 것은 아닌가? 그렇게 해서 좀 더 새로운 욕구만이 가장 오래된 욕구의 결과와 격투하게 되는 것은 아닌가? 세계가 이러저러하게 보이고 느껴지고 해석됨으로써 유기체적 생명이 이 해석의 관점에서 유지된다. 인간은 개인이 아니라 하나의 특정한 노선으로 삶을 이어가는 유기체의 총체다. 그가 존속한다는 사실로 해석의 한 종도 (끊임없이 증축된다 하더라도) 존속하며, 해석의 시스템이 바뀌지 않았다는 점이 입증되었다. "적응""(니체, 『유고(1885년 가을~1887년 가을)』, 7[2], 313쪽).

22 니체, 『유고(1882년 7월~1883/84년 겨울)』, 9[12], 450쪽.

23 니체, 『유고(1884년 가을~1885년 가을)』, 40[55], 496쪽. 다음의 글도 함께 참조하자. "인간이 원하는 것, 살아 있는 유기체의 모든 최소 부분들이 원하는 것, 그것은 힘의 증대인 것이

이제 니체는 유기체를 명확하게 힘에의 의지의 존재로 명명한다. "유기체의 기능 내부에 있는 힘에의 의지."[24] 이제 인간은 유기체로서, 다시 말해 유기체의 기능을 담지하는 힘에의 의지의 존재가 된다. 힘에의 의지가 유기체의 내부에서 생명의 원리를 반영한다는 것은 이제 유기체는 더 이상 자기 보존이 아니라 끊임없이 힘의 증대를 원한다는 것 그리고 이를 위해 낯선 힘들을 받아들이고 투쟁하며 결국 자신의 힘을 확대하고자 한다는 것을 의미한다.[25] 니체는 다음과 같이 단언한다. "오직 생명이 있는 곳, 그곳에만 의지가 있다. 그러나 나 가르치노라. 그것이 생명에 대한 의지가 아니라 힘에의 의지라는 것을!"[26]

다. 힘의 증대에 대한 추구에 쾌도 따르고 불쾌도 따른다 ; 힘 증대에 대한 의지로부터 인간은 저항을 찾으며, 대항할 무엇인가를 필요로 한다. […] 유기체의 건강한 기능들은 모두 이런 욕구를 갖고 있다—그리고 유기체 전체는 […] 힘 느낌의 성장을 위해 격투를 벌이는 체계들의 복합체인 것이다."(니체, 『유고(1888년 초~1889년 1월 초)』, 14[174], 193쪽).

24 니체, 『유고(1884년 초~가을)』, 26[271], 291쪽. "욕망은 점점 더 세분된다. 그 통일성은 힘에의 의지다(모든 유기체적 발달을 이제까지 지배한 모든 충동들 중에서 가장 강한 충동에 관한 표현을 끌어들이자면 그렇다) […] 모든 유기체적 기본 기능들을 힘에의 의지로 환원"(니체, 『유고(1885년 가을~1887년 가을)』, 1[30], 19쪽).

25 1882년 유고에 힘에의 의지가 처음으로 등장하며 그 특성이 명확해진 이후로 생명에 대한 개념과 더불어 유기체의 본질적 성격은 보다 명확하게 드러난다. "모든 생명 있는 것에서 가장 명백히 알려지는 것은, 생명 있는 것은 자기 보존이 아니라 증대를 위해서 모든 것을 한다는 것이다……"(니체, 『유고(1888년 초~1889년 1월 초)』, 14[121], 119쪽); "생장하지 않을 수 없다는 것, — 자신의 힘을 확대하고 그 결과 낯선 힘들을 자기 안에 받아들이지 않을 수 없다는 것, 이것들은 생명 있는 것이라는 개념에 속한다."(니체, 『유고(1888년 초~1889년 1월 초)』, 14[192], 214쪽); "무엇보다도 생명이 있는 것은 자신의 힘을 발산하고자 한다—생명 그 자체는 힘에의 의지이다— : 자기 보존이란 단지 간접적이고 아주 자주 나타나는 그 결과 중 하나일 뿐이다."(니체, 『선악의 저편』, 13, 31쪽); "생명 그 자체는 본질적으로 이질적인 것과 좀 더 약한 것을 자신의 것으로 만드는 것이며, 침해하고 제압하고 억압하는 것이며 냉혹한 것이고, 자기 자신의 형식을 강요하며 동화시키는 것이며, 가장 부드럽게 말한다 해도 적어도 착취이다." (니체, 『선악의 저편』, 259, 273쪽).

26 니체, 『차라투스트라는 이렇게 말했다』, 「자기극복에 대하여」, 196쪽.

3) 위생학과 힘에의 의지

생명이 있는 유기체로서의 인간이 힘에의 의지의 존재가 되었다는 사실로부터 니체가 제시하는 위생학의 성격이 명확하게 드러난다. 니체의 철학에서 제시되는 위생학은 자기 보존이 아니라, 지속적인 자기 극복을 통한 상승과 성장, 즉 건강을 위한 인간 실존의 방법론으로 규정될 수 있다.[27]

앞에 언급된 도덕을 다시 예로 들어 니체에게 있어 도덕의 문제는—형이상학과 종교에 대한 그의 비판과 더불어—그것 자체에 대한 비판보다 살아 있고 살아갈 유기체가 추구해온 낡은 가치의 관점, 구체적으로 말해 나약한 인간의 심리-생리적 약화가 본질적인 문제이다. 이것은 생명의 근본원리에 어긋나는 현상이다. 건강한 본능을 가진 유기체에게 있어 도덕은 행위와 활동을 규제하는 것으로서가 아니라, 삶을 상승, 성장시킬 수 있는 것이어야만 한다. 이 도덕의 토대는 나약함이 아니라, 생명이 가진 특성을, 다시 말해 끊임없이 상승, 성장하고자 하는 생명력의 특성을 반영할 수 있는 것이어야만 한다. 니체는 이러한 도덕을 "발전의 도덕(die Moral der Entwicklung)"이라고 표현한다.

> 이것은 모든 본능들 가운데 가장 오래되고 가장 건강한 본능이다 : 나는 "그 이상(以上)이 되기 위해서는 지금 가지고 있는 것 이상을 가지려고 욕구하지 않으면 안 된다"고 첨언하고 싶다. 살아 있는 모든 것에게 삶 자체를 통해 설해지는 가르침은 곧 발전의 도덕이라고 들리게 된다. — 소유하고 더 많이 소유하려 하는 것, 한마디로 성장 — 이것은 생명 그 자체다.[28]

---

27 니체철학에 등장하는 상승과 성장을 건강의 관점에서 논의한 글로는, 이상범, 「니체의 커다란 건강에 대한 연구」, 『니체연구』, 제29집(한국니체학회, 2016년 봄), 229-284쪽 참조.

28 니체, 『유고(1884년 가을~1885년 가을)』, 37[11], 405쪽.

위의 글의 마지막 구절 "소유하고 더 많이 소유하려는 것, 한 마디로 성장 — 이것은 생명 그 자체다."라는 니체의 말은 모든 생명 있는 것들은 생명 자체가 가진 특성으로서의 생명력을 바탕으로 끊임없이 성장하고자 한다는 것을 의미한다. 성장은 초월적 목적이 아니라, 자연적 본능이다. 또한 자신으로 시작해 다시 자신에게 이르는 내재적 변화이다. 그렇다면 모든 생명체가 끊임없이 성장하고자 하는 근본적인 이유는 무엇일까? 그리고 생명체는 성장이라는 목적을 달성한 후 어떤 상태에 이르는가? 이에 대한 답은 다음의 글에 잘 드러나 있다.

> 세포의 한 성질이 화학적으로 다음과 같은 성질을 가질 경우, 즉 동화 작용이 분해를 능가하고, 그럼으로써 소모된 것에 대한 과잉 보상, 성장이 일어나는 경우, 이러한 중요한 속성이 다른 성질들에 대한 지배의 기초가 된다. 우리는 생의 어떤 단계에서 이러한 힘을 가지지 않은 유기체나 세포를 알지 못한다. 그것 없이는 생이 확대될 수 없을 것이다.[29]

위의 글에서 니체는 생명체의 동화와 분해 작용을 엄밀한 의미에서 생물학적 관점으로 바라보지 않고, 생명체의 성장과 상승의 관점에서 바라본다. 다시 말해 축척된 영양소를 분해해서 얻을 수 있는 에너지(이화(異化)작용)보다 동화(同化)하는 과정에서 사용되는 에너지, 즉 힘의 증대와 이를 위한 힘들의 관계에 더 중요한 의미를 부여하고 있음을 확인할 수 있다. 다수의 다른 힘들과의 투쟁에서 일어나는 생기현상은 필연적으로 힘의 소모를 동반하지만, 이러한 투쟁 과정은 결국 한 힘에 대한 지배로 종결되며 동시에 증대된 힘의 느낌, 다시 말해 상승 혹은 성장의 느낌으

---

29 니체, 『유고(1882년 7월~1883/84년 겨울)』, 7[95], 357쪽.

로 대변되는 쾌라는 감정적 보상을 받게 된다. 니체는 이와 같은 증대된 힘의 느낌과 이로부터 유발되는 쾌의 감정을 정동(Affekt)을 통해 설명한다. 그리고 곧이어 새로운 쾌감을 향한 또 다른 힘들과의 투쟁은 계속된다.

인간이 생명이 있는 유기체로서 힘에의 의지의 존재가 되었다는 사실은 상승 혹은 성장이 인간의 의지작용의 결과라는 사실을 함의한다. 중요한 사실은 힘의 투쟁은 "명령자를 명령자로, 복종하는 자를 복종하는 자"로 인식하는 힘의 서열을 도출하지만, 니체는 이러한 힘의 서열을 "건강함의 관점(im Gesichtspunkte der Gesundheit)"에서, 즉 타인에 대한 지배가 아니라, 자기 자신에 대한 지배의 관점에서 고찰하고 있다는 점이다.[30] 니체에 의하면 "명령한다는 것(befiehlt)"과 "의욕한다는 것(will)"은 동의어이며,[31] 그는 이를 정복, 승리, 창조, 생식 등과 같은 의미로 사용한다.[32] 니체의 철학에서 힘 서열의 결여는 곧 나약한 의지를 대변하는 명령의 결여를 의미하며 이는 곧 무에의 의지, 실존적 무기력, 창조적 무능력 등과 같은 "유럽의 병(의지 마비증)",[33] 즉 허무주의의 원인이기도 하다.

> 의지가 결여된 곳에서는 언제나 신앙이 가장 커다란 갈망과 가장 긴급한 필요의 대상이 되는 것이다. 왜냐하면 명령의 정열인 의지야말로 자기주권과 힘의 결정적인 표징이기 때문이다. 다시 말해 명령할 줄 모르는 자는 그만큼 더 간절하게 명령하는 자를, 신, 영주, 신부, 의사, 고해신부, 도그마, 당파적-양심 등처럼 준엄하게 명령하는 자를 갈망한다.[34]

---

30 니체, 『유고(1885년 가을~1887년 가을)』, 5[71], 14-15, 269-270쪽.

31 니체, 『유고(1888년 초~1889년 1월 초)』, 14[61], 52쪽.

32 니체, 『유고(1882년 7월~1883/84년 겨울)』, 7[107], 361쪽.

33 니체, 『선악의 저편』, 181쪽.

34 니체, 『즐거운 학문』, 347, 330쪽.

니체의 위생학이 담고 있는 철학적 의미와 방향은 힘에의 의지를 바탕으로 끊임없이 스스로를 긍정하고 극복해나가는 자유로운 정신과 강한 의지의 위버멘쉬적 인간 유형으로의 변화를 위한 방법론적 토대 위에서야 비로소 건강이론으로서의 정당성을 획득할 수 있다. 종교, 도덕, 예술, 현대 사회, 학문 등 다양한 목록들을 데카당스와 허무주의의 현상으로 분석한 많은 단편들이 남아 있는 1888년의 유고에는 위생학에 대한 니체의 철학적 의도를 알 수 있는 중요한 단편이 있다. 이 단편의 제목은 "약자의 위생학(Zur Hygiene der "Schwachen")"이다.

> '약자'의 위생학. — 유약함(Schwäche)에서 비롯된 것들은 전부 실패한다.
> 교훈 : 아무것도 하지 말라. 행위를 떼어내 버리고 반응을 못하게 하는 바로 그 힘이, 유약함의 영양 아래서 가장 심한 병에 걸려버린다는 것은 고약한 일이다 : 병에 걸리면 결코 반응해서는 안 될 때에 가장 민첩하고도 가장 맹목적으로 반응한다……
> 본성의 강함은 반응을 기다리게 하고 연기시키는 일에서 나타난다 : 특정한 종류의 무관심ἀδιαφορία이 강함의 고유한 것이다. 마치 반동의 자유롭지 못함과, '행위'의 급작스러움 및 저지 불가함Contradictio이 약함에 고유한 것이듯이……
> 의지가 약하다 : 바보 같은 일을 방지하는 처방은 강력한 의지를 갖는 것이며, 아무것도 하지 않는 것이리라……
> 모순……
> 일종의 자기 파괴자, 보존 본능이 웃음거리가 된다…… 약자는 자기 스스로를 해친다…… 이것이 데카당스의 전형이다……
> 실제로 우리는 무감각Impassibilität을 고무시키는 실행법에 대해 엄청 많이 생각해냈다.
> 본능은 무언가를 행하는 것보다 아무것도 행하지 않는 것이 더 유용하다고 하

는 한에서 올바른 추적을 하고 있는 것이다……

수도회, 은거하는 철학자, 수도승의 실천은 올바른 가치 척도에 의해 생각된 것이다. 즉 어떤 종류의 인간은 자신의 행위를 가능한 한 최대로 저지할 때 그 자신에 가장 유용하다는 것 —

완화제 : 절대적 복종

기계적 활동

즉각적인 결단과 행위를 요구할 우려가 있는 인간이나 사물로부터의 분리[35]

이 글은 약자가 데카당스 인간 유형일 수밖에 없는 이유를 담고 있다. 또한 강자와 더불어 약자 역시 힘에의 의지를 가지고 있듯이, 위생학 역시 강자의 위생학과 약자의 위생학이 있을 수밖에 없다는 사실을 함의하고 있다. 약자가 스스로 건강하다고 느끼고, 자신의 건강을 유지하기 위해 실천하는 위생학적 방법론은, 마치 『이 사람을 보라』의 「나는 왜 이렇게 현명한지」에서 언급된 "무저항의 숙명론"[36]과 닮아 있다. 하지만 이미 논의된 것처럼, 약자는 생명과 생명력에 내재된 근본 성격에 어긋나는 인간 유형, 다시 말해 힘에의 의지가 결여된 인간 유형일 수밖에 없다. 즉 건강의 관점에서는 병자이며, 상승의 관점에서는 하강하는 삶의 유형 그리고 성장의 관점에서는 퇴락한 인간 유형이다.

이러한 의미에서 이 글은 첫째, 다음과 같은 명제를 전제로 한다. "유약함에서 비롯된 것들은 전부 실패한다." 이 명제는 "추함은 추함을 암시한다."[37]라는 니체의 인간학적 미학의 관점에서 제시된 글과 동일한 의미를 공유하고 있다. "삶에 빈곤한 자, 약자는 삶을 더 빈곤하게 한다 : 삶에 있

---

35 니체, 『유고(1888년 초~1889년 1월 초)』, 14[102], 93-94쪽.

36 니체, 『이 사람을 보라』, 「나는 왜 이렇게 현명한지」, 6, 341쪽.

37 니체, 『유고(1888년 초~1889년 1월 초)』, 14[119], 114쪽.

어서 풍요로운 자, 강자는 삶을 풍요롭게 한다……"[38] 즉 유약함과 추함은 나약한 의지와 힘의 감소의 결과이며, 이로부터 위버멘쉬로의 변화 혹은 삶의 실존적 예술화는 아직 불가능하다. 둘째, 힘에의 의지가 추동력으로서 삶의 모든 운동과 변화를 가능하게 하듯이 의지는 인간의 행위를 가능하게 하는 요소이다. 하지만 약자는 "아무것도 하지 말라"는 도덕적 명령에 복종할 뿐, 저항하는 등의 그 어떤 반응도 하지 않는다. 이러한 나약한 의지의 증상 역시 "무저항의 숙명론"과 닮아 있다.

이러한 의미에서 "병자에게서 건강 에너지는 병들게 하는 요소에 대한 거친 저항에서 드러난다……"[39]는 니체의 말은 저항이 곧 삶에의 의지를 반영하는 자연적인 본능의 반응이라는 것을 의미한다. 반응할 수 없다는 사실은 자신의 본능(생명력)을 억압하고 있다는 것, 자신의 세계를 창조할 수 없다는 것, 이편의 삶을 부정할 수밖에 없다는 것, 결과적으로 참된 자기 자신이기를 원하지 않는 허무주의의 증상과 다름없다. 니체에게 있어 이러한 자기부정은 원한(Ressentiment)의 특징이자 그 원인이다.

> 도대체가 더 이상은 어느 것도 받아들이지 않고, 어느 것도 그 자체로 받아들이지 않으며, 어느 것도 자기 속으로 받아들이지 못한다 — 도대체가 더 이상은 반응하지 않는다…… 이런 숙명론이 늘상 죽음에의 용기인 것은 아니다. 오히려 이것의 위대한 이성은 치명적인 상황 하에서 삶을 유지하게 한다. 신진대사를 감소시키거나 완만하게 이끌어 일종의 겨울잠을 자게 만드는 의지로서 말이다. 이 논리를 따라 몇 걸음 더 나아가면 우리는 몇 주간이나 무덤 속에서 잠을 자는 회교 수도승을 만나게 된다……일단 반응을 하게 되면 너무 빨리 소

38 같은 책, 14[68], 59쪽.

39 같은 책, 14[211], 226쪽.

모되어버리기에, 더 이상은 전혀 반응하지 않는다 : 이것이 그 논리이다.[40]

셋째, 하지만 이와 같은 증상들은 생명의 생명력에 대한 모순이다. 그 이유는 "살아 있는 것이 존재다. 그 밖에는 어떤 존재도 없다."[41]라는 니체의 말처럼, 생명은 현재에 살아 있음과 동시에 미래를 살고자 하는 힘과 의지를 반영하는 존재원리이며, 이러한 생명체의 원리에서 자기 보존은 불가능하기 때문이다. 니체는 자기 자신의 자연적 본능과 의지를 억압하고 스스로를 숙명으로 받아들이는 행위를 일종의 자기 파괴로 규정하며, 이를 "네카낭스의 전형"이라고 진단한다. 넷째, "절대적 복종", "기계적 활동"으로 대변되는 나약한 의지의 소유자인 약자는 스스로를 강자로부터 분리시킴으로서 자신의 본능을, 즉 원한(저주와 복수)을 드러낸다. 니체는 이러한 인간 유형들을 수도회, 은거하는 철학자, 수도승(Fakir)으로 표현하며, 이들은 앞의 인용문에 언급된 "몇 주간이나 무덤 속에서 잠을 자는 회교 수도승"과 동일하다.

3. 니체의 정신 위생학적 관점 : 고통에 대한 이해

1) 그리스도교와 원한

니체의 위생학은 그의 생리학적 관점을 토대로 수행된다. 생명과 유기체의 활동에 대한 기초이론으로서 생리학은 유기체적 생명의 생명력이

---

40 니체, 『이 사람을 보라』, 「나는 왜 이렇게 현명한지」, 6, 341–342쪽.

41 니체, 『유고(1885년 가을~1887년 가을)』, 1[24], 17쪽.

힘에의 의지를 전제로 한다는 사실에 대한 해명을 통해서야 비로소 위생학의 방법론으로 규정될 수 있다. 즉 니체의 위생학은 유기체적 생명에 내재된 건강한 본능에 대한 해명으로 보다 명확해진다. 니체의 생리학의 관점에서 유기체적 생명의 생명력이 형이상학-종교-도덕적 해석 아래 억압되어 왔으며, 이로부터 대지와 인간의 병(데카당스와 허무주의로 명명되는 병)이 유발되었다는 논의는 니체의 후기 저작에 흐르고 있는 주요 문제의식이다.

앞에서 인용한 단편 "약자의 위생학(Zur Hygiene der "Schwachen")"에서 거론되었던 약자는 본 장에서는 심리적 나약함의 관점에서, 즉 정신위생학적 관점에서 다시 논의될 것이다. 니체가 그리스도교와 불교를 "허무주의적 운동"[42]으로 여기고 있다는 사실은 본 장에서 크게 중요한 문제는 아니다. 본 장에서는 고통과 원한을 다루는 두 종교의 입장에 국한시켜 논의할 것이다.[43] 중요한 것은 고통에 대한 두 종교의 해석이 고통을 대하는 인간의 정신과 의지, 삶에 대한 태도 등 인간 실존에 큰 영향을 준다는 사실이다.

생명력의 억압 증상으로 명명될 수 있는 힘에의 의지의 정지는 니체에게 있어 미래를 살고자 하는 자기극복의 힘이 아니라, 단지 현재를 감내하고자 하는 나약한 자기보존적 상태로 대변되는 인간 실존의 병, 즉 데카당스 현상이다. 이에 대하여 니체는 자신과 주변의 모든 상황을 숙명

---

42 니체, 『유고(1887년 가을~1888년 3월)』, 11[373], 490쪽.

43 불교를 위생학으로 규정하고 긍정적으로 평가한 저서들은 『안티크리스트』, 『이 사람을 보라』 등, 후기 저작에 집중되어 있지만, 중기에 속한 1882년 유고에 있는 다음의 글은 불교에 대한 니체의 긍정적인 평가가 단지 그리스도교와의 비교에서 이루어진 것임을 유추할 수 있다. "불교가 비생산적이고 선하게 만들 듯이, 유럽 또한 불교의 영향 아래서 피로해진다!"(니체, 『유고(1882년 7월~1883/84년 겨울)』, 2[4], 54쪽).

으로 받아들이는 것이 비록 생명의 생명력과 자연적 본능에 위배되는 것이지만, 이 역시 "위대한 이성 그 자체"로, 다시 말해 약자가 자기 삶의 건강을 위해 창조한 최선의 방법이라고 평가한다.

하지만 이 최선의 방법이 니체가 행하는 강한 비판의 대상이 되는 이유는 약자들은 본질적으로 자신의 자연적 본성을 억압함으로써 스스로에게 주어진 변화의 가능성을 포기한다는 것과 더불어 자신들의 나약함을 강자에 대한 원한과 복수의 감정으로 전환하며, 이 감정을 형이상학-종교-도덕을 통해 강자를 폄훼하는 정신적 방식으로 표출하기 때문이다. 그리고 이때 금욕주의적 성직자들은 자신들의 약한 무리를 지키기 위해서 강자에 대한 더 깊은 원한과 복수의 감정을 키워간다. 니체는 이러한 현상을 "간지(奸智)('정신')에 의한 싸움(Krieg der List(des"Geistes"))"이라고 표현한다.

> 그(금욕주의적 성직자)는 그들을, 즉 자신들의 무리들을 지켜야만 한다 — 누구에 대항해서인가? 건강한 사람들에 대항해서이며, 의심할 여지없이 또한 건강한 사람들에 대한 질투에 대항해서도 그렇다. 그는 온갖 거칠고, 격렬하고, 억제할 수 없고, 냉혹하고, 포학하며 맹수 같은 건강과 강건함의 선천적인 적수이며 그것을 경멸하는 자가 되어야만 한다. 성직자는 증오하기보다는 더 쉽게 경멸하는 좀 더 섬세한 동물의 최고의 형태이다. 그는 맹수와의 싸움을 감수하지 않으면 안 된다. 이는 명백한 것이지만, 폭력에 의한 싸움이라기보다는 오히려 간지(奸智)('정신')에 의한 싸움이다.[44]

이에 반해 자신의 강한 본성을 "투쟁", "저항", "공격적 파토스" 등과 같

44 니체, 『도덕의 계보』, 「제3논문」, 492쪽.

은 정신적 강함의 가치로 표현[45]하는 니체는 데카당스로 대변되는 약자의 가치를 대하는 자신의 태도와 본능에 대하여 다음과 같이 말한다.

> 복수와 뒷감정에 대한 투쟁에, 그리고 '자유의지'설에 대한 투쟁에까지도 받아들인 내 철학의 진지함을 아는 자는—그리스도교에 대한 투쟁은 그 한 경우일 뿐이다—이해하게 될 것이다. 어째서 내가 실행할 때의 내 개인적 태도와 내 본능적인 확실성을 바로 여기서 드러내는지를 말이다. 데카당스 시기를 겪고 있을 때 나는 그것들이 내게 해롭기에 금했다 ; 삶이 다시 풍부해지고 충분히 긍지를 갖게 됨과 동시에 나는 그것이 내 밑에 있는 것이기에 금했다.[46]

이미 위에서 언급된 나약한 의지의 인간 유형들(은거하는 철학자, 수도승, 몇 주간이나 무덤 속에서 잠을 자는 회교 수도승)은 이 지점에서 "이슬람 수도자의 위생학"이라는 예로 다시 한 번 등장한다. 주목할 만한 점은 이들 모두 종교적 인간 유형이라는 사실이다. 하지만 이들은 하나의 예로 등장할 뿐, 니체가 자신의 철학에서 종교 비판의 중심을 이루는 것은 바로 그리스도교이다.

> 가능하면 의욕도 소망도 전혀 가지지 말 것, 감정을 만드는 것이나 '피'를 만드는 모든 것을 피할 것(소금을 먹지 말 것 : 이슬람 수도자의 위생학), 사랑하지도 않으며 미워하지도 않고 무관심하며 복수하지 말고 부자가 되지 않고 일하지 않고 걸식하며 가능하면 처를 가지지 말고, 가능하면 처가 적어야 하며, 정신적인 측면에서는 '우둔해져야 한다'는 파스칼의 원리를 취할 것. 그 결과는 심리학적으로 도덕적으로 표현하자면, '탈아(脫我)', '신성화', 생리학적으로

---

45 니체, 『이 사람을 보라』, 「나는 왜 이렇게 현명한지」, 7, 343–344쪽.

46 같은 책, 6, 342–343쪽.

표현하자면, 최면이다. [···] 그들은 수많은 경우에 최면의 수단이라는 그들의 체계의 도움으로 저 깊은 생리학적 우울증에서 정말로 벗어났던 것이다.[47]

니체는 고통과 종교의 관계, 다시 말해 고통에 대한 종교의 해석을 바탕으로 병든 인간을 심리-생리학적으로 고찰하며, 이를 통해 자신만의 고유한 위생학적 사유를 전개한다. 니체의 위생학은 단지 생물학적 육체(Körper)가 아니라 정신과 영혼, 의지와 자아를 모두 포괄하는 "커다란 이성"으로서의 몸(Leib)에 대한 건강이론[48]이기 때문에 이미 심리-생리적인 요소를 모두 내포하고 있다. 또한 비록 니체가 인간의 나약함을 생리적으로 규정한다고 하더라도 그 이면에는 심리적 나약함을 전제로 하고 있으며, 역으로 심리적 나약함은 생리적 나약함의 증상으로 표출된다. 앞의 인용문을 토대로 예를 들면, 더 이상 자기 자신이고자 하지 않는 심리적 병은 더 이상 자기 자신일 수 없는 의지의 생리적 병으로 드러난다. 나아가 더 이상 자기 자신이 되고자 하지 않아도 된다는 그리스도교적 위안은 심리적-생리적 병을 모두 포괄한다.

하지만 보다 구체적으로 니체에게 있어 약자의 병은 본질적으로 생명력(힘에의 의지)의 약화를 전제로 하기 때문에, 그의 위생학은 유기체적 생명과 생명력의 관점에서는 생리학적 방법론을 주로 사용한다. 하지만 고통, 원한, 복수, 양심, 우울증, 최면, 마비, 위로 등과 같은 삶의 그리스도교적 진단과 처방에 대한 비판적 관점에서는 주로 심리적인 방법론을 사용하며, 이를 정신위생학적 관점에서 수행한다. 이렇듯 병든 인간에 대한 니체의 위생학은 심리-생리적 방법론일 수밖에 없다. 여기서 중요한

47 니체, 『도덕의 계보』, 「제3논문」, 17, 500쪽.

48 니체, 『차라투스트라는 이렇게 말했다』, 「몸을 경멸하는 자들에 대하여」, 52–53쪽.

것은 힘에의 의지는 인간의 심리적-생리적 상태를 표현하며 이를 유기적으로 연결함으로서 내·외적 변화를 유발하는 근본원리라는 것이다. 그리고 다음의 글은 고통과 관련하여 중요한 문제를 제기하고 있다.

> "한 철학자가 금욕주의적 이상을 신봉한다면, 이것은 무엇을 의미하는가?"라는 우리의 최초의 물음으로 되돌아간다면, 우리는 여기에서 적어도 하나의 힌트를 얻게 된다 : 그 철학자는 고통에서 벗어나려고 한다는 것이다—[49]

니체의 철학에서 병과 고통은 인간 정신의 잠을 깨우고 자기긍정과 극복에의 의지를 강화할 수 있는 기회로서 오히려 유용할 뿐, 그 자체로 비판의 대상이 되지는 않는다. 이러한 측면에서 자신의 실험철학의 과제가 자신의 운명을 사랑하는 가운데 "삶에 디오니소스적으로 마주 선다는 것"이라는 니체의 말에는 비록 고통 속의 삶일지라도 그 삶을 긍정하고 극복해야만 한다는 강한 실존적 요구가 내재되어 있다.[50] 온 몸이 찢기는 고통과 죽음 이후 디오니소스에게 부여된 또 한 번의 삶은 그 자체로 긍정할 수밖에 없는 것으로서, 이 신에게 삶은 매 순간 축복일 수밖에 없었다. 삶의 이러한 자세를 대변하는 "운명애(amor fati)"는 진정한 자기되기를 포기하는 숙명론이 아니라, 고통 속에서도 자기 찾기를 포기하지 않겠다는 삶에 대한 진정한 사랑과 열정을 내포하고 있다.

이렇듯 니체에게 있어 고통은 금욕주의적 해석의 대상이 될 수 없다. 그 이유는 그럴수록 원한과 복수의 감정은 더욱 깊어질 수밖에 없으며 동시에 신앙에의 의지가 더욱 커질수록 참된 자기되기는 더욱 불가능해지

---

49 니체, 『도덕의 계보』, 「제3논문」, 6, 463쪽.

50 니체, 『유고(1888년 초~1889년 1월 초)』, 16[32], 355쪽.

기 때문이다. 주지하다시피 병과 고통에 대한 비판의 중점은 병과 고통이 인간의 생명력(힘에의 의지)을 나약하게 만든다는 것, 다시 말해 "인간 안에 있는 저항 및 공격 본능"[51]을 쇠퇴시킨다는 것, 결과적으로 자신의 나약함(원한과 복수의 감정)을 보상해 줄 그리스도교의 심리적 위안에 의지하게 된다는 것이다. 니체가 그리스도교를 정신적 강함을 지향하는 모든 "운동"과 "철학"에 대립적인 "퇴화 운동(eine Degenerescenz-Bewegung)"으로 규정하는 것은 이러한 맥락에서이다.[52]

> 우리의 모든 종교와 철학은 우리가 처해 있는 신체적(leiblich) 상태의 징후들이다 : — 그리스도교가 승리하게 된 것, 그것은 일반적인 불쾌-감정과 종족-혼합의 (즉 유기체 내부의 뒤죽박죽된 상태와 상호 대립의) 결과였다.[53]

이렇듯 그리스도교는 약자들의 나약한 생명력, 즉 원한을 토대로 창조된 종교이다. "가장 남성적인 덕목과 충동들을 제거당한 데카당스의 신은 이제 필연적으로 생리적으로 퇴행한 자들의 신이, 약자들의 신이 된다."[54] 이러한 의미에서 니체가 고통에 대한 그리스도교적 해석을 부정하고 그리스도교의 허구를 폭로하는 이유는 고통의 진정한 생리학적 원인이 강자에 대한 그리스도교의 정신적 반동에 의해 심리적으로 은폐되어 있기 때문이다.

니체가 원한을 무서운 병으로 규정하는 이유는 원한이란 첫째, 행복과

---

51 니체, 『이 사람을 보라』, 「나는 왜 이렇게 현명한지」, 6, 341쪽.

52 니체, 『유고(1888년 초~1889년 1월 초)』, 14[91], 79쪽.

53 니체, 『유고(1884년 초~가을)』, 25[407], 153쪽.

54 니체, 『안티크리스트』, 232쪽.

고통을 진리와의 관계로부터 도출하고, 고통스러운 이곳의 삶이 아닌 고통이 없는 저편의 참된 세계를 상상하는 힘으로 작용하며, 둘째, 약자는 자신의 고통으로부터 벗어나기 위해 원한과 복수의 감정을 다른 대상에게 투사하기 때문이다.[55] 이 두 경우 모두 결국은 자신의 고통으로부터 일시적으로 해방될 수 있다는 이점을 가지고 있으며, 고통이 이러한 추론을 촉발시키는 요인이다. 하지만 타인(정신적 강자) 혹은 다른 세계에 대한 병적 감정의 표출은 결국 고통에 대한 자기해석의 결여, 자기 자신의 변화가능성에 대한 억압, 생성하는 대지 세계에 대한 무기력을 전제로 할 수밖에 없다. 고통의 그리스도교적 해석에 대한 니체의 비판이 가해지는 이유는 바로 이 때문이다.[56]

> 형이상학자들에게서 나타나는 고통의 점령 : 아주 순진하다 "영원한 행복": 심리학적 난센스. 용감하고 창조적인 사람들은 쾌락과 고통을 결코 궁극적인 가치의 문제로 생각하지 않는다,—그것들은 부수 현상이며, 무언가를 이루려 한다면 이 둘을 다 원해야 한다.—형이상학자들과 종교적인 사람들이 조금 지치고 건강하지 않다는 것은 그들이 쾌락과 고통의 문제를 매우 중요하게 생각한다는 데서 드러난다. 도덕이 그들에게 그렇게 중요한 것은 오로지 도덕이 고통의 제거라는 측면에서 근본적인 조건으로 간주되기 때문이다.[57]

---

55 ""내가 불쾌한 것은 그 누군가에게 틀림없이 책임이 있다"— 이러한 방식으로 추론하는 것은 모든 병자의 특징이며, 실상 그들이 느끼는 불쾌함의 참된 원인, 즉 생리학적 원인은 더욱 그들에게 감추어진 채 있게 된다."(니체, 『도덕의 계보』, 「제3논문」, 15, 494쪽).

56 고통에 대한 니체의 이러한 이해로부터 에피쿠로스 학파도 비판의 대상이 된다. "에피쿠로스는 전형적인 데카당이다 : 나는 이 점을 최초로 알아차렸다. — 고통에 대한 공포, 한없이 작은 고통에 대해서마저도 갖는 공포 — 이런 공포는 오로지 사랑의 종교 안에서만 종결될 수 있다. (니체, 『안티크리스트』, 30, 254쪽)." 니체는 고통이 배제된 쾌락만을 추구하는 에피쿠로스 학파를 그리스도교와 다르지 않다고 본다. "그리스도교 정신 안에 들어 있는 에피쿠로스 주의"(니체, 『유고(1888년 초~1889년 1월 초)』, 14[87], 76쪽).

57 니체, 『유고(1885년 가을~1887년 가을)』, 8[2], 400–401쪽.

주지하는 바와 같이 고통에 대한 그리스도교의 금욕주의적 해석은 생성하는 대지의 삶이 아니라, 형이상학적 세계를 전제로 한다. 이는 그리스도교가 인간과 삶의 고통 그 자체를 긍정과 극복의 대상으로 여기지 않고 오히려 죄와 벌 혹은 악의 결과로 다루고 있다는 것을 의미한다. 신의 구원 앞에 자기 구원의 가능성이 막힌 그리스도교적 관점에서 고통은 더 이상 실존적 자기 해석과 의미전환의 대상이 아니라, 도피하고 제거해야만 하는 대상일 뿐이다. 하지만 니체의 개념 "커다란 건강"[58]이 동일하지 않은 건강을, 다시 말해 새롭고 감사한 건강을 위해 매순간 병을 전제로 하듯이, 고통은 지배하고 제거해야만 하는 것이 아니라, 오히려 삶의 참된 행복을 위한 전제로서 긍정과 극복의 대상이다. 이러한 의미에서 니체의 정신위생학은 병을 형이상학적-종교적 해석의 토대 위에서 해석하지 않고, 인간 삶의 필연적이고 실존적인 조건으로 긍정할 수 있는 정신의 변화를 시도한다.

2) 불교와 정신의 평화

고통, 원한, 복수, 양심, 우울증, 최면, 마비, 위안 등을 이용해서 건강한 정신과 강한 의지의 소유자들과 정신의 싸움을 벌이는 그리스도교에 대한 비판과 달리 니체는 정신의 평정과 내면의 평화를 제시하는 불교를 더욱 긍정적으로 평가한다. 오히려 니체는 고통을 대하는 그리스도교와의 차이를 부각시켜 불교를 "위생법(eine Hygiene)"이라고 명명한다.[59] 그 이유는 다음과 같다.

---

58 니체, 『즐거운 학문』, 392쪽.

59 니체, 『이 사람을 보라』, 「나는 왜 이렇게 현명한지」, 6, 342쪽.

> 불교는 영혼을 원한으로부터 아예 해방시켜버린다 — 그리고 이것이야말로 회복에 이르는 첫 걸음인 것이다. "적대는 적대에 의해 끝나지 않는다. 적대는 자비에 의해 끝난다.": 이것이 부처의 가르침의 서두에 위치하고 있다 — 도덕이 그렇게 하라고 말하는 것이 아니라, 생리학이 그렇게 하라고 말한다.[60]

위의 글은 그리스도교와 불교에 대한 중요한 차이점을 담고 있다. 첫째, 불교는 고통을 원한으로, 다시 말해 형이상학적-도덕적 토대 위에서 고통을 해석하지 않는다. 즉 고통을 극복하기 위해 형이상학적 다른 세계를 상정하지도 않고 또한 고통을 진리, 행복, 선과 악, 죄와 벌과 같은 도덕적 개념들과 결합하지 않음으로써 제거해야 할 대상으로 규정하지 않는다.

> 불교는 더 이상은 '죄에 대한 싸움'을 말하지 않고, 오히려 현실을 인정하면서 '고통에 대한 싸움'을 말한다. 불교는 — 이 점이 불교를 그리스도교로부터 철저히 갈라놓는다 — 도덕 개념의 자기기만을 이미 뒤로 하고 있다. 내 언어로 말하자면 불교는 선과 악의 저편에 있는 것이다.[61]

둘째, 불교는 『법구경』의 한 구절인 "적대는 적대에 의해 끝나지 않는다. 적대는 자비에 의해 끝난다."라는 구절을 인용하며, 이를 불교의 핵심 내용으로 이해한다.[62] 불교는 현실적 삶의 세계로부터 생성된 고통 자체에 대한 긍정을 말하며, 고통을 원한으로 해석함에 대하여 경계한다. 고통이 원한으로 해석되지 않는다면 더 이상 고통의 원인을 대지로부터

---

60 같은 책, 342쪽.

61 니체, 『안티크리스트』, 20, 236쪽.

62 김정현, 『니체, 생명과 치유의 철학』, 책세상, 2006, 237쪽 재인용.

벗어난 참된 세계 혹은 나 아닌 다른 대상에서 찾지 않아도 된다. 오로지 고통은 삶에 대한 개인적 관점과 해석의 문제로 남게 된다. 원한은 근본적으로 자신과의 관계 속에서 오직 자신의 문제로 드러날 때에야 비로소 해소될 수 있다. 이점이 바로 니체가 부처의 가르침 안에서 발견한 "정신적인 섭생(die […] geistige Diät)",[63] 즉 인간의 정신을 병들게 하는 고통과 원한으로부터의 해방을 통해 정신적 "평정"과 "무욕"의 상태[64]에 이르도록 하는 정신위생학적 치유의 양식이다.

> 불교가 기반으로 삼고 있고, 관심을 보이는 두 가지 생리적 사실이다 : 하나는 세밀하게 고통을 느끼는 능력으로 표현되는 감수성의 지극한 민감함이고, 다른 하나는 지나친 정신화와, 그리고 개인의 본능을 '비개인적인 것'에 이롭게 만들면서 개인의 본능에 해를 가하는 개념과 논리적 추론에서 너무나 오랫동안 살아왔다는 사실이다. […] 이런 생리적 조건들을 근거로 해서 우울증이 발생한다 : 이 증세에 맞서 부처는 위생적인 조치(hygienisch)를 취한다. 그는 그 증세에 맞서 야외 생활, 유랑 생활, 절제되고 선택적인 식생활을 한다 ; 알코올에 대해서는 조심하고 ; 분노를 일으키고 피를 끓게 하는 모든 격정에 대해서도 마찬가지로 조심한다 ; 자신을 위해서도 타인을 위해서도 번뇌하지 않는다. 부처는 평온을 주거나 명랑하게 하는 생각들을 요구한다 […] 기도는 금욕과 마찬가지로 배제된다 : 정언명령도 없고, 어떠한 강제도 없다. […] 그의 가르침은 바로 복수 감정과 혐오 감정과 원한 감정을 경계하라는 것일 뿐이다! (—"적대는 적대에 의해 끝나지 않는다. 적대는 자비에 의해 끝난다.")[65]

---

63 니체, 『안티크리스트』, 20, 237쪽.

64 같은 책, 21, 238쪽.

65 같은 책, 20, 236–237쪽.

도덕적으로 해석되면서 더 이상 고통이 개인적인 문제가 아닌 "비개인적인 것"으로, 즉 모든 인간들의 보편적 감정으로 전락하게 되었다는 니체의 이해는 근본적으로 그리스도교를 겨냥하고 있다. 니체에게 있어 이러한 현상은 "개인적 본능"의 억압, 즉 생명에 내재한 고유한 자연적 생명력의 부정에 지나지 않는다. 하지만 고통이 약자의 보편적 감정으로 확장되었다는 것은 일차적으로 개인의 고통이 무리 속에서 위안을 얻게 되었다는 것을 의미하기도 한다. 그래서 니체는 "강자들은 서로 흩어지려 하고, 약자들은 서로 모이려"[66] 한다고 말하는 것이다. 이제 무리 속의 개인은 더 이상 진정한 자기 자신이 되고자 하지 않는다. 무엇이 진정으로 자신이 원하는 가치인지 모르기 때문에 그들은 더 이상 자신의 삶에 부과된 가치들에 대한 의심도 저항도 할 수 없다. 그 무엇도 할 수 없는 상태, 이러한 증상을 니체는 "우울증(Depression)"이라고 표현한다.

> 무리를 이루는 것은 우울증과의 투쟁에서 중요한 진보이며 승리이다. 공동체가 성장함에 따라, 개인에게서도 새로운 관심이 강화되는데, 이는 때대로 개인으로 하여금 그 자신의 불쾌의 가장 개인적인 요소나 자기 자신에 대한 혐오 [⋯]를 넘어서게 한다. 모든 병자나 병약자는 숨 막힐 듯한 불쾌함이나 허약한 감정을 떨쳐버리려는 갈망에서 본능적으로 무리조직을 추구한다 : 금욕주의적 성직자는 이러한 본능을 간파하고 그것을 장려한다. 무리들이 있는 곳에서, 무리를 이루고자 했던 것은 허약 본능이며, 그것을 조직했던 것은 성직자의 영리함이다.[67]

---

66 니체, 『도덕의 계보』, 「제3논문」, 18, 506쪽.

67 같은 책, 18, 505쪽.

우울증의 근본적인 원인은 고통과 원한이 아니라, 이에 대한 그리스도교적 해석으로부터, 다시 말해 고통과 원한에 대한 해석을 그리스도교에 위임함으로서 자신의 고유한 해석 능력을 포기함에 있다. 그리스도교는 우울증 치료를 위해 "단순한 감정치료(eine blosse Affekt-Medikation)"[68]의 일환으로 정신과 의지를 잠재우는 위안, "최면(Hypnotisierung)"[69] 등을 처방할 뿐이다. 하지만 이러한 치유 방법으로는 어떤 자기 치유의 가능성도 실현될 수 없다. 즉 대지의 인간은 절대로 자기 삶의 주인이 될 수 없다.

이에 반해 불교는 고통과 원한에 대한 자기의지와 자기구원을 요구하기에 매 순간 고통의 실상을 직시할 수 있고 또한 실천적으로 대응할 수 있다. 니체가 불교를 "실증적 종교"[70]라고 평가하는 것은 이러한 이유에서이다. 불교의 이러한 특성에서 고통과 원한을 통해 자기 자신과 타인 및 세계와의 분리를 유발하는 '생리적 오류' 혹은 "생리적 대립(der physiologische Widerspruch)"[71]이란 있을 수 없다. 그리스도교는 그들의 교리에 의지(依支)하기를 요구하지만, 불교는 자기 자신에게 의지하기를 요구한다.

3) 니체와 커다란 고통

1888년의 한 유고에 있는 「데카당스의 가장 일반적인 유형」이라는 단편에는 지금까지 논의했던 내용들이 잘 정리되어 있다. 지금까지의 논의를 반복해서는 안 되겠지만, 그럼에도 이 글이 의미 있는 이유는 4번에

68 같은 책, 16, 496쪽.

69 같은 책, 17, 500쪽.

70 니체, 『안티크리스트』, 20, 236쪽.

71 니체, 『유고(1888년 초~1889년 1월 초)』, 14[91], 78쪽.

제시된 고통에 대한 내용 때문이다. 4번의 내용은 고통의 종교적 해석에 반한 니체의 관점을 드러내고 있으며 동시에 본 논의를 시작하기 이전의 논의들을 다시 한 번 상기시켜줄 것이다.

데카당스의 가장 일반적인 유형

1) : 소진을 가속시키는 치료제를 신앙에서 선택한다.
— 그리스도교가 여기에 속한다 — : 실책을 범하는 본능의 가장 거창한 경우를 명명하자면 ; — '진보'가 여기에 속한다 — :

2) : 자극에 대한 저항력을 상실하고, — 우연에 의해 제약된다 : 조야해지고, 체험을 끔찍한 것으로 확대 한다…… '탈개인', 의지의 분산 — 여기에는 동정을 입에 담는 이타주의 도덕 종류 전체가 속한다 : 그것들의 본질적인 것은 개인의 유약함이다. 그것의 소리가 섞여서 들리며 과도하게 자극된 현처럼 계속해서 떨고 있을 정도의……극도의 과민함……

3) : 원인과 결과를 혼동한다 : 데카당스를 생리적으로 이해하지 않고, 그 결과에서 자기의- 좋지 않은-기분의 진정한 원인을 본다— 여기에 종교적 도덕 전제가 속한다

4) : 더 이상 고통받지 않는 상태를 열망한다 : 고통을 사실상 악의 토대로 받아들인다 — 의식 없는 상태, 느낌 없는 상태(잠, 무기력)가 의식적인 것보다 비교할 수 없을 정도로 가치 있다고 평가한다 : 이로부터 방법론이……[72]

앞의 글은 고통에 대한 그리스도교적 해석이 어떻게 데카당스적인 인간 유형을 도출하는지 그리고 이들의 인간학적 특징은 무엇인지에 대한 내용을 담고 있다. 또한 앞서 이미 인용된 "약자의 위생학"이라는 글과

---

72 니체, 『유고(1888년 초~1889년 1월 초)』, 17[6], 401–402쪽.

비교해볼 때, 이 글은 왜 약자가 데카당스적인 인간 유형일 수밖에 없는지에 대한 보다 구체적인 이유들을 나열하고 있다. 이 글을 통해 니체가 전달하고자 하는 내용은 분명하다. 그것은 첫째, 그리스도교가 내면의 힘이 소진된 자들의 종교라는 것과 둘째, 그들이 느끼는 치유의 효과는 고통에 대한 자기해석을 통해서가 아니라, 고통에 대한 두려움을 무리 속에서 약화시킴으로써 자신의 고통이 자신에게만 주어진 것이 아니라는 확신과 위안에 불과하다는 것, 셋째, 자기 고통의 근원을 고통 그 자체로서 해석하지 못하는 힘의 결여를 심리-생리적으로 이해하지 못하고, 고통에 대한 종교적 해석(죄와 벌, 선과 악)에 의존하고 있다는 것이다. 넷째, 내면의 힘이 소진된 약자들이 그리스도교적 고통의 해석에 의존하는 이유는 고통과의 직접적인 대면 속에서 자신의 현실을 직시할 수 없는 무기력 등 여러 가지 이유가 있을 수 있겠지만, 보다 근본적인 이유는 바로 이들이 "더 이상 고통받지 않는 상태를 열망"하기 때문이다.

하지만 니체에게 있어 '고통이 없는 상태'란 있을 수 없다. 예술을 형이상학적 행위로 규정하며 삶의 근원적 고통과 염세주의로부터의 극복과 해방을 모색하던 초기 『비극의 탄생』에서부터 고통을 예술적 실존을 위한 창조의 근본 전제로 규정하고 삶 그 자체에 대한 긍정을 제시하는 후기에 이르기까지 니체는 고통과 그 의미에 대해 지속적으로 이야기해왔다. 니체는 고통의 이면에 그 어떤 그리스도교적-초월적 존재를 상정하지 않고, 오히려 고통 자체를 인간과 그의 삶의 전제로 해석한다. 다시 말해 피할 수 없는 고통에 대한 가치와 의미의 진환에 더 큰 비중을 둔나. 이러한 의미에서 "고통이 없는 상태, 또 쾌락조차도 건강함을 증명하지는 않는다. ―그리고 고통은 건강하지 않다는 증거가 아니다(단지 하나의 강력한 흥분일 뿐이다)."[73]라는 니체의 말은 쾌에 반한 불쾌로서의 고통도,

건강으로 대변될 수 있는 심리적 상태로서의 쾌락도 매 순간 새로운 건강을 위해 끊임없이 긍정, 극복되어야만 한다는 사실을 내포하고 있다.

고통에 대한 니체의 관점은 중기의 저서 『인간적인 너무나 인간적인』을 시작으로 변화하기 시작한다. 니체는 더 이상 『비극의 탄생』에서 제시되었던 고통의 미학적-형이상학적 해석을 고수하지 않는다. "고통을 빼놓고 생각하는 세계는 어떤 의미에서도 반미학적인 것이다. [···] 나는 아마도 고통이란 모든 현존재의 중요한 그 무엇일 것이라고 말하고자 했다."[74] 그에게 있어 고통은 더 이상 삶에 대한 종교적 해석의 도구도, 도덕적 판결의 근거도, 삶의 염세주의를 유발하는 토대도 아니다. 고통에 대한 부정은 인간 실존에 대한 부정 나아가 삶의 창조적 자기조형에 대한 부정에 불과할 뿐이다. 이제 니체는 병과 고통에 대한 자신의 개인적인 경험을 바탕으로 삶의 염세주의적 권태로부터의 해방을 위한 보다 실증적인 방법론을 도출한다. 『인간적인 너무나 인간적인 II』의 서문에 있는 다음의 글을 통해 고통에 대한 그의 생각과 태도의 변화를 읽을 수 있다.

> 당시 나는 개별적인 사적 체험들을 보편적 판단으로, 즉 세계에 대한 판단으로 설정하고 해석하려는 모든 낭만주의적 염세주의의 비과학적인 근본 경향에 맞서 길고 끈기 있는 싸움을 하고 있었다……간단히 말해서 당시 나는 안목을 되돌려 놓았다. [···] 의사가 환자에게 '지금까지'의 모든 것, 즉 걱정, 친구, 소식, 의무, 어리석은 일, 추억의 고통을 제거해주기 위해 그리고 새로운 영양, 새로운 태양, 새로운 미래를 향해 손과 감각을 뻗쳐나가는 것을 배우도록 해주기 위해 그를 완전히 낯선 환경에 처하게 하는 것과 같이, 한 사람 속에 의사와 환자를

---

73 니체, 『유고(1881년 봄~18852년 여름)』, 11[116], 473쪽.

74 니체, 『유고(1884년 가을~1885년 가을)』, 39[16], 456쪽.

> 동시에 지니고 있는 나는 지금까지 시도된 것이 없는 정반대의 영혼의 풍토로, 즉 낯선 고장과 낯선 것 속으로 물러서는 방랑과 모든 종류의 낯선 것에 대한 호기심을 나 자신에게 강요했다…… 이것에서 오랜 방황과 탐구와 변화가 생겨났고 모든 고정적인 것과 우둔한 긍정과 부정에 대한 적의도 생겨났다.[75]

위의 글이 담고 있고 또한 이로부터 유추할 수 있는 내용은 첫째, 니체에게 있어 병과 건강은 근본적으로 인간 실존의 영역(염세주의)에 속해 있다는 것, 둘째, 염세주의와 같은 삶의 피로와 권태의 치유를 위해 의사가 제시하는 처방은 정신적 섭생의 방식이라는 것, 셋째, 병든 염세주의적 실존에 대한 처방은 단지 건강을 위한 건강이 아니라, 오히려 "낯선 환경", "낯선 것에 대한 호기심"과 같은 그의 표현처럼, 건강이 아닌 병에 대한 고정적인 인식의 전환을 일깨워주어야 한다는 것이다. 이에 대하여 니체는 다음과 같이 단언하기도 한다. ""고통"에 대한 처방은 고통이다."[76] 넷째, 인용문의 마지막 문장 "모든 고정적인 것과 우둔한 긍정과 부정에 대한 적의" 역시 이러한 의미에서 읽을 수 있다. 고통은 고통을 극복하고자 하는 자에게도 언제까지나 고통일 수밖에 없다. 그럼에도 니체는 고통에 대한 "우둔한(plump) 긍정" 혹은 부정이 아니라, 삶을 끊임없이 생동하게 만드는 자극제로 이해할 수 있는 인간 실존의 단계로서의 '완전한 긍정', 즉 디오니소스적 긍정을 추구한다.

낭만주의에 대한 기대와 실망으로부터 유발된 "낭만주의적 염세주의"와의 대립, 니체의 표현에 의하면 "곤궁에 처한 자", "실패한 자", "극복당한 자"들의[77] 염세주의의 극복을 시도한 『인간적인 너무나 인간적인』은

---

75 니체, 『인간적인 너무나 인간적인 II』, 「서문」, 5, 16쪽.

76 니체, 『즐거운 학문』, 118쪽.

삶의 고통과 염세주의를 오히려 실존의 건강을 위한 토대로 긍정한다. 삶의 진정한 긍정과 극복에의 의지가 삶의 염세주의적 피로로부터 도출된다는 역설이 여기서는 오히려 삶의 지혜("껍질을 바꾸는 […] 뱀의 지혜(Schlangenklugheit)"[78])로 허용된다. 그래서 니체는 "낭만주의적 염세주의"에 반한 자신의 사고를 "염세주의적 관점주의(die pessimistische Perspektive)"라고 표현하는 것이다.[79]

> 비극적인 것과 염세주의의 의지가 있는데 그것은 강한 지성(취미, 감정, 양심)이 지닌 엄격함의 징후이다. 이 의지를 가슴 속에 지니고 있는 사람은 모든 삶에 고유하게 존재하는 공포스러운 것, 의심스러운 것을 두려워하지 않는다 ; 오히려 그것을 추구한다. 그러한 의지의 배후에는 용기와 긍지 그리고 거대한 것을 원하는 욕구가 숨어 있다.[80]

고통에 대한 니체의 이러한 관점은 보다 건강한 삶을 살아가기 위한 중요한 지혜이다. 고통은 쾌락보다 더 많은 지혜를 담고 있다. 인간 정신의 위대한 긍정의 조건이자 건강한 미래를 위한 삶의 지혜로 제시되는 영원회귀 역시 현재 삶의 고통에 대한 긍정을 토대로 한다는 사실을 다음 글에서 확인할 수 있다. "영원회귀 사상을 견뎌낼 수 있기 위해서는 : 도덕으로부터의 자유가, 고통(Schmerz)의 사실에 대한 새로운 방책이 고통을 도구로, 쾌감의 아버지로 파악할 것—불쾌감을 합산하는 의식이란 존재하지 않는다."[81]

---

77 니체, 『인간적인 너무나 인간적인 II』, 「서문」, 7, 18쪽.

78 같은 책, 2, 12쪽.

79 같은 책, 7, 19쪽.

80 같은 책, 7, 18-19쪽.

이렇듯 고통이 불쾌감 자체가 아니라, 매 순간 새로운 쾌감을 생산하게 하는 효과적인 자극제이자 변화의 전제이듯이 고통은 삶을 고정된 것으로, 삶에 대한 인간의 태도를 확정된 것으로 규정되도록 놔두지 않는다. 결론적으로 삶을 자기보존이 아니라 끊임없이 긍정하고 극복해야만 하는 실존의 과제로 만든다. “고통은 항상 그 원인에 대해 묻게 되는 반면에 쾌감(die Lust)은 있는 그대로 머물려 하고 뒤를 돌아보지 않으려는 경향이 있다.”[82]

> 고통 속의 지혜. — 고통도 쾌락만큼이나 많은 지혜를 지니고 있다. 고통도 쾌락과 마찬가지로 종족 보존을 위한 최고의 능력에 속한다. 그렇지 않다면 고통은 오래 전에 소멸되었을 것이다. 고통이 아픔을 준다는 것이 고통에 반대하는 논거가 될 수는 없다. 그것이 고통의 본질이기 때문이다. 고통에서 나는 “돛을 내려라!”라는 선장의 명령을 듣는다. 대담한 선원인 인간은 돛을 조정하는 수천 가지 방법을 습득해왔음이 틀림없다. 그렇지 않으면 그의 삶은 즉시 끝장날 것이며, 대양은 순식간에 그를 집어삼킬 것이다. 우리는 또한 더 적은 에너지로 살아가는 것을 배워야만 한다. 고통이 보안 경보를 울리는 그 순간이 에너지를 감소시켜야 할 때이다. — 어떤 커다란 위험, 폭풍이 다가오고 있는 것이며, 이때 우리는 가능한 한 “몸을 움츠리는 것”이 좋다. 물론 커다란 고통(der grosse Schmerz)이 다가올 때 반대의 명령을 듣는 사람들, 폭풍이 다가올 때 가장 커다란 자부심과 전의와 행복을 느끼며 그것을 똑바로 응시하는 사람들이 있다. 고통이야말로 그들에게 가장 위대한 순간을 가져다준다! 이들은 영웅적 인간들이며 인류에게 고통을 가져오는 위대한 자들이다.[83]

---

81 니체, 『유고(1884년 초~가을)』, 26[283], 295쪽.

82 니체, 『즐거운 학문』, 13, 83쪽.

83 같은 책, 318, 290–291쪽.

고통은 "영웅적 인간"과 같은 강한 정신과 의지를 가진 인간의 실존적 조건이다. 이들은 고통으로부터 도피하고자 하지 않는다. 오히려 이를 응시한다. 이들에게 고통에 대한 종교적 해석은 불필요하다. 고통을 배제한 행복은 "삶의 핵심적인 힘들이 모두 소진되었다는 점에 대한 표시"[84]일 뿐이기 때문이다. 이들은 "커다란 고통" 앞에서 더욱 커다란 자부심과 행복을 느낀다. 이들에게 고통은 생명력을 약화시키는 것이 아니라, 강한 생명력의 징표이다. "무엇이 영웅적으로 만드는가?—최고의 고통과 최고의 희망을 동시에 향해 나아가는 것."[85] 그리고 이들만이 인류를 변화시킬 수 있다. 즉 이들만이 낡은 가치들의 전복을 실현할 수 있는 자들이다. 니체가 차라투스트라의 "생리적 조건"을 "커다란 건강"으로 규정하는 이유는,[86] 차라투스트라 역시 건강을 위해 오히려 병을 원하고 긍정하며, 고통을 부정하지 않고 오히려 고통에의 의지를 요구하기 때문이다. 고통에 지배당하지 않는 자만이 삶을 지배할 수 있다.

> 너는 너 자신의 고발자, 너 자신을 교수형에 처하는 사람이 되라! 너의 고통을 네가 스스로 내린 벌로 받아들이라! 재판관으로서 너의 우월을 향유하라! 더 나아가 너의 자의(恣意), 전제 군주처럼 네 방자함을 향유하라! 너의 삶 위에 올라가 너의 괴로움(Leiden)을 내려다보고, 너의 삶 위에 올라가 깊은 바닥과 심연을 내려다보라! 우리의 긍지가 유례없이 한껏 고양된다. 고통(Schmerz)과 같은 전제 군주에 대항하고 고통이 우리로 하여금 생을 혐오하도록 우리에게 불어넣는 모든 속삭임에 대항하면서 이 전제 군주에 대항하고 생을 변호하는 것은 그 어느 것보다도 그에게 매력적인 것이 된다. 이 상태에서 우리는 우

84 니체, 『유고(1888년 초~1889년 1월 초)』, 14[87], 76쪽.

85 니체, 『즐거운 학문』, 268, 250쪽.

86 니체, 『이 사람을 보라』, 「차라투스트라는 이렇게 말했다」, 2, 421–422쪽.

> 리의 상태가 염세주의로 귀결되지 않도록, 그리고 염세주의가 우리를 패자로 취급해 치욕을 주지 않도록 모든 염세주의에 필사적으로 저항한다.[87]

건강이 아니라, 오히려 고통이 삶의 오랜 관습, 경험, 가치, 의미로부터의 해방을 가능하게 한다. 고통이 새로운 변화를 위한 근본적인 전제이다. 니체가 고통의 의미를 새롭게 해명함으로써 시도하고자 했던 것은 인간의 정신과 의지의 강화를 통해 삶의 근본적인 변화를 도출하기 위해서이다. 여기서 삶의 변화가 중요한 이유는 삶은 인간에게 내재된 생명력이 표출되는 실존의 영역이기 때문이다. 삶은 끊임없이 되어가야만 하는 것, 살아 있기를 희망하는 것이 아니라 살아가고자 의지하는 힘의 총체인 것이다. 삶을 힘이 소진한 자의 눈으로 바라보는 염세주의는 삶 그 자체를 문제시했을 때에야 비로소 극복될 수 있다.

> 커다란 고통이야말로 정신의 최종적인 해방자이다. […] 커다란 고통, 시간을 끄는 길고 오랜 고통, 생나무 장작에 불태워지는 고통만이 비로소 우리들 철학자들로 하여금 우리가 지닌 궁극적인 깊이에까지 이르게 하고, 모든 신뢰와 선의, 부드러운 가식, 온순, 중용 등 아마도 우리가 이전에는 우리의 인간성을 쏟았던 것들과 결별하도록 만든다. 나는 그러한 고통이 우리를 "더 낫게 만든다"는 것에 대해서는 회의적이다. 하지만 그것이 우리를 더 심오하게 만든다는 것은 알고 있다. 우리가 그 고통에 대해 긍지와 경멸, 의지력을 내세우는 것을 배워, 아무리 고문을 가할지라도 독기를 품은 혀로써 이를 버텨내는 인디언처럼 행동하건, 아니면 고통 앞에서 사람들이 열반이라고 부르는 저 동양의 무(無)로, 입과 귀를 닫는 완고한 자기포기, 자기망각, 자기소멸로 빠져들건 간에 우

87 니체, 『아침놀』, 114, 129쪽.

리는 이 길고 위험한 극기 훈련을 거쳐 다른 사람이 된다. […] 삶에 대한 신뢰는 사라져버리고 삶 자체가 문제가 되어버린다.[88]

위의 글에서 니체는 고통이 인간을 "더 낫게(verbessert)" 만드는 것이 아니라, 오히려 더 "심오(vertieft)"하게 만드는 역할을, 즉 보다 깊은 자기 인식과 보다 내밀한 자기 관계의 토대로서의 기능을 한다고 말하고 있다. 건강을 유지하기 위해 건강을 희망하는 자는 결코 알 수 없는 진정한 건강의 비밀이 바로 병과 고통에 있다는 것이다. 이에 대한 내용은 『아침놀』의 「고통스러워하는 인간의 인식에 대하여」라는 장에서 다음과 같이 표현된다.

무서운 병고에 시달리는 사람은 자신의 상태에서 섬뜩할 정도로 냉정하게 세계를 내다본다. 그에게서는 건강한 사람의 눈이 보는, 사물을 둘러싸고 있는 저 보잘 것 없고 기만적인 매력들이 사라진다. 아니, 그 전에〔병자〕 그 자신이 솜털도 색깔도 없이 자신 앞에 놓여 있다. 그가 이제까지 어떤 종류의 위험한 환상 속에 살아왔다면, 고통을 통해 이렇게 최고의 냉정함을 회복하는 것은 그를 그 환상에서 벗어나게 하는 수단이며 더 나아가 아마 유일한 수단일 것이다……고통에 저항하려는 지성의 엄청난 긴장은 그가 보는 모든 것으로 하여금 이 새로운 빛 속에서 빛나게 한다.[89]

참된 건강에 대한 이러한 비밀을 알고 있는 심오한 인간만이 고통 그 자체를 긍정함으로써 자신의 삶에 디오니소스적으로 마주할 수 있는 건강한 미래의 인간 유형으로 인정된다. 이 점이 니체가 자신의 철학을 통

88 니체, 『즐거운 학문』, 「제2판 서문」, 28–29쪽.

89 니체, 『아침놀』, 114, 128–129쪽.

해 시도했던 정신의 변화, 즉 정신위생학적 특징이다.

> 깊이 고통을 겪어본 인간에게는 누구나 정신적인 자부심과 구토감이 — 이것은 얼마나 깊이 인간이 고통스러워할 수 있는가 하는 순위를 거의 결정한다 — 있다. 그는 자신의 고통 때문에 가장 영리하고 현명한 자들이 알 수 있는 것보다 더 많이 알고 있다고, "그대들은 아무것도 알지 못한다!"고 말할 수 있을 정도로 멀고도 무서운 많은 세계를 잘 알고 있고, 언젠가 그곳에 '머문'적이 있다는 전율할 만한 확신을 가지고 있었으며, 이 확신이 온몸에 젖어들어 이로 채색해버린 것이다. […] 깊은 고통은 사람을 고귀하게 만든다. 이것은 사람을 구분시킨다.[90]

4) 디오니소스와 비극적 인식

"'십자가에 달린 신'은 삶에 대한 저주다. 그 삶으로부터 구원되라는 표시다. 토막으로 잘린 디오니소스는 삶에 대한 약속이다 : 영원히 다시 태어나고 파괴로부터 돌아온다."[91] 『차라투스트라는 이렇게 말했다』의 「구원에 대하여」에서 진정한 구원을 미래를 향한 강한 의지(힘에의 의지)의 문제로 전환하는 것에서 알 수 있는 것처럼,[92] 그리스도교와 그 상징이 제시하는 구원은 니체의 강한 비판의 대상이 될 수밖에 없다. 고통을 긍정하고 극복해야만 하는 가치의 문제로 전환하는 것, 다시 말해 힘에의 의지의 문제로 전환하는 작업은 니체에게 있어 고통이 한 인간의 직관,

---

90 니체, 『선악의 저편』, 270, 295쪽.

91 니체, 『유고(1888년 초~1889년 1월 초)』, 14[89], 78쪽.

92 "지난날을 구원하고 일체의 "그랬었다"를 "나는 그렇게 되기를 원했다"로 전환하는 것, 내게는 비로소 그것이 구원이다!"(니체, 『차라투스트라는 이렇게 말했다』, 「구원에 대하여」, 238쪽).

해석, 의미의 문제이기 이전에 그의 심리-생리적 나약함이 반영된 무력함의 증상이기 때문이다. 니체에게 있어 고통은 구원의 대상이 아니다.

"십자가에 달린 자"와 "디오니소스"에 대한 대립은 명백하다. 여기서 니체가 그리스도교 신에 대한 대립으로 디오니소스를 제시하고 있다는 사실로부터 이미 고통에 대한 해석이 문제가 있음을 알 수 있다. 두 명의 신 모두 고통을 대변하는 자들이기 때문이다. 그럼에도 고통의 상징적 의미와 가치에 대한 두 신의 관점은 명백히 다르다. "디오니소스 대 '십자가에 달린 자': 여기서 너희는 대립을 갖는다. 순교와 순교 아님이 아니라,—디오니소스에게는 삶 자체가, 삶의 영원한 풍요로움과 회귀가, 고통과 파괴와 멸절에의 의지의 조건이 된다……두 번째 경우에서는 고통이, '죄 없는 자로서 십자가에 달린 자'가 이 삶에 대한 이의 제기로서, 이 삶에 대한 단죄 형식으로 간주된다."[93] 고통에 대한 니체의 문제의식은 분명하다. 피할 수 없는 삶의 고통이 건강한 인간 실존의 조건으로 기능할 수 있는지의 여부, 다시 말해 고통을 자기 실존의 조건으로 긍정하고 또한 이를 극복할 수 있는지의 여부이다. 그리고 이에 대한 답은 이미 디오니소스에 담겨져 있다.

> 알아차릴 수 있다 : 문제는 고통의 의미라는 것을 : 그것이 그리스도교적 의미인지 비극적 의미인지가 문제라는 것을……첫 번째 경우에, 고통은 어떤 신성한 존재에 이르는 길이어야 한다. 두 번째 경우에는 존재가 엄청나고도 끔찍한 고통을 여전히 정당화할 만큼 충분히 신성하다고 간주된다.[94]

---

93 니체, 『유고(1888년 초~1889년 1월 초)』, 14[89], 77쪽.

94 같은 책, 77쪽.

삶의 고통, 부조리, 모순, 공포 등을 인식하고 자신의 고통스러운 심연을 바라볼 수 있었던 그리스인들의 명랑성은 니체의 비극적 사유 속에서 인간의 실존을 이해하고 해명하는 실마리로서 중요한 의미를 지니고 있다. "우리에게 그리스 정신은, 마치 카톨릭 신자에게 성서와 가치를 지닌다."[95] 니체에게 있어 고통은 삶의 실상을 직관하고 실존의 깊이를 가늠하게 하며 나아가 인간의 변화가능성을 자극한다. 고통 그 자체는 실존의 죽음으로 직결되지 않는다. 오히려 고통의 확정된 의미와 창조적 무능력이 실존의 죽음과 더 가깝다. 니체는 고통을 통해 인간의 본질과 더불어 건강한 인간의 조건을 드러낸다. 이에 대하여 니체는 고통을 실마리로 비극적 인간과 그리스도교적 인간과 같은 두 가지 인간 유형을 구분한다.

> 비극적 인간은 가장 쓴 고통도 여전히 긍정한다 : 그럴 수 있을 정도로 그는 충분히 강하고 충만하며 신격화되어 있다.
> 그리스도교적 인간은 지상에서의 가장 행복한 운명도 여전히 부정한다 : 그는 온갖 형식으로 여전히 삶 때문에 고통받을 만큼 약하고 가난하며 가진 것이 없다……[96]

또한 니체가 디오니소스 그리고 십자가에 달린 자라는 두 가지 대립적 유형을 제시하는 이유는 고통에 대한 해석을 바탕으로 종교적 인간이 왜 데카당스 유형일 수밖에 없는지 밝혀내기 위해서이다. 니체철학에서 데카당스는 나약한 정신과 의지를 가진 약자를 대변하는 가치이다. 하지만

95 니체, 『유고(1869년 가을~1872년 가을)』, 1[29], 20쪽.
96 니체, 『유고(1888년 초~1889년 1월 초)』, 14[89], 77쪽.

니체가 주목하는 것은 약자의 가치 자체가 아니라, 이 가치가 그의 심리적-생리적 나약함으로부터 도출되었다는 사실이다. 니체에게 있어 지금까지 고통은 인간을 자신의 삶으로부터 그리고 삶을 살아갈 유일한 대지로부터 분리시켜 다시 삶과 대지로 돌아갈 수 없도록 만든 그리스도교적-데카당스적 가치였다. 하지만 니체는 고통에 대한 이러한 그리스도교적 해석에 디오니소스적-비극적 가치를 대립시킴으로써 고통 속에서도 용감하게 대지의 삶을 살아가기를 의지하는 건강한 미래의 인간을 희망했다. 니체에게 있어 건강한 삶을 약속하는 것은 건강 그 자체 혹은 병의 부재가 아니라, 오히려 병과 고통에 대한 비극적-디오니소스적 인식이다.

4. 위생학 : 고통의 실존적 해명

지금까지 살펴본 바와 같이 니체의 위생학은 병과 고통의 부재 혹은 일시적 회복이 건강이라는 실존적 이상의 상태를 대변할 수 없음을 명확하게 제시하고 있다. 니체철학에서 위생학은 단지 건강을 보존하기 위한 수동적 활동을 지시하기 위함이 아니라, 보다 건강한 삶을 위해 모든 개인이 취할 수 있는 능동적이고 실천적인 인간 실존의 양식이자 방법론으로 제시된다. 그 이유는 니체에게 있어 수동적-자기보존적 행위는 건강을 비롯한 삶의 다양한 영역에서 정신과 의지의 나약함으로, 데카당스적 행위로 간주되기 때문이다. 자기 삶에 발생한 고통의 의미와 가치에 대하여 매 순간 실존적 물음을 던질 수 있는 능동적 정신과 의지로의 강화가 바로 니체의 위생학이 건강의 상태로 규정하고 또한 추구하는 것이다. 이러한 의미에서 니체는 육체와 영혼의 위계를 설정하고 전자를 죄 있는 것으로, 후자를 죄 없는 순수한 것으로 규정하는 그리스도교를 위생학의 관점에서 다음과 같이 비판하기도 한다.

> 그리스도교에서는 정복된 자와 압박 받는 자의 본능들이 전면에 나타난다 : 그리스도교에서 구원을 찾는 이런 자들은 최하층 사람들이다. […] 이 종교에서는 육체가 경멸된다. 위생은 육체적인 것이라 하여(die Hygiene als Sinnlichkeit) 거부된다 ; 교회는 위생에 저항하기조차 한다(— 무어인들을 추방한 후, 그리스도교가 맨 먼저 한 조치는 코로도바에만도 270개나 있었던 공중목욕탕들을 폐쇄한 일이다).[97]

육체에 대한 부정은 대지의 현실적 삶에 대한 부정, 나아가 자신이 살고 있는 세계와 삶에 대한 주권의 상실을 함의한다. 니체는 인간과 그의 삶의 고통 그리고 이로부터 발생하는 심리-생리적 나약함은 오직 강한 정신과 의지를 통해 비로소 극복될 수 있음을 지속적으로 논의해왔다. 니체의 관점에서 삶의 의미를 자기보존으로 선택한 약자들은 삶의 의미 속에 이미 고통이 자리하고 있음을 알지 못하는 자들이다. 자기 삶의 소유권을 주장할 수 없는 자들이 채우지 못한 고통의 의미는 모든 인간들이 그들 삶의 유일한 주인이 되기를 희망했던 니체에게는 중요한 철학적 문제일 수밖에 없다. 하지만 니체는 초기 『비극의 탄생』에서 후기 유고에 이르는 자신의 전 철학 속에서 단 한 번도 고통 자체를 부정하지 않았다. 그가 중요하다고 생각하고 시도한 것은 고통의 의미와 가치가 형이상학적-종교적 해석 등 그 어떤 외부적 조건을 통해서가 아니라, 오직 고통받는 자의 정신과 의지로 매 순간 달라질 수 있다는 것이었다.

---

97 니체, 『안티크리스트』, 21, 238쪽.

인간의 내면 활동의 원리로 작용하며 동시에 외면의 활동과 상태를 반영하는 단 하나의 원리인 힘에의 의지가 심리-생리적 방법론으로 규정되는 이유는 인간의 내재적 변화가능성이 본질적으로 자유로운 정신과 의지를 통해 비로소 실현될 수 있기 때문이다. 후기에 이르러 니체는 고통을 자유로운 정신과 의지를 반영하는 예술적 창조의 조건으로 제시한다. 또한 『우상의 황혼』의 「내가 옛 사람들의 덕을 보고 있는 것」이라는 장에서 니체는 고대 그리스인들로부터 디오니소스에 대한 덕을, 다시 말해 고통과 고통을 긍정하고 극복하는 삶의 지혜에 대한 덕을 보았다고 말하고 있다. 여기서 고통은 육체적 고통뿐만 아니라 정신적 고통 역시 포괄하고 있다. 그리고 고통에 대한 긍정과 극복에의 의지는 삶의 현재에 대한 사랑뿐 아니라, 미래에 대한 사랑도 내포되어 있다.

> 헬레네인은 이런 비의(디오니소스적 비의die dionysische Mysterien)에 의해 무엇을 보증하고 싶어 했던가? […] 영원한 삶, 삶의 영원회귀 ; 과거 안에서 약속되고 신성시된 미래 ; 죽음과 변화를 넘어서 있는 삶에 대한 개가를 부르는 긍정 ; 생식과 성적 신비를 통한 총체적 존속으로서의 진정한 삶을 보증하고 싶어 했다. 그래서 그리스인에게 성적 상징은 신성한 상징 그 자체였고, 모든 고대적 경건성에 내재하고 있는 본래적인 심오함이었다. 생식과 수태와 출산 시의 하나하나의 행위 모두가 최고의 감정과 그지없이 장엄한 감정을 불러일으켰다. 비의는 고통을 신성하다고 가르친다 : '산모의 통증'은 고통 일반을 신성하게 한다 — 모든 생성과 성장, 미래를 담보하는 것은 전부 고통을 전제 한다……창조의 기쁨이 있기 위해서는, 삶에의 의지가 영원히 자신을 긍정하기 위해서는, '산모의 고통'도 영원히 존재해야만 한다……이 모든 것을 디오니소스라는 말이 의미하고 있다 : 이런 그리스적 상징, 즉 디오니소스 축제의 상징보다 더 고차적인 상징을 나는 알지 못한다. 그 안에서 삶의 가장 깊은 본능인 미래를 향한 본능, 삶의 영원을 향하는 본능이 종교적으로 체험되고 있다 —

> 삶으로 향하는 길 자체가, 즉 생식이 신성한 길로 체험 된다……성을 처음 불결한 것으로 만든 것은 삶에 대한 원한을 토대로 하고 있는 그리스도교였다 : 그리스도교는 삶의 시작에, 삶의 전제 조건에 오물을 들이부었던 것이다……[98]

"삶 자체에 대한 긍정이 삶의 가장 낯설고 가장 가혹한 문제들 안에도 놓여 있는 것이다."[99]라는 니체의 말처럼, 고통은 삶의 "전제조건"이며 동시에 모든 "시작", 다시 말해 모든 생명의 새로운 시작을 알리는 신호이다. 또한 "자기 자신에 대한 위대한 사랑, 그것이 바로 잉태(Schwangerschaft)의 조짐이렸다."[100]라는 니체의 말에는 "산모의 통증"과 같은 표현에 내포된 의미처럼, 고통에 대한 긍정이 곧 삶의 새로운 변화와 시작에 대한 긍정이자 삶에 대한 사랑이라는 사실이 함의되어 있다. 이렇듯 고통은 매 순간 현재의 삶을 직시하고 새로운 변화의 실현에 앞서 주어진 인간 실존의 과제이다. 니체의 위생학은 고통을 실마리로 하여 삶에 대한 근본적인 태도를 변화시킴으로써 보다 지속적이고 건강한 미래를 위해 수행된다.

지금까지 논의해온 것처럼 니체는 삶에 대한 고통을 생명에 내재된 생명력과 삶을 긍정하고 사랑하는 힘을 약화시키는 병의 원인이 될 수 있음을 지적했다. 하지만 니체는 고통을 제거해야 할 대상이 아니라, 보다 새롭고 건강한 인간 실존으로의 변화를 위한 근본 전제이자 정신과 의지의 강함(건강함)을 증명하는 근본 조건으로 이해한다. 그래서 니체는 위의

98 니체, 『우상의 황혼』, 4, 201–202쪽.

99 니체, 『우상의 황혼』, 5, 203쪽.

100 니체, 『차라투스투라는 이렇게 말했다』, 「뜻에 거슬리는 열락에 대하여」, 269쪽.

글에서 "모든 생성과 성장, 미래를 담보하는 것은 전부 고통을 전제한다……"라고 말하는 것이다.

니체의 위생학적 관점에서 건강은 인간의 내재적 생명성이 반영된 자연적 삶의 가치이다. 그리고 이 건강은 힘에의 의지로 대변되는 내적 자연성의 실현이기 때문에 필연적으로 데카당스적 반자연성에 대한 투쟁 속에서 획득되는 인간 실존의 가치이다. 다시 말해 건강은 자기긍정과 극복과 같은 끊임없는 내적 생기활동의 산물이다. 이는 생명에 내재된 생명력의 근본특성이며 동시에 이를 근거로 자기긍정과 극복의 산물인 상승과 성장 역시 인간 실존의 건강을 대변하는 개념으로 규정된다. 이렇듯 니체의 위생학은 생명의 생명성과 생명력을 심리-생리학적으로 해명함으로써 대지의 인간들의 존재를 규명하고 나아가 삶의 진정한 건강성을 도출하기 위한 건강이론이자 이를 수행하는 철학적 방법론이다.

VI. 니체의 섭생 I : 영양(혹은 영양섭취)의 철학적 의미

1. 철학과 건강

니체는 자신의 철학에서 섭생(Diätetik) 개념을 통해 참된 건강에 대한 물음을 제기한다. 니체의 철학에서 섭생은 참된 건강을 획득하기 위한 하나의 건강이론이자 방법론으로 규정될 수 있다.[1] 섭생은 일반적으로 심리-생리학적 병을 예방하고 건강을 유지하기 위한 능동적 삶의 양식을 의미한다.[2] 니체의 섭생 역시, 그가 추구하는 건강이 인간 실존의 총체

1 니체의 건강이론은 스스로 자신의 건강을 유지하고 육성시킬 수 있는 자기인식과 책임의 실천적 지평 위에서 진행된다. (Diana Aurenque, Medizinische Philosophie: Schopenhauers und Nietzsches Gesundheitslehren, in: Ärzteblatt Baden Württemberg (ÄBW), 2013(02), 58쪽). 그녀는 쇼펜하우어와 더불어 니체의 철학을 건강이론으로 규정하며 그들의 철학을 "섭생의 철학(Diätische Philosophie)"이라고 표현한다. 하지만 그녀의 글은 현대의 의학윤리(die Medizinethik)의 관점에서 서술된 글이기에, 두 철학자의 건강이론을 행복과의 연관 아래 설명한다. 많이 알려진 것처럼, 두 철학자의 견해는 삶, 고통, 행복의 관점에서 명백한 차이를 드러낸다.

2 섭생(Diätetik)은 현대적 의미에서의 다이어트, 식이요법과는 명백히 구분되는 개념이다. 본 글에서 논의하는 섭생(diateia, diaetetica)은 최초에 히포크라테스의 체액병리학(Humoralpathologie)과 같은 육체의 균형을 위한 영양이론으로 발생했지만, 이후 건강한 삶의 양식을 가진 인간의 육성을 위한 교육적 목표이자 고대 건강이론으로 발전한 삶의 건강원리이다. 섭생의 발전과 함께 인간은 자신의 육체성과 건강을 의식적으로 인식하기 시작한다. (Diana Aurenque, Medizinische Philosophie: Schopenhauers und Nietzsches Gesundheitslehren, 56쪽; F. P.

적 건강이듯이 심리-생리적 영역을 동시에 포괄하고 있다. 즉 니체가 인간의 실존적 건강을 위한 철학적 방법론으로서 제시하는 섭생은 단지 생물학적 육체(Körper)의 건강에 국한되지 않는다. 물론 니체는 섭생 개념을 제시하면서, 인간의 정신, 식사(양생), 충동, 기후, 공기, 태양, 집, 여행, 술(알코올), 고독, 금욕, 그리스도교 등 다양한 문제들을 언급하지만, 그가 제시하는 섭생은 근본적으로 정신과 영혼, 이성과 감정, 의식과 무의식, 자기와 자아를 모두 포괄하는 "커다란 이성"으로서의 총체적 몸(Leib)의 건강을 위한 이론을 의미한다.

섭생은 근본적으로 철학과 건강에 대한 니체의 개인적인 경험과 견해로부터 도출된 개념이다. 고통 속에 놓인 자신의 육체적-정신적 상태와 체험 그리고 이에 대한 생각들을 건강과 병, 고통을 논의한 수많은 글 속에 담고 있는 것을 보면 니체에게 있어 철학은 특정 영역에 속한 학문이 아니라, 스스로 부여한 삶의 본질적인 과제를 수행하기 위한 실존의 도구라는 것을 분명하게 알 수 있다. 즉 그의 삶의 실천과 사상(Lebenspraxis und Lebensgedanke)은 결코 분리될 수 없다.[3]

철학을 하는 이유가 삶의 이유가 되고, 철학이 치유의 도구가 되어가는

Hager, Diätetik, in: Joachim Ritter (Hrsg.), Historisches Wörterbuch der Philosophie Bd.2, Basel 1972, 231–232쪽 참조.

3 좀머(Andreas Urs Sommer)는 니체가 『이 사람을 보라』에서 논의하는 섭생이 근본적으로 전통 형이상학적 치유의 시도에 반한 "경험과학적" 성격을 띠고 있으며, 이때 영양은 인간의 실존적 자기 실험과 변화를 위한 양분으로서의—그의 표현에 의하면 "어떻게 한 인간이 그 자신이 될 수 있는가?"라는—실천적 섭생의 기능을 한다고 본다. 이러한 의미에서" 개인이 외부로부터 받아들이는 모든 것은 그 자신의 음식이다."라는 좀머의 글은 니체의 섭생이 비단 육체적 영역에만 머무르지 않는다는 것을, 즉 한 인간의 실존과 정신활동 전반에 걸친 건강 이론이라는 사실을 함의한다. (Andreas Urs Sommer, Inwiefern ist Ernährung ein philosophisches Problem? Ludwig Feurbach und Friedrich Nietzsche als Relativierungsdenker, in: Perspektiven der Philosophie, Georges Goedert and Martina Scherbel (Hrsg.), Vol 38, 2012, 331–332, 334–345, 328–329쪽 참조).

과정, 다시 말해 니체가 삶의 진정한 건강을 위한 철학적 의사가 되어가는 과정은 건강과 병, 고통의 의미를 인간 실존의 지평 위에서 재해석하는 삶의 철학적 성찰에 잘 담겨 있다. 그리고 삶에 대한 이러한 철학적 성찰은 그의 철학의 후기에 이르러 삶의 위대한 디오니소스적 긍정으로 개념화되어 등장한다. 동시대 사람들이 겪는 삶의 병이 다름 아닌 낡은 철학의 병으로부터 유발되었다는 사상적 통찰의 이면에는 병과 고통 속에 놓인 자신의 삶, 정신, 의지, 열정, 사랑, 긍정, 극복에 대한 학문적-이론적 고찰이 아니라, 오히려 이에 대한 철학적-실존적 성찰이 자리하고 있다. 그에게 있어 철학은 병든 실존의 치유도구인 것이다.

철학과 건강에 대한 니체의 생각을 읽을 수 있는 중요한 글은 『아침놀』의 553번 단편 「우회로에서」이다. 하지만 이 글을 살펴보기 이전에 『아침놀』의 저술 노트인 1880년 유고에 있는 짧은 글을 먼저 살펴보고자 한다. 그 이유는 『유고』에 있는 글은 비록 소묘로 남겨진 글이지만, 이후 『아침놀』의 「우회로에서」에 보다 구체화되기 때문이다. 두 글의 비교를 통해서 니체가 철학과 건강에 대하여 말하고자 하는 바를 보다 명확하게 알 수 있다.

> 이 모든 철학 — 이 철학은 성숙한 열매, 효모를 넣지 않은 빵, 물, 고독, 모든 사물 속에서의 질서 등이 내 입맛에 최고로 잘 맞고 내게 가장 유익하다는 사실을 하나의 충동보다 더 많이 증명할 수 있을까? 우주 안에서의 올바른 섭생(eine richtige Diät)에 대한 본능을? 온화한 태양만이 가능한 일이다! 나는 음산하거나 까다로운 숭고함이 아니라 유쾌한 많은 식물과 꽃들이 자라는 바닷가 높이에서 노니는 한 마리 나비의 형식적이고 고독한 공상인 숭고함에 가까이 가고 있는가? 그 공상은 어떤 한낮의 삶일 것이고, 밤이 내 허약한 날개에 비해 너무 춥다는 사실을 걱정하지 않는가?[4]

잘 알려진 니체의 일상처럼 이 글은 아마도 산책 중에 메모되었을 것이다. 비록 이 글이 아직 자신의 생각을 완전하게 담고 있지 못하다고 할지라도, 그 안에 담긴 그의 문제의식은 분명하다. 『유고』의 소묘와 『아침놀』의 글 「우회로에서」의 비교에서 유지되고 있는 것은 인간의 "충동(ein Trieb)"에 대한 니체의 생각이다. 그리고 한 눈에 들어오는 차이는 바로 충동으로부터 도출된 "섭생(eine Diät)" 개념이 「우회로에서」라는 글에서는 긴 문장으로 보다 구체화되었다는 것이다. 이후 보충되고 구체화된 『아침놀』의 글은 다음과 같다.

> 우회로에서. — 이 철학 전체는 그것의 모든 우회로와 함께 어디로 가려 하는 것인가? 그것은 말하자면 하나의 지속적이고 강한 충동을 이성으로 번역하는 것 이상의 일을 하는가? 이러한 충동이란 부드러운 태양, 밝고 생동하는 대기, 남쪽의 식물, 바다의 숨결, 고기와 계란과 과일로 이루어진 가벼운 식사, 뜨거운 음료수, 며칠 동안의 조용한 산책, 적은 말수, 드물지만 신중한 독서, 혼자 거주함, 청결하고 질박하며 거의 군인 같은 생활 습관, 요컨대 내 취미에 가장 적합하고 내게 가장 도움이 되는 모든 것들에 대한 충동이다. 근본적으로 철학은 개인이 건강해지는 법에 대한 본능이 아닐까? 나의 대기, 나의 높이, 나의 기후, 나름대로의 건강을 두뇌라는 우회로를 통해 추구하려는 본능이 아닐까? 다른 많은, 그리고 분명히 더욱 높고 숭고한 철학들이 존재한다. 그리고 나의 철학보다 더 음울하고 까다로운 철학들만 존재하는 것은 아니다. 아마 그것들도 모두 그러한 개인적 충동들의 지성적인 우회로에 불과한 것은 아닐까? 그 동안 나는 새로운 눈으로 나비 한 마리가 은밀하고 고독하게 바위로 된 해안가를 나는 것을 본다. 이 해안가에서는 훌륭한 많은 식물들이 자란다. 나비는 자신이 단지 하루밖에 살지 못할 것이라는 사실, 자신의 허약한 날개에는 밤이

4 니체, 『유고(1880년 초~1881년 봄)』, 418–419쪽.

너무 차가울 것이라는 사실을 염려하지 않고 이리저리 날아다닌다. 아마 나비를 위해서도 하나의 철학이 발견될 수 있을 것이다. 비록 그것이 나의 철학이 아닐지라도.—5

니체에게 있어 철학은 지금까지 인간의 충동과 같은 내면세계를 폄하하고 억압해온 전통 형이상학과 인간의 자연성, 즉 충동과 본능에 적대적인 이성 중심주의에 대한 적대감으로부터 등장한다.[6] 중요한 것은 비록 전통 형이상학이 세계를 이분화하고 이를 바탕으로 건강과 병의 가치를 전복시켰을지라도, 이 철학 역시 지금까지 병이 아니라 건강을 추구하고자 했던 하나의 지성적-이성적인 시도였다는 것만은 니체 역시 인정하고 있다는 것이다. 낡은 철학들에 대한 이러한 시도들이 "개인적 충동들의 지성적인 우회로"에 불과했다는 니체의 표현은 다른 저서에서 수행한 전통 형이상학과 종교에 대한 강한 비판과는 사뭇 다르다.

철학과 철학의 새로운 역할에 대한 니체의 생각은 분명하다. "근본적으로 철학은 개인이 건강해지는 법에 대한 본능이 아닐까? 나의 대기, 나의 높이, 나의 기후, 나름대로의 건강을 두뇌라는 우회로를 통해 추구하려는 본능이 아닐까?"라는 니체의 말처럼, 그는 다시 한 번 건강과 병의 전환을 시도한다. 그의 시도는 더 이상 충동을 폄하하거나 억압하지 않는다. 그 이유는 충동은 한 개인이 자신의 삶에서 추구하고자 하는 모든 활동의 근본 전제이기 때문이다. 위에 인용된 유고의 글 중 "우주 안에서의 올바른 섭생(eine richtige Diät)에 대한 본능"을 충동으로 이해하는 니체

5 니체, 『아침놀』, 413쪽.

6 "어떤 대가를 치르든 이성성이라는 것, 밝고 냉정하고 신중하고 의식적이기는 해도 본능은 없으며, 본능에 대적하는 삶은 하나의 병증일 따름이며 또 다른 병증일 따름이다."(니체, 『우상의 황혼』, 95쪽).

의 의도는 바로 이 때문이다. 이 건강은 절대적 가치가 아니기 때문에 보편적일 수 없다. 모든 건강은 개인의 충동에 대한 자기해석으로부터 도출될 수 있을 뿐이다. 『유고』와 『아침놀』에 변함없이 등장하는 "나비"에 대한 예시 또한 이를 잘 보증해준다.

이제 모든 건강과 행복은 충동과 본능의 억압으로부터가 아니라, 자기 삶의 구체적 조건 위에서 도출될 수밖에 없는 실존의 가치이다. 그렇다면 병은 내적 자연성의 억압으로 인해 발생하는 현상으로 규정해도 될 것이다. 니체가 본능에 대적하는 삶을 "병"으로, "데카당스의 공식"으로 규정하는 것은 바로 이 때문이다.[7] 철학은 건강을 포함한 모든 개인의 개인성을 보증해주는 삶의 개념이자 대변자이다. 니체가 자신의 철학에서 제시하는 섭생은 철학과 건강의 관계를 실존적 관점에서 이해할 수 있는 실마리가 되는 개념이다. 그의 섭생 개념이 삶의 실존적 건강이론으로 명명될 수 있는 이유이다.

2. 섭생의 사상적 의미

섭생과 영양(Ernährung)은 양생, 위생학(Hygiene) 등과 같은 몸의 관리 혹은 일반적인 건강학의 관점에서도 그렇거니와 니체의 몸철학 혹은 건강철학의 관점에서도 거리를 둘 수 없는 개념이다. 니체의 몸철학과 건강철학은 이편과 저편, 육체와 영혼의 이분법에 의한 세계와 몸의 존재론적 오해 그리고 이로부터 추론된 건강과 병의 가치론적 오해를 유발한 서

7 같은 책, 95쪽.

구 형이상학에 대한 반감을 대변하는 철학적 시도들이다. 하지만 여기서 중요한 것은 이러한 모든 철학적 시도들이 니체의 분명한 인간학적 견해를 전제로 하고 있다는 사실이다.

이에 대한 예로 "인간은 아직 확정되지 않은 동물이다."[8]와 "인간은 극복되어야 할 그 무엇이다."[9]라는 니체의 말은 그의 인간학적 명제가 인간의 내면세계에 대한 탐구를 토대로 하고 있다는 사실을 담고 있다. 니체의 인간학은 위버멘쉬라는 인간 유형으로 대변이 되지만, 이 인간 유형을 보다 구체적으로 규명하기 위해 니체가 탐구한 인간의 내적 운동과 이로부터 발생하는 변화는 바로 힘과 의지의 지속적인 활동이다. 힘을 향한 의지로서의 힘에의 의지는 섭생의 관점에서 영양을 향한 의지로 표현될 수 있을 것이다. 실제로 니체는 1885년 유고에서 이 의지를 "영양(zur Ernährung)에의 의지"로 표현한다.[10] 의지가 있는 곳에는 필연적으로 목적이 있으며, 힘이 있는 곳에는 의지가 있어야만 한다는 게르하르트의 말처럼[11], 여기서 영양은 힘과 같이 의지의 합목적적 활동을 대변하는 개념이다. 결론적으로 니체의 섭생은 힘에의 의지를 전제로 한다.

니체는 자신의 철학에서 섭생(Diätetik) 개념을 다의적인 의미로 사용한다. 하지만 앞에서 언급된 『아침놀』의 「우회로에서」라는 단편의 한 문장 "철학은 개인이 건강해지는 법에 대한 본능이 아닐까?"라는 니체의 말처럼, 비록 그의 섭생 개념이 비철학적 의미로 사용되는 경우가 있다고

---

8 니체, 『선악의 저편』, 101쪽.

9 니체, 『차라투스트라는 이렇게 말했다』, 「차라투스트라의 머리말」, 3, 16–17쪽.

10 니체, 『유고(1884년 가을~1885년 가을)』, 211쪽.

11 Volker Gerhardt, Vom Willen zur Macht–Anthropologie und Metaphysik der Macht am exemplarischen Fall Friedrich Nietzsche, Berlin ; New York, 1996, 231, 271쪽.

하더라도 근본적으로 철학, 개인, 건강, 본능이라는 네 가지 개념군 안에서 다양한 의미로 사용되며 때로는 언급만 되기도 한다. 즉 섭생 개념은 니체의 철학적 문제의식, 즉 ① 종교, 도덕과 같은 그의 철학적 문제의식 속에 등장하기도 하고, ② 병적인 상태에 대한 진단과 치유 등 건강을 위한 방법론으로 제시되기도 하며, ③ "영혼, 정신, 영혼의 불멸, 영혼의 구원" 등 삶에 적대적인 형이상학적-종교적-도덕적 개념들과 같은 병의 개념들에 반한 본능, 충동, 힘, 의지, "정신적 섭생" 등 건강한 내면세계를 대변하는 개념으로 사용된다.[12]

종교와 도덕은 섭생의 관점에서도 니체의 강한 비판의 대상이 된다. "지상에서 지금까지 종교적 신경증이 등장했던 곳에서 우리는 그것이 고독, 단식, 성적 금욕이라는 세 가지 위험한 섭생 규정(drei gefährliche Diät-Verordnungen)과 연결되어 있다는 사실을 발견한다."[13]라는 니체의 말처럼, (종교적) 섭생을 본능과 의지의 부정을 유발하는 대지의 병의 근원으로 이해한다. 다음의 글은 정신, 긍지, 용기, 자유, 정신의 자유사상과 감각의 기쁨 등 건강한 정신적 섭생에 반하여 고독, 단식, 성적 금욕 그리고 이와 더불어 죄에 대한 궤변, 자기비판, 양심의 심문 등이 그리스도교에서 어떤 역할로 적용되고 있는지를 서술하고 있다.

> 그리스도교에서는 정복된 자와 압박 받는 자의 본능들이 전면에 나타난다 : […] 자기 자신과 타인에 대한 어떤 의미에서의 잔인함이 그리스도교적이다 ; 다르게 생각하는 자들에 대한 증오와 ; 박해하려는 의지도 그리스도교적이다. 음산하면서도 선동적인 생각들이 전면에 서 있으며 ; 가장 열망되고, 최고의

12 니체, 『이 사람을 보라』, 466–467쪽.

13 니체, 『선악의 저편』, 47, 84쪽.

> 명칭으로 불리는 상태들은 간질적 상태이다 ; 섭생은 병적인 현상을 이롭게 하고 신경을 지나치게 자극하기 위해 선택된다. […] 정신, 긍지, 용기, 자유, 정신의 자유사상에 대한 증오가 그리스도교적이다 ; 감각에 대한 증오, 감각의 기쁨에 대한 증오, 기쁨 일반에 대한 증오가 그리스도교적이다……[14]

"섭생법은 병적인 현상을 이롭게 하고 신경을 지나치게 자극하기 위해 선택된다." 앞의 인용문에서 가져 온 이 말은 그리스도교의 (정신적) 섭생에 대한 니체의 생각을 잘 드러내주고 있다. 또한 『도덕의 계보』의 「제3논문」에서 논의되는 금욕주의적 성직자와 그들의 심리적 치료방식들 역시 섭생의 관점에서 읽을 수 있는 중요한 텍스트이다.[15] 니체에 의하면 그리스도교는 삶의 고통을 영혼의 고통으로, 다시 말해 고통을 죄에 대한 벌의 개념으로 이해하고 이로부터의 해방을 내세에 전가하는 방식을 통해 끊임없는 신경증 환자를 양산할 뿐이다. 내적 본능과 충동의 억압으로 끊임없이 계속되는 삶의 고통과 불만족 그리고 실현될 수 없는 해방의

---

14 니체, 『안티크리스트』, 238–239쪽.

15 "우리는 모든 그리스 철학자들의 금욕주의적인 삶에 대해 어떤 것이라도 배웠는가?"(니체, 『아침놀』, 195, 210–211쪽)라는 말처럼, 니체는 금욕주의를 고대 그리스적 의미에서만큼은 긍정적으로 이해한다. 그의 비판의 대상은 오직 단 하나의 진리로 삶을 지배하는 성직자들의 그리스도교적 금욕주의이다. 자신의 자연성(욕구, 욕망, 본능)과 자유롭게 관계하는 고대 그리스인들의 삶의 관점과 태도를 되살리기 위해 니체는 그들의 금욕주의를 재평가한다. 니체가 모든 개인을 자기 자신을 지배할 수 있는 하나의 국가로 이해하는 것처럼, 이때 금욕은 내적 자연성(욕구, 욕망, 본능)과 같은 자기 의지의 부정을 의미하는 것이 아니라, 오히려 강한 의지와 힘을 전제하는 자기지배의 형태일 뿐이다. (Konstanze Caysa, Zum Verhaltnis von Askese und Diatetik bei Nietzsche oder Nietzsches Gastrosophie, 1–13쪽 참조). (http://www.empraxis.net/wp-content/uploads/2015/08/Nietzsches-Gastrosophie_Dr.-Konstanze-Caysa.pdf). 다음의 글은 금욕주의에 대한 니체의 견해를 잘 드러내고 있다. "나는 금욕의 가르침도 다시 자연화하기를 원한다(Asketik wieder vernatürlichen) ; 부정하려는 의도 대신에 강화하려는 의도 ; 의지의 체조(Gymnastik des Willens) ; 온갖 종류의 내핍과 수반되는 단식 기간, 가장 정신적인 것에서도(마니에서의 오찬 : 상한 위장을 지닌 전적으로 정신적인 미식가) ; 우리의 힘에 대한 우리의 의견과 관계하는 행위의 결의론 : 모험과 의도된 위험을 동반하는 시도. — 자신의 말을 지킬 수 있는 강함 또는 테스트할 시험들이 고안되어야 했다."(니체, 『유고(1887년 가을~1888년 3월)』, 9[93], 66쪽).

경계에서의 긴장은 종교적 신경증을 유발하는 근본 전제이다. 여기서 니체의 표현 "종교적 신경증(die religiöse Neurose)"은 결코 해소될 수 없는 삶의 고통에 대한 심리적 긴장과 불안, 좌절에 대한 증상을 내포하고 있는 개념이다. 니체는 이러한 증상을 다음과 같이 표현하기도 한다.

> 건강 대신 '영혼의 구원'— 이것은 참회의 경련과 구원의 히스테리 사이에서 오락가락하는 조울증적 광기(eine folie circulaire)이다![16]

이와 더불어 니체가 문제시하는 삶의 "빈혈증(blutarm)" 역시 섭생의 관점에서 읽을 수 있다. "인류를 '개선'한다는 신성한 구실이 삶 자체의 피를 빨아 삶을 빈혈증을 앓게 만드는 책략임을 깨닫는 것. 흡혈귀로서의 도덕 […] '신' 개념은 삶의 반대 개념으로서 고안되었다."[17] 니체의 이 말은 곧 인류를 건강하게 만들고자 했던 그리스도교적 시도가 사실은 인류를 더욱 병들게 만들었다는 것과 동일한 의미를 내포하고 있다. 흡혈귀로서의 도덕과 삶의 빈혈증. 종교와 도덕으로부터 부정되어온 개인의 개인성을 복원시키고자 하는 니체의 사상적 섭생의 시도는 삶의 영양의 의미와 가치를 전복시키는 것으로부터 시작된다. 다시 말해 니체는 지금까지 신을 향했던 정신과 의지의 목적을 힘으로 전환시키는 것에서 시작한다. 힘이 곧 영양인 것이다.

그리스도교의 이러한 섭생법에 반하여 오히려 니체는 불교를 우호적으로 평가하기도 한다. 그 이유는 그리스도교와는 달리 삶의 고통으로부터의 해방, 즉 마음의 평화와 평정을 내세가 아니라, 오히려 삶의 현재에

16 니체, 『이 사람을 보라』, 466–467쪽.

17 같은 책, 466쪽.

대한 고통스러운 정신으로부터 이끌어내기 때문이다.[18] 비록 불교에서도 고통을 모든 사람의 삶의 과제로 부여하지만, 그리스도교와 다른 점은 고통으로부터의 해방만큼은 개인의 정신적인 긍정과 실천의 가능성으로부터 찾는다는 점이다. 니체가 불교를 정신의 위생학으로 표현하는 이유는 바로 이러한 정신적 섭생의 양식 때문이다.

> 부처의 가르침에서는 이기주의가 의무가 된다 : '필요한 한 가지', 즉 "너는 어떻게 고통에서 벗어날 수 있는가"가 정신적 섭생 전체를 규정하며 제한한다.[19]

종교와 도덕에 대한 비판처럼 니체의 철학에서 섭생은 본능이 억압된 자의 심리적 병에 대한 진단과 치유의 양식으로 등장하는 경우가 많다. 『바그너의 경우』에서 니체는 삶의 근원적 힘과 열정이 아니라, 대중적-종교적 열광을 불러일으키는 바그너의 음악을 숭배하는 독일인들의 심리 상태를 본능의 약화, 즉 삶에 지쳐버린 자들의 데카당스로 규정한다. 그리고 이를 섭생의 관점에서 다음과 같이 설명한다.

> 그(바그너)에게 저항하지 않는다는 사실 그 자체가 이미 데카당스의 한 징표지요. 본능이 약화되어버렸습니다. 사람들이 기피했어야만 할 것이 그들의 마

---

18 "불교는 노년의 인간을 위한, 쉽게 고통을 느끼는 호의적이고 부드럽고 지나치게 정신적이 되어버린 인간 종을 위한 종교이다(—유럽은 아직도 불교를 받아들일 정도로 성숙하지 못하다—) : 불교는 그런 자들을 평화와 명랑으로 복귀시키며, 정신적인 것에서는 섭생요법으로(zur Diät im Geistigen), 육체적인 것에서는 특정한 단련으로 복귀시킨다. 그리스도교는 야수의 지배자가 되기를 원한다 ; 그 수단은 바로 그들을 병들게 하는 것이다 — 약화(die Schwächung)는 길들이기 위한, '문명'을 위한 그리스도교적 처방전이다. 불교는 문명의 종말을 위한, 지쳐버린 문명을 위한 종교이다. 그리스도교는 문명을 발견하지조차 못하지만 — 필요하다면 그 기초를 세우기도 한다."(니체, 『안티크리스트』, 22, 239-240쪽).

19 같은 책, 20, 237쪽.

음을 끌어당깁니다. 그들을 훨씬 빨리 나락 속에 빠뜨리는 것에 사람들은 입을 맞추는 법입니다. — 예를 하나 원합니까? 하지만 그것은 빈혈환자, 통풍(痛風)환자, 당뇨환자들 스스로가 처방하는 섭생을 보기만 해도 알 수 있습니다. 채식주의자란 : 신체를 건강하게 하는 섭생법(eine corroborirende Diät)이 필요한 존재이지요. 해로운 것은 해롭다고 느끼고, 해로운 것을 의식적으로 포기할 수 있다는 것은 젊음의 징표이며 생명력의 징표입니다. […] 해로운 것은 지쳐버린 자를 유혹합니다. […] 그런데 바그너는 더욱 지치게 합니다 : 그러니까 그는 약자와 지쳐버린 자를 유혹하는 것이지요.[20]

이 글에서 니체는 빈혈환자, 통풍환자, 당뇨환자의 섭생을 예로 들어 설명하고 있다. 이들을 예로 들어 설명하는 이유는 니체의 섭생이 인간을 영적인 존재로, 인간의 고통을 영혼의 병으로 규정하고 있지 않다는 것과 더불어 그의 건강이론으로서의 섭생이 철저하게 현실적 삶의 세계를 전제로 하고 있기 때문이다. 즉 이 글에서 니체는 바그너를 숭배하는 독일인들을 스스로 자기 삶의 건강을 보살필 수 없는 자들로 이해하고 있다.[21] 그래서 이에 반해 병을 인식하고 있는 가운데 스스로 삶의 건강을 시도하는 환자와 그의 섭생을 예로 들어 설명하고 있는 것이다.

비록 환자일지라도 자신의 건강을 위해 섭생을 실천하는 가운데 해로운 것을 의식적으로 포기할 수 있는 행위가 강한 생명력의 징표인 것이다. 여기서 모든 생명의 근원적 추동력으로 대변되는 생명력의 징표, 즉

---

20 니체, 『바그너의 경우』, 29–30쪽.

21 이와 더불어 니체는 독일에 대한 독일인의 민족적 찬양을 현실을 간과한 위조된 이상으로, 그의 구체적인 표현에 의하면 (그들의 이러한 맹목적인 찬양을) "사이비 알코올 냄새(pseudoalkoholische Luft)"가 가득한 당시 시대의 그리스도교적–도덕적 현상으로 이해하고 "독일정신의 황폐화"에 대한 원인을 신문, 정치 그리고 맥주와 바그너의 음악으로 규정하는 등, 당시 독일의 시대적 분위기를 정신적 섭생의 관점에서 바라본 글로는, 니체, 『도덕의 계보』, 「제3논문」, 26, 535–537쪽 참조.

힘에의 의지는 니체가 시도하는 모든 철학적 치유의 근본 조건이다. 힘에의 의지는 건강이론으로서의 섭생의 역할을 다시 한 번 유추할 수 있게 해준다. 니체의 섭생은 힘에의 의지를 전제로 한다.

3. 영양과 영양섭취

1) 영양과 실재

니체의 섭생은 반작용에 의한 수동적 보존이 아니라, 끊임없이 작용하고 작용받는 능동적 관계 속에서 변화를 경험하는 생명, 다시 말해 힘에의 의지라는 생기현상의 주체를 대상으로 한다. 니체는 살아 있는 유기체를 살아가기를 의욕하는 능동적인 힘의 주체로 설정함으로써 자신의 섭생이론을 전개한다. 그리고 이때 영양과 영양섭취는 그가 유기체의 근본기능을 힘에의 의지로 규정하는 바와 같이 단지 자기보존이 아니라, 삶의 지속적인 자기극복을 지향하는 개념적 의미를 지닌다. 즉 니체는 영양과 영양섭취를 음식의 섭취와 영양분(에너지)의 발생 등 생물학적 생명유지에 국한된 개념이 아니라, 정신과 의지의 심리-생리학적 관점에서 고찰함으로써 인간과 삶을 보다 본질적으로 설명하기 위한 개념으로 확장시킨다. 이렇듯 영양과 영양섭취는 한 인간이 자기 삶의 건강한 주인이 되기 위해 어떤 영양소를 섭취해야하며, 또한 이때 섭취된 영양소는 우리의 삶에 어떤 영향을 미치는가?라는 실존적 물음의 대답을 통해 그 의미가 드러난다.

영양 섭취(Ernährung)의 개념을 확장시킬 것 ; 단순히 자신을 유지하는 데만

급급한 사람들처럼 그렇게 자신의 삶을 잘못 만들어나가지 말 것.

우리는 "목적"이라는 것 때문에 삶이 우리의 손가락 사이로 빠져나가지 않도록 해야 한다 — 모든 계절이 맺는 열매들을 우리 자신으로부터 다 거둬들여야 한다.

우리는 다른 것을 원한다. 식량을 구하듯이 자신 밖의 모든 것들을 구한다. 때로는 그것이 올해 마침 무르익은 열매인 경우도 있다. — 그렇다면 우리는 항상 강도나 도둑의 이기주의를 가질 수밖에 없는 것인가? 왜 정원사의 이기주의는 안 되는가? 정원사가 정원을 가꾸는 것과 같이 다른 것을 가꾸는 기쁨![22]

니체에 의하면 조각가가 자신의 삶을 하나의 예술작품으로 조형하듯이, 모든 인간은 자신의 삶을 마치 정원사가 정원을 가꾸듯이 가꾸어야만 하는 실존의 과제를 안고 있다. 그렇다면 영양과 영양섭취 등과 같은 개념을 통해 니체가 자신의 철학에서 설명하고자 하는 것은 무엇일까? "내가 지금까지 이해하고 있는 철학, 내가 지금까지 실행하고 있는 철학은, 삶의 저주받고 비난받던 면 또한 자발적으로 찾아가는 것이다. 얼음과 사막을 더듬는 방랑이 내게 제공한 오랫동안의 경험에서, 나는 지금까지의 철학의 주체를 전부 완전히 다르게 보는 법을 배웠다."[23]라는 니체의 말처럼, 영양과 영양섭취와 더불어 본 글에서 논의하는 비철학적 개념 및 표현들은 광의적 관점에서는 그의 실험철학의 시도 아래 놓일 수 있으나, 협의적 관점에서는 인간과 삶을 보다 근본적이고 실재적으로, 다시 말해 심리-생리학적으로 이해하기 위한 시도로 볼 수 있을 것이다. 그의 이러

---

22 니체, 『유고(1881년 봄~1882년 여름)』, 11[2] 421–422쪽.

23 니체, 『유고(1888년 초~1889년 1월 초)』, 16[32] 354쪽.

한 비철학적 개념들은 모든 이상주의에 은폐된 삶의 실재(Realität)를 드러내기 위한 사상적 시도이다. 다음의 글은 이에 대한 니체의 견해를 잘 드러내주고 있다.

> — 왜 일반적으로는 별 중요하지 않다고 평가되는 그 모든 사소한 사항들에 대해 내가 이야기했는지 ; 그런 이야기를 하면서 내가 나 자신에게 해를 입히지는 않는지, 위대한 과제를 제시하기로 내가 운명 지어져 있다면 그런 이야기가 더욱 해를 입히지 않는지라는 질문이 던져질 것이다. 그에 대한 대답 : 그 사소한 사항들은 — 영양 섭취, 장소, 풍토, 휴양, 이기심의 결의론 전부는 — 이제껏 중요하다고 받아들여졌던 모든 것보다 상상을 초월할 정도로 중요하다. 여기서 바로 다시 배우는 일이 시작되어야만 한다. 인류가 이제껏 진지하게 숙고해왔던 것은 심지어는 실재도 아니다. 그것은 한갓 상상이고, 엄밀하게 말하자면 병들고 가장 심층적인 의미에서 해로운 본성의 나쁜 본능들에서 나온 거짓들이다 — '신', '영혼', '덕', '죄', '피안', '진리', '영생' 등의 모든 개념이……하지만 그런 것들에서 인간 본성의 위대함과 '신성'이 찾아졌던 것이다……정치 문제, 사회 조직의 문제, 교육 문제가 모두 그 토대에 이르기까지 위조되었다. 가장 해로운 인간들을 위대한 인간들로 받아들였던 것에 의해서 — '사소한' 사항들이라고 했던, 다름 아닌 삶의 근본적인 문제들 자체를 경멸하라고 가르쳤던 것에 의해서……[24]

니체의 말처럼 지금까지 삶의 저주받고 비난받던 면들과 사소하다고 여겨졌던 사항들은 그에게 있어 삶의 근본적인 문제들에 대한 부정과 경멸에 지나지 않았다. 니체가 이 문제를 강하게 문제시하는 이유는 바로 그동안 대지의 인간들이 추구해온 신, 영혼, 덕, 죄, 피안, 진리, 영원한

---

24 니체, 『이 사람을 보라』, 「나는 왜 이렇게 영리한지」, 10, 371–372쪽.

삶 등과 같은 형이상학적-그리스도교적-도덕적 가치들은 현실적이고 구체적인 삶의 실재가 아니라, 생성하는 대지를 견디지 못해 저편의 또 다른 세계를 창조해 낸 인간들의 나약한 본성과 망상 그리고 원한과 복수의 감정으로부터 도출된 가치들이기 때문이다.

또한 이 개념들은 니체가 자신의 철학에서 자주 비판의 대상으로 언급하며 논의했던 나약한 정신과 의지의 인간을 산출하는 정치, 사회, 도덕, 교육과도 연관되어 있다. 지금까지 삶을 건강하게 만들 수 없다고 여겨져 온, 즉 삶에 유용한 영양소로 작용할 수 없다고 간주됐던 개념들은 니체에게 더 이상 사소한 것들이 아니다. 이는 오히려 삶을 모든 이상으로부터 자유롭게 하고 정신과 의지를 강화시킬 수 있는 가치들이다. 이제 니체는 삶의 사소한 영역들을 부정해온 자들의 허구를 폭로하고, 스스로를 이들의 대립자로 규정한다.

> 나는 소위 말하는 '최고의' 인간들을 인간이라고 평가조차 하지 않는다 — 내가 보기에 그들은 인류의 쓰레기이며, 병증과 복수욕에 불타는 본능들에서 생긴 나쁜 소산물이다 : 그들은 삶에 복수를 하는, 순전히 재앙을 불러오며 근본적으로 치유 불가능한 자들이다……나는 이런 자들의 대립자이기를 원한다 : 나의 특권은 건강한 본능의 모든 징후를 감지해내는 최고 섬세함을 갖추고 있다는 것이다. 내게는 아무런 병적인 특징이 없다 : 나는 심하게 아팠을 때조차 병들지 않았다 : 내 본성에서 어떤 광신적 특징을 찾으려는 것은 부질없는 짓이다. 내 삶의 어떤 순간에서든 어떤 주제넘거나 격앙된 꾸며진 포즈를 사람들은 입증할 수 없을 것이다. 꾸며진 포즈의 파토스는 위대함에 속하지 않는다.[25]

---

25 같은 책, 「나는 왜 이렇게 영리한지」, 10, 372쪽.

이제 보다 건강한 대지의 삶을 위해 인간은 무엇을 삶의 영양소로 규정하고 섭취하고자 해야 하는가?라는 물음에 대한 근본적인 답은 제시되었다. 니체에게 있어 삶은 필연적인 실재이다. 그렇다면 실재적 삶에 기여할 수 있는 것들이 신, 영혼, 덕, 죄, 피안, 진리, 영원한 삶 등의 가치가 아니라는 것은 분명하다. 그 이유는 이 가치들은 자신의 삶을 사랑하고, 이 삶 속에서 항상 자기 자신이고자 하는 자들의 가치일 수 없기 때문이다. 삶의 실상을 은폐하려고 하는 모든 이상주의는 삶의 필연성 앞에서는 허구일 뿐이다.[26]

이와 관련하여 니체는 『이 사람을 보라』의 「인간적인 너무나 인간적인」에서 당시의 개인적 상황과 이에 대한 생각을 삶의 실재와 영양섭취를 연관시켜 설명한다. 1878~1879년은 바그너와의 결별과 쇼펜하우어 철학으로부터의 사상적 변화(아래의 인용문에서 확인할 수 있겠지만 니체는 이러한 상황을 '정신적 영양섭취의 단절'이라고 표현한다)와 더불어 건강 악화로 바젤대학교에서의 퇴직 등 개인적인 사건들이 발생한 해이다. 하지만 니체에게 있어 이 사건들은 삶을 병들게 하는 정신적 배고픔이 아니라, 오히려 다시 자기 자신으로 돌아갈 수 있는 정신적 귀환의 기회이자 자기 실존의 명료한 인식의 기회로 작용한다. 이러한 경험 이후에 더 이상 니체는 실재성이 결여된 이상주의를 옹호하지 않는다.

> 내게서 정신의 영양섭취(die Ernährung des Geistes)가 단절되어버렸으며, 쓸모 있는 것은 하나도 배우지 않았고, 학식이란 것이 먼지를 뒤집어쓴 허섭스레기라는 점을 어리석게도 많이 잊어버리고 있던 10년이 흘러버렸다. […] 완전

---

26 같은 책, 「나는 왜 이렇게 영리한지」, 10, 374쪽 참조.

히 메말라 있고, 완전히 굶주려 있는 나 자신을 나는 연민을 가지고 바라본다 : 내 지식의 내부에 다름 아닌 실재성이 결여되어 있는데 '이상성'이란 것이 무슨 쓸모가 있단 말인가! — 정말 타는 듯한 갈증이 나를 덮쳤다 : 이때부터 나는 사실상 생리학과 의학과 자연과학 공부 외에 다른 일은 전혀 하지 않았다.[27]

이렇듯 영양과 영양섭취는 니체의 철학에서 단순히 생리학적 생명현상에 국한되지 않고, 오히려 정신적 양식과 영양의 관점에서, 보다 구체적으로 삶의 건강(상승과 성장)에 기여할 수 있는 실재의 관점에서 사용되고 있다. 영양은 삶의 실재와 불가분의 관계를 맺고 있다. 삶의 실재를 오랜 이상주의로부터 해방시키고자 하는 니체의 철학적 시도로부터 모든 인간은 자기실존의 위대한 과제를 실현할 수 있는 기회를 부여받게 된다. 이 과제는 지금까지 은폐되어온 인간 자신의 내재적 위대함을 드러내기 위한 시도이다. 지금까지 은폐되어온 모든 사소한 가치들로부터 다시 삶을 이해하고 배워야만 한다는 니체의 말처럼, 삶의 위대한 과제는 자기 자신과 삶의 실재에 대한 참된 인식으로부터 시작된다.

2) 영양과 인식

니체의 인식론을 규명해주는 근본적인 명제는 1888년 초 유고의 「인식이론 : 오로지 경험적으로만」이라는 글에 제시되어 있다. "인식은 힘의 도구로 일한다. 그래서 인식이 힘의 증대와 더불어 성장한다는 것은 자명하다 […] 다른 말로 하자면 : 인식의지의 정도는 그 종의 힘에의 의지의 성장 정도에 달려 있다 : 한 종(eine Art)은 실재성(Realität)을 지배하기

27 같은 책, 「인간적인 너무나 인간적인」, 3, 408쪽.

위한 만큼만, 실재성을 자신에게 봉사시키기 위한 만큼만 실재성을 포착한다."[28] 니체의 이러한 견해는 힘의 증대와 함께 삶을 바라보는 정신의 힘, 다시 말해 인식의 힘도 증가한다는 것을 의미한다.

이와 같은 측면에서 인식이 삶을 전제로 한다는 니체의 또 다른 견해는[29] 인간의 인식이란 근본적으로 삶의 실재적 조건 위에서, 즉 삶의 유용성의 관점 위에서 기능한다는 것을 의미한다. 힘의 증대와 함께 비로소 삶을 바라보는 정신의 힘, 다시 말해 자신의 삶을 주인적 관점에서 바라보고자 하는 인식의 힘도 증가하게 되는 것이다. 니체는 힘의 증대를 힘에의 의지의 내적 생기활동, 즉 끊임없이 저항을 찾으며 이를 다시 자신의 힘으로 '동화하며 강화하는 활동'으로 이해한다. 이후 이 활동은 영양 섭취의 과정으로 표현된다.

니체의 인식론은 생명과 유기체에 대한 생리학적 이해의 지평 위에서 구성된다.[30] 그에게 있어 삶의 실재를 인식하고자 하는 의지는 생명에 내재된 생명력, 다시 말해 인간의 내적 자연성을 반영하고 표출하는 힘에의 의지로서의 삶을 전제로 할 수밖에 없다. 그렇다면 삶의 상승과 성장에 기여할 수 없는 인식은 삶의 하강과 퇴화의 원인이 될 수밖에 없다. 이렇듯 니체의 새로운 인식은 형이상학적 존재인식이 아니라, 힘에의 의지를 작용원리로 하는 내적 생기라는 실재에 대한 경험을 반영한다.

니체는 생명 있는 존재로서 유기체의 생명력을 힘에의 의지로 규정하고 이를 토대로 발생하는 내면의 생기활동을 영양, 소화, 동화, 신진대사

---

28 니체, 『유고(1888년 초~1889년 1월 초)』, 14[122], 121쪽.

29 니체, 『반시대적 고찰 II』, 「삶에 대한 역사의 공과」, 385쪽 참조.

30 생명의 생명력과 힘에의 의지의 생리적 관계에 대한 논의는, 이상범, 「니체의 위생학(Hygiene)에 대한 연구」, 『니체연구』, 제30집(한국니체학회, 2016년 가을), 175-222쪽 참조.

등과 같은 생리적-유기적 활동으로 환원하는 시도를 첫째, 인간이 자신의 몸과 대지로 돌아올 수 있고 둘째, 그의 내면의 자연성에 귀를 기울일 수 있으며 셋째, 이를 통해 삶과 세계의 실재를 재인식할 수 있는 기회로 여긴다. 이제 삶의 조건에 유용한 영양을 선정하고 섭취할 수 있는 인식기관은 몸(Leib)이며, 근본원리는 힘에의 의지이다. 그래서 니체는 매 순간 다양한 충동과 생기활동을 포괄하는 몸으로부터 단 하나의 "진리 그 자체"를 도출한다는 것이 불가능한 일이라고 단언하는 것이다.[31] 그리고 이 인식의지와 경험은 실재를 넘어선 가상이 아니라 실재를 향한 의지, 다시 말해 살아 있음이 아니라 살아가고자 의욕하는 생명의 능동적 생명력(Vitalität)에의 의지, 오직 힘에의 의지만을 따른다.

몸으로서의 삶은 근본적으로 힘에의 의지로서의 삶을 의미한다. 여기서 니체가 삶에의 의지를 힘에의 의지로 이해하는 이유는 힘에의 의지가 삶의 본질적인 존재양식이자 근본원리이기 때문이다. 이제 느낌, 감각, 표상, 의식, 인식, 행동 등 삶을 가능하게 하는 모든 요소는 유일한 존재원리이자 실천원리로서 힘에의 의지만을 따른다. 힘에의 의지가 보다 많은 힘을 위한 수단이기 때문에, 힘에의 의지를 원리로 하는 삶의 요소들 역시 보다 많은 힘(영양)의 섭취를 위한 수단으로 규정되는 것은 자연스러운 결과이다. 그래서 니체는 삶 혹은 생을 다수의 힘(충동)들의 투쟁 과정으로 규정하며 이를 "공동의 영양분 섭취 과정(einer gemeinsame Ernährungs-Vorgang)"이라고 표현하는 것이다. 영양은 힘을 의미한다.

우리는 하나의 공동의 영양분 섭취 과정에 의해 결합된 다수의 힘을 '생

---

31 니체, 『유고(1888년 초~1889년 1월 초)』, 14[152], 160쪽.

(Leben)'이라고 부른다. 이러한 영양분 섭취 과정에는 그것을 가능하게 하는 수단으로 이른바 느끼고 표상하고 사고하는 행동 모든 것이, 즉 1) 다른 모든 힘에 대한 저항 2) 이들 힘을 형태와 리듬에 따라서 조정하는 것 3) 동화(Einverleibung)나 배제, 관련 평가가 속한다.[32]

이렇듯 니체는 생성과 모순의 실재세계를 넘어 변화 없고 모순 없는 절대적 참된 세계를 창조해온 관념적 인식이론을 부정하며 자신의 인식론을 삶의 구체적 실재 세계에 국한시킨다. 즉 모든 인간을 동일자, 보편자로 규정할 수 있는 거대한 진리를 향한 인식이 아니라, 자신의 내면 세계로부터 외면 세계의 변화를 도출할 수 있는 인식으로, 자기 삶의 실재에 기여할 수 있는 영양을 섭취하는 기관으로 이해한다.

> "즉자적으로 인식한다(erkennen an sich)"는 것이 "제일" 원인이나 "물자체"의 경우에서와 마찬가지로 모순에 차 있는 것임을 알아내야 한다.
> 축소-기관으로서의 인식-기관 : 어떤 의미에서든 환원-기관으로서의. 영양섭취-기관의 수단으로서의.[33]

니체는 다음과 같이 명확하게 표현하기도 한다. "인식은 영양분 섭취를 위한 수단이다."[34] 이제 그는 마치 과학의 개념화, 범주화 혹은 수학의 산술(Arithmetik)처럼 낯선 것들을 "익숙한 것", 인식 가능한 것,[35] 즉 자신

---

32 니체, 『유고(1882년 7월~1883/84년 겨울)』, 24[14], 876쪽.

33 니체, 『유고(1884년 초~가을)』, 25[377], 143–144쪽.

34 니체, 『유고(1882년 7월~1883/84년 겨울)』, 24[14], 876쪽.

35 ""인식한다는 것"은 무엇인가? 뭔가 낯선 것을 알려진 것, 익숙한 것으로 환원하는 것."(니체, 『유고(1885년 가을~1887년 가을)』, 5[10], 234쪽). "산수(Arithmetik)의 발생에서 똑같이 보고, 똑같이 생각하고자 했듯이, 동일한 사례를 산정했듯이, "수(數)의 계산"에서 오랜 연습이나 준비교육이 선행되어야만 했듯이, 또한 논리적 추론에서도 이와 마찬가지다. 판단은

의 것으로 환원시키는 정신의 형이상학적 활동을 몸과 감각의 활동으로 환원한다. 그리고 이러한 인식 행위를 영양 섭취의 활동으로 이해한다. 인식은 수단과 목적이 일치하는 영양 섭취 기관이다. "감각은 "정신"과 동일한 작업을 한다 : 그것은 과학이 개념과 숫자를 통해 자연을 제압하는 것과 똑같은 방식으로 사물들을 제 것으로 만든다. 그 속에는 "객관적"이고자 하는 그 어떤 것도 들어 있지 않다 : 영양 섭취를 목적으로 한 일종의 체화(Einverleibung)와 적응(Anpassung)이 있을 뿐이다."[36]

그렇다면 삶의 실재에 기여할 수 있는 유용한 영양이란 무엇일까? 단적으로 말한다면 그것은 바로 삶의 상승과 성장에 기여할 수 있는 '보다 많은 힘'이다. 인식은 삶에 유용한 영양의 관점에서 기능한다. 힘에의 의지를 원리로 삼는 인식은 이러한 영양섭취의 관점으로부터 벗어날 수 없다. 니체는 힘에의 의지의 이러한 성격을 "힘 축척에의 의지(ein Wille zur Accumulation der Kraft)"로 명명한다. 인식의 실재와 경험을 의식할 수 있는 내적 생기현상으로 이해하는 니체는 이성 혹은 의식의 범주가 결코 삶의 조건이 될 수 없다는 사실과 더불어 오히려 비도덕적인 생물학적이고 동물적인 기능들이 삶의 상승과 영양을 위한 유용한 기능을 한다고 생각한다.[37] 힘에의 의지로 대변되는 새로운 존재형식은 보다 많은 힘을 축척

근본적으로 "이러이러한 것이 진리다"라는 믿음 이상일 뿐만 아니라, "바로 이러이러하기 때문에 그것은 진리다!"라는 것이다. 동화(Assimilation)의 충동, 모든 성장이 기초해 있는 저 유기체적 근본 기능은 가까운 곳에서 습득되는 것을 또한 내적으로 적응시킨다 : 힘에의 의지는 오래된 것, 이미 체험한 것이라는 형식 아래서 이렇게 새로운 것을 포함시키는 것에서, 여전히 살아 있는 것의 기억 속에서 가능하게 된다 : 우리는 그 이후 이것을 "파악한다"고 부른다!"(니체, 『유고(1884년 가을~1885년 가을)』, 40[7], 465-466쪽).

36 니체, 『유고(1884년 초~가을)』, 26[448], 356쪽.

37 "우리의 유기체를 생기의 완전한 비도덕성 내에서 연구하는 것이 바람직한 활동이다……동물적 기능들이야말로 아름다운 모든 상태나 의식의 높이보다 원칙상 백만 배나 중요하다 [···] 동물적 근본기능들의 수단(영양섭취와 상승의 수단(Ernährungs- Steigerungsmittel))을 가능한 한 완전하게 하는데 봉사한다 : 그중에서도 특히 삶을 상승시키는 수단을."(니체, 『유

하기를 원하는 의지로 대변되며 니체는 이 의지를 "더 많은 것을 원하는 의지(Wille zum Mehr)"[38]라고 표현하기도 한다.

> 우리에게 가장 잘 알려진 존재 형식인 삶은 전형적으로 힘 축척에의 의지다.
> : 삶의 모든 과정들은 여기서 자신의 실마리를 갖는다.
> : 보존을 원하는 것은 없다. 모든 것은 집적되고 축척되어야 한다. […]
> : 힘의 극대적 느낌을 추구한다.
> : 본질적으로 좀 더 많은 힘을 추구한다.
> : 추구는 힘의 추구 외에 다른 것이 아니다.
> : 가장 깊고도 가장 내적인 것은 어디까지나 이 의지다 : 역학은 한갓 결과에 대한 기호론일 뿐이다.[39]

이러한 의미에서 1885년 유고의 단편 「힘의 생리학을 위하여」에 등장하는 니체의 말 "영양(Ernährung)은 탐욕스러운 취득(die unersättliche Aneignung), 즉 힘에의 의지의 결과일 뿐"[40]은 매 순간 보다 많은 힘의 증대를 원하는 힘에의 의지, 즉 힘 축척에의 의지의 심리-생리학적 특성을 잘 드러내주고 있다. 또한 같은 유고의 글에 제시된 글 "조형하는 힘은 항상 새로운 "재료"(더 많은 "힘")를 저장하고자 하는 것이다. 알로부터 하나의 유기체를 형성하는 걸작." 역시 보다 많은 힘을 원하는 것은 유기체의 본질적인 심리-생리적 특성이라는 사실을 함의하고 있다. 니체는 이러한 힘 축척에의 의지를 삶의 현상, 영양, 생식, 유전뿐만 아니라, 사회, 국가,

---

고(1887년 가을~1888년 3월)」, 11[83], 334쪽).

38 같은 책, 335쪽.

39 니체, 『유고(1888년 초~1889년 1월 초)』, 14[82], 72쪽.

40 니체, 『유고(1885년 가을~1887년 가을)』, 2[76], 120쪽.

습관, 권위 등, 힘을 토대로 하는 모든 영역에 작용하는 원리로 이해한다. 이렇듯 이 의지의 변함없는 성격은 보다 많은 힘을 얻고자 한다는 것이다.

> 삶의 현상, 영양, 생식, 유전에
> 사회, 국가, 습관, 권위에 특유한 것으로서의 힘 축척에의 의지
> 이런 의지를 화학에서도 동인으로 가정하면 안 될까?
> 우주 질서 속에서도?
> 한갓 에너지의 지속이 아니다 : 오히려 힘 소비의 극대-경제(Maximal-Ökonomie des Verbrauchs)다 : 그래서 모든 힘 중심들로부터 나오는 좀 더-강해지려는-의욕이 실재인 것이다. — 자기 보존이 아니다. 동화이고, 지배를 원하고, 더 많이 원하며, 더 강해지기를 원하는 의지 작용인 것이다.[41]

힘은 그 자체로 유기체의 생명을 유지하는 에너지로 작용한다. 니체는 보다 많은 힘을 축척하고 또한 이 힘을 통해 상승과 성장을 실현시키기 위한 의지의 특성을 설명하기 위해서 소유(Aneignung), 동화(Assimilation), 체화(Einverleibung) 그리고 드물게는 독일어 동사 aneignen(제 것으로 만들다), einschliessen(보관, 감금, 포함)을 사용하기도 한다.[42] 힘과 의지에 대한 니체의 이해처럼, 힘을 향한 의지의 활동은 그 자체로 수동적-자기

---

41 니체, 『유고(1888년 초~1889년 1월 초)』, 14[81], 70–71쪽.

42 이 단어들은 모두 의지가 원하는 힘의 속성을 표현하기에 의미론적으로 상이하지 않다. 예를 들어 클라스(Tobias Nikolaus Klass)는 자신의 논문에서 니체의 영양개념을 힘에의 의지의 관점에서 설명하며, 힘에의 의지를 "체화(합병)에의 의지(Der Wille zur Einverleibung)"이라고 표현한다. 하지만 여기서 독일어 Einverleibung은 직접적으로 "동화(同/Assimilation)"라는 단어로 쓰이고 있지는 않지만, 보다 많은 힘을 추구하고 또한 이를 자신의 몸으로 흡수하고자 하는 유기체의 관점에서 그 의미는 비슷하게 이해해도 무관하다. 니체는 다양한 단어를 사용해서 자신의 견해를 전달하고 있다. 하지만 그 단어들은 모두 상호 교환될 수 있는 의미를 담고 있다. (Tobias Nikolaus Klass, Wie mann wird, was man isst. Nietzsches Diätetik, in Nietzsche-Philosophie de Kultur(en)?, Andreas Urs Sommer(Hrsg.), 413쪽).

보존적일 수 없다. 매 순간 능동적이고 자기극복적일 수밖에 없다.

> 무엇이 "능동적"인가? 힘을 향해 나아감 […] "영양은" 단지 파생된 것이다. 근원적인 것은 모든 것을 자기 안에 포함하고자 하는 의욕(in sich einschlie ß en wollen)이다.[43]

위의 글은 니체가 삶의 상승과 성장에 기여할 수 있는 힘을 "영양"이라는 비철학적 개념으로 전환하여 사용함에도 불구하고 여전히 "힘"이라는 표현에 더 중점을 두고 있는 듯한 인상을 준다. 하지만 그에게 있어 변함없는 사실은 힘은 곧 삶의 상승과 성장에 기여할 수 있는 영양(소)이라는 것이다. 그리고 영양은 마치 인간이 음식을 섭취하고 그 스스로 느끼기도 어렵게 다양한 영양을 축척하고 있듯이 힘을 축척하는 과정에서 자연스럽게 파생된 결과이다. 이렇듯 니체는 영양 개념을 통해서 힘에의 의지의 특성, 즉 힘의 의미와 의지활동의 목적을 보다 실재적인 관점에서 설명한다. 영양은 힘이기 때문에 중요한 것은 이미 축적된 영양(힘)이 아니라, 보다 많은 영양을 향한 지속적인 의지의 활동이다.

> 유기체의 지속적인 발전은 영양 상태가 아니라 명령하고 지배할 수 있는-능력에 연계되어 있다는 것을 전제한 : 영양은 그 결과 하나일 뿐이다.

힘에의 의지의 행위로서 인식은 몸과 내적 활동으로서의 충동을 전제할 수밖에 없다. 몸은 충동들, 힘들을 향한 의지가 활동하는 투쟁의 장으로서 자연스럽게 명령과 복종의 서열관계가 형성된다. "유기체에서 힘에

---

43 니체, 『유고(1885년 가을~1887년 가을)』, 5[64], 260-261쪽.

의 의지의 표현으로서 지배하고 복종하는 것."[44]이라는 니체의 명제는 이를 잘 보증해준다. 이 힘의 서열에 의해 삶의 인식과 관점이 설정된다. 그리고 지배하고 명령하고자 하는 힘들의 유희로부터 매 순간 영양이, 즉 삶의 상승과 성장에 기여할 수 있는 힘의 심리-생리학적 결과가 동반된다. 니체는 다음의 글에서 힘들을 향한 의지의 유희와 이후 파생된 후속 현상으로서의 영양을 원형질의 생명현상을 예로 들어 보다 구체적으로 설명한다.

> 원시적 영양 작용(die primitive Ernährung)이라는 가장 단순한 경우를 들어보자 : 원형질은 자기에게 저항하는 것을 찾기 위해 자신의 위족을 뻗는다 — 배가 고파서가 아니라 힘에의 의지에서. 거기에 이어서 저항하는 것을 극복하고, 동화시키고(sich einzuverleiben), 합체하려는 시도를 한다 : — '영양 작용(Ernährung)'이라고 불리는 것은 좀 더 강해지려는 저 근원적 의지의 후속-현상에 불과할 뿐이고, 이 의지의 활용에 불과할 뿐이다.[45]

---

44 니체, 『유고(1884년 가을~1885년 가을)』, 39[13], 453쪽.

45 니체, 『유고(1888년 초~1889년 1월 초)』, 14[174], 192쪽. 왜 니체가 자기조절, 동화, 영양, 신진대사 등과 같은 유기적 기능의 원초적 형태를 배고픔이 아니라, 보다 많은 힘을 원하는 생명의 초기 (의지의) 형태로, 즉 힘에의 의지의 활동으로 이해하는지에 대한 보다 구체적인 설명에 대해서는 다음의 글을 참조하자. "우리의 욕망과 정열의 세계 외에 현실로 '주어진' 것이 아무것도 없다고 가정한다면, 우리가 바로 자신의 충동의 현실에 다가가는 것 외에 다른 '현실'로 내려가거나 올라갈 수 없다고 가정한다면 — […] 시험 삼아 다음과 같은 질문이 허용되는 것은 아닌가? 즉 이 주어진 것은 그러한 종류들 중에서도 이른바 기계적인 ('물질적인') 세계를 이해하는 데 충분한 것이 아닌가? 내가 생각하는 것은 착각, '가상', (버클리와 쇼펜하우어적인 의미에서) '표상'이 아니다. 오히려 나는 우리의 정서 자체가 가지고 있는 것과 똑같은 현실성의 단계를, — 그 안에서 모든 것이 여전히 강력한 통일체로 결정되어 있고, 그 다음에 유기적 과정을 거치면서 나누어지고 형성되는 정서의 세계의 좀 더 원초적인 형태를 (또한 당연하게도, 허약해지고 쇠약해지기도 한다—), 아직 모든 유기적인 기능이 자기조절, 동화(Assimilation), 영양 섭취, 배설, 신진대사 등과 종합적으로 상호 결합되어 있는 일종의 충동적 생(eine Art von Triebleben)을 생각하고 있다. — 이것이 생명의 초기 형태(eine Vorform des Lebens)가 아닌가?"[…] 문제는 결국 우리가 의지를 정말로 작용하는 것으로 인정하는가, 우리가 의지의 인과성을 믿는가이다 : 우리가 그것을 인정한다면, 또 근본적으로 그것에 대한 믿음이란 단지 인과성 자체에 대한 우리의 믿음일 뿐이라면 —,

1885년의 유고에 제시된 하나의 장(Kapitel)의 목록에 있는 글 역시 이를 잘 보증해준다. "영양섭취 […] 힘에의 의지로 되돌아간다."[46] 이 글은 영양을 힘으로 이해하고 이를 추구하는 활동을 의지로, 다시 말해 힘에의 의지로 규명하는 니체의 의도를 명확하게 파악할 수 있다. 힘에의 의지를 보다 많은 힘을 원하는 "축적에의 의지"로 명명했던 것처럼, 니체는 이 의지를 "지배(zur Überwältigung)에의 의지", "동화(zur Assimilation)에의 의지", "영양(zur Ernährung)에의 의지"로 표현하기도 한다.[47] 그리고 이 의지들은 본질적으로 자기보존에의 의지가 아니라, 끊임없는 자기극복에의 의지에 대한 또 다른 명칭들일 뿐이다. 원형질의 생명현상을 예로 들어 니체는 생명의 근원적 생명력, 즉 힘에의 의지의 본질적인 특성을 설명한다. 이것은 힘에의 의지의 도구로서의 인간의 인식이 삶의 상승과 성장의 관점에서 작용할 수밖에 없는 이유이다. 이렇듯 그의 철학의 곳곳에서 등장하는 표현 영양 혹은 영양섭취는 일반적으로 힘과 이를 향한 의지의 관점에서 읽어낼 수 있다.

우리는 의지의 인과성을 유일한 인과성으로 가정하는 시도를 해야만 한다. '의지'는 물론 '의지'에 대해서만 작용하라 수 있다. — '물질'에는 작용할 수 없다. 과감하게 '작용'이 인정되는 곳에서는 어디에서나 의지가 의지에 대해 작용하고 있는 것이 아닌가 — 그리고 모든 기계적인 사건은 그 안에서 어떤 힘이 작용하는 한, 바로 의지의 힘, 의지의 작용이 아닌가라는 가설을 세워야만 한다. — 그리하여 마침내 우리의 총체적인 충동의 생을 한 의지의 근본 형태가 — 즉 나의 명제에 따르면, 힘에의 의지가 — 형성되고 분화된 것으로 설명한다면, 또 우리가 유기적 기능을 모두 이러한 힘에의 의지로 환원할 수 있고, 그 힘에의 의지 안에서 생식과 영양 섭취 문제를 해결하는 방안도 — 이것도 하나의 문제이다 — 찾아낸다면, 작용하는 모든 힘을 명백하게 힘에의 의지로 규정할 수 있는 권리를 얻을 수 있을 것이다. 그 내부에서 보여진 세계, 그 '예지적 성격'을 향해 규정되고 명명된 세계 — 이는 바로 '힘에의 의지'이며, 그 밖의 아무것도 아니다. —"(니체, 『선악의 저편』, 36, 66–67쪽 참조).

46 니체, 『유고(1884년 가을~1885년 가을)』, 39[12], 452쪽.

47 니체, 『유고(1884년 가을~1885년 가을)』, 34[55], 211. 이 의지의 특성에 대하여 니체는 다음과 같은 설명을 덧붙인다. "우리의 끊임없는 기능은 완전히 이기주의적이고, 마키아벨리적이며, 우려할 염려가 없고, 예민하다. 명령과 복종은 최고로 작동되며, 이로 말미암아 완전히 복종될 수 있으며, 개별적 기관은 많은 자유를 갖는다."(같은 책, 211쪽).

원형질의 가장 하부적이면서 근원적인 활동이 자기보존의 의지로부터 도출될 수는 없다 : 왜냐하면 원형질은 어리석게도 보존에 필요할 것보다 더 많이 자신 안에 받아들이기 때문이다 : 그리고 무엇보다도 원형질은 이것에 의해서 '자신을 보존하지 않고, 오히려 분리하기 때문이다……여기서 지배하고 있는 충동은 바로 이러한 자신의 보존을-원치-않음(Sich-nicht-erhalten-wollen)을 분명히 밝혀야만 한다.[48]

3) 영양과 배고픔

니체는 힘에의 의지의 관점에서 영양과 더불어 "배고픔(Hunger)"이라는 표현도 함께 사용한다. 이 두 개념은 얼핏 대립적인 관계를 가지는 것처럼 보인다. 그 이유는 니체가 위에 제시된 1888년 초 유고(14[174])에서 원형질의 특성을 예로 들어 설명할 때 힘을 향한 의지를 "배고픔"에 의해서가 아니라, 보다 많은 힘을 원하는 힘에의 의지의 성격 그 자체로 규정함으로써 마치 배고픔이 힘에의 의지의 특성에 반하는 것처럼 설명했기 때문이다. 하지만 본 유고에서의 "배고픔"에는 모든 유기체의 생명원리가 단지 배고픔을 채우고자 하는, 즉 자기보존으로부터 도출될 수 없음을 명확하게 제시하고자 하는 그의 의도가 담겨 있다.

그리고 한 해 전인 1887년의 한 유고에서 "배고픔"을 "힘을 향한 근본충동"[49]으로 표현하고 있듯이, 니체는 배고픔을 그 자체로 부정하지는 않는다. 오히려 배고픔을 나약한 힘에의 의지의 결과가 아니라, 오히려 이를 힘의 동화와 강화를 위한 요소로 환원시킴으로써 영양과 더불어 배고

48 니체 「유고(1887년 가을~1888년 3월)」, 11[121], 355쪽.

49 니체 「유고(1887년 가을~1888년 3월)」, 9[151], 108쪽.

픔 역시도 힘에의 의지의 관점에서 동일하게, 다시 말해 힘의 증대를 향한 충동으로 이해한다.

그렇다면 니체가 배고픔을 힘에의 의지의 관점에서 이해하고 있다는 것은 무엇을 의미하는 것일까? 이에 대하여 보다 구체적으로 살펴보면 1883년 유고에서 니체는 "배고픔"에 반응하는 유기체의 운동 및 메커니즘의 형성 가능성에 대해서만 언급할 뿐, 아직 이에 대한 명확한 설명을 제시하고 있지 않다. 이후 1888년에 이르러 그는 배고픔이라는 내적 충동활동을 유기체의 동화 욕구를 자극하는 요소로 보다 구체화한다. 여기서 중요한 것은 니체가 1883년부터 1888년에 이르는 기간 동안 "배고픔"을 변함없이 일종의 "불쾌감"으로 규정하고 있다는 사실이다. 이로부터 그가 영양과 배고픔을 쾌와 불쾌와 같은 유기체의 정상적인 내적 충동(힘)의 양식으로 이해하고 있다는 사실을 알 수 있다. 명확하게 말해 니체는 영양과 배고픔을 쾌와 불쾌와 같은 동일한 내적 생기현상으로, 즉 힘에의 의지의 현상으로 이해한다.[50] 1883년과 1888년, 두 시기의 유고의 글은 다음과 같다.

> 배고픔. 그것은 하나의 불쾌감이며 그것을 종결시키기 위한 수단에 대해서 아는 것이다. 비록 알지 못한다고 해도 배고픔을 없애는 데 적합한 유기체의 일련의 운동은 형성될 수 있다. 배고픔에서 이러한 메커니즘의 자극이 함께 느껴진다.[51]

---

50 "불쾌감은 어떤 것이 저지되었을 때 갖게 되는 감정이다 : 그러나 힘은 저지되었을 때만 의식될 수 있기 때문에, 불쾌감은 모든 행위에 있어 필연적인 요소 중 하나라 하겠다(모든 행위는 극복되어야 할 어떤 것에 대해 정향되어 있다). 따라서 힘에의 의지는 저항을, 불쾌감을 추구한다."(니체, 『유고(1884년 초~가을)』, 26[275], 292쪽).

51 니체, 『유고(1882년 7월~1883/84년 겨울)』, 12[25], 531쪽.

배고픔을 영양 불량의 결과(als Folge der Unterernährung)로 파악한다는 것은 : 배고픔을 더 이상은 주인이 되지 못하는 힘에의 의지의 결과로 파악하는 것을 의미한다. […] 결코 손실의 회복이 문제가 되는 것이 아니다 — 힘에의 의지가 자신을 만족시키는 완전히 다른 방식을 깨친 후에야 비로소 분업의 결과로서 유기체의 동화 욕구(das Aneignungsbedürfniß des Organismus)가 배고픔으로 환원되고, 손실된 것의 만회 욕구(das Wiederersatzbedürfniß)로 환원된다.[52]

배고픔을 자기보존의 일환으로 이해한다고 하더라도 생명의 근본원리에 대한 니체의 견해와 의도는 변함이 없다. 하지만 니체는 배고픔을 불쾌감과 같이 오히려 추구할만한 것으로 규정함으로써 유기체의 생명원리가 자기보존이 아니라, 오직 힘에의 의지에 의한 동화 욕구(자기극복)에 의한 것이라는 사실을 명확하게 규명한다. 니체에게 있어 불쾌가 힘의 소진이 아니라, 오히려 힘을 향한 의지의 저항이자 자극제이듯이, 배고픔 역시 "영양 불량의 결과(als Folge der Unterernährung)"가 아니라, 힘(영양)에의 의지를 강화시키는 자극제인 것이다. 배고픔은 보다 많은 힘을 원하는 유기체의 정상적 동화작용이자 손실된 힘을 다시 채우고자 하는 건강한 욕구이다. 이렇듯 니체는 불쾌 혹은 배고픔과 같은 충동들을 마치—쇼펜하우어의 의지의 형이상학과 같이—의지의 영원한 고통이 초래하는 삶의 불만족과 부정과 같은 방식이 아니라, 오히려 내면의 충동을 본질적인 생명현상으로 이해하고 이를 보다 능동적이고 긍정적인 삶의 원리로 확장한다.

52 니체, 『유고(1888년 초~1889년 1월 초)』, 14[174], 192쪽.

우리의 충동, 이를테면 배고픔이나 성충동, 움직이려는 충동의 정상적인 불만족은 그 자체에는 기를 꺾어버리는 어떠한 것도 포함하지 않으며 ; 오히려 개개의 고통스런 작은 자극들의 리듬이 생명감정을 강화시키는 것처럼 생명감정을 자극한다. 염세〈주의자들〉이 이것에 대해 우리에게 아무리 그럴듯하게 속이려 할지라도 말이다 : 이런 불만족은 삶을 혐오하게 만드는 대신 삶의 중요한 자극제이다.[53]

배고픔과 불쾌는 힘의 소진이라는 실재적-경험적 현상이며 이때 힘에의 의지에 의한 힘의 충만 역시 경험적 실재이다. 배고픔이 생명현상의 마지막을 의미하지 않는 것처럼, 이 상태는 힘에의 의지의 정지를 의미하지 않는다. 만약 그렇다면 힘(영양)을 추구하는 의지 역시 정지되며 나아가 인간의 인식 역시 더 이상 삶의 상승과 성장을 향한 실재 삶의 관점에서 기능할 수 없기 때문이다.

4) 영양과 그리스도교

지금까지의 논의를 바탕으로 니체가 그리스도교에 대한 비판적 관점에서 어떻게 영양 개념을 사용했는지 유추할 수 있을 것이다. 그리고 『이 사람을 보라』의 「나는 왜 이렇게 영리한지」에는 그리스도교에 대한 자신의 생각을 전달함에 있어 영양 개념을 직접적으로 제시한 글이 있다. 여기서 니체는 자신을 무신론자로 규정하며, 삶의 물음에 대해 신이 내리는 답을 "생각"에 대한 금지, 즉 모든 개인의 개인성을 부정하는 일종의 심리-생리적 억압에 지나지 않는다고 생각한다.[54] 힘의 소진, 그리스도교

---

53 니체, 『유고(1887년 가을~1888년 3월)』, 11[77], 332쪽.

54 니체, 『이 사람을 보라』, 350쪽.

의 영향 아래 실패한 르네상스, 삶을 속박하는 무리-도덕 등으로 대변되는 심리-생리적 나약함(데카당스)의 증상 속에서 그는 동시대인들의 영양 상태를 문제시한다.

> 무신론은 내게서는 즉각적으로 자명한 사실이다. 나는 너무 호기심이 많고, 의문이 많으며, 오만하여 조야한 대답에 만족하지 않는다. 신이란 하나의 조야한 대답이며, 우리 사유가들의 구미에 맞지 않는다 — 심지어 그것은 본질적으로는 우리에게 조야한 금지를 하는 것일 뿐이다 : 너희는 생각해서는 안 된다!는 금지를 말이다……나는 완전히 다른 문제에 흥미를 느끼고 있는데, 그것은 '인류의 구원'이 신학자의 어떤 기묘함보다도 더 많이 의존하고 있는 문제이다 : 영양 섭취라는 문제가 바로 그것이다. 이것을 사용할 수 있게끔 정식화시켜보면 : "네 힘의 극대화에, 르네상스 양식의 덕의 극대화에, 허위도덕으로부터 자유로운 덕의 극대화에 이르기 위해서는 너는 어떤 영양 섭취를 해야 하는가?"[55]

니체가 전통 형이상학과 더불어 그리스도교의 종교적 인간을 비판함에 있어, 이편세계와 저편세계, 주인도덕과 노예도덕 그리고 이에 대한 심리-생리적 탐구의 근본주제로서 힘의 충만과 소진(증대와 감소)을 문제시했다는 것은 이미 많이 알려진 사실이다.[56] 니체는 그리스도교를 지탱하는 심리-생리적 조건을 "의지의 커다란 질병(eine ungeheure Erkrankung des Willens)"으로 이해한다. 그 이유는 그리스도교는 자신의 의지가 자신을 변화시킬 수 없는 의지-이완의 시대에서 삶에 대한 불안과 나약한 의

---

55 같은 책, 350쪽.

56 "교회가 바라는 종교적 인간은 전형적인 데카당이다 : 종교적 위기가 한 민족을 지배하는 시기에는 항상 전염성 신경증이 특징적으로 나타난다 ; 종교적 인간의 '내면세계'는 과민하고 소진한 자들의 '내면세계'와 혼동을 일으킬 정도로 유사하다."(니체, 『안티크리스트』, 51, 291쪽).

지를 가진 자들에게 위로와 위안을 제공함으로써, 이들 역시도 "의지의 강화(Willensstärke)"에 이를 수 있다는 믿음과 수단으로서의 역할을 했기 때문이다. 니체는 이를 그리스도교의 "열광주의(Fanatismus)"라고 표현한다. 그리고 종교적 신앙심으로 표출되는 열광주의를 영양의 관점에서 다음과 같이 말한다.

> 열광주의는 이제 지배적으로 된 개별적 관점과 감정에 풍부한 영양(die überreichliche Ernährung)을 공급해주기 위해 감성과 지성의 전체 체계에 최면을 거는 것과 같은 역할을 했다. — 그리스도교는 이 열광주의를 자신의 신앙이라고 부른다. 어떤 사람이 자신에게 명령이 내려져야만 한다는 근본적 확신을 갖게 된다면, 그는 "신앙인"이 된 것이다.[57]

하지만 그리스도교가 제시한 의지의 강화는 다름 아닌 의지의 변경에 불과했다. 여기서 그리스도교가 행한 의지의 변경은 삶을 고난의 과정으로 규정함으로서 인간의 의지를 고난의 극복이 아니라, 오히려 고난 속에서 스스로를 보존하는 수단으로의 변경을 의미한다.[58] 이러한 의지의 변경은 『도덕의 계보』의 「제3논문」에서 논의된 "원한의 방향"의 변경, 즉 삶의 고통에 대한 책임을 자기 자신에게 부과함으로써, 원한과 복수를 죄

---

57 니체, 『즐거운 학문』, 330–331쪽.

58 "금욕주의적 이상은 퇴화되어가는 삶의 방어 본능과 구원 본능에서 생겨난 것이다. 그러한 삶은 모든 수단을 강구해 자신을 보존하려고 하며, 자신의 생존을 위해 투쟁한다. 이것은 국부적인 생리적 장애와 피로가 있음을 의미하는데, 이에 대해 삶의 가장 깊은, 제 기능을 발휘하며 남아 있는 본능은 끊임없이 새로운 수단이나 착상으로 투쟁하고 있다. 금욕주의적 이상은 그러한 수단이다 […] 금욕주의적 이상은 삶을 보존하기 위한 기교인 것이다. […] 지금까지의 인간 유형에는, 적어도 길들여진 인간의 유형에는 병적인 것이, 인간의 죽음과의 생리학적 싸움(더욱 자세히 말하자면, 삶의 권태와의, 피로와의, '종말'을 바라는 소망과의 싸움)이라는 중요한 사실이 표현되어 있다."(니체, 『도덕의 계보』, 「제3논문」, 13, 484쪽).

와 벌의 감정으로 변경하는 금욕주의와 동일한 관점에서 읽을 수 있다.[59] 의지의 변경은 삶의 권태와 피로로 대변되는 의지의 병을 유발한 근본요인이자 심리-생리학적 나약함을 토대로 진행된 병 그 자체인 것이다. 다음의 글에서 이에 대한 니체의 구체적인 설명을 들을 수 있다. 여기서 "충분하지 않은 영양 섭취를 '마땅한 것으로' 만드는 종교를!"[60]이라는 문장은 니체의 영양 개념이 근본적으로 퇴화된 의지와 힘(영양)의 결여로부터 발생하는 병, 즉 힘에의 의지의 부정으로부터 발생된 병임을 다시 한 번 확인할 수 있다.

> 병이 충분히 들어 있어야만 그리스도교인이 되는 법이다…… 건강할 용기 그리고 경멸할 용기를 갖고 있는 우리 다른 자들은 육체를 오해하라고 가르쳤던 종교를 어떤 식으로 경멸할 수 있는가! 영혼-미신을 제거하려 하지 않는 종교를! 충분하지 않은 영양 섭취를 '마땅한 것으로' 만드는 종교를! 건강을 일종의 적수로서, 악마로서, 유혹으로서 적대하며 싸우는 종교를! 죽은 시신 안에 '완전한 영혼'을 지니고 다닐 수 있다고 믿게 하고, 그러기 위해서 '완전성'이라는 새로운 개념을, 창백하고 병들고 백지처럼 열광하는 본성을, 소위 말하는 '신성함'을 준비해야 할 필요가 있었던 종교를! — 신성함이란 것은 피폐되고 쇠잔해지고 치유가 불가할 정도로 부패한 육체의 여러 증후들의 대열에 불과하다![61]

또한 니체에 의하면 의지의 변경은 곧 무리인간의 의지로의 변경과 다르지 않다. 그는 무리 속에서 자신의 개인적 의지와 "취향(Geschmack)"[62]

---

59 같은 책, 15, 493–495쪽 참조.

60 같은 책, 11, 480–481쪽/13, 484쪽 참조.

61 니체, 『안티크리스트』, 51, 291–292쪽.

을 부정하고 더 이상 자기 자신일 수 없는 무기력한 상태, 즉 힘의 심리-생리학적 소진의 상태를 "우울증(Depression)"이라고 진단한다. 니체가 "무리를 이루는 것은 우울증과의 투쟁에서 중요한 진보이며 승리이다."라고 말하는 것은 이러한 이유에서이다.

영양 개념에 대한 니체의 글들을 따라가다 보면 『안티크리스트』에서 행해진 예수에 대한 긍정적이고 인간적인 평가[63]와는 상반되는 다음과 같은 표현을 만나게 된다. "좋지 못한 영양 상태(die schlechte Ernährung)에서 우울한 예수"[64]라는 짧은 이 문장은 어떤 의미를 담고 있는 것일까? 예수의 실천적 삶에 대한 긍정적인 평가에도 불구하고 그에 대한 니체의 평가는 삶의 실재의 부정, 참된 진리 세계로의 도피, 삶의 불안과 고통에 더 이상 저항할 수 없는 무기력, 나아가 저항해야만 한다는 감정을 불쾌로, 저항할 수 없음을 오히려 쾌락으로 규정하는 등 근본적으로 생리학적 피로와 소진의 증상으로써 비판의 대상이 된다.[65]

하지만 병과 고통을 전제하지 않는 건강, 불쾌가 전제되지 않은 쾌락이란 있을 수 없다는 견해를 가진 니체에게 있어 건강과 쾌락만을 추구하는 의지는 자기보존적 의지에 불과할 뿐이다. 지금까지 논의한 영양의 관점에서, 다시 말해 삶의 상승과 성장에 기여할 수 있는 힘과 의지의 관점에서 보았을 때, 예수라는 인간 유형은 니체에게 있어 앞에서 언급했던 문장, "충분하지 않은 영양 섭취를 '마땅한 것으로' 만드는 종교"를 대변하는

---

62 "취향은 어떻게 바뀌는가? 취향은 언제 무기력해지고 부자유스럽게 되는가? 또 언제 강압적으로 되는가? — 선과 악에 대한 판단에서도 ; 도덕적 취향의 모든 변화의 근거는 생리학적 사실이다."(니체, 『유고(1881년 봄~1882년 여름)』, 11[112], 471쪽).

63 니체, 『안티크리스트』, 33, 259쪽 참조.

64 니체, 『유고(1884년 초~가을)』, 25[153], 68쪽.

65 니체, 『안티크리스트』, 29, 251-253쪽/30, 253-254쪽 참조.

자로 표현되기도 한다. 다음의 글은 이러한 관점에서 읽어야만 한다.

> 예수 : 사람들이 그를 믿어주기를 바랐으며, 그를 거스르는 것은 모두 지옥으로 보낸다. 가난한 자, 어리석은 자, 병든 자, 창녀와 천민을 포함한 여인들, 어린아이들을 — 그는 선호했다 : 그는 이런 자들 틈에서 편안해했다. 모든 아름다운 것, 부유한 것, 막강한 것을 정죄할 때의 느낌, 웃고 있는 자들에 대한 증오, 한 영혼 안에 더할 수 없이 큰 대조를 이루고 있는 호의. 모든 인간에게는 그것이 최악의 것이었다. 그 어떤 심리적인 정당성도 없이. 겸손에 대해 더없이 우아한 쾌락을 지니고 있는 저 엄청난 긍지.[66]

4. 귀족적인 섭생

지금까지 논의된 바와 같이 니체가 자신의 철학에서 제시하는 건강이론의 개념 "섭생"은 삶의 상승과 성장에 기여할 수 있는 내재적 힘과 의지의 관점에서, 즉 인간 실존의 영양학적 관점에서 읽어야만 한다. 건강과 병, 상승과 하강, 성장과 퇴화의 경계에서 주어지는 섭생의 과제는 병, 하강, 퇴화를 제거해야 할 대상으로 규정하지 않으며, 오히려 다시 상승하고 성장할 수 있는 조건으로, 다시 말해 다시 건강해질 수 있는 실존의 기회로 만드는 방법론이다. 니체에게 있어 영양은 상승과 성장, 즉 건강에 필요한 것들을 골라 섭취하는 것이 아니라, 섭취된 모든 것들이 실존의 조건으로 작용할 수 있도록 긍정하는 철학적 개념이다.

이렇듯 니체는 섭생 개념을 통해 형이상학적-종교적 영양섭취와 영양

66 니체, 『유고(1884년 초~가을)』, 25[156], 69쪽.

의 불균형에서 실존적 건강을 위한 새로운 균형의 원리를 되찾고자 시도한다. 니체의 섭생은 영양학적 관점에서 나약하고 병든 실존의 치유를 위해 인간과 그의 병적 증상 그리고 치유의 가능성 등을 인간의 내면으로부터 다시 읽어내며, 이를 힘과 의지의 문제로 전환한다. 보다 구체적으로 말해 니체는 영양과 그 기능, 다시 말해 힘의 섭취와 사용 그리고 힘을 향한 의지가 인간의 실존에 작용하는 근본적인 현상에 중점을 둔다.

니체의 섭생이 가지는 사상적 의미는 ① 대지의 모든 생명체를 힘에의 의지의 주체로 이해하고, 힘을 지속적인 자기극복을 가능하게 하는 실존의 영양소로 규정함으로써 형이상학과 삶의 실재의 이분법을 해체했으며, ② 지금까지 자기 자신을 향하지 못하고 스스로의 변화를 도출하는 자기원인이 될 수 없었던 나약한 정신과 의지의 병을 힘(영양)의 문제로 전환시켰다. ③ 그럼으로써 힘에의 의지의 주체로서의 모든 생명체는 다시 한 번 생성하는 대지의 삶 속 자기 자신을 인식할 수 있음과 동시에 자기 삶의 주인, 건강한 실존의 소유자가 될 수 있는 변화의 가능성을 자기 안에 담게 된다. 정신과 의지를 억압했던 형이상학, 종교, 도덕으로부터의 해방을 통해 인간의 총체적 자기인식을 가능하게 하는 자유로운 정신과 (힘을 향한) 의지의 복권(復權) 그리고 이를 통한 삶의 고양을 니체는 "훌륭한 섭생"의 양식으로 규정한다.

> 독일 신비주의자
> 지독한 자기-찬미 그리고 지독한 자기-경멸과 자기-왜소화는 아주 밀접한 관계에 있다: 금방 자신을 신으로 느끼다가 금방 벌레로 느끼는 신비주의자. 이때 없는 것, 그것은 자기-감정이다. 겸손과 자만, 아주 밀접한 관계에 있는 것처럼 보인다. 그리고 어떤 면을 보는지에 따른 판단들일 뿐이다. 공통적인 것은 : 이 두 경우, 평가에 있어서 냉철하고 흔들림 없는 시선이다. 그건 그렇게

겸손에서건 자만심에서건 자신과 비교해서는 안 될 그런 사람들 틈에서 살지 않는 것은 훌륭한 섭생(gute Diät)에 속하는 일이다. 이런 섭생은 귀족적인 섭생(eine aristokratische Diät)이다 . 선택된 사회. — 살아 있건 죽어 있건. — 운명은 스스로 그것에 속해 있다는 사실을 파악하고 있는 사람에게는 마음을 고양시키는 사상이다.[67]

섭생의 이러한 성격은 『차라투스트라는 이렇게 말했다』의 「낡은 서판과 새로운 서판에 대하여」에서 제시된 "새로운 귀족(Neuer Adel)"[68]의 특성과 다르지 않다. 그리고 니체의 철학에서 "귀족"이라는 표현은 그의 『선악의 저편』에서 제시된 바와 같이 자기 삶의 고유한 특권을 그 누구에게도 위임하지 않고, 오직 자기 자신으로 홀로 설 수 있는 존재, 그렇게 독자적이고 고귀한 인간의 조건으로서 제시된 "위대함"[69]과도 다르지 않다. 『선악의 저편』을 "귀족학교(eine Schule des gentilhomme)"라고 표현하고, 『차라투스트라는 이렇게 말했다』에서 시도된 실존적 섭생이 뒤이어 출간된 『선악의 저편』에도 여전히 유효하다는 니체의 말은 이러한 측면에서 의미가 있다. "이(선악의 저편) 책이 《차라투스트라》를 뒤따라 나왔다는 것을 생각해보면 이 책을 생겨나게 한 섭생법(das diätetische

---

67 니체, 『유고(1884년 초~가을)』, 26[442], 354쪽.

68 니체, 『차라투스트라는 이렇게 말했다』, 「낡은 서판과 새로운 서판에 대하여」, 11, 338쪽.

69 "나는 모든 드문 것, 낯선 것, 특권적인 것, 보다 높은 인간과 영혼, 더욱 높은 의무와 책임, 창조적인 힘의 충일과 지배권을 공동으로 얻기 위한 싸움을 하며 다음과 같이 말하고자 한다 — 오늘날 고귀하다는 것, 독자적인 존재가 되고자 한다는 것, 달리 존재할 수 있다는 것, 홀로 선다는 것, 자신의 힘으로 살아야만 한다는 것이 '위대함'의 개념에 속한다. 그리고 철학자는 다음과 같이 주장할 때, 자기 자신의 이상의 단면을 보이게 된다 : "가장 고독한 자, 가장 은폐된 자, 가장 격리된 자, 선악의 저편에 있는 인간, 자신의 덕의 주인, 의지가 넘쳐나는 자가 될 수 있는 자가 가장 위대한 인간이 될 수 있을 것이다. 다양하면서도 전체적이고 폭이 넓으면서도 충만할 수 있다는 이것이야말로 위대함이라 부를 수 있을 것이다." (니체, 『선악의 저편』, 212, 191쪽).

régime)을 알아차릴 수 있을 것이다." 그의 이 말은 『선악의 저편』에서 니체가 제기한 물음 "오늘날 위대함이라는 것이 가능한가?"에 대한 답을 『차라투스트라는 이렇게 말했다』에서 제시된 귀족적 섭생의 양식에서 찾을 수 있다는 것을 의미한다.

> 이 책(선악의 저편)은(1886) 본질적으로 현대성에 대한 비판이다. 그 비판은 현대 학문, 현대 예술, 심지어는 현대 정치마저도 제외시키지 않으며, 그 밖에도 현대적이지 않은 현대의 반대 유형인 고귀하고도 긍정하는 유형에 대한 암시 또한 포함하고 있다. 후자의 의미로 보면 이 책은 일종의 귀족학교(eine Schule des gentilhomme)다. 지금까지 상정했던 것 중에서 가장 정신적이고도 가장 철저하게 상정된 귀족학교 개념으로서 말이다. 이 개념을 견뎌낼 수 있으려면 몸에 용기를 갖추어야만 하고, 외경하는 것을 배우지 말아야만 한다……여기서는 이 시대가 긍지를 갖는 모든 것을 그런 유형과는 반대의 것이자 거의 무례한 것으로 간주한다. […] 이 책이 《차라투스트라》를 뒤따라 나왔다는 것을 생각해보면 이 책을 생겨나게 한 섭생법(das diätetische régime)을 알아차릴 수 있을 것이다.[70]

병에서 건강으로, 하강에서 상승으로, 퇴화에서 성장으로의 실존적 변화를 위한 니체의 철학적 시도와 이에 대한 건강이론으로서의 섭생은 저편의 세계와 이편의 세계, 진리와 비진리, 영혼과 육체, 이성과 감성, 자기와 자아, 현대와 반(反)시대성 등 인간의 삶과 연관된 모든 영역에서의 총체적 건강을 위한 심리-생리적 시도이다.

---

70 니체, 『이 사람을 보라』, 438–439쪽.

Ⅶ. 니체의 섭생Ⅱ : 위와 소화, 소화불량의 철학적 의미

1. 니체의 실존적 건강의 원리 : 섭생

니체는 자신의 철학에서 현대와 현대인의 다양한 실존적 현상들을 건강과 병의 관점에서 진단하고 그 치유방법을 모색한다. 이때 그가 사용하는 진단과 치유의 기호들은 항상 보편적인 철학적 개념들로 제시되지는 않는다. 때때로 니체는 위생학, 섭생(영양), 위, 소화, 소화불량과 같은 다양한 비철학적 개념들을 사용하며 보다 구체적으로 시대와 인간의 실존적 증상에 접근한다.[1] 이와 관련하여 니체는 『이 사람을 보라』의 「나는 왜 이렇게 현명한지」에서 "원한(Ressentiment)"을 예로 들어 현대와 현대인의 나약한 정신과 의지의 증상을 "소화불량(dyspeptisch)"으로 진단한다.

니체에 의하면 "원한"은 "저항과 공격 본능"[2]이 쇠퇴된 힘에의 의지의

1 이상범, 「니체의 위생학(Hygiene)에 대한 연구」, 『니체연구』, 제30집(한국니체학회, 2016년 가을), 175–222쪽; 「니체의 섭생(Diätetik)에 대한 연구」, 『범한철학』, 제83집 (범한철학회, 2016년 겨울), 75–111쪽 참조.

2 니체, 『이 사람을 보라』, 「나는 왜 이렇게 현명한지」, 6, 341쪽.

마비증상으로서 자신의 삶에 침묵하는 자의 태도("나쁜 성격(ein schlechter Charakter)"), 다시 말해 삶의 낡은 가치와 체험들을 소화(해석)할 수 없는 "상한 위(der verdorbene Magen)"를 가진 염세주의자[3]의 태도일 뿐이다. 니체는 자신의 운명을 사랑하며 삶을 새롭게 창조하지 못하고 주어진 숙명에 좌절하는 나약한 정신과 의지를 가진 현대인의 태도를 "조야함(Grobheit)"으로 표현한다. 니체에게 있어 소화불량은 수동적인 반작용의 삶을 살아가는 현대인의 조야함으로부터 유발되는 증상인 것이다.

> 내가 보기에는 가장 거친 말, 가장 거친 편지가 침묵보다는 더 선의에 차 있고 더 예의 바른 것 같다. [···] 침묵은 하나의 반박이다. 깊이 삼켜버리는 것은 필연적으로 나쁜 성격을 만든다 — 그것은 심지어는 위를 상하게 한다. 침묵하는 자는 모두 소화불량증 환자이다. — 내가 조야함을 평가절하하고 싶어 하지 않는다는 것을 사람들은 알고 있다. 조야함은 전적으로 가장 인간적인 반박 형식이며, 유약해진 현대의 한가운데 있는 우리의 최고 덕목이다.[4]

자신의 존재에 내재된 변화의 가능성에 침묵한 채 평균적 가치에 매몰된 현대인은 소화불량증 환자이다. 소화불량은 참된 자기인식의 결여로부터 유발되는 현대문명의 병이다. 니체에 의하면 현대인은 삶의 다양한 관점을 가질 수 없는 나약하고 빈곤한 정신의 소유자로, 오직 단 하나의 진리만을 편식하는 삶의 영양실조 증상을 가진 인간 유형이다. 또 다른 측면에서 그는 지나친 영양의 과잉, 다시 말해 근대문명의 다양한 문화들을 받아들이지만 어느 하나 제대로 자신의 것으로 동화하거나 소화하지

---

3 니체, 『유고(1878년 봄~1879년 11월)』, 38[1], 431쪽.

4 니체, 『이 사람을 보라』, 「나는 왜 이렇게 현명한지」, 5, 341쪽.

못하는 실존의 비만 증상을 가진 인간 유형이기도 하다. 니체는 이러한 인간 유형을 "모든 것을 먹는 인간(homo pamphagus)"[5]이라고 표현한다. 그는 모든 것을 먹으며 수많은 영양을 섭취함에도 불구하고 빈약한 삶을 살아갈 뿐이다. 이는 현대와 현대인이 겪는 만성의 병이 가진 특징이다.

> 근대인의 영양(Die Ernährung des modernen Menschen). — 근대인은 많은 것을, 아니 거의 모든 것을 소화할 줄 안다. 이것이 야심의 근대적인 형태다. 그러나 그가 거의 모든 것을 소화할 줄 모른다면 그는 좀 더 고차적일 것이다. 모든 것을 먹는 인간homo pamphagus은 가장 세련된 종이 아니다. 우리는 우리보다 더 괴벽스럽고 고집스러운 취향을 지녔던 과거와 아마 우리보다 더 고상한 취향을 갖게 될 미래 사이에 살고 있다. 우리는 너무 중간에 살고 있다.[6]

소화불량 증상은 힘에의 의지의 마비 증상과 다르지 않다. 위의 글 중 "그(근대인)가 거의 모든 것을 소화할 줄 모른다면 그는 좀 더 고차적일 것이다."라는 니체의 말은 양가적 의미로 해석될 수 있다. 첫째, 근대인이 모든 것을 소화할 수 있다는 것은 곧 자기 삶의 상승과 성장에 기여할 수 있는 유용한 영양을 선택할 수 있는 자기인식의 부재증상, 즉 삶의 고유한 관점과 해석의 부재증상을 가진 인간 유형이라는 것을 의미한다. 둘째, 이에 반해 근대인이 단 하나의 것만을 소화할 수 있다고 하더라도, 이 증상은 니체에게 비판의 대상이 될 수밖에 없다. 그 이유는 삶의 건강한 소화능력이 스스로 인식한 현상과 체험들을 자신의 고유한 관점을 통해 해석하고 그 가치를 평가할 수 있는 힘에의 의지의 원리를 전제로 하는

---

5 니체, 『아침놀』, 171, 189쪽.

6 같은 책, 171, 189쪽.

한, 인간은 근본적으로 단 하나의 가치만을 가질 수 없기 때문이다. 니체가 요구하는 것은 삶에의 의지를 강화할 수 있는 실존의 영양분을 찾아 섭취할 수 있는 자유정신으로의 변화이다.

결과적으로 니체는 영양실조와 소화불량 증상 모두를 비판한다. 단 하나의 가치를 편식하는 행위도, 모든 가치를 삶에 담는 행위도 결국은 힘에의 의지의 원리에 어긋나기 때문이다. 니체의 말처럼 "모든 것을 먹는 인간(homo pamphagus)은 가장 세련된 종이 아니다." 그 이유는 자신이 먹는 것이 무엇인지 잘 모르기 때문이다. 그는 자신의 삶에 유용한 영양이 무엇인지 알지 못한다. 즉 아직 자기 자신을 제대로 탐구해 본 적이 없다. 그는 삶의 고유한 관점의 결여로 인해 자신이 인식한 것을 해석할 수 있는 능력이 없다. 그는 자기 없는 인식의 과부하 증상으로 복통을 앓는 소화불량 환자이다. 이렇듯 니체철학에 등장하는 위(胃/Magen)와 소화, 소화불량과 같은 니체의 개념은—물론 니체는 이 개념을 육체적 섭생의 관점[7]에서 말하기도 하지만—근본적으로 그의 인식론과 정신적 섭생의 관점에서 이해되어야만 한다.

---

7 "내 위를 나빠지게 하는 혹은 내 위가 전혀 소화시키지 못하는 것들 : 감자, 햄, 겨자, 양파, 후추, 기름에 튀긴 모든 것, 반죽한 빵, 꽃양배추, 배추, 샐러드용 야채, 식용 유지를 사용한 모든 야채, 포도주, 소시지, 고기에 사용한 버터 소스, 파, 신선한 빵의 속 부분, 이스트로 발효시킨 모든 빵 조각, 석쇠에 구운 모든 것, 설익은 모든 고기, 송아지 고기, 구운 소고기, 양고기 넓적다리 살, 양고기, 달걀 노른자위, 우유와 생크림 역시, 쌀, 거칠게 간 곡물, 삶은 따뜻한 사과, 녹색의 완두콩, 콩, 홍당무, 뿌리, 물고기, 커피, 버터, 흰 빵의 갈색 껍질." (니체, 『유고(1884년 가을~1885년 가을)』, 34[13], 197쪽). "소화(Verdauung)"를 심리적-생리적 관점에서 논의한 글로는 Gerd Schrank, Rasse und Züchtung bei Nietzsche, Berlin/New York, 2000, 236-240쪽 참조.

2. 위(胃/Magen)와 소화에 대한 개념적 이해

1) 니체의 인식론적 관점에서 바라본 위와 소화

다수의 힘이 충동의 이름으로 지속적인 내재적 운동을 하고 이를 통해 변화를 실현하는 힘에의 의지의 존재로서의 인간, 다시 말해 끊임없이 생기하는 몸(Leib)으로서의 인간은 그 자체로 한 순간도 고정될 수 없는 '되어가는 존재(das werdende Wesen)'이다. 되어가는 모든 것은 생명으로 대변되며 생명 있는 모든 것의 생명력, 즉 힘에의 의지는 필연적으로 상승과 성장을 향한 변화를 추구할 수밖에 없다. 인간의 이러한 존재양식이 존재세계와 생성세계, 영혼과 육체라는 형이상학적 원리로 규명될 수 없음은 분명하다. 인간은 자신의 구체적인 실존의 조건 위에서 세계와 삶을 인식한다. "관점주의(Perspektivismus)"로 대변되는 니체의 인식론은 인간의 인식을 그 안에 내재된 힘의 문제로 전환함으로서 낡은 형이상학적 인식론을 극복하고 나아가 신의 부재로 유발되는 허무주의적 위기 속에서 삶의 의미와 가치를 창조할 수 있는 자유로운 정신으로의 변화를 지향한다.

삶의 구체적인 관점과 이를 실천할 수 있는 자유로운 정신과 의지의 힘이 없다면 인간의 인식은 보편적인 진리를 향할 수밖에 없다. 이러한 의미에서 "인식은 힘의 도구로 일한다. 그래서 인식이 힘의 증대와 더불어 성장한다는 것은 자명하다 〔…〕 다른 말로 하자면 : 인식의지의 정도는 그 종의 힘에의 의지의 성장 정도에 달려 있다."[8]와 "이 '힘에의 의지'는 해석 안에서, 힘 소비의 양식에서 자신을 드러낸다."[9]라는 니체의 두 견

---

8 니체, 『유고(1888년 초~1889년 1월 초)』, 14[122], 121쪽.

해는 정신과 의지 작용의 일환으로서 인간의 인식이 내재적 힘의 강함과 약함의 경계에서 그에 상응하는 결과로 도출된다는 사실을 보여준다. 여기서 중요한 것은 인식이 더 이상 인식 그 자체에 머물지 않고, 힘의 강함과 약함의 정도에 따라 관점을 달리하는 해석의 양식으로 드러난다는 것이다.

내면의 강한 힘을 통해 자기 삶의 관점을 설정할 수 있는 인간은 생성하는 세계 속 삶의 구체적 조건에 대한 인식으로부터, 다시 말해 상승과 성장에 기여할 수 있는 유용성의 관점에서 삶을 해석한다. 그 반대의 경우에는 니체가 자신의 철학 전체에서 그토록 거부했던 보편적-대중적 관점에서 삶을 인식할 수 있을 뿐이다. '인식'은 내재적 힘의 작용에 의해 끊임없이 세계와 삶에 대한 관점을 달리하는 해석일 수밖에 없다. 그리고 인간은 한 순간의 인식과 관점마저도 가치론적으로 평가할 수밖에 없는 필연적인 해석존재이다. 이 모든 과정의 원리는 힘에의 의지이며 그 전제는 삶, 다시 말해 자기 삶의 실존적 조건 아래 모든 것을 허용하는 자유로운 정신과 의지의 삶이다.

니체에게 있어 정신의 자유는 인식의 자유, 다시 말해 자신의 삶에 대한 인간의 다양한 관점과 능동적이고 주관적인 해석의 자유를 위한 근본 조건이다. 신이 부재하는 생성의 대지에서 자유정신은 니체에게 무엇보다 중요한 사상적 개념으로 제시된다. 모든 가치의 전도, 힘에의 의지, 영원회귀와 운명애, 위버멘쉬 등의 개념들 역시 사상적으로 중요한 의미를 내포하고 있지만, 자유로운 정신과 의지의 소유자가 상정되지 않는 한 이 개념들은 철학적 실천의 양식으로 보증될 수 없다. 이제 니체는 인간의

---

9 니체, 『유고(1887년 가을~1888년 3월)』, 10[138], 238쪽.

정신과 의지의 활동으로서의 인식-관점-해석을 "위"와 "소화", "소화불량"이라는 메타포를 사용해서 설명한다. 이 메타포들은 근본적으로 위에서 언급된 니체의 인식론을 따른다. 하지만 이 메타포들은 니체의 인식론을 토대로 그의 철학을 '정신적 섭생'의 관점에서 읽을 수 있는 또 하나의 가능성을 제시해준다. 아래의 글은 이를 잘 드러내고 있다.

> 대중들이 '정신'이라 부르는 명령적인 어떤 것은, 자기내부에서와 자신의 주변에서 지배자가 되고자 하며 스스로 지배자로 느끼고자 한다. 이것은 다양성에서 단순성에 이르고자 하는 의지를 졸라매고 제어하고 지배하고자 하며, 실제로 지배하는 의지를 갖고 있다. 이 경우 그 욕구와 능력은 생리학자들이 살아있고 성장하며 번식하는 모든 것이 가지고 있다고 가정했던 것과 똑같은 것이다. 이질적인 것을 자신의 것으로 만드는 정신의 힘은 새로운 것을 낡은 것에 동화시키거나 다양한 것을 단순화시키거나 완전히 모순되는 것을 무시하거나 배제하는 강한 경향에서 명백히 드러난다 : 이와 마찬지로 정신은 이질적인 것이거나 '외부 세계'에 속하는 모든 것에서 특정한 특징이나 윤곽선을 제멋대로 더 강하게 강조하거나 드러내거나 자기에 맞게 왜곡한다. 이 경우 정신이 의도하는 것은 새로운 '경험'을 동화시키고 새로운 사물들을 낡은 계열 속에 편입시키는 데—즉 성장시키는 데 있다. 좀 더 확실하게 말하자면, 성장의 느낌, 힘이 커졌다는 느낌으로 향하고 있는 것이다. 겉보기에는 그것과 상반되는 듯한 정신의 충동이 이러한 동일한 의지에 봉사하고 있다. […] 모든 것은 그 정신의 동화하는 힘의 정도에 따라 비유적으로 말하자면 '소화력'의 정도에 따라 필요하게 되는 것이다. — 실로 '정신'은 위(胃)와 가장 비슷하다.[10]

위의 글의 마지막 부분 "모든 것은 그 정신의 동화하는 힘의 정도에 따

10 니체, 『선악의 저편』, 230, 219쪽.

라 비유적으로 말하자면 '소화력'의 정도에 따라 필요하게 되는 것이다. ―실로 '정신'은 위(胃)와 가장 비슷하다."는 본 장을 대변해주는 내용이다. 인간이 해석한다는 것은 힘에의 의지의 활동이 지속되고 있다는 것을 의미한다. 니체가 '원형질의 근원적 생명력'[11]을 통해 힘에의 의지의 본질을 설명하는 것처럼 힘에의 의지는 자기보존이 아니라, 상승과 성장을 위해 끊임없이 저항을 찾으며 다시 이를 동화함으로써 더 많이 지배하고, 원하며, 강해지기를 원하는 의지의 작용이다.[12]

니체는 이러한 힘에의 의지의 투쟁을 "소화력(Verdauungskraft)"으로 표현한다. 동화한다는 것은 단순히 받아들이는 것이 아니라, 흡수하여 완벽하게 자신의 것으로 만드는 것이다. 니체에게 있어 낡은 형이상학적 오류들과 인식론은 결국 인간 정신의 나약함, 다시 말해 스스로 인식한 바를 해석할 수 없기 때문에 자기 삶의 건강을 위해 어떤 영양분도 스스로 공급할 수 없는 위(胃)의 기능상의 오류(힘에의 의지의 정지)에 불과할 뿐이다. 만약 인간의 삶을 규정하는 어떤 절대적 관념이 존재한다면 스스로 자신의 삶에 유용한 영양분을 공급할 수 없을 것이다.

정신을 위(胃)로 표현하는 니체의 의도로부터 자연스럽게 소화와 소화불량의 증상이 도출될 수 있음을 유추할 수 있을 것이다. 『차라투스트라는 이렇게 말했다』에서 제시되는 모든 가르침이 집대성된 단편 「낡은 서판과 새로운 서판에 대하여」에서 니체는 정신을 "위(胃)"로 표현하며 인

11 "원형질의 가장 하부적이면서 근원적인 활동이 자기보존의 의지로부터 도출될 수는 없다 : 왜냐하면 원형질은 어리석게도 보존에 필요할 것보다 더 많이 자신 안에 받아들이기 때문이다 : 그리고 무엇보다도 원형질은 이것에 의해서 '자신을 보존하지 않고, 오히려 분리하기 때문이다……여기서 지배하고 있는 충동은 바로 이러한 자신의 보존을–원치–않음(Sich-nicht-erhalten-wollen)을 분명히 밝혀야만 한다."(니체, 『유고(1887년 가을~1888년 3월)』, 11[121], 355쪽).

12 니체, 『유고(1888년 초~1889년 1월 초)』, 14[81], 70–71쪽.

간의 인식이란 근본적으로 그의 자유로운 정신과 의지의 강함으로부터 기인하는 것임을 다시 한 번 명확하게 제시한다.

> 부숴버려라. 형제들이여. 이 새로운 서판까지도 부숴버려라! 세상에 지쳐 있는 자들과 죽음을 설교하는, 그리고 옥리들이 내건 이 서판을 말이다. 보라, 이것 또한 예속을 가르치는 설교의 하나가 아닌가!
> 저들은 배우기만 했지만 서툴렀고, 가장 좋은 것은 아예 배우지도 못했다. 모든 것을 너무 일찍, 너무 서둘러 배웠던 것이다. 음식을 제대로 씹어 삼키지도 않았다. 그리하여 위에 탈이 난 것이다.
> 탈이 나고 만 위(ein verdorbener Magen), 저들의 정신이 바로 그것이다. 이 위장이 죽음을 재촉하고 있는 것이다! 진정, 형제들이여 정신이 곧 위(Magen)이기 때문이다.[13]

위의 글에 나타난 표현 "탈이 나고 만 위(ein verdorbener Magen)"(혹은 상한 위)는 니체의 인식론에서 "소화불량"의 증상과 동일하다. 그 이유는 차라투스트라의 말처럼 "정신은 곧 위(der Geist ist ein Magen)"이기 때문이다. 같은 글에서 니체는 소화불량의 증상을 가진 인간에 대하여 다음과 같이 설명한다.

> 사물의 이치를 터득하는 것, 그것은 사자의 의욕을 갖고 있는 자에게는 기쁨이 된다! 그러나 지쳐 있는 자는 다만 "의욕의 대상이 될" 뿐이다. 온갖 파도가 이러한 자를 노리개로 삼아 희롱한다. 그리고 약한 사람의 특성은 늘 이러하니, 저들은 도중에 자기 자신을 잃게 된다는 것이다. 그리하여 저들은 피로에 지쳐 마침내 묻기에 이른다는 것이다. "무엇을 위해 우리는 일찍이 길을 나섰던가!

---

13 니체, 『차라투스트라는 이렇게 말했다』, 「낡은 서판과 새로운 서판에 대하여」, 16, 343쪽.

모든 것이 한결같지 않은가!" "아무 짝에도 쓸모없다! 그러니 너희들에게는 의욕을 품을 이유가 없다!" 저들의 귀에는 이 같은 설교가 솔깃하게 들린다.[14]

2) 니체의 정신적 섭생의 관점에서 바라본 위와 소화

니체에 의하면 창조적 자기조형의 의지를 포기한 인간은 오랜 형이상학적-종교적-도덕적 관념들로부터 해방될 수 없다. 자신의 의지를 통해 삶을 변화시키고자 하는 인간만이 기존의 자신을 넘어 새로운 가치를 창조할 수 있으며 또한 이를 위해 보다 많은 힘을 필요로 할 것이기 때문이다. 이러한 의미에서 삶을 고난의 연속으로 규정하고 더 이상 자신의 삶을 의욕하지 않는 염세주의자는 니체의 강한 비판의 대상이 될 수밖에 없다. 염세주의는 생성하는 세계 속에서 끊임없이 의미와 가치를 창조해야만 하는 과제에 지쳐 자신의 삶으로부터 도피하는 나약한 삶의 허무주의적-데카당스적 형식일 뿐이다. 새로운 창조의 가능성은 항상 정신적 변화의 가능성, 즉 세계와 삶을 자유롭게 해석할 수 있는 강한 소화력(힘에의 의지)에 달려 있다. 하지만 염세주의자는 결국 또 다른 세계의 환영을 창조함으로써 삶을 유지한다. 니체가 염세주의자를 "상한 위를 가진" 자로 표현하는 이유는 이 때문이다.

기대하지 않은 교훈. — 우선 고통과 실패로 가득한 삶이 어떻게 현존재가 아주 꿀로 취하게 되는지를 가르친다 : 왜 금욕주의가 교활한 에피쿠로스 학파로부터 드물지 않게 선택되는지. — "염세주의자"는 상한 위를 가진(mit verdorbenen Magen) 영리한 사람이다 : 그는 머리로써 나쁜 소화에 복수한다.[15]

---

14 같은 책, 16, 343쪽.

1887년의 한 유고에서 니체는 "근대성"을 영양과 소화에 비유해서 설명한다. 그에 의하면 음식, 문학, 신문, 취향, 역사 등의 세계사적 문명은 그 어느 때보다도 풍부해졌고 그 발전 속도 또한 빨라졌지만 역으로 근대인들은 이 모든 것을 깊이 받아들이는 동시에 동화하고 소화하지 못하며 오히려 이에 본능적으로 저항할 뿐이다. "모든 시대는 소화를 잘해서 몸에 익게 변형시킬 수 있는 한도에서 역사를 필요로 한다 ; 그래서 대략 강력하고 폭력적인 시대가 역사를 소화해낸다. 허약한 시대인데 역사로 충만해 있다면 어쩌란 말인가! 어떤 소화의 부담인가! 어떤 피곤함이고 어떤 무기력인가!"[16] 라는 니체의 말처럼, 문명의 진보 역시 허약한 시대와 자기보존적 인간들에게는 여전히 소화하기 어려운 실존의 짐이 될 뿐이다.

소화할 수 없다는 것은 결국 스스로 삶의 영양을 공급할 수 없는 내적 힘의 소진과 정신적-실존적 무기력 증상을 의미한다. 이러한 인간 유형이 지속적인 외부의 작용에 의해 반작용하는 대중적 삶을 살 수밖에 없음은 부정할 수 없는 현상이다. 이러한 니체의 문화비판적 관점은 『반시대적 고찰』의 세 번째 논문인 「교육자로서의 쇼펜하우어」에 제시되는 대중문화의 세 가지 특성인 "순간, 여론, 유행"에 대한 비판과 맞닿아 있다. 근대인들은 더 이상 삶의 변화를 위해 자신의 내면에서 자극을 만들어 내지 못하고 대중문화에 귀속된 채 평준화된 삶을 살아갈 뿐이다. 이에 대하여 니체는 다음과 같이 말한다.

> 무엇인가를 안으로 받아들이고 깊이 받아들이며 '소화'해내는 일에 대해 본능적으로 저항한다. 소화력의 약화라는 결과가 여기에서 나온다. 누적되어 있는

---

15 니체, 『유고(1878년 봄~1879년 11월)』, 38[1], 431쪽.

16 니체, 『유고(1872년 여름~1874년 말)』, 29[31], 297쪽.

인상들에 대한 일종의 순응이 생겨난다 : 인간은 적극적으로 행동하기를 잊어버리고 ; 단지 외부로부터의 자극에 가까스로 반응할 뿐이다. 인간은 자신의 힘을 일부는 동화, 일부는 방어, 일부는 반항하며 다 써버린다. 자발성의 심각한 약화 : — 역사가, 비평가, 분석가, 해석자, 관찰자, 수집가, 독자—모두가 반응하는 재능을 가진 자들 : 모든 학문도![17]

소화력의 약화(Schwächung der Verdauungs-Kraft)는 결국 대중문화에 대한 순응(Eine Art Anpassung) 현상과 다르지 않다. 니체에 의하면 이러한 현상은 모든 생명체에 내재된 힘에의 의지라는 생명력의 왜곡현상이다. 인간은 강함과 약함, 마지막 인간과 위버멘쉬의 경계에서 스스로를 극복함으로써 더욱 강해질 수 있는 가능성으로 열린 사이존재이자 가능존재이다. 자유로운 정신은 여기서 다시 한 번 삶의 자기인식을 위한 중요한 요건으로 제시된다. 경직되고 황폐화된 근대의 평균적 삶은 "속박된 정신"[18]의 증상이기 때문이다. 자신의 삶을 미래를 향해 변화시키고자 하는 사람들은 자신을 억압하는 오랜 관습과 습관으로부터 자유로운 정신, 즉 언제든지 자신의 삶을 무겁게 하는 것들로부터 벗어날 수 있는 '새의 정신'을 가지고 있어야만 한다. 여기서 "새"는 자기 삶의 상승과 성장을 위해 자유롭게 모험하고 인식하며 해석할 수 있는 "위"와 "소화"의 메타포로 사용된다.

나의 위장(Mein Magen), 그것은 독수리의 위장(eines Adlers Magen)이 아닐까? 무엇보다도 어린 양의 고기를 좋아하기 때문이다. 어쨌든 새의 위장(eines

---

17 니체, 『유고(1887년 가을~1888년 3월)』, 10[18], 153쪽.

18 니체, 『인간적인 너무나 인간적인 Ⅰ』, 225, 227쪽. "속박된 정신은 자신의 입장을 근거에서가 아니라 습관에서 받아들인다."(같은 책, 226, 228쪽).

Vogels Magen)임에는 틀림없다. 실로 때묻지 않은 것을, 그것도 조금만 먹는 나는 하늘을 날 채비를 하고 초조하게 기다리고 있다. 나의 천성이 이러한데, 어찌 그것에 새의 천성(Vogel-Art)이 들어 있지 않다고 하겠는가! 나 무엇보다도 저 무거운 중력의 악령에 적의를 품고 있는데, 그것만 보아서도 새의 천성임이 분명하다. 나 진정 중력의 악령에 대해 불구대천의 적의와 최대의 적의 그리고 뿌리 깊은 적의를 품고 있으니! 나의 적의가 일찍이 날아보지 않은 곳이 어디 있으며 날아 헤매어보지 않은 곳이 어디 있던가![19]

『차라투스트라는 이렇게 말했다』의 「중력의 악령에 대하여」에서 니체는 인간의 정신을 무겁게 짓누르는 절대적 도덕에 비판을 가한다. "중력의 악령'(Der Gesit der Schwere)"으로 명명되는 강압적 힘은 인간 실존의 무게로 작용하며, 이때 약한 소화력을 가진 인간은 이 무게의 가치를 자기 실존의 조건에서 해석하지 못함으로써 결국은 허무주의적이고 자기보존적인 순응의 삶을 살 수밖에 없다. 자기 삶의 실존적 조건을 분명하게 인식한다는 것은 세계와 삶의 관계를 관점적으로 평가할 수 있다는 것을, 나아가 그 조건의 유용한 의미와 가치를 창조할 수 있는 것을 의미한다.

니체가 『인간적인 너무나 인간적인』에서 자유정신에 적대적 요소로서 "속박된 도덕"[20]을 모든 창조의 장애로 이해하는 것은 바로 이 때문이다. 그래서 니체는 『인간적인 너무나 인간적인』 이래 그의 철학의 후기에 이르러서도 가볍게 내려앉고 다시 가볍게 자신의 관점을 옮길 수 있는 새의 정신, 즉 자유로운 정신을 지속적으로 요구하는 것이다. 많이 알려진 메타포로서 "독수리" 역시 창조하는 자의 자유로운 정신으로 표현된다.[21]

---

19 니체, 『차라투스트라는 이렇게 말했다』, 「중력의 악령에 대하여」, 1, 320-321쪽.

20 니체, 『인간적인 너무나 인간적인 Ⅰ』, 225, 227쪽.

21 "신은 일종의 억측이다. 그러나 그 누가 이 억측이 일으키는 번민 모두를 마시고도 죽지 않

아래의 글은 가볍게 날지 못하는 무거운 정신의 소유자, 다시 말해 오랜 가치들의 명령으로부터 벗어나 비로소 자기 자신을 사랑하게 된 자유로운 정신으로서 높이 비상하며 다양한 관점으로 삶의 구체적 현실세계를 바라볼 수 없는 자의 무거운 정신을 잘 표현해주고 있다.

> 언젠가 사람들에게 나는 법을 가르치게 될 자는 경계석을 모두 옮겨 놓고 말 것이다. 경계석들은 모두 제 스스로 하늘로 날아갈 것이고, 그렇게 되면 그는 이 대지에게 "가벼운 것(die Leichte)"이라는 이름으로 새롭게 세례를 베풀 것이다. 타조는 가장 빠른 말보다도 더 빨리 달린다. 그런 그도 아직은 머리를 무거운 대지 속에 무겁게 처박고 있으니. 아직 날지 못하는 사람도 이와 다를 바가 없다. 날지를 못하는 사람은 대지와 삶이 무겁다고 말한다. 중력의 악령이 바라고 있는 것이 바로 그것이다! 그러나 가벼워지기를 바라고 새가 되기를 바라는 자는 먼저 자기 자신을 사랑할 줄을 알아야 한다. 이것이 나의 가르침이다.[22]

3) 니체의 정신적 섭생의 관점에서 바라본 위와 소화불량

인식론적 관점에서 위와 소화는 인간의 해석능력을 대변하는 개념이다. 그리고 해석은 정신적 섭생을 위한 자유정신의 근본적인 조건이다. 니체가 "근대성"을 영양과 소화에 비유해서 설명했던 것처럼 외부 작용에 반작용하는 인간들은 스스로 자기 삶의 영양분을 공급할 수 없기 때문에 결국 대중문화에 동화된 평준화된 삶을 살 수밖에 없다. 들뢰즈가 힘

을 수 있으랴? 창조하는 자에게서 신념을, 독수리에게서 높이 날 수 있는 비상의 자유를 빼앗아야 하는가?"(니체, 『차라투스트라는 이렇게 말했다』, 「행복한 섬에서」, 141쪽).

22 니체, 『차라투스트라는 이렇게 말했다』, 「중력의 악령에 대하여」, 2, 321쪽.

의 특성을 분석하며 적극적 힘과 반응적 힘, 능동적 인간과 수동적 인간, 주인과 노예 등으로 구분하듯이[23], 니체 역시도 능동과 수동의 관점에서 "좋은 소화"와 "소화불량"을 구분하기도 한다.[24]

니체는 평준화된 삶을 살고자 하는 자가 왜 약한 위를 가진 자인지 그리고 그 증상이 왜 소화불량인지를 『차라투스트라는 이렇게 말했다』의 「제 발로 거지가 된 자」에서 "평화를 사랑하는 자"로 등장하는 "산상 설교자(Berg- Prediger)"의 이야기를 통해 설명한다. 이 글에서 산상 설교자는 삶에 대한 그 어떤 모순이나 불합리함을 더 이상 견딜 수 없는 자기보존적 인간 유형으로 표현된다. 다음의 글은 이를 분명하게 제시하고 있다.

> 차라투스트라는 서둘러 언덕으로 뛰어올라가 짐승들을 뿔뿔이 헤쳐 놓았다. 암소들의 연민으로도 어쩔 수 없는 불행한 사건이 누군가에게 일어났으리라는 두려움 때문이었다. 그러나 그게 아니었다. 거기 한 사나이가 땅에 앉아 있었던 것이다. 평화를 사랑하는 자, 선량한 눈을 하고 있는 산상 설교자였는데, 짐승들에게 자신을 두려워할 필요가 없다고 설득하고 있는 것처럼 보였다. "그대는 여기서 무엇을 찾고 있는가?" 차라투스트라는 놀라 소리쳤다. "여기서 무엇을 찾고 있느냐고?" 그는 대꾸했다. "훼방꾼이여, 그대가 찾고 있는 바로 그것을 찾고 있지! 말하자면 지상에서의 행복을 찾고 있는 것이다." […] 우리가 변화하여 이들 암소와 같이 되지 않는다면 천국에 이를 수가 없다. 저들에게 배울 것이 하나 있으니, 되새김질 바로 그것이다.[25]

---

23 질 들뢰즈, 『니체와 철학』, 이경신 옮김, 민음사, 2005, 87–88; 109–116쪽 참조.

24 "어떤 것을 체험하고 있는 한 이 체험에 몰두해 눈을 감고 있어야 한다. 따라서 그 속에서 이미 관찰자가 되어버려서는 안 된다. 그것이 체험의 좋은 소화(die gute Verdauung)를 방해하여 지혜 대신 소화 불량(Indigestion)만 얻게 될 것이기 때문이다."(니체, 『인간적인 너무나 인간적인 Ⅰ』, 297, 407쪽).

25 니체, 『차라투스트라는 이렇게 말했다』, 「제 발로 거지가 된 자」, 442쪽.

위의 글에서 중요한 것은 평화를 사랑하는 산상 설교자가 이 대지에서 원하는 것은 단 하나, "지상에서의 행복(das Glück auf Erden)"이라는 것이다. 그는 자신이 가진 모든 것을 다 버리고 스스로 거지가 된 자이지만, 추구하는 행복의 본질 때문에 결국 스스로 원하는 행복을 찾을 수 없는 자가 되고야 만다. 다음에 이어지는 산상 설교자와 차라투스트라의 대화는 이를 더욱 분명히 드러내준다.

> 그대(산상 설교자)는 [⋯] 풀과 뿌리를 먹고 사는 자이리라. 아마도 그대는 곡물을 깨물어 잘게 씹어대는 그런 자이리라. 그리고 분명 그대는 육식이 주는 즐거움을 마다하고 대신 꿀을 좋아하리라. "잘도 알아보는구나." 제 발로 거지가 된 자는 가벼워진 마음으로 대답했다. "나는 꿀을 좋아한다. 그리고 곡물을 잘게 씹는다. 나 맛좋은 것과 숨결을 깨끗하게 하는 것을 찾고 있던 터였다." 그리고 긴 시간을 보내는 데 안성맞춤인 소일거리, 이를테면 마음 편한 게으름뱅이와 빈둥거리는 자들을 위한 소일거리, 뭔가 입놀림 할 것을 찾고 있던 터였다. 이런 일에서는 누구보다도 암소들이 능하다. 되새김질하는 법과 양지쪽에 눕는 법을 고안해낸 것도 그들이다. 그들은 거기에다 가슴을 부풀어 오르게 하는 일체의 묵직한 생각들을 삼가기도 한다."[26]

산상 설교자가 원하는 대지에서의 행복은 암소들의 특성으로 표현되는 "되새김질(das Wiederkäuen)"과 같은 것이다. 즉 그는 가지고 있는 것들을 스스로 짊어질 수 없었기에 모든 것을 내놓은 나약한 정신의 소유자였던 것이다. 그는 베풀고자 했지만, 사실 더욱 편안해지기 위해 자신이 짊어진 무거운 짐을 내려놓은 것이다. 그는 자신보다 가난한 자들과의

---

26 같은 책, 445–446쪽.

거리를 두는 일(거리의 파토스)에 지쳐버린 자일 뿐이다. 그래서 차라투스트라는 그에게 다양한 관점과 대지의 지혜를 상징하는 자신의 동물인 "독수리"와 "뱀"을 만나보기를 제안하는 것이다.

> "보라!" 차라투스트라가 말했다. "그대는 나의 짐승들을, 나의 독수리와 뱀을 한 번 보는 것이 좋겠다. 오늘날 그 같은 종류의 것들은 이 지상 어디에도 존재하지 않는다."

자신이 가진 모든 것을 내놓은 산상 설교자는 차라투스트라에게 있어 자칫 위대한 인간 유형으로 비춰질 수 있었다. 하지만 자신이 가진 모든 것을 무거운 것으로 인식하는 그는 차라투스트라에게 있어 오히려 나약한 정신의 소유자에 불과할 뿐이다. 산상 설교자가 진정으로 원했던 것은 자신이 가진 모든 것을 무겁게 느끼기보다는 가졌던 모든 것을 내려놓고 기억(마치 암소처럼 되새김질)하는 것이었다. 그의 행복은 새롭게 창조된 것이 아니라, 과거로부터 기억해내는 것일 뿐이다. 이렇듯 그가 암소에게 배우고자 했던 것은 근본적으로 망각이 아니라, 오히려 도피였다. 왜냐하면 그는 부드럽게 삼킬 수 있는 꿀을 원할 뿐, 스스로 질긴 살을 씹어 소화할 수 있는 자(육식을 하는 자), 다시 말해 강한 위(무거운 실존의 짐을 긍정하고 극복할 수 있는 해석능력을)를 가진 자가 아니기 때문이다.

이러한 의미에서 "저편의 또 다른 세계라는 것을 꾸며낸 것은 고통과 무능력, 그리고 더없이 극심하게 고통스러워하는 자만이 경험하는 그 덧없는 행복의 망상"에 불과하다는 니체의 말처럼,[27] 자신의 현재를 해석할

---

27 니체, 『차라투스트라는 이렇게 말했다』, 「저편의 또 다른 세계를 신봉하고 있는 사람들에 대하여」, 48쪽.

수 없어 자신이 속한 생성의 대지에 분노를 표출하며 또 다른 평화로운 세계를 찾는 그는 차라투스트라에게 소화불량 환자에 불과할 뿐이다. 이런 그에게 차라투스트라는 다음과 같이 말한다.

> 그대, 산상 설교자여, 그대는 그토록 단호히 말함으로써 그대 자신을 해치고 있다. 그대의 입, 그대의 눈, 그 어느 것도 그 정도의 단호함을 견뎌낼 만큼 자라지는 못한 터에. 생각건대 그대의 위(Magen)도 마찬가지일 것이다. 그와 같은 격분, 증오, 격양 모두는 위에 해가 된다. 그대의 위는 좀 더 부드러운 것을 원한다. 그대는 육식을 하는 자가 아니다.[28]

『차라투스트라는 이렇게 말했다』의 시작을 알리는 차라투스트라의 몰락에서도 잘 드러나 있듯이 눈앞의 이익에 서로를 속이는 시장터의 비천한 "마지막 인간"들로부터 떠나 언덕으로 도망치듯 올라 온 산상 수훈자와 달리 차라투스트라는 오랜 고행의 시간을 보낸 뒤 오히려 시장터로 내려온다. 산상 수훈자가 천국과 삶의 보존(되새김질)을 이야기할 때, 차라투스트라는 대지와 자기극복을 이야기한다. 차라투스트라는 시장터를 대변하는 마지막 인간들을 "위(胃)"의 메타포를 사용해서 다음과 같이 표현한다.

> 돌볼 목자는 없고 가축의 무리가 있을 뿐! 모두가 평등하기를 원하며 실제 그렇다. 어느 누구도 자기가 특별하다고 느끼는 사람은 제 발로 정신병원으로 가게 마련이다. '옛날에는 세상이 온통 미쳐 있었지.' 더 없이 명민한 자들은 이렇게 말하고는 눈을 깜빡인다. 저들은 총명하여 일어난 일들을 모두 기억하고 있

28 니체, 『차라투스트라는 이렇게 말했다』, 「제 발로 거지가 된 자」, 445쪽.

다. 그러니 저들의 조소에 끝이 없을 수밖에. 저들도 다투기는 하지만 이내 화해한다. 그렇지 않으면 위에 탈이 나기 때문이다(sonst verdirbt es den Magen). 저들은 낮에는 낮대로, 밤에는 밤대로 조촐한 쾌락을 즐긴다. 그러면서도 건강은 끔찍이도 생각한다. '우리는 행복을 고안했다(erfunden).' 비천하기 짝이 없는 인간은 이렇게 말하고는 눈을 깜박인다.[29]

마지막 인간들 역시 산상 수훈자와 마찬가지로 나름의 행복을 찾아내고자 하지만 그들이 결국 찾아낸 것은 산상 수훈자가 원했던 꿀처럼, 자신의 위(胃)에 해가 되지 않는 행복, 다시 말해 불행이 제거된 행복일 뿐이다. 하지만 니체에 의하면 인간의 위(정신)는 그 어떤 고통과 불쾌도 소화할 수 있는 힘을 갖추고 있다. "우리의 위는 이 무거운 음식물[불쾌]을 소화하는 데 적합하게 만들어져 있다. 아마 그것이 없다면 우리는 인생이라는 식사 시간을 무미건조하게 생각하게 될 것이다. 고통을 기꺼이 견디려는 의지가 없다면 우리는 너무 많은 기쁨을 놓칠 것임에 틀림없다!"[30]

또한 마지막 인간들은 스스로 고안해낸 행복조차 자신하지 못하고 끊임없이 눈을 깜빡이며 주변 사람들의 동의를 구한다. "불충분한 영양 섭취나 소화의 결과로 인한 우울증(Depression)이 이상(das Ideal)을 결정한다."[31]는 니체의 말처럼, 자기 실존의 무게를 인식할 수도 감당할 수도 없는 마지막 인간 유형들은 자신에게 필요한 영양이 무엇인지 알지 못하고 또한 소화할 수 있는 힘조차 없기 때문에 그에 상응하는 이상으로서, 다시 말해 가장된 행복을 부여하는 대중적인 삶을 선택할 수밖에 없다.

---

29 니체, 『차라투스트라는 이렇게 말했다』, 「차라투스트라의 머리말」, 5, 26쪽.

30 니체, 『아침놀』, 354, 305쪽.

31 니체, 『유고(1881년 봄~1882년 여름)』, 11[113], 472쪽.

니체에게 있어 인간은 되새김하는 동물이 아니다. 오히려 망각할 수 있는 동물로서 끊임없이 소화해야만 하는 동물이다. 이에 대하여 니체는 『도덕의 계보』의 「제2논문」에서 망각을 "소화되는 상태(Zustande der Verdauung)/정신적 동화(Einverseelung)"라고 규정하며 망각이 없다면 행복, 명랑함, 희망, 자부심 나아가 현재 역시 있을 수 없다고 말한다.[32] 그리고 망각 기능이 파손되거나 멈춘 인간을 "소화불량 환자(Dyspeptiker)"[33]라고 표현한다. 여기서 "그는 그 무엇도 '해결'할 수 없다"[34]로 대변되는 소화불량 환자의 증상은 '그는 그 무엇도 '해석'할 수 없다'와 동일한 의미를 지닌다.

3. 소화와 소화불량에 대한 다른 예들

1) 그리스도교와 소화불량

지금까지 살펴본 바와 같이 허약한 소화능력을 가진 상한 위는 속박된 정신으로 대변되는 자유로운 해석능력의 결여, 즉 소화불량을 의미한다. 위와 소화, 소화불량의 증상이 근본적으로 니체의 인식론과 연관되어 있기에 인간의 자유로운 정신을 억압해온 종교, 도덕, 근대성의 문제를 다루는 것은 위, 소화, 소화불량의 메타포를 이해하는 데 보다 구체적인 실마리를 제공해줄 것이다.

---

32 니체, 『도덕의 계보』, 「제2논문」, 1, 395–396쪽.

33 같은 책, 396쪽.

34 같은 책, 396쪽.

니체는 자신의 철학의 후기에 이르러 "신의 죽음"과 "커다란 이성(die große Vernunft)"으로 대변되는 "몸(Leib)"[35]과 같은 보다 분명한 개념을 통해 전통 형이상학의 총체적 사고체계의 해체를 수행한다. 하지만 이에 앞서 그의 철학의 중기의 시작을 알린 개념 "자유정신(Freigeist)"은 근본적으로 신의 죽음을 도래할 수밖에 없는 필연적 사건으로 규정하고 이윽고 대지의 인간이 보다 실재적으로 자기 자신을 인식할 수 있게 만들어 주는 사상적 중심 개념이다. 정신의 자유로움 없이 몸에 대한 사유, 다시 말해 구체적 현실세계에서의 실존적 자기인식은 불가능하다. 낡은 형이상학에서 절대적 진리의 인식도구로서 작용해온 인간의 정신을 몸의 작은 도구로, 즉 "작은 이성(die kleine Vernunft)"[36]으로 규정하는 니체에게 있어 몸에 대한 의심은 정신의 불확실성과 다르지 않다. 니체의 견해는 분명하다. 몸에 대한 의심 속에서 정신의 작용과 역할 역시 확신할 수 없다.

> 몸에 대한 믿음은 잠정적으로 언제나 정신에 대한 믿음보다 훨씬 더 강한 믿음이다. 몸에 대한 믿음을 파고들고자 하는 사람은 이와 마찬가지로 가장 근본적으로 — 정신의 권위에 대한 믿음 역시 파고들 것이다.[37]

몸에 대한 사유를 통해 세계의 형이상학적 오류를 진단하고 인간에게 가해진 억압의 흔적을 발견한 니체에게 있어 그리스도교에 대한 강한 불만과 비판은 그가 시도하는 건강한 미래를 향한 삶의 철학을 구성하기 위한 근본 전제이다. 금욕주의적 이상과 성직자의 권력 그리고 그들이 시

---

35 니체, 『차라투스트라는 이렇게 말했다』, 「몸을 경멸하는 자들에 대하여」, 52쪽.

36 같은 책, 52쪽.

37 니체, 『유고(1884년 가을~1885년 가을)』, 36[37], 378쪽.

도하는 치료의 심리학적 허구를 다루고 있는 『도덕의 계보』의 「제3논문」에서 니체는 종교적 죄의식 속에서 느끼는 정신적 고통을 소화불량 증상으로 규정하며, 이를 나약한 힘과 몸의 오해와 같은 생리학적 문제에 불과함을 드러낸다. 니체가 그리스도교를 비판하는 근본적인 이유는 인간의 모든 체험들이 신학적 해석 아래 억압되어 왔기 때문이다.

니체가 "정신적 고통"으로 표현되는 인간의 죄스러움을 현상 그 자체가 아닌 자신의 고유한 삶의 관점에서 해석할 수 없는 힘의 나약함, 다시 말해 "생리적 장애에 대한 해석"[38]으로 이해하는 것은 바로 이 때문이다. 정신의 고통은 결국 영혼의 잘못이 아니다. 오히려 이를 소화할 수 없는 위의 문제이자, 해석할 수 없는 힘의 문제이다. 한 현상에 대한 자신의 관점을 설정할 수 없는 '정신적 소화불량(Indigestion)'은 결국 자신의 체험(니체의 표현에 의하면 음식물)을 소화할 수 없는 '생리적 소화불량'의 증상과 다르지 않다. 여기서 힘에의 의지가 인간의 심리-생리적 영역에 작용하는 근본 원리라는 사실이 다시 한 번 보증된다. 생성하는 대지 속 현실적 삶의 가치를 폄하하면서까지 추구하는 신에 대한 믿음은 그리스도교적 해석 외에 자신의 세계와 삶에 대한 그 어떤 주관적이고 유용한 관점을 설정할 수 없는 나약한 힘을 가진 소화불량 환자의 억압된 몸의 증상일 뿐이다.

> "정신적 고통" 자체도 나에게는 전혀 사실이 아니라, 지금까지 정확히 형식화될 수 없었던 사실들에 대한 하나의 해석(인과적 해석)에 불과하다고 생각된다 : 이는 아직은 완전히 불확정 상태이며 과학적으로 연관지을 수 없는 어떤

38 니체, 『도덕의 계보』, 「제3논문」, 16, 497쪽.

것, — 아주 깡마른 의문부호 대신 사실상 등장한 살진 용어일 뿐이다. 누구든지 '정신적 고통'을 해결하지 못하게 되면, 거칠게 말해서, 그것은 그의 '영혼'의 탓이 아니라, 아마 아직은 그의 배(복부(腹部)(an seinem Bauche)의 탓일 것이다(이미 말했듯이, 거칠게 말했다는 것이 또한 거칠게 듣고 거칠게 이해하고자 하는 소망을 나타내는 것은 결코 아니다……). 강인하고 잘난 인간은 딱딱한 음식물을 삼켜야만 했을 때라도 음식물(Mahlzeiten)을 소화시키듯이, 자신의 체험들을 (행위나 비행들을 포함하여) 소화시킨다. 만일 그가 이러한 체험을 '처리하지 못한다고' 한다면, 이러한 종류의 소화불량(Indigestion)은 저 음식물의 소화불량과 마찬가지로 생리적인 것이며—오히려 사실은 저 음식물의 소화불량에 따른 한 결과일 뿐이다.[39]

「그리스도교적 실천」이라는 제목으로 제시된 1888년 초 한 유고의 단편은 지금까지 그리스도교가 어떻게 몸을 오해해왔으며, 과연 소화불량은 어떤 증상을 의미하는지를 좀 더 구체적으로 설명해주는 좋은 자료이다. "인간은 수천 년 동안 자기 자신을 생리학적으로 파악하지 못하고 있었다. […] 그는 자신의 상태의 결과를 그 상태의 원인으로 삼아버린다."라는 물음을 담고 있는 이 단편은 이 물음에 대해 "인간은 영혼을 갖고 있지 않다."라고 명확하게 답변하며 시작한다.

여기서 니체가 왜 "인간은 영혼을 갖고 있지 않다."라고 말했는지 그리고 이 말이 그의 사상에서 차지하는 중요성에 대해 언급할 필요가 있을 것이다. 니체에 의하면 "영혼의 평화"는 "그리스도교적 소망"에 불과할 뿐이다. 그 이유는 영혼을 상정하면 생성하는 대지에서의 삶의 가치가 폄하될 수밖에 없으며 생명체로서의 인간에게 내재한 힘에의 의지 자체

---

39 니체, 『도덕의 계보』, 「제3논문」, 16, 497쪽.

가 부정될 수밖에 없기 때문이다. "'영혼의 평화'란, 이를테면 풍부한 동물성이 도덕적인 것(또는 종교적인 것)으로 부드럽게 반살되는 것일 수 있다. 또는 피로의 시작일 수 있으며, […] 또는 만족스러운 소화에 대한 무의식적 감사의 표시일 수 있다."[40]

여기서 영혼의 평화를 "만족스러운 소화에 대한 무의식적인 감사의 표시(die Dankbarkeit wider Wissen für eine glückliche Verdauung)"[41]라고 표현하는 니체의 의도에는 생성하는 구체적 대지의 삶 속에서 힘에의 의지의 내적 투쟁을 통해 매 순간 보다 증대된 힘과 쾌의 감정을 경험할 수 없다는 것, 절대적 존재로부터 부여받은 영양에 대한 만족 속에서 망각된 것은 고유한 자기해석일 수밖에 없다는 사실이 함의되어 있다. 이는 해석에의 의지의 무능력에 다름 아니다. 그래서 니체는 "싸움의 포기는 위대한 삶의 포기인 것이다……"[42]라고 말하는 것이다. 이렇듯 인간이 느끼는 고통들은 그 어떤 신학적 인과론으로부터 자유롭지만, 자신의 고통에 대한 심리적-생리적 인과론으로부터는 자유로울 수 없다.

하지만 그리스도교는 지금까지 "죄의 감정"을 자극하기 위해 인간의 몸을 "병적이고 신경증적인 상태"로 만들었다.[43] 병적이고 신경증적인 상태의 몸은 자신의 고통을 긍정적으로 해석하지 못하고, 고통을 죄에 대한 벌로 여기며 큰 회한을 느끼는 나약한 인간의 심리-생리적 증상으로서 "병적인 소화불량"을 유발하는 근본 원인이다. 이에 대하여 니체는 "육의 금욕(die Kasteiung des Fleisches)은 후회라는 저 병적인 소화불량(jene

---

40 니체, 『우상의 황혼』, 「반자연으로서의 도덕」, 3, 108쪽.

41 같은 책, 3, 108쪽.

42 같은 책, 3, 108쪽.

43 니체, 『유고(1888년 초~1889년 1월 초)』, 14[179], 196쪽.

krankhafte Indigestion)을 가능하기 위한 수단으로서 발생하고, 또 그런 것에 불과하지만, 종교적으로 해석되고 목적 자체로 간주된다."[44]라고 말한다. 자신의 체험을 다양한 관점에서 바라보고 해석(소화)할 수 없는 인간에게 그리스도교적 "구원"은 고통에 빠진 자신의 삶을 구하는 치료제로 작용할 수밖에 없다.

니체에 의하면 삶에 지친 피로, 구토, 불신과 같은 염세주의는 사실 그 자체로 잘못된 현상은 아니다. 니체가 문제시하는 것은 이러한 삶의 현상들을 대하는 인간의 태도이다. 그리스도교가 날카로운 비판의 대상이 되고 이와 더불어 "영혼의 평화"가 삶을 부정하는 개념이 되는 이유는 바로 힘에의 의지로 대변되는 생명체의 생명력의 약화 때문이다. 니체에 의하면 이러한 증상은 실존의 커다란 병이다. 그는 이 병을 삶에 적대적인 이상에 의한 "반자연적 성향"[45]의 병, 즉 "저편 세계의 것, 감각에 반하는 것, 본능에 반하는 것, 자연에 반하는 것, 동물성에 반하는 것에 이르려는 저 모든 열망"[46]에 의한 병으로 규정한다.

인간은 단 하나의 가치로서의 선을 추구하는 과정에서 자신 안에 내재한 모든 변화의 가능성들을 잃게 된다. 니체에 의하면 이 과정에서 인간이 신앙과 함께 키워가는 것은 다름 아닌 "상한 위와 설태가 낀 혓바닥(die verdorbene Magen und die belegte Zunge)"일 뿐이다. 그는 절대적 진리의 명령 아래 모든 변화 가능성을 부정한 채 자신의 삶에 거짓을 말하고 스스로 악취를 풍기는 소화불량 환자일 뿐이다. 즉 속박된 정신의 인간은 그리스도교의 교리 아래 삶을 병들게 하는 음식물(가치)을 자기 삶의 유

44 같은 책, 14[179], 196쪽.

45 니체, 『도덕의 계보』, 「제2논문」, 24, 446쪽.

46 같은 책, 24, 446쪽.

용성의 관점에서 해석(제대로 맛을 보거나 소화를 시킬 수 있는)할 수 있는 능력을 상실한 병 든 인간을 의미한다. 이들이 대지의 병일 수밖에 없는 이유는 이 때문이다.[47] 대지는 상한 위를 가진 인간들, 다시 말해 소화불량 환자에 의해 병이 든 것이다.

> '천사'(여기에서는 더 가혹한 용어를 사용하지 말자)가 되는 도중에 인간은 저 상한 위와 설태가 낀 혓바닥을 양육했으며, 이로 인해 인간은 동물적인 즐거움이나 순진함을 역겨워했을 뿐만 아니라, 삶 자체가 무미건조해졌다.[48]

2) 독일과 독일인의 정신과 소화불량

니체가 독일의 교육과 시대정신에 대해 많은 비판을 가한 것은 이미 잘 알려진 사실이다. 1872년 초, 바젤대학 재직 당시의 강연 「우리 교육기관의 미래에 대하여」와 같은 해 코지마 바그너(Cosima Wagner)에게 보냈던 글 『씌어지지 않은 다섯 권의 책에 대한 다섯 개의 머리말』의 두 번째 글 「우리 교육기관의 미래」 그리고 『반시대적 고찰』의 세 번째 글 「교육자로서의 쇼펜하우어」는 국가와 시장에 의해 좌우되는 김나지움과 대학교육 그리고 당시의 이념들이 청년들의 자유로운 사고와 고유한 개성을 말살하며 이론적이고 객관적인 전문인을 양산하는 속물교양에 불과할 뿐이라는 니체의 시대와 문화비판을 잘 담고 있다.

니체는 당시 유럽문화의 이러한 피로현상을 "의지미비증"[49]으로 표현

47 니체, 『차라투스트라는 이렇게 말했다』, 「크나큰 사건에 대하여」, 224–226쪽 참조.

48 니체, 『도덕의 계보』, 「제2논문」, 16, 408–409쪽.

49 니체, 『선악의 저편』, 208, 181쪽.

했다. 창조적 인간이 아니라 기계적으로 복종하는 인간을 양산하는 교양과 교육에 대한 니체의 비판은 자연스럽게 학문과 학자에 대한 비판으로 이어진다. 니체에 의하면 학문과 교양의 평균화는 마땅히 평준화된 인간을 양산할 수밖에 없다. 그리고 "학자의 평범함"은 "비범한 인간"을 허용할 수 없다.[50] 이러한 의미에서 모든 악습과 독단으로부터 자유로운 정신과 강인한 의지로 창조적 미래를 열어가는 철학자에 대한 요청은[51] 니체가 새로운 문화재건의 힘을 창조적 가치에 두고 있다는 것을 알 수 있다.

> 객관적인 인간은 하나의 도구이며, 값 비싸면서 망가지기 쉽고 흐려지기 쉬운 계량기이자 예술품으로서의 반사경이기 때문에 소중히 하고 존중해야만 한다. 그러나 그는 목적도 아니며 출구나 올라가는 길도 아니고 여타의 존재자가 거기에서 자기 정당화를 하는 보조적인 인간도 아니며 종결도 아니다. — 더구나 발단도 생산자도 제일 원인도 아니며 지배자가 되고자 하는 강건하고 강력하고 자립적인 자도 아니다 : 오히려 부드럽게 불어 부풀게 하는 섬세하고 유연한 항아리의 주형에 불과한데, 이 주형은 '그 형태가 만들어지기 위해서는' 어떤 내용이나 성분을 기다려야만 하는 것이다. — 보통 그는 성분이나 내용이 없는 인간이며, '몰아적인' 인간이다. 따라서 덧붙여 말하자면, 여성에게도 아무 의미가 없는 존재이다.[52]

영양과 소화불량의 관점에서 니체는 『이 사람을 보라』의 「나는 왜 이렇게 영리한지」에서 독일의 고전 교육(die klassische Bildung)에 대한 자신의 체험을 "식사(essen)"에 비유하며 다음과 같이 말한다. "독일 정신은

---

50 같은 책, 206, 175쪽.

51 같은 책, 211, 189쪽.

52 같은 책, 207, 178쪽.

암담해진 내장에서 나온다…… 독일 정신은 소화불량(Indigestion)이다. 독일 정신은 어느 것도 잘 소화시키지 못한다."[53] 앞에서 말한 것처럼 독일의 교육이 양산해온 기계적 인간 유형들은 단지 스스로를 보존하고자 할 뿐, 자신만의 고유한 삶의 의미와 가치를 창조할 수 없는 소화불량 환자에 불과할 뿐이다. 이들이 소화하지 못하는 것은 바로 아래의 글에 제시된 '비개인적', '무사(無私)적', '이타적'에 반한 지극히 개인적이고 자신이 중심이 된 삶 그 자체이다. 보존하고자 하는 힘과 의지 역시 삶에 대한 인식의 결과이다. 하지만 니체에게 있어 이러한 인식은 해석 능력의 마비증상일 뿐이다.

> 나는 사실 내 가장 성숙한 시기에 이를 때까지 언제나 나쁜 식사(immer nur schlecht gegessen)를 해왔다—도덕적으로 표현하면 '비개인적이고', '무사(無私)적이며', '이타적인' 식사를 해온 것이다. 요리사들과 그 밖의 그리스도교인들의 구원을 위해서 말이다. 예를 들어 나는 라이프치리 요리에 의해, 동시에 쇼펜하우어를 처음 공부하면서(1856), 아주 진지하게 나의 '삶에의 의지'를 부인했었다. 목적에 불충분한 영양 섭취는 위도 망쳐버리는 법이다.[54]

위에 글에서 확인할 수 있듯이 바그너와 쇼펜하우어에 대한 문화적-사상적 기대와 의존으로부터 벗어난 니체는 이제 라이프치히 시절 자신에게 큰 정신적 영향을 주었던 이들을 "나쁜 식사"로 표현하고 있다. 그 시절에는 니체 역시 소화불량 환자였던 것이다. 소화는 낡은 관념과 가치에 대해 비판적 거리를 취할 수 있는 건강한 인간의 능력이다. 또한 "목적

---

53 니체, 『이 사람을 보라』, 「나는 왜 이렇게 영리한지」, 1, 351쪽.
54 같은 책, 1, 350–351쪽.

에 불충분한 영양 섭취는 위도 망쳐버리는 법이다."라는 마지막 문장처럼 평범한 대중의 문화는 평준화된 인간을 만들 수밖에 없다. 새로운 창조가 매 순간 허용되는 미래문화의 건설을 위해서는 그에 상응하는 영양가 있는 식사, 즉 자유로운 정신과 의지를 성장시킬 수 있고 이를 통해 스스로 자신의 삶을 변화시킬 수 있는 살아 있는 교육이 제공되어야만 한다.

> 가능한 한 앉아 있지 말라 ; 야외에서 자유롭게 움직이면서 생겨나지 않은 생각은 무엇이든 믿지 말라—근육이 춤을 추듯이 움직이는 생각이 아닌 것도 믿지 말라. 모든 편견은 내장에서 나온다. — 꾹 눌러앉아 있는 끈기 — 이것에 대해 나는 이미 한 번 말했었다—신성한 정신에 위배되는 진정한 죄라고. —55

하지만 중요한 것은 니체는 나쁜 식사로 인한 불충분한 영양보다는 오히려 매 순간 자신의 삶을 조건으로 내걸고 행하는 인간의 해석(소화)능력에 중점을 둔다는 것이다. "해석은 그 무엇인가를 지배하기 위한 수단 자체다.(유기체적 과정은 지속적인 해석을 전제한다.)"[56]라는 니체의 말에서 "그 무엇인가"는 바로 자신과 자신의 삶이다. 그리고 "인식한다는 것은 항상 "그 무엇을 위해" 스스로를 조건으로 설정하는 것이다."[57]라는 말에서 "그 무엇인가"는 바로 자신이 조건이 될 수밖에 없는 삶의 건강, 즉 상승과 성장이다. 삶의 건강은 자신의 조건을 단순한 인식이 아닌 고유한 관점에서 해석할 수 있는 삶의 주인만이 획득할 수 있는 가치이다. 결론적으로 강인한 소화능력은 삶의 건강한 주인의 특권이다.

---

55 같은 책, 1, 353쪽.

56 니체, 『유고(1885년 가을~1887년 가을)』, 2[148], 171쪽.

57 같은 책, 2[154], 173쪽.

독일인과 독일정신을 소화불량으로 진단하는 니체는 교육과 더불어 이들의 오랜 민족적 성향을 예로 들어 보다 근본적으로 비판하기도 한다. "독일인의 위(胃)와 독일인의 피는 […] '유대인'들을 소화시키는 데 어려움이 있다(여전히 오랫동안 어려울 것이다)."[58]라는 말처럼, 니체는 이들을 "소화불량 환자"로 진단한다. 아래의 글은 이를 잘 드러내고 있다.

> 독일인은 자신의 영혼을 질질 끌고 간다. 그는 자신이 체험하는 것을 모두 질질 끌고 간다. 그는 자기에게서 일어난 일들을 잘 소화시키지 못하고, 그것을 잘 '처리'하지 못한다. 독일적 깊이는 때로는 '소화'하기 힘들어 머뭇거리는 것에 불과하다(eine schwere zögernde 'Verdauung'). 지병이 있는 모든 사람, 모든 소화불량 환자에게는 편안하고자 하는 성향이 있는 것처럼, 독일인은 '솔직함'과 '우직함'을 사랑한다 : 솔직하고 우직하다는 것이 얼마나 편안한가! ― 독일적 성실함이 갖고 있는 이 신뢰할 수 있고 친절하고 마음을 털어놓을 수 있는 것, 이것이야말로 아마 오늘날 독일인이 알고 있는 가장 위험하고 가장 행복한 가장(假裝)일 것이다.[59]

또한 니체는 "'독일 정신'의 기원이―"상한 위로부터(aus einem verdorbenen Magen)" 유래했다고 말하며[60], 독일인의 음주습관을 예로 들어 그들의 정신을 비판하기도 한다. 여기서 니체가 음주와 정신의 관계를 예로 들어 독일인을 비판하는 이유는 "내게 알코올이 해롭다는 것, 하루 한 잔의 와인이나 맥주는 내 삶을 쇼펜하우어처럼 '눈물의 골짜기(ein Jammertha)'로 만들어버리기에 충분하다는 것도 나는 조금 늦게야 깨달았다."[61]라는 말

58 니체, 『선악의 저편』, 251, 253쪽.
59 같은 책, 244, 244쪽.
60 니체, 『유고(1888년 초~1889년 1월 초)』, 24[1], 526쪽.

처럼, 알코올이 삶의 인식능력을 불분명하게 만든다는 자신의 개인적인 체험에서 가져온 비유이다. 니체가 와인 및 맥주 같은 알코올을 "정신적 음료"라고 표현하는 것은 이 때문이다. 이러한 의미에서 "나중에, 중년기 경에 나는 물론 온갖 부류의 '정신적' 음료(geistige Getränk)에 대해 점점 더 엄격해지기로 결심했다."[62]라는 니체의 말은 알코올과 정신의 관계에 대한 그의 생각을 보다 확실하게 알 수 있게 해준다. 정신적 음료로서의 알코올은 니체에게 있어— "지병이 있는 모든 사람, 모든 소화불량 환자에게는 편안하고자 하는 성향이 있는 것처럼"이라는 표현처럼—삶의 해석적 인식의 자기부정과 다름없다.

3) 바그너와 독일정신 그리고 소화불량

독일의 시대정신은 분명 니체가 희망했던 시대정신과는 다르다. 그의 철학 중기 『인간적인 너무나 인간적인』에서부터 니체는 고유한 사상적 개념을 통해 시대의 극복을 시도했지만, 초기 『비극의 탄생』과 『반시대적 고찰』에서는 바그너와 쇼펜하우어로부터 새로운 시대정신을 도출하고자 했다. 쇼펜하우어의 의지의 절망과 염세주의에 대한 사상적 극복은 니체의 철학적 발전에 큰 토대가 되었지만, 바그너와 그의 음악에 대한 실망은 독일의 정신과 문화에 대한 비판으로 전개된다.

> 나는 자기네들을 바그너와 유사하게 여겨 그를 숭배한다고 믿는 바그너주의자와 그 무리들에게 반대할 이유가 없다. 다만 경멸의 조소를 지을 뿐이다……

---

61 같은 책, 24[1], 526쪽.

62 니체, 『유고(1888년 초~1889년 1월 초)』, 24[1], 527쪽.

내 심층적인 본능에 독일적인 것은 모두 낯설기에, 그래서 독일인이 옆에 있다는 것만으로도 이미 소화가 잘 안 되는 나이기에, 바그너와의 첫 접촉은 내 삶에 첫 번째 안도의 숨을 쉬게 했다 : 나는 그를 모든 '독일적 덕목들'에 맞서는 외국으로, 저항의 화신으로 느꼈고 존경했다 ― […] 내가 바그너를 결코 용서할 수 없는 점은 무엇인가? 그가 독일인에게 응해주었다는 점 ― 그가 독일제국적으로 되었다는 점이다……독일의 손이 닿는 한, 독일은 문화를 타락시킨다.[63]

니체는 바그너주의자로 명명되는 독일인의 증상을 다시 한 번 소화불량 환자로 표현하며 비판한다. 그렇다면 니체는 왜 바그너를 통해 독일정신을 그리고 독일문화를 통해 바그너를 비판하는 것일까? 『이 사람을 보라』의 「바그너의 경우」에서 니체는 바그너와 음악, 음악과 세계긍정의 관계에 대한 다음과 같은 물음을 제기한다. "과연 나는 음악의 어떤 운명 때문에 괴로워한 것일까? 음악이 세계를 미화하고 긍정하는 자기의 특성을 빼앗겨버리고 말았다는 점―음악이 데카당스 음악이며 더 이상은 디오니소스의 피리가 아니라는 점 때문이다……"[64]

바이로이트에서 바그너를 떠난 이후 니체는 보다 구체적으로 그를 비판하기 시작한다. 바그너의 음악은 더 이상 삶을 긍정하는 자의 음악이 아니라 삶에 지친 나약한 의지의 인간을 위로하는 구원을 노래한다. 니체는 이러한 현상을 독일인의 정신적 나약함, 즉 독일인과 그 문화는 삶의 실재성을 직시할 수 없는 "내적인 비겁함" 때문에 필연적으로 삶에의 의지를 부정하는 "그리스도교"와 같은 "이상주의"를 요구하고 그 세계에 머물 수밖에 없다고 생각한다.[65] 니체에 의하면 바그너의 음악은 비극을

---

63 니체, 『이 사람을 보라』, 「나는 왜 이렇게 영리한지」, 5, 363쪽.
64 니체, 『이 사람을 보라』, 「바그너의 경우. 한 악사의 문제」, 1, 446쪽.

긍정하는 노래를 할 수 있는 강인한 내면의 힘을 상실했다. 니체가 그의 음악을 데카당스로 규정하는 이유는 이 때문이다.[66]

여기서 간과해서는 안 되는 것은 독일인과 독일정신이 바그너의 음악을 추구한다는 것이다. "만사를 잘 믿는 위(胃)를 가진 바그너주의자들은 자기들의 거장이 요술을 부려 차려준 식사로 배불러합니다."[67] 그들은 자신의 삶에 긍정적인 역할을 하는 영양소들을 구분하지 못하고 자신을 병들게 하는 것조차도 무조건적인 식욕으로 흡수하고 있을 뿐이다. 그러면서 소화불량도 걸리지 않는 그들의 상한 위와 정신적 미각은 니체에게 있어 비개인적이고 무사(無私/Selbstlosigkeit)적이며 이타적인 인간 유형, 즉 대중적이고 평균적인 정신과 의지를 가진 자기보존적 인간의 특성에 불과할 뿐인 것이다.

> 정신적인 사항에서는 점점 더 게을러지고 본능은 빈곤해지며 점점 더 솔직해지는 독일 국민에 대해서는 물론 그 이상의 공격을 해야 한다. 이들은 부러워할 만한 식욕으로 대립적인 것들에서 영양을 취하고, '신앙'이 학문인 양, '그리스도교적 사랑'이 반유대주의인 양, 힘에의 ('독일제국'으로의) 의지가 하층민의 복음인 양 소화불량에도 걸리지 않고 그것들을 계속 삼켜버리고 있다…… 대립되는 것들 사이에서 어느 편도 들지 않는 것! 이런 위장의 중립성과 '무사성Selbstlosigkeit'! 모든 것에게 동등한 권리를 부여하는 독일적인 미각의 이런 공평한 소질—그것은 모든 것을 맛있다고 느낀다.[68]

---

65 같은 책, 2, 449쪽.

66 니체, 『유고(1887년 가을~1888년 3월)』, 11[322], 451쪽.

67 니체, 『바그너의 경우』, 백승영 옮김, 책세상, 2002, 42–43쪽.

68 니체, 『이 사람을 보라』, 「바그너의 경우. 한 악사의 문제」, 1, 447쪽.

그렇다면 음악은 어떤 역할을 해야만 하는가? "바그너는 처음부터 끝가지 내게 불가능하게 되었다. 그는 춤을 추는 것은 고사하고 걸을 수도 없기 때문이다."[69]라는 말은 니체가 음악에 요청하는 바가 무엇인지 잘 드러내준다. 바그너 음악에 대한 자신의 반박을 "생리적 반박"이라고 규정하는 니체가 원하는 음악은 자유로운 정신과 의지의 춤을 출 수 있는 생리적 조건을 형성시켜주는 음악이다. 니체에게 있어 "춤"은, 다시 말해 춤을 출 수 있는 조건은 "생리적 판단"일 뿐, "미학적 판단"이 아니다.[70]

> 바그너의 음악에 대해 나는 생리적인 이의를 제기한다 : 무엇 때문에 이것을 미학적 관용어로 가장해야 하는가? 내가 알고 있는 "사실"은 이 음악이 내게 작용하기 시작하면 호흡곤란을 겪는다는 것, 나의 발은 즉시 분노를 터뜨리며 반항한다는 것이다. — 내 발은 박자와 춤과 행진을 요구한다. 내 발이 음악에서 가장 원하는 것은 잘 걷고 활보하고 뛰고 춤추는 데서 느끼는 환희다. — 그리고 내 위도 또한 항의하고 있지 않은가? […] 그래서 나는 자신에게 이렇게 묻는다 : 나의 전신이 음악에서 원하는 것은 무엇일까? 내 생각에 그것은 몸과 마음이 가벼워지는 것이다 : 모든 동물적 기능들이 가볍고 대담하고 분방하고 자기 확신에 찬 리듬에 의해 촉진되는 것처럼. 쇳덩이 같은, 납덩이 같은 삶이 황금같이 뛰어나고 부드러운 조화에 의해 금빛을 내는 것처럼. 나의 우울함은 완전성의 은신처와 심연에서 휴식하기를 원한다 : 이를 위해 나는 음악을 필요로 한다.[71]

춤은 긍정하는 자의 몸짓이다. 자신의 삶에 수동적인 자세를 취하는 자

---

69 니체, 『유고(1887년 가을~1888년 3월)』, 7[7], 349쪽.
70 같은 책, 7[7], 349쪽.
71 니체, 『즐거운 학문』, 368, 369–370쪽.

는 춤을 출 수 없다. 그는 마지막 인간과 위버멘쉬 사이의 경계에서 실존의 춤을 추며 끊임없이 변화를 시도하는 자이다. 춤은 속박된 정신과 정지된 의지가 아니라, 생성의 리듬에 맞춰 끊임없이 변화를 실현하는 자의 고유한 능력이다. 그의 춤은 삶에 대한 자신만의 관점을 향해 움직이며 자신의 충동을 해석하는 몸의 활동이 곧 춤으로 드러난다. 춤의 전제는 삶에 대한 건강한 인식, 즉 자신을 억압하는 절대적 가치들을 자기 실존의 조건 위에서 소화(해석)할 수 있는 강인한 위(胃)이다.

춤을 추는 아이와 같은 정신은 창조와 파괴를 긍정하며 자신을 억압하는 낡은 가치의 중력으로부터 스스로를 해방시키며, 신의 죽음과 허무주의의 위기 속에서도 절대 삶의 의미와 가치를 상실하지 않는다. 다시 말해 그는 춤을 추는 유희의 자세로 삶을 살아가고, 자신만의 이상을 실현하며 또한 자기 나름의 진리를 추구한다. 결과적으로 그는 결코 대중적이고 평균적인 인간이 될 수 없다. 그는 소화불량 환자로서의 바그너주의자가 아닌 것이다.[72]

> 내 책보다 더 긍지에 차 있으면서 동시에 더 세련된 종류의 책은 전혀 존재하지 않는다 : — 이 책들은 여기저기서 지상에서 이를 수 있는 최고의 것에, 냉소에 이른다 ; 내 책들은 가장 부드러운 손가락에 의해, 그리고 가장 용감한 주

---

72 "바이로이트에서 사람들은 오직 대중으로서만 정직하고, 개인으로서는 거짓말을 하고 자기 자신도 속이게 됩니다. 바이로이트에 갈 때, 사람들은 자기 자신을 집에 놔두고 가니까요. 그들은 자기 스스로의 발언권과 선택권을 포기하고, 자기의 취향에 대한 권리도 포기하며, 심지어는 자기 집의 네 벽 사이에서는 갖고 있었고 발휘도 했던 신과 세계에 대한 용기를 내는 권한도 포기해버립니다. 어느 누구도 극장으로는 자기 예술의 가장 섬세한 감각을 가져가지 못합니다. 극장을 위해 일하는 예술가들은 누구보다도 더 그러하지요. — 거기에는 고독이 결여되어 있고, 모든 완벽한 것은 증인을 용납하지 않습니다……극장에서 사람들은 대중이 되고, 군중이 되며, 여자 바리새인, 찬성표만을 던지는 거수기, 보호자, 바보가 됩니다—바그너주의자가 되어버리는 것입니다 : 거기서는 가장 개인적인 양심마저 대다수라는 평준화 마술에 굴복해버리고 맙니다."(니체, 『니체 대 바그너』, 523쪽).

먹에 의해 정복되어야 한다. 영혼의 온갖 허약함은 관여하지 못하며, 온갖 소화불량증마저도 영원히 배제된다 : 사람들의 신경은 튼튼해야 하고, 문제없는 아랫배를 가지고 있어야만 한다. 영혼의 빈곤이나 영혼에 있는 엉터리 공기도 관여하지 못할 뿐 아니라, 비겁이나 불결, 내장 속에 들어 있는 비밀스러운 복수욕은 더더욱 관여하지 못 한다 : 내 말 한마디가 나쁜 본능을 죄다 쫒아낸다. […] 완벽하게 악습에 빠져 있는 '정신들', 철저하게 허위인 '아름다운 영혼들'은 내 책들을 가지고 무엇을 해야 하는지 전혀 알지 못한다.[73]

4. 자유로운 정신의 철학자

위의 글은 『이 사람을 보라』, 「나는 왜 이렇게 좋은 책들을 쓰는지」의 일부이다. 여기서 니체는 자신의 철학을 통해 시도하고자 하는 것이 끊임없이 생성하는 세계와 삶에 필연적으로 내재하는 모순과 불합리를 긍정할 수 없는 정신과 의지의 나약함과 소화불량으로 인해 낡은 진리에 의지해온 "나쁜 본능(der schlechte Instinkt)"[74]들을 치유하는 것이라고 말하고 있다. 또한 니체는 이미 「미래철학의 서곡」이라는 부제가 달린 『선악의 저편』에서 형이상학-종교-도덕과 그 가치들이 관습화된 현대의 시대적 이념과 평균적 현대인을 진단하며 이를 치유할 수 있는 철학과 철학자의 역할에 대해 고심했다. 니체에 의하면 현대는 나쁜 본능과 성격이 만성의 병으로 드러나는 시대인 것이다.

니체는 이미 『반시대적 고찰』에서부터 당시 유럽의 문화적 증상에 대

73 니체, 『이 사람을 보라』, 「나는 왜 이렇게 좋은 책들을 쓰는지」, 3, 381쪽.

74 같은 책, 3, 381쪽.

하여 비판적 거리를 유지해왔다. 「교육자로서의 쇼펜하우어」에서 인간 실존의 변화를 위해 수행된 계몽주의적 시도는 『인간적인, 너무나 인간적인』부터 시대의 병을 극복하기 위한 인간적 조건의 탐구에 더욱 집중된다. 그렇게 다양한 관점에서 여러 사상적 개념들이 인간과 삶의 변화를 위해 시도되지만, 그럼에도 니체는 결코 철학과 철학자에 대한 중요성을 간과하지 않는다. 철학과 철학자에 대한 니체의 견해 역시 그의 철학 초기부터 후기에 이르기까지 지속된다. 그리고 그의 사상의 인간학적 성격의 변화 속에서 철학자에 대한 개념 역시 새롭게 도출된다. 시대의 병을 인식하고 치유를 시도하는 새로운 철학자는 바로 형이상학-종교-도덕과 그 가치들로부터 스스로를 해방시키고 자유로운 정신과 의지를 통해 현재를 극복하고 보다 건강한 미래를 창조할 수 있는 "미래의 철학자"이다.

> 미래의 철학자는 아마 이렇게 말할 것이다. 수많은 사람과 의견을 일치시키려는 좋지 않은 취미에서 스스로 벗어나야 한다.[75]

니체에 의하면 자유로운 정신을 가진 철학자는 "다른 요구, 다른 성장" 그리고 "다른 소화 방식"을 지닌 자이다.[76] 이들은 더 이상 하나의 가치를 공유하지 않는다. "학문은 명령할 수도, 길을 가리킬 수도 없다 : 오히려 인간이 어디로 가야 하는지를 알 때에야 비로소 학문은 유용할 수 있다."[77]라는 니체의 말처럼, 이들은 학문적 인식의 확장을 위해 구체적 삶의 현실을 간과하는 "철학적 노동자" 혹은 "학자(학문하는 인간)"와는 다른 가치

---

75 니체, 『선악의 저편』, 43, 73쪽.

76 니체, 『즐거운 학문』, 381, 391쪽.

77 니체, 『유고(1880년 초~1881년 봄)』, 8[98], 529쪽.

를 추구하는 존재이다.[78] 니체가 단 하나의 진리에 매몰된 삶을 살며 또한 이를 가르침으로 내세우는 학자들의 증상을 "지성의 병"이라고 말하는 이유는 이 때문이다. 새로운 미래의 철학자들이 추구하는 철학은 명랑하고 쾌활하다. 그들은 삶을 고난으로 인식하고 그로부터 해방되기 위한 철학을 필요로 하지 않는다. 오히려 그들은 삶을 염세적으로 바라보는 내면의 나약함을 긍정적이고 능동적인 삶에의 의지로 전환하기 위해 매 순간 자신의 삶으로 철학을 한다.

> 우리들 철학자들은 오늘날 지식에 대해 좋지 않은 입장에 처해 있다. […] 우리의 과제는 무엇보다 우리 자신을 혼동하지 않는 데 있다. 우리는 학자와는 다른 존재이다 : 물론 우리도 학식을 지니고 있다는 것은 부인할 수 없지만. 하지만 우리는 다른 요구, 다른 성장, 다른 소화 방식을 지니고 있다. 우리는 더 많은 것을 필요로 하고, 또한 더 적은 것을 필요로 한다. 정신이 얼마만큼의 자양분을 필요로 하는가에 대한 공식은 없다 ; 하지만 정신의 취향이 독립성과 빠른 오고감을 지향하고, 가장 빠른 자만이 해낼 수 있는 방랑과 모험을 지향한다면 그는 배부르고 부자유스럽게 살기보다는 적은 음식으로 자유롭게 살기를 원할 것이다. 훌륭한 무용수가 음식에서 원하는 것은 비만이 아니라 최대의 유연함과 힘이다.—그리고 나로서는 철학자의 정신이 훌륭한 무용수가 되는 것 이상 무엇을 더 바라야 하는지 알지 못한다.[79]

니체는 철학자의 정신적 지향점을 "훌륭한 무용수(ein guter Tänzer)"가 되는 것이라고 말한다. 그에게 있어 훌륭한 정신의 무용수는 배부른 상태가 아니라(Nicht Fett), 춤을 지속할 수 있는 삶의 "최대의 유연함과 힘

---

78 니체, 『선악의 저편』, 211, 188쪽 참조.

79 니체, 『즐거운 학문』, 381, 391쪽.

(sondern die grösste Geschmeidigkeit und Kraft)"을 필요로 하는 존재에 대한 표현이다. 다시 말해 훌륭한 정신의 무용수는 배를 불리기 위해 음식을 찾지 않는다. 그는 오직 자신의 춤을 지속하기 위해서, 즉 삶의 놀이를 계속 즐기기 위한 유용한 영양을 필요로 할 뿐이다.

이러한 의미에서 삶의 새로운 변화를 제시해야 하는 미래의 철학자들은 "웃는 사자(der lachende Löwe)"[80]처럼 오랜 가치의 억압을 향해 분노를 드러내지만, 결코 그 과정에서 삶을 병들게 하지 않는다. 그들이 요구하는 것은 이렇듯 평균적이고 자기 보존적인 것이 아니다. 그들은 이제 다른 성장을 요구한다. 그렇기에 그들 나름의 삶의 진리를 창조하고 따를 수밖에 없다. 낡은 진리는 그들에게 삶의 장애, 즉 구토를 일으킬 뿐이다. 그 이유는 이들은 대중적인 삶을 추구하는 자들과 "다른 소화방식(eine andre Verdauung)"을 가지고 있기 때문이다. 다시 말해 그들은 삶의 다른 가치의 양분(Nahrung)을 원하기 때문에 스스로 음식을 찾아 삶의 모험을 감행하고 매 순간 자신의 식탁을 스스로 준비한다.

> 어디로 가는가? 무엇 때문에 가는가? 멀리 떨어져서 굶어 죽으려고? 자신의 기억으로 인해 질식하려고? — 고귀하고 까다로운 영혼의 욕구를 지니고 있지만, 자신의 식탁이 마련되고 자신의 식사가 준비된 것을 본 적이 드문 사람은, 어느 시대에나 그의 위험은 커질 것이다 : 그러나 오늘날 그 위험은 정상에서 지극히 벗어나 있다. 한솥밥을 함께 먹을 수 없는 소란스럽고 천민적 시대에 내던져져서, 그는 굶주림과 갈증 때문에, 또는 그가 마침내 어쩔 수 없이 음식에 '손을 댈' 경우에는—갑작스러운 구토 때문에 쉽게 파멸하게 될지도 모른

80 "보다 지체가 높은 자, 보다 강한 자, 보다 당당한 자, 보다 쾌활한 자, 신체와 영혼(Leib und Seele)에서 올곧은 자를 나 기다리고 있는 것이다. 웃는 사자들이 반드시 나타날 것이니!" (니체, 『차라투스트라는 이렇게 말했다』, 「환영인사」, 466쪽).

> 다.—우리 모두는 아마도 이미 우리에게 적합하지 않은 식탁에 앉아 있었는지도 모른다. 우리 가운데 정신적인 사람들, 이 부양하기 가장 어려운 자들은 우리의 음식과 식탁 옆에 앉아 있는 사람들을 순간적으로 통찰하고 환멸을 느끼면서 생겨나는 저 위험한 소화불량을—식후의 구토를 알고 있다.[81]

삶을 대하는 모든 나쁜 본능들을 진단하고 인간의 병든 실존을 해방시키고자 하는 니체의 철학적 시도는 정신의 위생학, 정신적 섭생 그리고 영양과 영양섭취, 위(胃), 소화와 소화불량 등 다양한 메타포로 등장한다. 이 개념들은 비철학적이고 일상적인 언어 형식의 메타포[82]로 등장한다. 하지만 평생을 편두통, 위장병, 눈이 멀 정도로 심한 근시 등과 같은 병과 고통 속에 살았던 니체에게는 오히려 이 개념들이 더욱 친숙했을지도 모른다. 니체가 삶의 철학자일 수밖에 없는 이유는 많은 철학적 개념들을 스스로 체험한 삶의 경험으로부터 끌어올렸기 때문일 것이다. 그는 삶을 가장하지 않았다. 삶을 대하는 간절한 태도가 철학적 정신을 통해 표출되었을 뿐이다. 인간 실존의 건강철학적 관점이 아니라, 생물학적이고 의학적인 관점에서 니체의 철학을 해석하게 되면 그의 다양한 개념이 담고 있는 사상적 의미는 온전히 밝혀질 수 없다. 본 글에서 논의한 위와 소화/소화불량에 대한 철학적 의미에 대한 해석은 이러한 의도에서 시도되었다.

---

81 니체, 『선악의 저편』, 282, 302쪽.

82 Werner Stegmaier, Nietzsches Befreiung der Philosophie, Berlin/Boston, 2012, 442–443쪽 참조.

Ⅷ. 건강한 삶의 자세 : 열정의 철학적 의미

1. 인간의 실존적 위대함 : 열정

""무엇이 내게 중요하다!"라는 것은 진정한 열정(die wahre Leidenschaft)의 표현이다."[1] 이 말은 니체의 실존철학적 특성을 잘 드러내준다. 니체가 『차라투스트라는 이렇게 말했다』에서 인간을 마지막 인간과 위버멘쉬 사이의 경계에서 세우고, 경계에 선 그에게 요구한 실존적 선택은 삶에 대한 그의 사랑과 열정을 시험하기 위한 시도였다. 니체의 이러한 사고실험은 그의 철학을 대변하는 중요한 사상적 실험이다. 이때 니체가 제시한 "몰락"은 자신의 삶에 대한 인간의 긍정과 극복에의 의지, 다시 말해 사랑과 열정을 증명하는 중요한 실존적 선택으로 대변된다.

삶을 향한 사랑과 열정에 대한 시험은 삶에 대한 불안과 두려움, 즉 고통을 받아들이는 태도에 대한 시험이기도 하다.[2] 더 이상 과거의 낡은 형

---

1 니체, 『유고(1880년 초~1881년 봄)』, 7[45], 427쪽.

2 프랑스어 파시옹(passion)과 영어 패션(passion) 역시 단어 안에 열정과 고통을 동시에 안고 있기에 고통스러운 사랑에 대한 열정으로 대변될 수 있는 개념이다. 그렇기에 열정은 항상 '그럼에도 불구하고……'라는 피할 수 없는 고통과 사랑을 전제로 하고 있다. 열정은 삶에 대

이상학적-종교적 가치들에 의존하지 않고 자신만의 고유한 삶을 살기로 결심한 인간은 필연적으로 삶의 모순과 부조리 등과 같은 불합리하고 고통스러운 사건들에 홀로 대면해야만 한다. '왜! 나에게! 이런 일이!'라는 물음을 던질 수밖에 없는 고통스러운 상황에서 사랑과 열정은 긍정과 극복보다 본질적인 동시에 현실적 일상에 가까운 개념일 것이다.

니체가 『도덕의 계보』의 「제3논문」에서 진단하고 있는 것처럼, 고통의 원인을 자신으로 설정하며 이로부터 발생하는 원한의 방향을 자신의 삶으로 돌리는 현상은 결국 모든 내적 충동의 억압, 즉 자신의 고유한 자연성의 상실 증상으로 드러난다.[3] 충동(Trieb), 본능(Instinkt), 감정/느낌(Gefühl), 정서(Emotion), 감성(sentiment), 정동(Affekt), 욕망(Begierde) 등의 감정으로 대변되는 인간의 정념(Pathos), 즉 인간의 고유한 생명성으로서의 자연(Natur)의 제거는 곧 열정이 발현될 수 있는 조건의 제거와 다르지 않다. 인간 자연의 억압은 더 이상 내가 나로 존재할 수 없다는 사실에 대한 증거이다. 고유한 자기 자신으로 존재할 수 없는 인간은 필연적으로 삶에 대한 불안과 두려움에 놓일 수밖에 없다. 배출할 수 없는 고통스러운 감정을 삶에 대한 원한과 복수로 표출하는 증상의 원인을 생리학적으로 해석하는 니체는 이들을 "내적인 열정의 노예(Sklave seiner inneren Leidenschaften)"라고 표현한다.

한 위대한 사랑(긍정)을 통해 고통스러운 현재를 극복하고 새로운 미래를 창조하라는 니체의 철학적 메시지를 잘 담고 있는 개념이다. 하지만 본 글에서는 니체철학에 등장하는 독일어 열정(Leidenschaft)에 국한시켜 논의를 진행할 것이다. 파시옹(passion)과 패션(passion)은 추후 고(Leid)와 통(Schmerz)의 문제와의 연관 아래 보다 폭넓은 연구로 다루어져야 하는 개념이기 때문이다. (고대 그리스 철학, 데카르트, 스피노자, 칸트, 쇼펜하우어 등 서양정신사에 나타난 감정의 문제를 포괄적으로 다루며, 그 안에 정념에 대한 어원과 그 의미를 확인할 수 있는 논문으로는, 김정현, 「서양정신사에 나타는 감정의 두 얼굴」, 『인문학연구』, 제7집, 2006, 71–91쪽 참조).

3 니체, 『도덕의 계보』, 15, 491–495쪽 참조.

> 불안과 의혹과 불신으로 인해 쇠약해진 내적인 열정들의 노예. 모든 힘을 두려워하며 그가 창조했던 것조차 두려워한다.[4]

생성하는 대지세계에서의 삶은 오직 자신의 정념을 바탕으로 표출되는 생기 활동으로만 정당화될 수 있다. 즉 힘에의 의지의 세계에서 힘에의 의지는 인간에게 자연이다. 그리고 이 고유한 자연성으로부터 삶에 대한 사랑과 열정은 비로소 발현될 수 있다. 하지만 지금까지 열정은 인간의 정념을 부정해온 오랜 관습 아래 철저하게 부정되었으며, 이로 인해 인간은 자신의 고유한 의지를 발현할 수 없는 나약한 존재가 되었다는 것이 니체의 주장이다. 이러한 증상으로부터 인류는 지금까지 자유롭지 못했다. 니체는 이제라도 진정한 자유를 획득하기 위해 오랜 가치들에 대한 회의를 권한다. 아래의 글은 열정에 대한 니체의 생각을 잘 대변해준다.

> 일종의 열정 예찬 — 너희 음침한 자들과 철학적으로 음흉한 자들은, 모든 세계의 존재의 성격을 비난하기 위하여 인간적인 열정(die menschliche Leidenschaft)이 가지고 있는 무서운 성격에 대하여 말한다. 마치 열정이 존재했던 곳에는 항상 공포가 존재하기나 했다는 듯이! 그리고 마치 세상에는 이러한 공포가 항상 존재해왔듯이! — 너희는 작은 것을 소홀히 함으로써 그리고 자기 관찰뿐만 아니라 교육받아야 할 사람들조차도 관찰하지 않음으로써 너희 스스로 열정을 그러한 괴물로 만들어버렸고, 그 결과 너희는 지금 '열정'이라는 단어에서도 이미 공포를 느끼게 된다. 열정에서 그 무서운 성격을 제거하고, 그 열정이 파괴적인 급류가 되지 않도록 예방하는 일은 너희에게 달려 있었고 또 우리에게 달려 있다. — 사람들은 자신의 과오를 영원한 운명으로 부풀려서는 안 된다. 오히려 인류의 열정(die Leidenschaft der Menschheit)을 모두 쾌감으로 바

---

4 니체, 『유고(1880년 초~1881년 봄)』, 8[119], 534쪽.

꿔야 하는 과제를 가지고 성실하게 노력하자.[5]

니체의 말처럼 열정은 형이상학과 종교의 체계를 위협하는 무서운 특성을 지닌 감정이다. 열정을 가진 사람들은 낡은 가치에 순응하는 삶을 살지 않는다. 그들은 끊임없이 오랜 무리의 가치들을 의심하고 자신의 가치를 따르는 삶을 살아간다. 열정에 대한 니체의 또 다른 표현처럼 인간의 "위대한 열정(die große Leidenschaft)"은 "자기 존재의 근거이자 위대한 힘"[6]이다. 그가 차라투스트라와 같은 "위대한 정신(grosse Geister)"들을 "위대한 열정"으로 표현하는 이유이다.[7]

2. 니체의 글쓰기 속에 담겨 있는 삶에 대한 사랑과 열정

우리는 보다 건강한 삶을 향한 니체의 철학적-실존적 열정을 그의 글쓰기 속에서도 충분히 느낄 수 있다. 니체의 철학적 실존은 굳이 누군가가 기술한 자서전을 읽지 않아도 될 정도로 그의 철학 곳곳에 잘 드러나 있다. 니체가 스스로 삶과 사상을 설명한 『이 사람을 보라』라는 철학적 자서전을 쓴 이유는 아마도 스스로 겪었던 수많은 정신적-실존적 사건들을 자신만큼 잘 설명할 수 없다고 생각했기 때문일 것이다. 니체가 삶에서 쌓은 철학적 성찰과 업적은 정치, 경제, 사회적인 것이 아니라, 이를 모두

5 니체, 『인간적인 너무나 인간적인 II』, 「방랑자와 그의 그림자」, 37, 257쪽.

6 니체, 『안티크리스트』, 54, 297쪽. 다음의 글도 함께 참조. 니체, 『유고(1887년 가을~1888년 3월)』, 11[48], 314–315쪽.

7 니체, 『안티크리스트』, 54, 297쪽.

포괄하는 인간의 고유한 실존의 문제였으며 또한 자신 역시 이러한 고유한 실존으로부터 벗어날 수 없었기에 스스로 자서전을 쓸 수밖에 없었을 것이다. 병과 극심한 고통 속에서도 삶을 노래하는 니체의 사상적 열기와 철학적 열정은 그의 자서전에 고스란히 담겨 있다.

니체의 글쓰기는 일반적인 의미에서의 좋은 글쓰기 행위와는 다르다. 니체의 글쓰기는 좋은 문장들이 하나의 책으로 엮여져 출판될 만큼 매력적이며 호소력이 강하다. 이러한 의미에서 "나는 항상 내 몸과 삶을 다해 글을 썼다. '순수하게 정신적인' 문제들이 무엇인지 나는 모른다."[8]라는 니체의 말에는 그 자체로서의 삶과 자신의 감정을 표현하고자 하는 그의 열정이 잘 담겨 있다. 여기서 몸과 삶을 다해 글을 썼다는 니체의 표현에 병과 고통에 대한 그의 경험을 적용해보면 다음의 사실을 유추할 수 있다. 니체는 몸과 삶의 문제, 즉 그는 병과 고통을 형이상학적-종교적 불변의 순수한 가치로 규정하지 않고, 구체적 현실의 문제로서 인식하고 있었으며 자신의 삶에 대한 사랑과 열정을 철학적 글쓰기를 통해 표출했다.

글쓰기에 대한 니체의 생각과 의도는 다음의 글에서도 명백하게 드러난다. "모든 글 가운데 나는 피로 쓴 것만을 사랑한다. 글을 쓰려면 피로 써라. 그러면 너는 피가 곧 정신임을 알게 될 것이다. 다른 사람의 피를 이해하기란 그렇게 쉽지 않다."[9] 글을 쓴다는 것은 자신의 삶을 이야기한다는 것이고, 글을 읽는다는 것은 다른 사람의 삶과 정신적으로 소통하며 그의 정신적인 세계에 참여한다는 것을 의미한다.[10] 삶의 고통과 이에 지배당한 내면의 긴장 상태를 글로 표현하고 전달하는 것이 니체의 철학적

---

8 니체, 『유고(1880년 초~ 1881년 봄)』, 4[285], 221쪽.

9 니체, 『차라투스트라는 이렇게 말했다』, 「읽기와 쓰기에 대하여」, 64쪽.

10 김정현, 「철학의 글쓰기와 글쓰기의 철학」, 『인문학 연구』(제13집 2호), 2012, 281~283쪽 참조.

글쓰기에 내재된 특성이다.

니체의 철학을 보다 가깝게 이해하기 위해서는 그의 철학적 개념들에 대한 이해를 넘어 병과 고통 속에 놓인 삶에 대한 처절하며 때로는 숭고하기까지 한 철학정신을 이해할 수 있어야만 한다. 니체의 철학적 이해의 어려움은 아마도 그가 겪었던 삶의 위기와 이를 긍정하고 극복하고자 했던 사랑과 열정을 도외시했기 때문일 수도 있다. 아래의 글에서 확인할 수 있는 것처럼, 그의 글쓰기에 담겨 있는 "파토스의 내적 긴장 상태"는 고통 속에서도 삶을 긍정하고 끊임없이 자기 자신을 극복하고자 했던 내면의 혼란을 의미하며, 니체가 자신의 철학에서 전달하고자 하는 것은 바로 "초인간적인 열정", 다시 말해 삶에 대한 '위버멘쉬적 열정'을 가진 태도이다.

> 내 문체 기법에 대한 일반적인 이야기도 또한 언급해보겠다. 기호의 속도를 포함해서 그 기호를 통한 파토스의 내적 긴장 상태(eine innere Spannung von Pathos)를 전달하는 것—이것이 문체의 의미이다. […] 내적 상태를 정말로 전달하는 문체, 기호와 기호의 속도와 제스처를 […] 잘못 파악하지 않는 문체는 좋은 문체다. 내 본능은 여기서 실수하지 않는다. […] 위대한 리듬기법, 복합문의 위대한 문체가 숭고하고도 초인간적인 열정(von übermenschlicher, Leidenschaft) 의 거대한 상승과 하락을 표현하는 것이라는 점이 나에 의해 비로소 발견되었다.[11]

몇 천 년 동안 계속되어온 철학적 체계를 전승하지 않는 니체는 여느 철학자들과 차별된 낯선 언어를 구사한다. 니체의 글쓰기가 잠언과 단편

---

11 니체, 『이 사람을 보라』, 「나는 왜 이렇게 좋은 책들을 쓰는지」, 4, 382-384쪽.

의 형식을 띠는 이유는 일상에서 자유롭게 사유할 수 없도록 만든 자신의 병과 고통 때문이기도 하지만, 오히려 그는 그러한 문제들로 세계와 삶을 이해하고 해석하는 새로운 관점을 얻게 되었다. 자신의 삶으로부터 계속 확장되어 가는 철학적 문제의식들은 니체가 삶과 철학을 별개의 것으로 구분하지 않았기 때문이다. 니체가 자신의 글을 진리의 이름 아래 삶의 자연성을 부정하고, 삶을 이론적으로 개념화하는 학자들과 비교하며 그 차이를 강하게 드러내는 이유는 이 때문이다. 니체에 의하면 이들은 인간 행위와 삶의 의미에 대한 철학적 탐구 아래 제기되는 인식의 효용성, 다시 말해 인식의 실존적 중요성이 아니라, 단지 인식 그 자체만을 추구할 뿐이다.[12]

> 나는 나 자신을 위해 쓴다. 그런데 글쓰기가 파괴된 이러한 시대에 쓴다는 것이 어떤 의미를 갖는다? 거의 의미가 없다. 왜냐하면 학자를 제외하고는 어느 누구도 더 이상 읽을 줄 모르기 때문이다. 그리고 학자조차도 ———[13]

니체의 이러한 글쓰기는 병과 고통을 자기 삶의 실존적 조건으로 긍정하는 그의 철학적 파토스로부터 도출된 것이다. 삶에 대한 사랑과 열정으로부터 세계에 있는 그대로의 감정을 표출하는 니체의 철학에 형이상학, 종교, 도덕이 강한 비판의 대상이 되는 것은 당연한 결과이다. 다음의 글은 삶에 대한 니체의 사랑과 열정이 잘 드러나 있다. 또한 동시에 그의 이러한 글쓰기 형식을 잘 표현해주고 있다.

---

12 니체, 『인간적인 너무나 인간적인 Ⅰ』, 6, 28쪽.

13 니체, 『유고(1882년 7월~1883/84년 가을)』, 8[20], 439쪽.

아득하고 낯선 천상의 행복과 은총과 은혜를 꿈꾸며 학수고대하지 말고, 다시 한 번 더 살고 싶어 하며, 영원히 그렇게 살고 싶은 것처럼 그렇게 살 것! — 우리의 사명(Aufgabe)은 매 순간 우리 가까이 다가온다.[14]

이 글에서 니체가 말하는 "사명"은 삶을 사랑하며 자신의 삶에 열정을 가져야만 한다는 사실을 함의하고 있다. 오직 자신만이 자신에게 주어진 가장 고유한 의무이자 유일한 과제인 것이다. 그 과제를 수행하기 위한 근본적인 조건은 다름 아닌 자기 자신과 삶에 대한 사랑과 열정이다.

3. 니체의 철학적 실존 : 삶에 대한 사랑과 열정

니체가 자신의 철학에서 보여준 사상적 시도들은 그 자체로 열정적이다. 평생을 건강과 병의 경계에서 삶에 대한 희망과 절망, 기쁨과 슬픔, 사랑과 미움, 쾌와 불쾌 등의 양가감정을 느껴 온 니체의 개인적 경험과 삶에 대한 바람들은 그의 철학에 여실히 드러나 있다. 니체의 철학적 실존은 병과 고통 속에 놓인 삶의 좌절과 절망에 대한 실존적 자기긍정과 극복, 다시 말해 삶에 대한 사랑과 희망을 향한 그의 철학적 열정을 온전히 반영하고 있다. 생철학자, 삶의 철학자라는 니체의 명칭은 그의 철학적 실존과 열정을 잘 대변해준다.

니체는 평생 병과 고통에 잠식된 삶을 살았지만—『이 사람을 보라』의 「나는 왜 이렇게 현명한지」에 제시된 개념 "관점주의"와 "가치의 전환

---

14 니체, 『유고(1881년 봄~1882년 여름)』, 11[161], 499쪽.

"에서 볼 수 있는 것처럼[15]—결코 삶에 대한 좌절과 비난의 감정에 제압당하지 않았다. 니체가 고통으로 가득한 자신의 삶을 향해 분노와 억울함을 내뱉지 않은 이유가 신이 없다고 믿었기 때문이었다고 말할 수 있을까? 이 물음에 앞서 보다 분명한 것은 니체는 자신의 병과 고통에 종교적-도덕적 의미를 부여하지 않았다는 것이다. 니체에 의하면 선과 악의 물음 아래 병과 고통은 죄와 벌의 의미와 가치로 주어질 수밖에 없으며 이때 삶은 고유한 생명으로서의 의미와 가치를 상실할 수밖에 없다.

영원회귀와 운명애 그리고 디오니소스적 긍정과 같은 그의 개념이 담고 있는 의미처럼 니체는 자신의 삶과 대지를 초월하는 진리에 의존하지 않고 삶 그 자체를 사랑했다. 그리고 이 사랑이 니체의 철학적 실존을 열정으로 가득하게 만들었다. 병과 고통에 잠식당하지 않고, 건강한 삶을 향한 정신과 의지를 자신의 철학적 주제로 삼았다는 니체의 말[16]은 삶에 대한 그의 사랑과 열정을 잘 드러내준다. 이러한 의미에서 니체가 말하는 "건강의 가르침(Gesundheitslehre)"[17]의 근본 조건은 아래의 글에서 확인할 수 있는 것처럼 "건강한 사랑"이다.

> [···] 병자나 중독자가 하는 그런 식으로(mit der Liebe der Siechen und Süchtigen) 자기 자신을 사랑해서는 안 된다. [···] 나의 가르침은, 사람들은 자기 자신을 건전하며 건강한 사랑(die gesunde Liebe)으로써 사랑하는 법을 배워야 한다는 것이다. 자기 자신을 참고 견뎌냄으로써 쓸데없이 떠도는 일이 없도록 하기 위해서이다. [···] 정녕, 자기 자신을 사랑하는 법을 배워야 한다는

---

15 니체, 『이 사람을 보라』, 「나는 왜 이렇게 현명한지」, 1, 333쪽.

16 같은 책, 「나는 왜 이렇게 현명한지」, 2, 334쪽.

17 니체, 『인간적인 너무나 인간적인 II』, 「서문」, 2, 12쪽.

> 것은 고작 오늘과 내일을 위한 그런 계명은 아니다. 그것은 오히려 모든 기예 가운데서(von allen Künsten) 가장 섬세하고 교묘하며, 궁극적인, 그리고 가장 큰 인내를 요구하는 기예인 것이다.[18]

조금 긴 글이지만 다음 글에서 우리는 병과 고통에 대한 니체의 삶의 태도를, 다시 말해 삶에 대한 사랑으로 자신의 병과 고통을 긍정하며 정열적으로 사유하는 니체의 열정을 느낄 수 있다. "변증론자의 탁월한 명석함"이라는 표현에서처럼, 니체는 삶이라는 거대한 합(合/Synthese)에 도달하기 위해 끊임없이 자신의 고통과 대면함과 동시에 쉬지 않고 고통 속에 놓인 자신의 삶을 사유했다.

> 그 당시—1879년—나는 바젤 대학 교수직을 사임하고 여름을 성 모리츠에서 그림자처럼 보냈으며, 내 삶에서 태양 빛이 가장 적었던 그 다음 겨울을 나움부르크에서 그림자로 보냈다. 내 생명력의 최소치 : 〈방랑자와 그의 그림자〉는 그 사이에 나왔다. 의심할 여지없이 나는 그 당시 그림자에 대해 잘 알고 있었다……제노바에서의 나의 첫 겨울인 그 다음 겨울, 피와 근육의 극심한 빈곤이 야기시켰다고도 할 수 있는 안락함과 정신화가 ≪아침놀≫을 탄생시켰다. 이 작품에 반영된 내 정신의 완벽한 명철, 명랑, 그 풍부함마저도 내게서는 극도의 심적인 약함과 양립할 수 있었다. 그뿐 아니라 심지어는 과도한 고통과도 양립할 수 있었다. 힘들게 위액을 토하게 하는 사흘 동안 지속되던 편두통의 고문에 시달리는 와중에 — 나는 변증론자의 탁월한 명석함을 갖추고 있었으며, 사물에 대해 아주 냉정하게 숙고했다. 그보다 양호한 상태였더라면 나는 그렇게 숙고하지 못했을 것이고, 그럴 수 있을 만큼 충분히 예리하지도 냉정하지도 못했을 것이다.[19]

---

18 니체, 『차라투스트라는 이렇게 말했다』, 「중력의 악령에 대하여」, 2, 321–322쪽.

삶에 대한 사랑 없이는 니체 역시도 건강과 병, 희망과 좌절의 경계에서 육체적-정신적 고통에 용감하게 대면하는 등 자신의 철학적 열정을 발휘할 수 없었을 것이다. 고통 앞에서 누군가는 고통 밖으로 나가려 하지만 누군가는 고통을 실마리로 더욱 더 깊이 자신 안으로 들어간다. 고통은 종교와 종교적 인간을 만들기도 하지만 철학과 철학적 인간을 만들기도 한다. 고통은 그 누구와도 공유할 수 없는 고독한 실존 속에서 오직 자기 자신을 사유하게 해주는 인식의 조건이자 새로운 미래를 조형할 수 있게 해주는 창조적 영감의 원천이다. 형이상학이 단 하나의 진리에 대한 사랑에서 세계와 삶의 모순을 유지하려는 열정이라면, 니체가 요구하는 삶의 열정은 삶 그 자체에 대한 긍정과 사랑을 통해 참된 자기인식과 자기되기를 가능하게 하는 능동적 삶의 실존적 기술이다.

니체에 의하면 전통 형이상학과 종교의 이원론적 세계 해석 아래 인간은 자기 자신을 사랑함에 익숙하지 않다. 니체의 철학적 사명으로서 오랜 관습과 습관의 해체가 지향하는 것은 바로 다시 자기 자신과 삶을 사랑할 수 있는 자로의 변화이다. "삶에 친숙해 있기 때문이 아니라 사랑에 익숙해 있기 때문에 우리는 삶을 사랑하는 것이다."[20] 열정은 매 순간 새로운 내가 되어가는 감정이다. 그리고 삶에 대한 사랑만이 이 열정을 가능하게 하며 결국 고통마저 긍정하고 극복하게 만든다. 현재의 삶 그 자체에 대한 긍정과 사랑으로부터 미래는 열정적인 것, 다시 말해 자유로운 정신과 의지의 힘으로 약속할 수 있는 필연적인 것이 된다.

---

19 니체, 『이 사람을 보라』, 『나는 왜 이렇게 현명한지』, 331–332쪽.

20 니체, 『차라투스트라는 이렇게 말했다』, 「읽기와 쓰기에 대하여」, 65쪽.

4. 고통과 행복 그리고 열정

고통은 마치 허무주의가 신의 죽음을 인정할 수 없는 사람들에게 갑작스럽게 찾아오는 무서운 손님인 것처럼, 원하지 않는 순간에 갑자기 나를 찾아오는 것으로 우리는 항상 이 낯선 손님에게 수동적일 수밖에 없다. 하지만 고통의 의미를 재해석하고 이를 바탕으로 삶의 새로운 가치를 탄생시킬 수 있는 실존의 기술은 고통 안에 놓인 인간을 능동적으로 만든다. 니체의 "열정" 개념이 요구하는 철학적 의도는 바로 건강과 병, 쾌와 불쾌, 능동과 수동, 긍정과 부정, 극복과 보존, 자유로운 정신과 속박된 정신, 강한 의지와 약한 의지와 같은 경계에 선 인간에게 자신의 삶을 사랑할 수 있는 열정을 발휘하게 하는 것이다.[21] 삶에 대한 사랑과 열정 속에서야 비로소 지금까지 은폐된 삶의 진실은 드러날 수 있다. 니체가 『차라투스트라는 이렇게 말했다』에서 인간을 마지막 인간과 위버멘쉬 사이의 경계에 세운 이유는 오랜 시간 은폐되어온 인간의 내재적 변화의 가능성을 발굴하고 이를 실현시키기 위해서이다.

> 사람은 짐승과 위버멘쉬 사이를 잇는 밧줄, 심연 위에 걸쳐 있는 하나의 밧줄이다. 저편으로 건너가는 것도 위험하고 건너가는 과정, 뒤돌아보는 것, 벌벌 떨고 있는 것도 위험하며 멈춰 서 있는 것도 위험하다. 사람에게 위대한 것이 있다면 그것은 그가 목적이 아니라 하나의 교량이라는 것이다. 사람에게 사랑받아 마땅한 것이 있다면, 그것은 그가 하나의 과정이요 몰락이라는 것이다.

---

21 열정은 객체와 주체, 수동과 능동, 병과 건강이 혼합된 개념(Dieter Kliche, Passion/Leidenschaft, Ästhetische Grundbegriffe, Bd.4, hrsg. von K. Barck u.a., Stuttgart/Weimar 2002, 685쪽), 다시 말해 경계에 서 있는 개념이다. 이러한 의미에서 열정은 영원회귀와 운명애 등과 같은 니체의 사고실험을 이해할 수 있는 좋은 역할을 해준다.

나는 사랑하노라. 몰락하는 자로서가 아니라면 달리 살줄을 모르는 사람들을. 그런 자들이야 말로 저기 저편으로 건너가고 있는 자들이기 때문이다.[22]

니체의 『차라투스트라는 이렇게 말했다』에서 많이 알려진 위의 글은 그의 철학에서 요구되는 모든 변화의 가장 근본적인 조건이다. 삶의 주인으로서 인간은 마지막 인간과 위버멘쉬 사이의 실존적 경계에서 첫째, 자기 실존의 위험을 인식하며 둘째, 의식의 변화를 통해 자신이 가야 할 길을 선택해야만 한다. 여기서 열정은 삶의 위기를 긍정하고 "몰락"으로 대변되는 실존의 모험을 감행할 수 있는 내면의 강한 힘에 대한 표현이다.

하지만 이에 앞서 보다 중요한 것은 사랑의 방식이다. 앞에 언급된 것처럼, 스스로를 사랑함에 있어 "병자나 중독자"의 방식이 아니라 건강한 방식으로 사랑해야 한다는 니체의 말은 이에 대한 중요한 근거가 된다. 여기서 "몰락"은 경계에 선 인간의 삶에 대한 사랑과 열정을 증명해주는 니체철학의 중요한 철학적 개념이다.[23] 이 개념은 그의 철학에서 인간이 가진 실존적 위대함의 창조적 실현을 위한 근본조건으로 제시된다. 그 이유는 "몰락"은 오직 사랑과 열정을 통해서만 가능한 선택이기 때문이다. 몰락은 삶의 새로운 창조를 결심한 자의 위대한 실존적 선택이다. "아직 나는 생식과 임신이 아닌 그 어떤 몰락도 보지 못했다."[24]

이에 반해 몰락을 두려워하는 인간은 변화를 의욕하지 않는 인간, 즉 자신의 삶으로 "실험"을 할 수 없는 인간이다. 니체가 자기보존적 인간을

---

22 니체, 『차라투스트라는 이렇게 말했다』, 「차라투스트라의 머리말」, 4, 21쪽.

23 "몰락(Untergang)"은 삶에 대한 사랑과 열정을 통해서만 가능한 선택이다. 이 개념은 니체의 철학에서 인간이 가진 실존적 위대함의 실현을 위한 근본 조건으로 제시된다.

24 니체, 『유고(1882년 7월~1883/84년 겨울)』, 13[1], 556쪽.

비판하는 이유는 그가 자신의 낡은 정신적 가치 세계를 극복하기 위한 실존의 실험을 시도할 수 없는 나약한 정신과 의지의 인간이기 때문이다. 그래서 니체는 "몰락하는 자(Untergehende)"가 곧 "저편으로 넘어가는 자(Hinübergehende)"라고 말하는 것이다. 신의 죽음을 선언하며 다시 스스로를 사랑하고 그 열정으로 삶을 변화시키라는 차라투스트라의 말을 웃음으로 지나치는 시장터의 사람들이 바로 자기보존적 인간의 표본이다. 참된 자기 인식과 자기되기를 무거운 과제로 여기는 이들에게 몰락은 아직 "큰 희생"일 수밖에 없다.

> 우리는 우리 자신을 실험해도 된다! 그뿐 아니라 인류는 자기 자신을 실험해도 된다! 가장 큰 희생(die grössten Opfer)이 아직 인식에 바쳐지지 않았다. 아니, 예전에는 지금 우리의 행위를 규정하는 것과 같은 사상을 단지 예감하는 것만으로도 신성 모독이자 구원의 영원한 포기였을 것이다.[25]

허무주의의 위험에 처한 자신의 실존을 인식하지 못하는 시장터의 사람들, 다시 말해 자기보존의 증상으로 대변되는 근대인들의 표면적인 행복 아래 고통은 가치론적으로 폄하되고, 행복은 고통 없는 상태로 규정된다. 니체에 의하면 이들은 위험도, 고통도, 이를 극복할 열정도 발휘할 필요가 없는 상태, 즉 오랫동안 그 어떤 변화도 없는 익숙함을 행복으로 이해하고 같은 방식으로 삶을 보존할 뿐이다. 이들에게 열정은 오히려 행복의 장애일 뿐이다. 하지만 니체에게 있어 열정은 고통 속에서도 매 순간 새로운 행복을 추구하는 감정이다. "커다란 고통(grosses Leid)을 가하고 고통의 비명을 들으면서도 내심의 곤혹과 불안에 빠져들지 않는 것—

---

25 니체, 『아침놀』, 501, 376쪽.

이것이야말로 위대한 것이며, 위대함에 속하는 것이다."[26] 니체의 이 말처럼 열정은—에피쿠로스와 스토아학파의 행복이론에 반해—고통에 대한 긍정 속에서 삶의 변화를 시도하는 인간 실존의 건강함과 "위대함"의 근본 조건이다. 열정 없이 인간 실존의 위대함은 결코 실현될 수 없다.

> 열정은 삶에 속하며 누구나 그것을 행복의 방해 요소로서 의심스럽게 만들어서는 안 된다. 현존재는 사랑과 증오 없는 황량한 사막이 될지도 모른다. 인간은 한결같은 평온을 원치 않으며 언제나 자극과 흥분을 찾는다. 말하자면 그것들이 욕망과 고통을 야기하는 것이다. 아리스토텔레스가 말하기를, 열정 없이는 그 어떤 위대함도 창조될 수 없다고 한다. 삶 자체는 열정 없이는 창출되지 않는 어떤 위대한 것이다. 열정을 도외시할 경우 그것은 한편으로는 금욕으로 나가며, 다른 한편으로는 너무 계산된 침침한 감각의 향유로 나가는데, 거기서는 삶에 가치를 부여하는 모든 것이 파괴된다.[27]

니체에 의하면 현실적 삶의 대지와 고유한 생명성으로부터 벗어난 가치로부터 도출되는 행복은 저편세계를 향한 망상일 뿐이다. 그렇기 때문에 니체는 차라투스트라의 입을 빌려 다음과 같이 이들을 비판하는 것이다. 이들은 스스로 행복을 찾는다고 말하면서 자신이 찾는 행복이 무엇인지조차 알지 못한다. 또한 행복을 찾았다고 말하면서 그 행복이 진정으로 자신을 행복하게 해주는지 알지 못하기 때문에 눈을 깜빡이며 주변의 눈치를 볼 뿐이다.

이들의 행복은 자신의 삶에 대한 사랑과 열정으로부터 도출된 가치가

---

26 니체, 『즐거운 학문』, 325, 376쪽.

27 니체, 『유고(1875년 초~1876년 봄)』, 9[1], 272-273쪽.

아니기 때문에, 매 순간 자기 삶의 의미와 가치에 대한 이웃의 긍정과 인정을 필요로 한다. 이들이 떠나온 곳이 다름 아닌 자기 자신이기 때문에, 니체는 이들이 다시 자기에로 이르도록 하기 위해 행복에 대한 개념을 새로이 하는 등[28] 삶에 대한 사랑과 열정을 되살리고자 하는 것이다. 이렇듯 삶에 대한 사랑(긍정)과 열정(극복)은 이들이 다시 자기에로 이르도록 하기 위해 니체가 시도하는 가장 근본적인 철학적 치유의 양식이다.

> 보라! 나 너희들에게 비천하기 짝이 없는 인간(der letzte Mensch)을 보여주겠다. '사랑이란 무엇인가? 창조는? 동경은? 별은?' 비천하기 짝이 없는 인간은 이렇게 묻고는 눈을 깜빡인다. […] '우리는 행복을 찾아냈다.' 비천하기 짝이 없는 인간은 이렇게 말하고는 눈을 깜빡인다. 저들은 살기 힘든 고장을 버리고 떠나갔다. 따뜻한 기운이 필요했기 때문이다. 사람들은 아직도 이웃을 사랑하며 이웃의 몸에 자신의 몸을 비벼댄다. 따뜻한 기운이 필요하기 때문이다.[29]

자칫 니체의 철학에 등장하는 마지막 혹은 최후의 인간(der letzte Mensch)이 삶의 열정이 없는 인간으로 오인될 소지가 있다. 니체에게 있어 모든 종교의 주요한 문제는 열정이 없는 무기력한 사람이 아니라, 오히려 자신의 열정으로 피로해진 사람들의 "깊은 우울(die tiefe Depression)"과 감정적 "중압감(Schwere)"과의 싸움이다.[30] 마지막 인간들의 삶의 양식이 위버멘쉬에 적대적일 뿐, 이들 모두 자신의 삶에 대한 열정을 가지고 있다. 긍정도 부정도, 극복도 보존도 모두 그 안에 힘을, 즉 열정을 담

---

28 "행복의 효과. — 행복이 가져오는 첫 번째 효과는 힘의 감정이다."(니체, 『아침놀』, 365, 305쪽). 이와 관련해서는 다음의 글을 함께 참조. 니체, 『안티크리스트』, 「서문」, 2, 216쪽; 니체, 『유고(1882년 7월~1883/84년 겨울)』, 9[48], 467쪽.

29 니체, 『차라투스트라는 이렇게 말했다』, 「차라투스트라의 머리말」, 5, 25쪽.

30 니체, 『도덕의 계보』, 「제3논문」, 17, 498쪽.

고 있기 때문이다.

그럼에도 이들의 삶이 문제시되는 이유는 이들은 자기 자신에 대한 사랑과 열정으로부터 도출되지 않은 그 자체로서의 순수하고 불변하는 행복을 추구하기 때문이다. 시장터(Markt)는 니체철학에서 하나의 세계와 세계관을 대변하는 메타퍼이다.[31] 근대의 평준화된 대중인의 세계에서는 삶의 의미와 가치 역시 평균적일 수밖에 없다. 니체의 비판처럼 이들은 흥분을 삶에 대한 열정으로 오해할 뿐이다. 니체가 제시하는 열정은 한 대상에 대한 욕망과 같은 일시적인 흥분이 아니라, 미래를 향해 지속적으로 발현되어야만 하는 변화의 기제이다.

> 우리의 시대는 흥분의 시대(ein aufgeregtes Zeitalter)이다. 그리고 바로 그렇기 때문에 그 어떤 열정의 시대(Zeitalter der Leidenschaft)도 아니다. 자신이 뜨겁지 않다고 느끼기 때문에 그는 지속적으로 흥분하는 것이다. — 근본적으로 우리의 시대는 춥다. 나는 너희가 말하는 모든 '위대한 사건'의 위대함을 믿지 않는다.[32]

자신의 실존이 위험에 처해있다는 사실을 인식하지 못하는 시장터의 사람들이 자신의 삶을 위해 표출하는 열정은 위버멘쉬적 변화를 추구하는 사람과는 다른 사랑, 다시 말해 자신의 삶으로부터 고통을 제거하기 위한 사랑이다. 고통 없는 삶을 사랑하는 것은 열정일 수 없다. "열정은

---

31 니체에게 있어 시장터는 상징적 개념이다. 1) 마지막 인간들의 터전이며, 2) 아직 교회들이 존재하는 등 형이상학의 전통이 유지되고 있는 장소이다. 그래서 니체는 시장터에서 최초로 신의 죽음을 선언하는 것이다. (Christoph Türcke, Der tolle Mensch. Nietzsche und der Wahnsinn der Vernunft, Frankfurt am Main 1989), 16–17쪽.

32 니체, 『유고(1882년 7월~1883/84년 가을)』, 3[1], 248, 105쪽.

지나간 뒤에도 자기 자신에 대한 어렴풋한 동경을 남기고 사라질 때에도 유혹하는 눈길을 던진다. 열정의 채찍에 맞았던 것이 일종의 쾌감을 주었음이 틀림없다."[33] 니체의 이 말처럼, 위버멘쉬는 자신의 삶을 사랑하고 더욱 사랑하고자 하는 힘과 의지의 충만함으로 인해 고통이 없는 익숙한 쾌감보다는 오히려 자신의 사랑을 시험할 수 있는 고통과 불쾌감을 원한다. 이렇듯 삶의 행복은 단 하나의 요소로 구성될 수 없으며 또한 행복이 행복의 조건일 수도 없다. 예를 들어 건강은 병으로부터, 다시 말해 병의 부재보다는 병을 인식하는 가운데 건강함을 느끼고 희망하는 감정이 오히려 삶을 더욱 사랑할만한 것으로 만든다.

삶의 참된 행복은 필연적으로 고통과 고통받는 자를 전제로 한다. 행복을 향한 열정이 삶을 초월하는 욕망이 되어 삶에서 단 한 번도 참된 자기로 존재할 수 없는 마지막 인간의 열정은 하나의 비극이다. 하지만 위버멘쉬로의 변화를 향한 인간의 열정은 시장터의 사람들과는 또 다른 비극이다. 그는 고통을 삶의 실존적 변화의 조건으로서 긍정하는 힘의 충만함, 즉 충만한 열정으로부터 도출된 비극을 즐기며 매 순간 새로운 열정으로부터 도출된 새로운 행복을 경험한다.

> 모든 예술, 모든 철학은 성장하거나 하강하는 삶의 치유 수단이나 보조 수단으로 간주될 수 있다 : 이것들은 언제나 고통과 고통받는 자를 전제한다. 그런데 고통받는 자는 두 종류가 있다. 하나의 삶의 충일에서 고통받는 자이다. 그는 디오니소스적 예술을 원하고, 삶에 대한 비극적 통찰과 비극적 개관(eine tragische Einsicht und Aussicht) 또한 원한다 — 또 다른 하나는 삶의 빈곤으로 인해 고통받는 자이다. 그는 안식과 고요, 잔잔한 바다 또는 도취와 경련과

---

33 니체, 『인간적인 너무나 인간적인』, 606, 426쪽.

마비를 예술과 철학에 요구한다.[34]

1875년의 한 유고에서 니체는 죽음, 즉 피할 수 없는 실존의 고통 앞에서도 삶을 부정하지 않는 인간의 내적 가치를 "위대한 열정(große Leidenschaft)"과 "영웅성(Heldenschaft)"으로 표현한다.[35] 위버멘쉬 역시 이 내적 가치—니체의 표현에 의하면 "내면적 움직임", 즉 "열정"[36]—를 담고 있는 자이기 때문에, 그에게 고통은 실존의 위기가 아니라 오히려 삶에 대한 자신의 사랑을 실천할 수 있는 기회로 작용한다. 그래서 니체는 실존의 고통을 오히려 "사랑의 복음(ein Evangelium der Liebe)"[37]으로 표현하는 것이다. 끊이지 않는 고통 앞에서도 자기 삶의 열정을 철학으로 풀어내는 니체의 철학적 실존의 원천은 바로 비극이다.

고통을 삶의 건강, 다시 말해 자기 실존의 상승과 성장을 위한 토대로 긍정한다는 것은 마지막 인간과 위버멘쉬 사이의 경계에 선 인간의 의식적 변화를 가능하게 하는 근본 조건이다. 이 변화를 통해서 경계의 인간은 비로소 진정한 자기 자신으로서 살아갈 수 있는 길을 선택하게 된다. 이는 고통의 주인이 될 수 있는 자의 선택, 즉 삶에 대한 건강한 사랑과 열정을 통해 고통의 의미를 "커다란 건강"[38]의 관점에서 해석하는 존재인 위버멘쉬만이 감행할 수 있는 선택이다. "위버멘쉬는 삶의 과잉 때문에 저 아편 흡입자의 병과 광기를 띠고 있으며 디오니소스적인 춤을 출 수

---

34 니체, 『니체 대 바그너』, 「우리 대척자들」, 529–530쪽.

35 니체, 『유고(1875년 초~1876년 봄)』, 11[18], 350쪽.

36 니체, 같은 책, 11[20], 353쪽.

37 니체, 같은 책, 11[18], 350쪽.

38 니체, 『즐거운 학문』, 382, 392쪽.

있다. 그는 후유증으로 고통을 겪지 않는다."[39]

하지만 고통이 지나가기를 바라는 삶의 태도와 고통을 제거하고자 하는 선택 속에서 자신이 가진 고유한 힘과 인식의 한계는 확정된다. 자기 보존 본능 속에서 "인간은 아직 확정되지 않은 동물"이라는 니체의 말은 부정될 수밖에 없다. "고귀한 느낌의 강함이 아니라 그것이 지속되는 것이 고귀한 인간을 만든다."[40]라는 니체의 말처럼, 인간은 자신이 서 있는 경계에서 주어지는 선택을 위해 지속적으로 자기 자신을 긍정하고 극복해야만 한다. 끊임없는 열정적 자기 극복만이 자기 존재의 실존적 한계를 넘어서는 행위이다. 이 한계 너머에 새로운 행복이 존재한다. 열정이 새로운 행복을 만든 것이다.

> 기계에 증기를 사용하듯 열정을 사용할 것. 자기-극복[41]

5. 열정과 삶의 의미

마지막 인간과 위버멘쉬 사이의 인간은 자신이 선 경계에서 매 순간 '자신이 쫓는 행복이란 무엇인가?'라는 물음을 제기할 수밖에 없다. 왜 자신이 행복을 추구해야 하는지, 어떤 행복을 추구해야 하는지, 나에게 주어진 고통은 어떤 의미를 가진 것인지, 그 고통은 내게 주어지는 벌과 같은 것인지, 그렇다면 행복은 고통이 없는 삶으로부터 실현되는 것인지 등

---

39 니체, 『유고(1882년 7월~1883/84년 가을)』, 4[75], 174쪽.

40 니체, 같은 책, 3[1], 252, 105쪽.

41 니체, 『유고(1884년 초~가을)』, 25[10], 14쪽.

과 같은 물음이 제기될 수밖에 없다. 경계에 선 인간의 선택은 이렇듯 어렵고 무거운 과제이다. 하지만 경계의 인간은 용감하게 자신의 삶과 대면하며 제기된 물음에 답해야만 한다. 그래야만 삶에 대한 그의 사랑과 열정의 방향이 비로소 확정될 수 있다. 경계에서 이루어지는 삶에 대한 사랑과 열정의 선택은 자유로운 정신과 의지로부터 비로소 가능해지며 이는 전통 형이상학과 종교의 해체를 동반할 수밖에 없다.

> "물 자체"는 "의미 자체", "뜻 자체"와 마찬가지로 잘못된 것이다. "사실 자체"는 존재하지 않는다. 어떤 사실이 있기 위해서는 항상 의미가 먼저 투입되어야 한다. "그것은 무엇인가?(Was ist das?)"는 다른 무엇에 의해 파악된 의미-정립이다. "본질", "실재"는 관점주의적인 것이며, 이미 다수를 전제한다. 그 밑바탕에는 항상 "그것은 나에게 […] 무엇인가?(Was ist das für mich?)"가 놓여 있다.[42]

실존의 위기로 인식될 수 있는 경계에 긍정적으로 참여하며 삶을 다시 한 번 살만한 가치가 있는 것으로 여길 수 있는 인간만이 자기 자신에 대한 사랑으로 매 순간 스스로를 열정적으로 극복하며 동시에 삶을 새로운 의미와 가치들로 메울 수 있는 자이다. 하지만 여기서 중요한 것은 열정과 의미의 연관성이다. 열정은 삶의 새로운 의미를 찾기 위해서가 아니라, 삶 그 자체를 사랑하기 때문에 발현되는 감정이다. 그리고 삶의 의미는 사랑과 열정의 결과가 아니라, 사랑을 통해 열정적인 삶을 살아가는 자들에게 지속적으로 발생하는 부산물인 것이다.

그렇다면 삶의 의미는 오직 행복으로부터 도출될 수밖에 없는 가치일

---

42 니체, 『유고(1885년 가을~1887년 가을)』, 2[149], 171쪽.

까? 만약 행복이 영원히 불변하는 상태로 유지될 수 없다면, 이 감정 역시 부정되어야만 할 것이다. 우리가 끊임없이 삶의 의미를 찾는 이유가 자신의 삶에서 충만함이 아닌 결여를 인식하기 때문이듯이, 행복을 추구하는 이유 역시 자신의 삶이 고통 속에 놓여 있다고 느끼기 때문일 것이다. 행복을 성취하기 위해서는 필연적으로 고통의 과정을 겪을 수밖에 없다. 그럼에도 사람들은 행복을 고통이 제거된 상태로 규정한다. 니체에게 있어 행복과 고통은 삶의 '과정', 다시 말해 의지의 강함과 약함, 힘의 작용과 반작용, 정신의 자유와 속박, 삶의 상승과 하강, 성장과 퇴화의 경계에서 발생하는 열정의 부산물일 뿐이다. 열정이 없는 사람은 스스로 행복하다고 말할 수 없다. 만약 이들이 행복이 무엇인지 알고 있다면 아마도 그 행복은 타인의 행복을 빌려온 것일 뿐, 온전히 자신으로부터 도출된 가치는 아닐 것이다.

삶의 의미는 실존의 경계에서 발생한다. 그 이유는 이 경계에서 비로소 인간의 참된 인식이 시작되기 때문이다. 그렇다면 자신만의 고유한 삶의 의미를 창조하기를 원하는 사람은 매 순간 그 경계에 설 수 있어야만 한다. 내면의 힘이 강한 사람은 경계에서의 모험을 감행하며 끊임없이 삶의 의미를 창조하겠지만, 약한 인간은 주어진 행복에 익숙해지며 결국에는 자기 자신을 상실하게 될 것이다. 니체의 말처럼 인식은 "힘의 도구"[43]이며 인식의 조건은 "삶"이다.[44] 삶의 의미는 인식하는 대상으로부터 도출되는 것이다. 인식의 조건이 삶이라면 의미는 삶으로부터 도출될 수밖에 없다. 건강한 인식이 삶의 건강한 의미를 창조할 수 있게 해주는 근본

---

43 니체, 『유고(1888년 초~1889년 1월 초)』, 14[122], 121쪽.
44 니체, 『유고(1881년 봄~1882년 여름)』, 11[162], 487쪽.

조건인 것이다. 이 모든 것을 가능하게 하는 것이 바로 삶에 대한 사랑과 열정이다.

6. 열정과 개인성

1) 개인과 열정

니체에게 있어 행복과 삶의 의미는 보편적 진리로부터 도출될 수 있는 것이 아니다. 자의식의 변화를 통한 경계에서의 선택으로부터 이제 행복은 더 이상 현재를 위한 것이 될 수 없다. "위버멘쉬적 미래(die übermenschliche Zukunft)"[45]라는 니체의 개념처럼 행복은 부와 명예의 가치를 추구하는 사회적 집단 내의 익숙함과 안락함이 아니라, 스스로가 자기 존재의 근거가 되는 삶으로부터 창조될 수 있는 개인적 가치이다. 니체에 의하면 보편적 선과 덕의 요구는 인간을 하나의 목적으로 규정하는 것, 다시 말해 그의 "고귀한 자기애"와 "열정"을 제거하기 위한 시도일 뿐이다.[46]

> 우리는 인간의 목적을 규정하려 하자마자 인간에 대한 어떤 개념을 먼저 제시한다. 그러나 존재하는 것은 단지 개인들뿐이다. […] 인간의 목적을 제시한다는 것은 개인들이 개별화될 때 그 개인들을 방해하는 것을 뜻하고, 그들을 일반화하는 것을 말한다.[47]

---

45 "나는 모든 형이상학적이고 종교적인 사유 방식을 보다 고매한, 위버멘쉬적 미래에 대한 갈망을 지닌 인간에 대한 불만의 귀결로 간주한다 — 다만 인간이 스스로 피안으로 도망가려 했던 것이다 : 미래를 건설하는 대신에 말이다."(니체, 『유고(1884년 초~가을)』, 27[74], 390쪽).

46 니체, 『즐거운 학문』, 21, 92–93쪽 참조.

한 인간의 개인성, 다시 말해 개인적 열정이 부정된다면 니체가 자신의 철학에서 제시하는 위버멘쉬를 향한 사랑과 열정은 실현될 수 없을 것이다. 니체에 의하면 지금까지 형이상학과 종교가 제시해온 '고통 없이 행복한 삶의 이상'에 이르는 단 하나의 길은 결국 "무를 향한 열정(Leidenschaften für ein Nichts)"에 불과한 것이었다. 니체의 표현처럼, 전통 형이상학과 종교가 대지를 병들게 했다면 이때 진정으로 병이 든 것은 다름 아닌 "인류의 모든 위대한 열정(alle grossen Leidenschaften der Menschheit)"이다.

> 유일한 길. — "변증법은 신적인 존재와 현상들의 장막의 배후에 도달하기 위한 유일한 길이다." 쇼펜하우어가 변증법에 정반대되는 것에 대해 주장하는 것처럼 플라톤은 엄숙하고 열정적으로 이렇게 주장한다. 그런데 두 사람 모두 틀렸다. 왜냐하면 그들은 거기에 이르는 길을 보여주고자 하나 그 '거기'는 존재하지 않기 때문이다. 그리고 인류의 모든 위대한 열정들은 지금까지 이와 같은 무를 향한 열정이 아니었을까?[48]

행복과 개인에 대한 니체의 생각은 명확하다. "예전의 사람들은 행복과 진리를 찾았다—우리는 어디에서나 비진리를 찾고 사물에서 불행을 찾는 것에 우리를 제한시키자."[49] 이 말은 행복을 향한 개인적 열정에 대한 니체의 생각을 담고 있다. 니체가 자신의 철학에서 수행하는 형이상학, 종교, 도덕에 대한 비판의 지점은 개인이 단 하나의 절대적 진리를 추구하는 십난석 누리, 즉 비개인적 인간으로 존재하는 한 자기 삶의 고유

---

47 니체, 『유고(1880년 초~1881년 봄)』, 6[158], 311쪽.

48 니체, 『아침놀』, 474, 361쪽.

49 니체, 『유고(1872년 여름~1874년 말)』, 34[30], 509쪽.

한 의미와 가치를 창조하는 것은 불가능하다는 것이다. 창조적 무능력은 항상 실존적 무기력 증상으로 드러날 뿐이다. 절대적 진리와 보편적 행복은 평균적 인간, 다시 말해 비개인적(unpersönlich)인 인간의 이상에 불과할 뿐이다.

> 어디에서건 인간의 결함은 대가를 치러야 한다. 유약하고, 미미하고, 활력을 잃고, 자신을 부정하고 부인하는 인격은 좋은 일에도 아무짝에도 쓸모가 없다. — 특히 철학에는 가장 쓸모가 없다. "무사무욕(Selbstlosigkeit)"은 하늘에서나 땅에서나 아무 가치가 없다. 모든 위대한 문제는 위대한 사랑을 요구한다. 그리고 위대한 사랑의 능력은 오직 자기 자신을 확고히 지니고 있는 강하고, 원숙하고, 굳건한 정신의 소유자만 지니고 있다. 어떤 사상가가 자신의 문제에 개인적 인격으로서 마주하여 그 안에 자신의 운명, 자신의 고통, 그리고 자신의 최상의 행복을 지니고 있는 것과, "비개인적(unpersönlich)"으로 문제를 대하는 것, 즉 냉정한 호기심의 더듬이로 사상을 더듬어 파악하는 것 사이에는 현격한 차이가 있다.[50]

니체의 말처럼 비개인적인 것은 삶에 대한 사랑과 열정의 상실, 즉 자기상실을 의미한다. 그의 철학적 인간학은 비개인적 인간을 개인적 인간으로 전환하는 것을 목표로 한다. 이를 위해 니체는 비개인성과 개인성의 문제를 힘의 문제로 전환한다. 그리고 이 힘을 사랑과 열정을 통해 설명한다. 위의 글에서 볼 수 있는 것처럼 "위대한 사랑(die grosse Liebe)"의 소유자만이 자기 자신을 소유할 수 있는 정신의 강한 힘과 열정을 가진다. 니체는 이러한 인간 유형을 "뛰어난 본성(die höhere Natur)"을 가진 자들

50 니체, 『즐거운 학문』, 345, 324쪽.

로 표현하며 비속한 본성(die gemeinde Natur)을 가진 자들과 비교한다.[51]

뛰어난 본성을 가진 자들은 항상 예외적인 것을 향하는 "개인적인 취향과 "독특한 가치척도", 다시 말해 "열정의 독특함(eine Singularität der Passionen)"으로 평균적인 자들과 동일한 가치를 공유할 수 없다.[52] 이에 반해 도덕적이고 비개인적인 인간 유형으로서 평균적인 본성의 소유자들은 척도들의 상이성, 즉 개인을 믿지 않으며 오히려 위험한 것으로 규정한다. 니체에 의하면 고유한 개인성을 포기한다는 것은 자신의 삶에 주인으로서 참여하고자 하는 사랑과 열정의 포기 증상을 의미한다. 니체는 이들의 이러한 증상을 "열정의 흐려짐(die Trübung der Leidenschaft)"[53]이라고 표현한다.

뛰어난 본성과 비속한 본성의 비교로부터 그들이 가진 상이한 열정을 도출한 것처럼, 니체는 『즐거운 학문』의 단편 「고귀와 비속(Edel und Gemein)」에서 보다 구체적으로 이들이 가진 열정의 성격에 대해 설명한다. 우선 니체는 고귀함과 비속함을 이성과 비이성의 관점에서 비교한다. 자신의 충동을 억압하며 이성적이고 합목적적인 삶을 살아가는 비속한 인간들은 자신의 본능과 감정(Affekt)에 따르는 삶을 사는 고귀한 인간들을 이해할 수 없다. 그들은 보편적 가치로서의 이성을 넘어서는 자유롭고 고귀한 인간의 열정을 "이성의 병(eine Krankheit der Vernunft)"[54]으로 이해할 뿐이다. 다음 제시한 글의 마지막 문장에서 볼 수 있듯이, 심장이 머리 안으로 들어가는 현상, 다시 말해 정념이 인간 이성의 내재적

---

51 니체, 『유고(1880년 초~1881년 여름)』, 6[175], 318쪽.

52 같은 책, 318쪽.

53 같은 책, 11[65], 452쪽.

54 니체, 『즐거운 학문』, 3, 71쪽.

원리로 작용한다는 표현은 열정에 대한 니체의 견해를 보다 확고하게 보여준다.

> 비속한 본성의 특징은 말짱한 정신으로 자신의 이득을 주시하고 내면의 어떤 충동보다 목적과 이득에 대한 생각이 더 강하다는 데 있다. 충동에 의해 합목적적이지 않은 행동에 빠져들지 않는 것 — 이것이 그들의 지혜이자 자아감정이다. 이에 비해 뛰어난 본성은 더 비이성적(die unvernünftigere)이다. 고귀하고 관대하고, 희생적인 사람은 실제로 자신의 충동에 따르며 이 최상의 순간에 그의 이성은 중지되기 때문이다. 목숨을 걸고 새끼를 지키거나 발정기에 죽음을 무릅쓰고 암컷을 쫓는 동물은 위험과 죽음을 생각하지 않으며 그의 이성도 중지된다. 부화의 기쁨이나 암컷에게서 얻는 기쁨과 이 기쁨을 빼앗기는 것에 대한 공포가 이 동물을 완전히 지배하기 때문이다. […] 고귀하고 관대한 사람의 경우도 마찬가지이다. 이런 사람은 매우 강렬한 쾌와 불쾌의 감정을 지니고 있어서 지성은 이 감정에 대해 침묵하거나 아니면 이에 봉사하게 된다. 이러한 감정이 느껴지는 경우 심장이 머리 안으로 들어가게 되는데, 이를 사람들은 "열정(Leidenschaft)"이라고 부른다.[55]

이 두 본성의 차이는 『차라투스트라는 이렇게 말했다』의 마지막 인간과 위버멘쉬, 시장터의 사람들과 차라투스트라의 차이와 동일하다. 니체에 의하면 열정의 가치는 분명히 이성의 능력으로 평가될 수 없다. 비속한 본성의 소유자들이 뛰어난 본성의 소유자를 이해할 수 없는 것은 바로 삶에 대한 사랑과 열정, 즉 "사랑을 향한 인식의 열정(Leidenschaft der Erkenntnis zu Liebe)"[56]이다. 이 사랑과 열정은 철저하게 계산된 이성을

---

55 같은 책, 3, 71–72쪽.

56 니체, 『즐거운 학문』, 3, 72쪽.

토대로 하지 않기 때문에 비속한 본성의 관점에서는 무모해보일 수밖에 없다. 뛰어난 본성의 인간은 오직 자신의 열정만을 신뢰할 뿐이다.

『즐거운 학문』에는 고귀함과 비속함에 대한 또 하나의 단편 「최후의 고귀함(Der letzte Edelsinn)」이 있다. 이 단편에서 니체는 고귀함과 비속함을 이기심과 이타심의 관점에서 논의한다. 지금까지 논의한 단편들과 내용 면에서 큰 차이는 없지만, 이 단편에서 니체는 고귀함의 비밀을 뛰어난 본성을 가진 자들의 특수한 열정, 즉 "이기심(Selbstsucht)"에서 찾는다.

> "고귀함(edel)"을 만드는 것은 무엇일까? 희생하는 것은 아니라는 것은 분명하다. 거친 욕망에 사로잡힌 사람도 희생을 치르기 때문이다. 열정에 따르는 것이 아니라는 것도 분명하다. 경멸할 만한 열정들이 존재하기 때문이다. 이기심 없이 다른 사람을 위해 무언가를 행하는 것이 아니라는 것도 분명하다. 일관된 이기심은 고귀한 사람들에게서 가장 현저하게 나타난다. 고귀함의 비밀은 고귀한 사람을 엄습하는 열정이 특수한 것이라는 데 있다.[57]

니체의 말처럼 고귀함은 이기심으로부터, 즉 이성적인 것이 아니라 비이성적이고 반이성적인 것으로부터, 비개인적인 것이 아니라 개인적인 것으로부터, "노예도덕"이 아니라 "주인도덕"으로부터 도출될 수 있는 가치이다.[58] 니체는 뛰어난 본성의 소유자들이 가진 고귀함의 비밀을 마치 『선악의 저편』에서 인간의 위대함(Größe)의 특성을 나열하듯이 설명한다. 인간이 가진 위대함의 실현이 평균적인 전문인을 양성하는 현대의 이념으로부터 벗어나 홀로 설 수 있는 개인일 때 가능했듯이, 고귀한 본

57 같은 책, 55, 122쪽.
58 니체, 『선악의 저편』, 260, 275쪽.

성 역시 평균적 본성으로부터 자유로울 때 비로소 진정으로 자기 자신의 삶을 향한 사랑과 열정일 수 있다.

> 비록 고귀한 사람은 이 특수성을 알지 못하지만, 광기에 가까운 희귀하고 유일한 척도를 사용하는 것, 다른 사람들에게는 차갑게 느껴지는 것에서 열정을 느끼는 것, 아직까지 그것을 잴 수 있는 저울이 없는 가치들을 간파하는 것, 미지의 신에게 봉헌된 제단에 희생을 바치는 것, 명예를 바라지 않는 용기, 흘러넘쳐 사람과 사물에 전해지는 자기만족에 고귀함의 비밀이 있다.[59]

개인성의 약화와 희생은 니체의 종교와 도덕비판에서 빠질 수 없는 주제이다. 자신의 행복에 대해 눈을 깜박이며 주변의 동의를 구했던 마지막 인간처럼, 이들은 자신의 삶을 규정할 수 있는 힘의 결여로 인해 타인과 공유할 수 있는 보편적인 행복을 추구할 수밖에 없는 나약한 존재이다. 그렇다보니 이들은 평균적 가치로부터 멀어지고 보편적 양심에 의해 거부되는 삶을 살 수가 없다. 다시 말해 ① 이들은 타인을 동정하며 자신 역시 동정 받기를 원한다. ② 그렇기 때문에 이들은 홀로 자신만의 삶의 의미와 가치에 대해 사유할 수 있는 고독을 견뎌낼 수 없다. ③ 니체의 표현처럼 이들은 더 이상 고귀하지도, 이기적이지도 야만적이지도 못하다. 개인성, 실존적 행복, 고독, 야만(이기심과 고귀함) 등은 삶에 대한 강한 사랑과 열정이 없다면 실현될 수 없는 것들이다. 니체는 이를 자기 삶의 주인으로서 참된 개인이 되기 위한 조건들로 제시한다.

> 타인의 고뇌에서 본래의 개인적인 것을 박탈하는 것이 동정이라는 감정의 본

---

59 니체, 『즐거운 학문』, 55, 122쪽.

질이다. […] 오늘날의 도덕 설교자들의 견해에 따르면 그처럼 자신의 길에서 벗어나 이웃에게로 건너가는 것이, 오직 그것만이 유일하게 도덕적이다. 나 역시 그것을 분명히 알고 있다 : 진정으로 고통을 겪고 있는 사람에게 눈길만 주더라도 나는 나 자신에게서 벗어나게 된다![60]

2) 열정과 동정

우리는 어느 정도까지 동정을 경계하지 않으면 안 되는가. — [다른 사람과 함께 괴로워한다는 의미의] 동정은 그것이 정말로 고통을 낳는 한 — 그리고 이것이 여기서 우리의 유일한 관점인데 —, 유해한 감정에 사로잡혀 자신을 상실하는 것과 마찬가지로 하나의 나약함(eine Schwäche)이다. 동정은 이 세상의 고통을 증대시킨다.

니체의 견해는 분명하다. 타인에 대한 이타적 사랑이 자신을 사랑함에 장애가 된다면 이 감정은 경계되어야만 한다. 동정은 고통에 대한 일시적 위안일 뿐이다. 하지만 이 고통은 혼자됐을 때, 즉 고독 속에 놓일 때 다시 등장한다. 동정은 너의 고통이 나의 고통이 됨으로써 고통을 배가시킨다. "인간들 사이에 동정이 조금이라도 많아지면, 삶에 대한 절망이 바로 문 앞에 서 있을 것이다."[61] 만약 내면의 강한 힘을 통해 고통의 의미를 새롭게 해석할 수 없다면, 고통의 유기적 연쇄현상 속에 인간은 다시 형이상학적-종교적 해석에 의존할 수밖에 없을 것이다. 니체는 이러한 의존현상을 "고통의 우상화"로 표현하며, 이러한 현상의 원인을 동정

60 같은 책, 338, 310–311쪽.

61 니체, 『유고(1882년 7월~1883/84년 겨울)』, 3[1], 386, 127쪽.

과 같은 유약함으로 규정한다.

> 천성적으로 주인인 인간, — 그러한 인간이 동정을 가지고 있다면, 정말이다! 이러한 동정은 가치가 있다! 그러나 고통받는 자들의 동정이 무엇이 중요한가! 또는 더욱이 동정을 설교하는 자들의 동정이 무엇이 중요하단 말인가! 오늘날 거의 유럽 전역에서는 고통에 대한 병적인 민감성과 신경과민이 있다. 또한 마찬가지로 탄식에서의 불쾌한 무절제가, 종교나 철학적 허튼 소리로 스스로를 어떤 뛰어난 것으로 꾸미고 싶어 하는 나약함이 있다. — 어떤 형식에 맞는 고통의 우상화(ein förmlicher Cultus des Leidens)가 있다. 그러한 열광자 그룹에서 '동정'이라 불리는 유약함이, 내 생각에는 언제나 제일 먼저 눈에 띈다.[62]

니체의 표현처럼 고통을 하나의 상징으로 우상화하는 나약한 힘의 현상, 즉 병적인 민감성과 신경과민은 『도덕의 계보』의 「제3논문」에서 심도 있게 논의되어 있다. 고통에 대한 금욕주의적 성직자의 심리적 해석을 생리학적인 힘의 문제로 전환하는 이 논문은 동정이 심리학적 문제 이전에 생리학적인 힘의 문제임을 해명하는 풍부한 내용을 담고 있다.[63] 다음 글에서 볼 수 있는 것처럼, 금욕주의적 성직자들이 처방하는 충동요법은 "힘에의 의지의 자극"이다. 삶에 고통받는 자의 열정은 고통을 제거하고 싶은 열정, 즉 고통 없는 삶에 대한 열정이다. 성직자들은 그들 내면의 힘에의 의지, 즉 열정의 방향을 전환시킨다. 이는 결과적으로 삶을 향한 힘과 의지가 자신으로부터 벗어나 신과 타인을 향하도록 하는 '열정의 약

62 니체, 『선악의 저편』, 293, 309쪽. 이웃사랑과 관련된 다음의 글도 함께 참조하자.

63 ""내가 불쾌한 것은 그 누군가에게 틀림없이 책임이 있다"— 이러한 방식으로 추론하는 것은 모든 병자의 특징이며, 실상 그들이 느끼는 불쾌함의 참된 원인, 즉 생리학적인 원인은 더욱 그들에게 감추어진 채 있게 된다."(니체, 『도덕의 계보』, 15, 494쪽)

화'의 시도일 뿐이다.

> 금욕주의적 성직자는 '이웃사랑'을 처방함으로써 비록 가장 신중한 조제 분량이지만, 근본적으로 가장 강력하고 가장 삶을 긍정하는 충동의 자극, — 즉 힘에의 의지의 자극(eine Erregung des stärksten, lebenbejahendsten Triebes, […] des Willens zur Macht)을 처방하는 것이다. 선행을 하고, 쓸모 있게 만들고, 도와주고, 대우를 하는 이 모든 것에 수반되는 '가장 작은 우월감'이라는 행복은 생리적 장애자들이 좋은 조언을 받을 경우에 사용되곤 하는 가장 흡족한 위로의 수단이다.[64]

동정은 자기 자신을 온전히 사랑하고 있지 못한 상태, 다시 말해 자기 내면의 힘을 자신에게 쏟지 못하고 있는 상태에 대한 표현이다. "그의 고통이 그에게 고유한 것처럼 우리의 고통은 우리에게 고유한 것이다. 우리가 동정적인 행위를 할 경우 우리가 우리 자신한테서 제거하는 것은 자기 자신의 고통뿐이다."[65] 그렇다면 동정 혹은 이웃사랑에 대한 니체의 비판은 분명하다. 동정과 이웃사랑은 자기 자신에 대한 수동적 감정이다. 니체는 이 감정을 타인의 고통을 이해하며 함께 슬퍼하다 우울해지는 "그리스도교적 우울증(eine christliche Hypochondrie)"으로 표현하기도 한다.[66] 수동적 사랑의 감정은 보다 많은 힘의 획득을 통해 자기 자신을 지배하고자 하는 힘에의 의지, 다시 말해 힘과 의지의 발산을 통해 자신의 존재를 드러내고자 하는 고유한 생명성의 부정에 다름 아니다. 니체가 동정의 감정이 "삶의 강제적이고 격렬한 성격", 다시 말해 "열정"을 제

---

64 같은 책, 18, 504–505쪽.

65 니체, 『아침놀』, 133, 153–154쪽.

66 니체, 『인간적인 너무나 인간적인 Ⅰ』, 47, 76쪽.

거한다고 보는 이유는 이 때문이다.[67]

수동적 사랑은 수동적 열정일 수밖에 없다. 능동적 사랑만이 삶을 변화시키는 힘, 즉 능동적 열정으로 작용할 수 있다. 자신의 삶에 대한 수동적 사랑과 열정을 가진 인간은 참된 자신으로 존재하는 주인으로서의 삶을 살지 못한다. 이에 대하여 니체는 『아침놀』에서 동정이 '어떻게 인간의 자아를 이중적으로 만드는가?'에 대한 물음을 제기하며 다음과 같이 답한다. "이중적 자아(das verdoppelte Ich)"[68]는 자신의 고유한 사랑과 열정이 자신을 향하고 있지 않은 상태에 대한 표현이다.

> 행위의 원리인 동정은 '타인이 겪고 있는 재난 때문에 타인이 괴로워하는 그대로 괴로워하라'는 요구와 함께 다음과 같은 사태를 수반하게 될 것이다. 즉 자아의 관점은 과장되면서 무분별하게 타인, 즉 동정하는 사람의 관점도 되어야 하고, 이와 동시에 우리는 우리의 자아와 타인의 자아 때문에 괴로워해야 하며, 우리 자신의 무거운 짐을 가능한 한 적게 하는 대신 우리 자신에게 자발적으로 이중적인 불합리의 짐을 지우게 될 것이다.[69]

참된 자기 자신으로서의 삶을 살 수 있기 위해서는 동정에 반해 자기 자신에 대한 사랑, 즉 그리스도교의 데카당스적 무리본능으로부터 자유로운 개인의 사랑이 허용되어야만 한다. 이 사랑을 통해서 인간은 비로소 모든 열정을 삶에 부여할 수 있게 된다. 이제 니체는 지금까지 동정과 같은 무리감정에 은폐되어온 다양한 개인의 열정을 위해 "새로운 사

---

67 니체, 같은 책, 235, 236쪽.

68 니체, 『아침놀』, 137, 159쪽.

69 같은 책, 137, 159–160쪽.

랑(eine neue Liebe)"을 제시한다.

> 도덕의 해소가 실제적인 귀결로 초래하는 것은 사람들이 원자화되는 것이며 각 개인이 다양한 것으로 분해되는 것이다 — 절대적인 흐름. 그렇기 때문에 이제 그 어느 때보다 목표가 필요하고 사랑, 새로운 사랑이 필요하다.[70]

신이 부재하는 시대에 모든 사람들이 함께 공유할 수 있는 절대적 진리의 토대는 존재할 수 없다. 여기서 니체가 말하는 "새로운 사랑"은 이제 모든 개인적 삶의 가치평가의 척도가 죄인으로서 마땅히 행할 수밖에 없는 신과 타인에 대한 불가피한 수동적 사랑으로부터 '자기 자신'에 대한 능동적 사랑으로 전환되었다는 사실을 의미한다. 이러한 의미에서 모든 개인이 추구할 수 있는 자기실존의 목표와 이를 수행할 수 있는 새로운 사랑이 필요하다는 니체의 말은 그들이 자신의 사랑을 실천할 수 있는 단 하나의 목표, 즉 영원회귀를 떠올리게 한다.

그리스도교가 동정과 이웃사랑을 하나의 실천 도덕으로 제시하고 있다면, 니체는 자신의 철학에서 영원회귀와 운명애를 건강한 미래를 위한 삶의 실천적 지혜로 제시한다. 주어진 삶에 온전히 자기 자신으로 존재하기를 의지하며 자신의 삶을 그 자체로 사랑할 수 없는 인간은 이 지혜를 체화할 수 없다. 즉 영원회귀는 위버멘쉬로서의 삶을 살기로 선택한 사람만이 긍정할 수 있는 사상으로서 동정과 이웃사랑과 같은 이타적 삶의 자세로는 결코 긍정할 수 없는 무거운 사상이다. 동정은 힘의 나약함, 다시 말해 데카당스의 양식일 뿐이다.

---

70 니체, 『유고(1882년 7월~1883/84년 가을)』, 4[83], 179쪽.

새로운 사랑만이 새로운 열정을 가능하게 한다. 이 사랑을 통해 니체는 동정과 이웃사랑에 반해 타인의 개념을 새로이 한다. 이제 타인은 사랑의 대상이 아니라, 열정의 대상이다. 이를 니체는 "커다란 열정(die grosse Leidenschaft)"을 통해서 설명한다.

> 다른 종류의 이웃사랑. — 흥분 잘하고 소란스러우며 변덕스럽고 신경질적인 사람은 커다란 열정(die grosse Leidenschaft)을 가진 사람과는 정반대의 사람이다. 이러한 열정은 조용하고 어두운 화염처럼 내면에 머무르며 그곳에서 뜨겁고 열을 내는 모든 것을 모으면서 그러한 열정의 소유자를 외관상으로는 냉정하고 무관심한 사람으로 보이게 하며, 그의 얼굴에 무관동한 표정을 새겨 넣는다. 이런 사람들 역시 경우에 따라서는 아마 이웃사랑이 가능하리라. 그러나 그것은 사교적인 인기에 영합하는 사람들의 이웃사랑과는 다른 종류의 것이다. 그것은 부드럽고 관조적이며 평정한 친절함이다. 그들은, 말하자면 그들의 요새이고 바로 이 때문에 그들의 감옥이기도 한, 그들 성의 창가에서 밖을 내다본다. 낯선 것, 광활한 것, 다른 것을 바라보는 것은 그들에게 진실로 유쾌한 일이다.[71]

이처럼 니체는 동정이나 이웃사랑과 같은 덕을 강하게 비판하고 경계하였다. 그렇다면 이와 동일한 지평에서 논의될 수 있는 니체의 덕과 실천의 양식은 없는 것일까? 니체가 "나의 도덕(Meine Moral)"[72]이라고 명명하는 덕의 양식 가운데 동정에 반하여 제시하는 덕은 바로 "함께 나누는 기쁨(Mitfreude)"이다. "친구—동정(Mitleiden)이 아니라 함께 나누는 기쁨(Mitfreude)이 친구를 만든다."[73] 이 기쁨은 고통을 함께 나누는 것이 아니

71 니체, 『아침놀』, 471, 360쪽.

72 니체, 『즐거운 학문』, 338, 312쪽.

라, 고통을 넘어서 나누는 기쁨이기 때문에 서로를 동정하지 않고 이해할 수 있는 사랑이다. 이 '사랑' 안에 그들이 서로 공유하는 것은 고통이 아니라, 삶에 대한 '열정'인 것이다.[74]

3) 열정과 야만

자신을 새롭게 다시 사랑할 수 있다면 이 사랑의 열정 역시 새로운 것이다. 그렇다면 "새로운 열정(die neue Leidenschaft)"[75]은 어떻게 가능한가? "위버멘쉬를 향한 사랑은 인간을 동정하는 것에 맞서는 치유 수단이다. 인류는 바로 후자로 인해 대단히 빠르게 몰락할 것이다."[76] 마지막 인간과 위버멘쉬 사이의 경계에서 삶에 대한 사랑을 통해 자신의 힘과 의지, 즉 모든 열정을 자기 자신에게 자유롭게 쏟을 수 있는 대지로 몰락할 수 있는 인간만이 이 "새로운 사랑"을 환영한다. 임신과 고통 그리고 창조의 관계론적 관점에서[77] "생식의 전제(Voraussetzung der Zeugung)"를 "공

---

73 니체, 『인간적인 너무나 인간적인 Ⅰ』, 499, 395쪽.

74 "살 수 있으려면 숨어 살아라! 너의 시대가 가장 중요하다고 생각하는 것에 대해 무지한 상태로 살아라! 너와 이 시대 사이에 적어도 3세기 동안의 껍질을 입혀라! 오늘날의 외침, 전쟁과 혁명의 소란이 네게는 웅얼거림에 불과하도록 하라! 너도 도움을 주기를 원할 것이다! 하지만 너와 동일한 고뇌, 동일한 희망을 지니고 있기 때문에 그들의 고통을 네가 완전히 이해할 수 있는 사람들, 네 친구들에게만 도움을 주라! : 그것도 네가 자신을 돕는 방식으로만 : — 나는 그들을 더 용감하고, 더 인내하고, 더 소박하고, 더 즐겁게 만들어주고 싶다! 나는 오늘날 소수의 사람들만이 알고 있는 것, 그리고 저 동정의 설교자들은 거의 알고 있지 못한 것을 그들에게 가르치고 싶다 : — 함께 나누는 기쁨을!"(니체, 『즐거운 학문』, 338, 312쪽).

75 니체, 『아침놀』, 429, 337쪽.

76 니체, 『유고(1882년 7월~1883/84년 겨울)』, 3[1], 385, 127쪽.

77 ""우리는 하나의 존재를 창조하고자 한다." 우리 모두 그것에 참여하고자 하며 그 존재를 사랑하고자 한다. 우리 모두는 임신하고자 한다 — 그리고 그 때문에 우리 자신을 존경하고 숭배하고자 한다. 우리는 그것 때문에 서로가 사랑하게 되는 하나의 목표를 가져야만 한다! 그렇지 않은 모든 목표는 쓸모없는 가치들이다."(니체, 『유고(1882년 7월~1883/84년 가을)』, 4[75], 175쪽). 다음의 글도 함께 참조. 니체, 『우상의 황혼』, 「내가 옛 사람들의 덕을 보고 있는 것」, 4, 202쪽.

감(Sympathie)"이 아니라, "열정(Leidenschaft)"으로 이해하는 니체의 견해는 새로운 사랑과 새로운 열정을 이해함에 중요한 실마리를 제공해준다.[78]

오랜 도덕으로부터 자유로워진 다양한 개인의 삶과 사랑 그리고 자신의 사랑을 신의 은총으로 오해하지 않는 "새로운 사랑"을 하는 자, 이 사랑을 통해 삶의 고통을 긍정하고 극복하고자 하는 자만이 "새로운 열정"을 통해 자신의 고유한 삶을 창조할 수 있는 자이다. 니체는 이러한 새로운 열정의 주체를 고귀한 야수로 표현한다. "우리는 동정적인 인간(mitleidig)이 되기보다는 잔인한 인간(grausam)이 되어야 한다. 우리는 우리가 자연보다 더 하찮아지는 것을 막아야만 한다."[79] 다음의 글에서 니체는 "열정", "야만", "자연"을 그의 인간학적 관점에서 유기적으로 다루어 설명하고 있다.

> 열정에 사로잡힌 사람한테서는 야만적(wild)이고 무섭고 견딜 수 없는 동물이 갑자기 나타난다. 다른 어떤 사람은 열정을 통해 고결하고 위대하며 화려한 태도로 고양된다. 이러한 태도에 비하면 그 이외의 존재는 빈약하게 보인다. 철두철미 고귀한 어떤 사람은 가장 고귀한 질풍노도까지 경험한다. 이런 상태에서 그는 야성적인 아름다움을 갖춘 자연(die wildschöne Natur)이며, 그가 보통 표현하는 조용하고 아름다운 위대한 자연미보다 한 단계만큼만 더 심원(深遠)하다. 그러나 그는 열정에 사로잡혀 있을 때 사람들에게 더 잘 이해되고 바로 이러한 순간 때문에 더 존경받는다.[80]

내면의 강한 힘(야수)이 속물 교육과 교양에 의해 순화되고, 나약한 힘

---

78 니체, 『유고(1882년 7월~1883/84년 가을)』, 1[78], 34쪽.

79 니체, 같은 책, 4[78], 177쪽.

80 니체, 『아침놀』, 502, 377쪽.

의 소유자들이 지친 삶을 보존함에 필요한 무리본능과 노예도덕이 만연한 세계에서 내면의 자연성과 정신적 강인함을 깨우는 야수(Bestie)의 출현을 요구하는 니체의 사상적 바람이 문제될 수는 없을 것이다.[81] 니체에 의하면 새로운 열정은 오히려 낡은 가치들을 부정할 수 있는 "참된 야성(eine ächte Wildheit)"으로서만 가능하다.[82] 『즐거운 학문』에 수록된 「열정의 억압에 관하여」라는 단편은 이에 대한 좋은 예가 될 수 있을 것이다. 이 글에서 니체는 열정을 비천하고 저속한 것으로 치부하고 끝내 약화시켜버리는 억압 속에서 성장한 이후의 세대는 열정보다는 평범하고 유희적인 것을 추구할 수밖에 없다고 말한다. 또한 그는 열정 속에서야 비로소 인간은 자기 내면의 "동물성(die Thierheit)"을 발견하게 된다고 말한다.[83] 니체에 의하면 "열정도 일종의 관습(eine gewisse Convention der Leidenschaftlichkeit)"이다. 그럼에도 시대는 그 나름대로의 열정을 표출한다. 하지만 평범하고 보편적인 문화를 가진 시대로부터 드러나는 열정이 삶의 주인으로서 마땅히 표출할 수 있는 정도의 것일 수는 없다.[84]

비록 보편적 문화를 지향하는 열정일지라도 니체는 열정 자체를 부정하지 않고 오히려 긍정한다. 그 이유는 열정만이 열정에 이르는 유일한 수단이기 때문이다. 열정의 근본 문제는 사랑하는 대상과 힘의 방향성에 대한 것일 뿐, 그 안에 담긴 힘은 사라지지 않는다. 이러한 의미에서 니체

---

81 "고귀한 계층은 처음에는 항상 야만인 계층(die Barbaren-Kaste)이었다 : 그들의 우월함은 처음에는 물리적인 힘이 아닌, 정신적 힘에 있었던 것이다.—그들은 좀 더 완전한 인간이었다 (이는 어떤 단계에서도 '좀 더 완전한 야수(die ganzeren Bestien)'였음을 의미한다—)" (니체, 『선악의 저편』, 257, 272쪽).

82 니체, 『즐거운 학문』, 47, 116쪽.

83 니체, 『아침놀』, 312, 286쪽.

84 니체, 『즐거운 학문』, 47, 116쪽 참조.

가 마지막 인간의 실존적 변화를 희망하는 이유는 그들의 사랑과 열정이 아직 삶의 커다란 변화를 도출하기에는 부족하지만, 여전히 그들에게는 삶을 변화시킬 수 있는 힘이 내재되어 있기 때문이다. 니체에게 있어 중요한 것은 열정(힘에의 의지)의 방향을 전환할 수 있는 인식의 문제이다. 이러한 의미에서 신의 죽음에 대한 선언은 자기 자신에 대한 사랑과 열정을 억압해온 낡은 인식이 남긴 문제에 대한 답이었다.

> 새로운 열정. — 야만으로의 복귀 가능성(Rückkehr zur Barbarei)에 대해 우리는 왜 두려워하고 싫어하는가? 야만이 현재의 상태보다 인간을 더 불행하게 만들기 때문인가? 아, 아니다! 모든 시대의 야만인들은 더 많은 행복을 누렸다. 우리 자신을 기만하지 말자! 우리의 인식 충동은 너무나 강하기 때문에 우리는 인식 없는 행복이나 강하고 확고한 망상의 행복을 평가할 수 없는 것이다. 그러한 상태를 상상하는 것만으로도 우리는 고통을 느낀다! […] 우리 모두는 인식의 후퇴보다는 차라리 인류의 몰락을 원한다! 그리고 마지막으로 인류가 하나의 열정 때문에 몰락하지 않는다면, 인류는 나약함 때문에 몰락할 것이다.[85]

자신의 힘을 오직 자신에게로 집중시키는 삶의 열정과 이 열정이 필연적으로 오랜 관습에 적대적일 수밖에 없음을 인정하는 인간은 악한 인간으로 드러날 수밖에 없다. 힘에 대한 인식은 삶과 세계에 대한 인식을 온전히 반영한다. 그렇다면 힘의 인식에 대한 한계는 곧 삶과 세계의 인식에 대한 한계이다. 이 한계는 오랜 관습의 관점을 통해서 극복될 수 없다. 다음 글에서 확인할 수 있듯이 니체는 악(Böse)과 맹수의 특성(충동과 정

85 니체, 『아침놀』, 429, 337–338쪽.

동)을 삶의 모순과 오류까지도 긍정하는 인간 인식의 진실성(Redlichkeit)의 조건인 동시에 인간 실존의 건강함을 구성하는 요소로 제시한다.

> 우리는 악이 없거나 열정이 없다면 살 수 없다 — 모든 사람이 모든 사람에게, 그리고 모든 사람이 각자 자신에게 완전히 적응한다는 것(스펜서에서처럼), 그것은 오류이며 극심한 발육 부진일 것이다. — 가장 멋지고 신체적으로도 가장 강한 맹수(Das schönste leiblich mächtigste Raubthier)는 정동도 제일 강하다 : 그의 강한 증오심이나 탐욕은 자신의 건강에 필수적인 것이 된다. 그래서 이에 만족감을 느끼면 건강도 더없이 훌륭하게 발전한다. 심지어 인식하는 데도 나는 나의 충동들을 필요로 한다. 좋은 충동이거나 나쁜 충동이거나 상관없이. […] 모든 위대한 인간들을 위대하게 만든 것은 그들의 정동이 가진 장점을 통해서이다. 만약 건강함이 이 위대한 정동(gro ß en Affekten)에 걸맞게 발전하지 않았다면, 또는 오히려 정동을 필요로 한다면, 건강함도 아무 소용이 없다.[86]

"새로운 열정"은 자신의 삶을 '있는 그대로' 진실하게 인식하기 위한 열정("인식의 열정")으로 인해 더 이상 동정, 위로, 죽음조차 종교 및 타인의 관점에서 해석하지 않는다. 동정이 누군가에게 의존하는 힘이라면 열정은 스스로 서기 위한 의지의 힘이다. "위험으로서의 동정. 각자가 자립할 수 있는 도움을 받아야 하는지 어떤지를 스스로 결정할 수 있는 여건을 창조하는 것."[87] 니체가 자신의 철학에서 제시하는 신의 죽음, 허무주의, 자유정신, 힘에의 의지, 위버멘쉬, 영원회귀와 운명애 등은 바로 삶의 주인으로 홀로 설 수 있는 건강한 실존의 토대를 창조하기 위한 사상적 시도들이다.

---

86 니체, 『유고(1881년 봄~1882년 여름)』, 11[73], 456-457쪽.

87 니체, 『유고(1882년 7월~1883/84년 가을)』, 1[43], 24쪽.

4) 열정과 고독

자신의 삶과 건강한 관계를 맺고 있는 사람은 건강하게 고독을 즐긴다. 그는 고독의 힘에 잠식되지 않고, 오히려 삶에 대한 자신의 사랑과 열정으로부터 고독을 만들어 낸다. 고독은 자신을 들여다보는 일시적인 자기 관조의 기회가 아니라, 내면의 자신과 만나는 '자기인식의 활동'이다. 진실한 '나 자신'과의 만남을 주선하는 고독은 매 순간 '내'가 존재하는 시간과 공간을 전체 실존의 집으로 만든다. "고독한 자여, 너는 네 자신에 이르는 길을 가고 있다! […] 고독한 자여, 너는 사랑하는 자의 길을 가고 있다."[88] 이러한 의미에서 모든 인간을 전문인으로 만들고자 하는 현대의 보편적 이념 속에서 자신의 "위대함(Grösse)"을 상실한 현대와 현대인에 대한 비판을 담고 있는 『선악의 저편』은 고독과 열정의 유기적인 관계를 이해할 수 있는 좋은 단서를 제공해준다. 그 단서는 바로 니체가 인간의 위대함의 특징을 고독으로 제시하고 있다는 사실에 있다.

> 오늘날 고귀하다는 것, 독자적인 존재가 되고자 한다는 것, 달리 존재할 수 있다는 것, 홀로 선다는 것, 자신의 힘으로 살아야만 한다는 것이 '위대함'의 개념에 속한다. 그리고 철학자는 다음과 같이 주장할 때, 자기 자신의 이상의 단면을 보이게 된다 : "가장 고독한 자, 가장 은폐된 자, 가장 격리된 자, 선악의 저편에 있는 인간, 자신의 덕의 주인, 의지가 넘쳐나는 자가 될 수 있는 자가 가장 위대한 인간이 될 수 있을 것이다."[89]

오랜 시간 현대의 이념을 대변해온 진리와 학문은 인간을 고독하게 만

---

88 니체, 『차라투스트라는 이렇게 말했다』, 「창조하는 자의 길에 대하여」, 107쪽.

89 니체, 『선악의 저편』, 212, 191쪽.

들지 못한다. 니체가 가치를 창조할 수 있는 "미래의 철학자(der Philosoph der Zukunft)"[90]를 절대적 진리를 찾기 위한 철학적 노동자(die philosophische Arbeiter) 및 학문적 인간(der wissenschaftliche Mensch)과 혼동해서는 안 된다고 하는 이유는 이 때문이다.[91] "우리가 인류의 종교적 기관에게 말을 할 때 보호하는 것이 바로 이러한 고독이다. […] 무리동물과 평등의 사도들은 모두 고독을 견뎌낼 수 없을 것이다."[92] 니체에 의하면 고독한 시간을 견딜 수 없는 인간은 열정을 망각한 인간이다. 그들은 모든 사람들이 공유하고 있는 보편적인 것만을 사유하기 때문에, 스스로를 보편적인 존재로 인식할 수밖에 없다. 니체는 이러한 증상의 원인을 "의지박약(Willensschwäche)"[93]으로 진단한다.

니체에게 있어 이러한 "의지의 나약함(Schwäche des Willens)"[94]이 인간의 실존에 큰 위기인 이유는, 이 병이 소크라테스 이래로 단 한 번도 치유된 적이 없기 때문이다. 자신을 둘러싼 세계를 인식하고자 하는 사람은 세계를 먼저 인식하려고 해서는 안 된다. 인식의 근거를 자기 자신으로, 다시 말해 자신의 삶으로 설정하지 않는 사람들은 결국 자신으로부터 멀어질 수밖에 없다. 형이상학과 종교로부터 도출된 절대적 진리에 대한 니체의 강한 비판이 세계를 인식하기 위해 또 다른 세계를 창조한 잘못된 인식의 근거, 즉 인간의 나약한 의지를 향하는 이유는 이 때문이다. 평균적 대중인들은 자기 자신과 만나는 것이 곧 세계와 만나는 것임을 알지

---

90 니체, 같은 책, 225, 210쪽.

91 니체, 같은 책, 227, 211–212쪽 참조.

92 니체, 『유고(1885년 가을~1887년 가을)』, 3[13], 214쪽.

93 니체, 『유고(1887년 가을~1888년 3월)』, 11[48], 314쪽.

94 같은 책, 11[48], 314쪽.

못하는 “마지막 인간”, 다시 말해 고독할 수 없는 유형일 뿐이다. 자신을 속박하는 것에서 자유로워져 다시 스스로를 의지하게 될 때, 인간은 다시 자신의 세계를 획득할 수 있게 된다.[95] 열정은 인간의 실존 전체를 규정하는 근본 조건인 것이다.

> 우리가 먹고 산보하며 더불어 또는 고독하게 살 때, 가장 작은 것에까지 우리 열정의 고귀한 의도(die hohe Absicht unserer Leidenschaft)가 우리를 규정해야만 할 것이다. 그런데 우리를 규정하는 방식은 우리 열정의 고귀한 의도가 이성과 학문을 고용하고, 깊은 열정을 통해 바로 이 의도에 적절한 가르침을 이성과 학문에게 탐문한다는 점이다. 커다란 충동이 뒤따르더라도 맹목적이지 않고 오히려 지금까지의 전체 인식을 끌어들이는 것 : 그렇게 혼자인 사람은 스스로에 대해 충분히 고귀하게 생각한다 : 지금까지 인식된 모든 것은 그대의 열정에 사용될 가치가 있다. 학문에 쉽게 순응하는 사람 또는 그것을 사용할 때 공상적이 되는 사람은 아무리 희생하더라도 충분하지 않은 그의 열정에 대한 진정한 경외의 깊이를 갖지 못한다.[96]

니체에 의하면 고독은 자신 안에 갇히는 익숙한 단절이나 자기 억압 그리고 사회의 보편적 가치로부터의 이탈이 아니다. 고독으로부터의 도피는 곧 자기 실존의 고통으로부터의 도피일 뿐이다. 독립된 실존으로 존재할 수 없는 인간은 자기 삶의 의미와 가치를 창조할 수 없으며 온전히 자신에게 집중할 수 있는 자기인식의 기회 역시 가질 수 없다. 동정은 자

95 “어린아이는 순진 무구요 망각이며, 새로운 시작, 놀이, 스스로의 힘에 의해 돌아가는 바퀴이며 최초의 운동이자 거룩한 긍정이다. 그렇다. 형제들이여, 창조의 놀이를 위해서는 거룩한 긍정이 필요하다. 정신은 이제 자기 자신의 의지를 원하며, 세계를 상실한 자는 자신의 세계를 획득하게 된다.”(니체, 『차라투스트라는 이렇게 말했다』, 「세 단계의 변화에 대하여」, 41쪽).

96 니체, 『유고(1880년 초~1881년 봄)』, 326-327쪽.

기인식 및 고독에 반한 대표적인 개념이다. “어떤 사람은 자신을 찾기 위해, 또 다른 어떤 사람은 자신을 잃기 위해 이웃에게 달려간다. 너희들 자신에 대한 좋지 못한 사람, 그것이 너희들에게 있어 고독을 일종의 감옥으로 만들어버리는 것이다.”[97] 니체의 표현처럼 인간은 고독 속에서야 비로소 자기 고통의 중심에 서서 스스로를 관찰하고 자신의 삶에 심오한 질문을 제기할 수 있다.

> 모든 삶의 순간은 우리에게 무엇인가를 말하려 한다. 그러나 우리는 들으려 하지 않는다 ; 홀로 조용히 있을 경우, 무엇인가가 우리에게 귓속말로 속삭이는 것을 우리는 두려워한다 — 그렇게 우리는 고요함을 미워하고 사회성을 통해 우리를 마비시킨다. 인간은 힘닿는 대로 고통에서, 더욱이 견뎌낸 고통의 의미에서 달아난다. 그는 항상 새로운 목표 속에서 그 배후에 놓여 있는 것을 잊으려고 한다. 가난하고 고통받는 자가 현존재의 황량한 해안가로 던져지는 운명에 반항할 경우, 그는 자신의 고통의 중심에서 질문하면서 자신을 바라보는 심오한 눈을 회피하는 것이다.[98]

1880년 말의 한 유고에서 니체는 열정에 대한 하나의 계획을 제시하고 있다. 이 계획은 열정이 그의 사상 속에서 하나의 개념이 될 수 있음을 보여준다. 이 계획은 총 4개의 장으로 구성되어 있는데, 이 중 4장은 열정과 고독의 관계에 대한 내용을 담고 있다. 여기서 살펴볼 1장과 4장은 다음과 같은 내용을 함의하고 있다. 고독은 삶에 대한 강한 보존의 욕구 속에서 자기상실과 같은 무서운 병으로 드러난다. 니체에 의하면 자기상실의

---

97 니체, 『차라투스트라는 이렇게 말했다』, 「이웃사랑에 대하여」, 102쪽.

98 니체, 『유고(1872년 여름~1874년 말)』, 34[24], 506–507쪽.

증상은 오직 참된 자기 인식을 통해서만 치유될 수 있는 인간 실존의 병이다. 그 이유는 열정이 이성적으로 분석될 수 없는 인간 내면의 정신과 의지의 활동에 대한 명칭이기 때문이다. 하지만 지금까지 인류는 이 열정을 선한 삶의 장애요소로 규정하며 그 가치를 폄하해왔다. 삶에 익숙한 모든 취향들로부터 벗어나 그동안 지나쳐온 자기 자신을 고독 속에서 대면하는 것, 니체는 이러한 시도를 "알려지지 않은 새로운 열정(eine neue und unbekannte Leidenschaft)"이라고 표현한다.

> 1장. 우리는 열정과 대립되는 것이 있다고 믿는다 : 아마 그럴 것이다. 이 때문에 이성과 정당성을 위해 열정에 대해 투쟁을 시작한다. 악의 없는 우리! […]
>
> 4장. 외부로부터 반작용이 시작된다 : 우리를 자유롭게 하기 위해, 우리 자신이 반대했던 모든 것과 우리의 모든 오류들이 외부에서 우리를 향한다. 친구와의 관계가 나빠지는 것처럼, 이것은 알려지지 않은 새로운 열정이다. 열정이 주는 음산한 축복! 열정은 우리가 지탱할 수 있게 한다! 열정은 고독을 불러일으키고 우리에게 사상가들을 드러낸다![99]

고독할 수 없는 자는 외로움을 느낄 수밖에 없다. 인간을 육체와 영혼이라는 내면과 외면이 합일된 "커다란 이성(die große Vernunft)"의 존재, 즉 "몸(Leib)"의 존재로 규정하는 니체에 의하면 인간은 내면(자기)의 목소리에 귀를 기울이고 이 음성을 따라 활동하는 존재이다. 그렇다면 내면을 탐구하는 고독의 시간을 가질 수 없는 인간은 "자기(das Selbt)" 없는 행위를 할 뿐이다. 그리고 "자기" 없는 행위, 다시 말해 끊임없이 생기하

---

99 니체, 『유고(1880년 초~1881년 봄)』, 7[19], 420–421쪽.

는 자신이 삶의 근거가 될 수 없는 행위는 맹목적일 수밖에 없다. 이러한 인간 유형은 외로움을 느낄 수밖에 없다. 이성과 학문을 통해 세계를 인식하고 삶을 해석하고자 하는 사람의 고독은 진정한 의미에서 고독이라고 할 수 없다. 이들의 고독은 단지 신을 찾는 신앙과 진리를 찾는 학문적 노동의 조건일 뿐이다. 그 이유는 이들의 사랑과 열정은 진정한 의미에서 자신을 향하고 있지 않기 때문이다. 열정은 외로움을 차단하는 힘이 아니라, 고독을 즐기며 그 안에서 자신을 사랑하는 힘이다.

> 더 이상 신이 없기 때문에, 고독은 더 이상 견딜 수 없는 것이다 : 고귀한 인간은 수행해야만 한다.[100]

7. 인식의 열정(Die Leidenschaft der Erkenntnis)

"살기 위해 인식한다 — 이전에는 : 삶을 부정하기 위해."[101] 1882년의 유고에 담긴 짧은 이 글은 니체의 인식이론을 잘 대변해준다. 아울러 그가 시도하는 새로운 인식론이 전통 형이상학과 종교적 도덕의 관습에 반해 인식의 조건을 이편세계의 삶으로 규정하고 있다는 사실 역시 짧은 이 글을 통해 알 수 있다. 『아침놀』에 있는 다음의 글은 인식이 인간의 삶에서 얼마나 중요한 것인지 그리고 그 인식이 우리에게 어떤 힘으로 작용하는 것인지에 대한 내용을 함의하고 있다.

---

100 니체, 『유고(1884년 가을~1885년 가을)』, 34[212], 283쪽.

101 니체, 『유고(1882년 7월~1883/84년 가을)』, 4[82], 179쪽.

> 인식과 관련해 가장 유용한 업적은 아마도 영혼의 불멸에 대한 믿음이 폐기되었다는 것일 것이다. 이제 인류는 기다려도 되며, 더 이상 예전에 그랬던 것처럼 성급하게 달려들어 반쯤밖에 검토되지 않은 사상들을 삼킬 필요가 없다. 왜냐하면 그 당시에 가난하고 '영원한 영혼'의 구원은 짧은 인생동안 영혼을 인식하는 것에 달려 있었고 하룻밤 사이에 결단해야만 하는 것이었기 때문이다. '인식'은 끔찍할 정도로 중요했다. 우리는 방황하고 실험할 수 있는 용기와 [어떤 사실을] 잠정적으로만 받아들일 수 있는 용기를 다시 획득했다.[102]

영혼의 구원 및 내세와 같은 위안으로부터 벗어나 삶을 새롭게 인식하기 위해서는 "용기", 즉 힘이 필요하다. 그리고 한 번도 살아보지 못한 삶을 살기 위해 용기를 내는 행위 일반을 니체는 "실험"이라고 표현한다. "실험"은 니체의 철학에서 "몰락"과 더불어 목적론적 숙명을 거부하고 주어진 운명을 사랑할 수 있는 자의 용기 있는 선택을 대변하는 개념이다. 이러한 의미에서 니체가 마지막 인간과 위버멘쉬 사이의 경계에 선 사람을 통해 제시하는 철학적 사고실험의 예는 인간의 인식과 그 인식의 추동력으로서의 힘의 유기적 연관성을 보여주기 위한 것이다. 그래서 니체는 인식을 힘의 도구라고 규정하는 것이다. 자신의 열정적 인식을 통해서 삶을 실험의 장으로 구성하는 인간만이 위버멘쉬로의 변화를 실현할 수 있다.

> 삶이—의무나 저주받은 숙명이나 기만이 아니라—인식하는 자의 실험(ein Experiment des Erkennenden)이 될 수 있다는 저 사상이 나를 찾아온 그날 이후로! 인식이 다른 사람들에게는 다른 것일지 몰라도, 예를 들어 침대나 침대로 가는 길, 오락이나 여가 활동일지 몰라도, — 내게 그것은 영웅적 감정이 춤

---

102 니체, 『아침놀』, 501, 376쪽.

추고 뛰어노는 위험과 승리의 세계이다. "삶은 인식의 수단"이다 — 이 원칙을 마음속에 품고 있으면 인간은 용감해질 뿐만 아니라, 심지어 즐겁게 살고 즐겁게 웃게 된다![103]

1876년에서 1882년에 이르는 니체철학의 중기는 건강한 삶의 철학을 구성하기 위한 시도로서 그의 인식이론이 가장 활발하게 논의된 시기이다. 건강한 미래의 실현을 위해 창조된(보다 구체적으로는 1882년 철학적 중기의 마지막 저서 『즐거운 학문』의 말부터) 후기의 개념들, 즉 신의 죽음, 위버멘쉬, 힘에의 의지, 허무주의, 모든 가치의 전도, 영원회귀와 운명애 등은 모두 인간 인식에 대한 철저한 숙고 이후에 제시될 수 있는 개념들이다. 『인간적인 너무나 인간적인』, 『아침놀』, 『즐거운 학문』은 책 제목에서도 알 수 있듯이, 저편세계가 아니라 이편세계의 삶을 조건으로 하는 인간 인식에 대한 니체의 의도를 잘 드러내준다. 이러한 의미에서 니체는 오랜 형이상학적-종교적-도덕적 관습으로부터 자유로워진 인식의 시도, 즉 "자유정신"으로의 변화를 향한 용기가 얼마나 어려운 것인지 그리고 자신의 내면에서 울려오는 신의 음성으로서의 양심의 가책으로 인해 인간의 인식이 얼마나 오랫동안 억압되어 왔는지 『즐거운 학문』에 명확하게 묘사하고 있다.[104]

자유로운 정신의 인간은 선과 악, 행복과 불행 등과 같은 가치의 저편에 서서 자신의 의지를 자유롭게 표출하며 또한 자신만의 가치를 창조한

103 니체, 『즐거운 학문』, 324, 294쪽.

104 "수천 년간 통용되어온 판단이 자신의 생각과 반대된다는 것을 느끼며 살아간다는 것은 얼마나 어려운 일인가! 수천 년 동안 인식은 양심의 가책을 받아왔으며, 위대한 정신들의 역사는 수많은 자기경멸과 남모를 비참함으로 점철되어왔을 것임에 틀림없다."(니체, 『즐거운 학문』, 296, 274쪽).

다. 하지만 보다 더 근본적인 사실은 그가 자기 자신의 힘을 통해 상승하고 성장하는 존재라는 것이다. 니체가 스토아학파를 예로 들어 설명하고 있는 것처럼, 열정이 없는 삶은 위선적일 뿐이다. 그 이유는 열정 없이 인간은 자기 자신일 수 없으며 그런 삶은 거짓일 수밖에 없기 때문이다. 열정은 자신을 더욱 더 사랑하고자 하는 거센 감정의 운동이자 의지의 활동이다. 열정은 자신을 더욱 사랑함으로서 매 순간 자신에게로 이르고자 하는 의지, 니체의 표현에 의하면 "자기에의 의지(Der Wille zum Selbst)"[105]인 것이다.

> 우리의 삶도 우리 스스로에 대해 권리를 지녀야 마땅하다! 우리도 또한 자유롭고 두려움 없이, 순진무구한 자기애 안에서 자기 자신으로부터 성장하고 꽃피워야 한다! […] 스토아주의나 위선보다는 열정(Leidenschaft)이 더 낫다. 전통적인 윤리 안에서 자기 자신을 상실하는 것보다는 심지어 악이라고 할지라도 스스로에게 진실한 것이 더 낫다. 자유로운 인간은 선할 수도 악할 수도 있다. 그러나 자유롭지 못한 인간은 자연의 수치이며, 하늘의 위안도 지상의 위안도 얻지 못할 것이다. 결국 자유롭게 되고자 하는 모든 인간은 자기 자신을 통해 그렇게 되어야만 한다.[106]

니체가 새로운 인식을 통해 제시하는 과제는 자기 자신의 삶과 세계를 있는 그대로 인식하는 것이다. 니체철학의 중기에 그의 인식론이 완성되었다고 여길 수 있는 이유는 드디어 인간의 인식이 신의 죽음, 위버멘쉬, 힘에의 의지, 영원회귀 등과 같은 후기 사상을 수행할 수 있는 근본조건

---

105 니체, 『차라투스트라는 이렇게 말했다』, 「창백한 범죄자에 대하여」, 62쪽.

106 니체, 『즐거운 학문』, 99, 170쪽.

으로서의 역할을 하고 있기 때문이다. 그의 철학 중기에 주목할 만한 개념인 "인식의 열정(Die Leidenschaft der Erkenntnis)"이 이를 보증해준다. 이 개념 없이 후기 철학의 실천적 토대는 빈약해질 수밖에 없다.

니체의 새로운 인식론의 개념으로서 "인식의 열정"은 더 이상 형이상학적 근원으로서의 존재와 존재의 세계에 대한 인식을 토대로 생성하는 대지를 불합리한 모순의 세계로 규정하거나 원죄에 대한 인식으로부터 맹목적인 믿음을 도출하는 그리스도교와 그 도덕을 지향하지 않는다. 이러한 의미에서 『도덕의 계보』, 「제3논문」의 주요 논제인 금욕주의적 성직자와 고통받는 자에 대한 그의 심리학적 진단 및 처방과 더불어 『선악의 저편』의 단편 「영혼의 의사와 고통」에서도 니체는 영혼의 치유를 시도하는 성직자와 도덕적 설교자의 심리학적 거짓과 그 허구성에 대해 비판한다. 니체에 의하면 그들의 심리학적 처방의 목적은 선과 악의 철저한 이분법 위에서 악을, 즉 인간의 열정을 억압하는 것이다. 그들은 다음과 같이 말한다. "모든 행복은 열정의 말살(Vernichtung der Leidenschaft)과 의지의 침묵에서 생겨난다." 이렇듯 그들이 인간의 행복을 위해 수행한 방식은 바로 "열정적 인간의 불행(Unglücke der leidenschaftlichen Menschen)"을 믿음으로 받아들이게 하는 것이었다.

> 도덕의 설교자들, 그리고 신학자들은 모두 공통된 악습을 지니고 있다. […] 도덕의 설교자들은 악한 인간의 내적 "고통"에 대해 얼마나 많은 환상을 품어왔는가! 심지어 그들은 열정적 인간의 불행에 대해 우리에게 얼마나 많은 거짓말을 해왔는가! — 그렇다, 거짓말이라는 단어야말로 여기에 가장 적합한 말이다. 그들은 그러한 종류의 인간들이 누리는 풍성한 행복에 대해 매우 잘 알고 있으면서도 이에 대해 철저히 함구했다. 이것이 모든 행복은 열정의 말살과 의지의 침묵에서 생겨난다는 그들의 이론에 반대되기 때문이다![107]

인식의 열정은 삶의 고통과 불행, 불안과 두려움에도 불구하고 "진정한 것(das Wahre)"만을 보기를 원한다.[108] 니체에 의하면 이러한 열정이야말로 "최고의 열정"이자 "가장 드문 열정"이다. 형이상학적-종교적 허구로부터 벗어나 삶 그 자체를 바라보고자 하는 자의 열정은 니체의 철학에서 하나의 덕으로 제시된다. 그 덕은 바로 "진실성(Redlichkeit)"이다. 진실성이라는 이 덕을 니체는 "가장 새로운 덕(jene jüngste der Tugenden)",[109] "마지막 덕(die letzte tugend)"[110] 등으로 표현한다. 이 덕은 자신의 자유로운 정신과 의지를 통해 살고자 하는 자들에게는 필수적인 삶의 조건이다. 그렇기에 이 덕 역시 삶의 열정을 대변하며 또한 열정을 필요로 한다. 니체는 이를 다음과 같은 개념으로 정식화한다. "진실성의 열정(Die Leidenschaft der Redlichkeit)"[111]

> 사물을 있는 그대로 인식하고자 하는 열망 — 이것만이 훌륭한 태도이다 : 다른 것을 바라보거나 다른 눈으로 보는 것은 바람직한 것이 아니다. [...] 우리는 자기 자신에 대해서도 그렇게 무관심할 수 있어야 할 것이다! 무관심의 증가! 거기에다 다른 눈으로 보는 연습 : 인간적인 관계를 떠나, 즉 있는 그대로 사실적으로 보기! 인간의 과대망상을 치유하기! 과대망상, 이것은 어디서 유래하

---

107 같은 책, 326, 294–296쪽.

108 귄터 슐테는 이에 대해서 다음과 같이 단언한다. "인식은 열정이다!"(Günter Schulte, Nietzsches Morgenröthe und Fröhliche Wissenschaft: Text und Interpretation von 50 ausgewählten Aphorismen, Würzburg, 2002, 75쪽).

109 니체, 『차라투스트라는 이렇게 말했다』, 「저편의 또 다른 세계를 신봉하고 있는 자들에 대하여」, 51쪽. 이에 대해서는 다음의 글도 함께 참조하자. Paul van Tongeren, Nietzsches "Redlichkeit". Das siebte Hauptstücke "unsere Tugenden", Friedrich Nietzsche : Jenseits von Gut und Böse, Marcus Andreas Born(Hrsg), Berlin 2014, 157–160 참조.

110 니체, 『유고(1885년 가을~1886년 봄)』, 1[144], 1[145], 52쪽.

111 니체, 『유고(1880년 초~1881년 봄)』, 6[459], 411쪽. 인식과 진실성의 열정에 대해서는, Mazzino Montinari, Nietzsche lesen, Berlin/New York, 1982, 64–67쪽 참조.

는 것인가? 두려움으로부터 : 모든 정신적 힘은 자기위주로 보는 태도로 항상 재빨리 뛰어 돌아가야 했던 것이다. […] 중립적이고 즉물적으로 보는 것, 그것이다! 모든 개개인에 대한 고려에도 상관하지 않는, 모든 "편함"이나 "불편"에도 상관하지 않는 "진정한 것"에 대한 열정이야말로 최고의 열정(die höchste Leidenscahft)이다 — 그래서 지금까지도 가장 드문 열정(Seltenste)이다.[112]

이렇듯 인식은 자기 자신과 삶을 진실하게 알고자 하는 자의 사랑과 열정의 도구이다. "이 인식의 열정은 자기 자신을 공격한다. 왜?라고 자신의 존재 이유를, 어디서?라고 자신의 유래를 묻는다."[113]라는 니체의 말처럼, 인식의 열정과 진실성은 니체의 철학적 인간학의 조건이다. 이에 대해 그는 다음과 같이 설명하기도 한다. 이 글은 삶에 대한 인식과 진실성의 열정에 대한 니체의 인간학적 관점을 잘 담고 있다.

사귀기를 원한다. — 불 속에 넣었다가 적시에 꺼낸 밤처럼 부드럽고 맛있고 영양이 풍부해진 사람들과 사귀기를 원한다면, 우리가 너무 많은 것을 바라는 것일까? 삶으로부터 거의 아무것도 기대하지 않고 삶을 자신들이 당연히 받아야 할 것이 아니라 새와 벌이 그들에게 보내준 것처럼 선사된 것으로 받아들이는 사람들을! 자신이 보수를 받았다고 느끼기에는 자신에 대한 긍지가 너무 강한 사람들을! 그리고 인식과 진실성의 열정(Leidenschaft der Erkenntniss und der Redlichkeit)이 너무 진지해서 명성을 추구할 시간도 생각도 없는 사람들을! 이런 사람들을 우리는 철학자라고 부를 것이다. 그리고 그들 자신은 보다 겸손한 이름을 변함없이 발견할 것이다.[114]

---

112 니체, 『유고(1881년 봄~1882년 여름)』, 11[10], 425쪽.

113 같은 책, 12[97], 613쪽.

114 니체, 『아침놀』, 482, 365-366쪽.

삶에 대한 사랑과 열정은 인식에 힘을 부여하고 매 순간 삶을 변화시킨다. 그렇다면 열정이 없는 삶은 어떤 모습일까? “살아 있는 것은 죽은 것과 반대되는 것이 아니고, 그것의 어떤 특수한 경우일 뿐이다.”[115]라는 니체의 말처럼 죽음은 힘에의 의지의 정지, 즉 삶에 대한 열정의 정지를 의미한다. 니체는 브라만 승려(der Brahmane)를 예로 들어 열정이 정지된 현상에 대하여 설명한다. 여기서 중요한 것은 형이상학과 종교, 도덕의 신성한 규칙에 따라 자기 자신과 삶의 규칙마저 규정해버리는 승려 혹은 성자의 열정 역시 그 안에 힘을 담고 있다는 것이다. 하지만 이 열정은 자신으로부터 벗어난 존재에 대한 힘의 감정이기 때문에 실존적 자기인식과 변화를 위한 그 어떤 자극을 주지 못한다. 나를 벗어나 또 다른 무언가를 향한 이러한 열정을 니체는 “제2의 열정(eine zweite Leidenschaft)”[116]이라고 표현한다. 니체는 이 열정이 삶에 대한 증오로부터 시작될 수 있다는 사실을 경계하며, 이에 대한 예로 고통을 죄와 벌로 이해하는 그리스도교의 인식을 문제시한다.

또한 이들은 삶을 가볍게 만들기 위해 “열정”, “고집(Eigenwille)”과 같은 고유한 “개인성(Persönlichkeit)”을 포기한다. 그들의 이러한 인식이 니체의 강한 비판의 대상이 되는 것이다. 인식은 매 순간 ‘나는 어떻게 진정한 나 자신이 될 수 있는가?’라고 묻고 이 물음에 스스로 답하고자 하는 인간 실존의 도구로서의 역할을 해야만 한다. 이 물음을 실존의 과제로 여기는 사람만이 자기 안에서 위버멘쉬를 경험하게 된다. 위버멘쉬는 실존적 이상이기 때문에 인간 인식의 사랑과 열정 안에서 경험되어야만 한다.

---

115 니체, 『유고(1881년 봄~1882년 여름)』, 11[150], 494쪽.

116 니체, 『아침놀』, 411, 324쪽.

> 나는 인식하기 위하여 사는 자, 위버멘쉬가 살도록 인식하고자 하는 자를 사랑한다. 나는 세상을 등지려 하지 않고 별들 뒤에서 행복을 찾지 않는 자들을 사랑한다. 위버멘쉬의 말을 이해한 자를 사랑한다.[117]

8. 열정과 영원회귀

1888년 초에서 여름 사이에 쓰인 한 유고에서 니체는 자신의 철학적 실험에 대하여 설명하며 디오니소스적 긍정, 영원회귀와 운명애를 동시에 제시한다.[118] 이 내용은 1887년 유고의 단편 「'긍정'으로 향하는 나의 새로운 길」에서 이미 준비되고 있었다.[119] 이 단편에서도 니체는 변함없이 삶 그 자체를 긍정하는 사상적 방법론을 "디오니소스적 긍정(Das dionysische Jasagen)"의 개념을 통해 설명하며 나아가 지금까지 삶에서 부정되어왔던 측면들을 긍정할 수 있는 고귀한 인간 유형을 비도덕적 관점에서 바라본다. 1888년 초에서 여름 사이 드디어 니체는 "디오니소스적 긍정"의 토대로서 영원회귀와 운명애를 사상적으로 연결하며 자신의 철학적 방법론을 완성한다. 1887년과 1888년 유고의 단편에서 『선악의 저편(1886)』과 『도덕의 계보(1887)』의 문제의식들이 함께 논의되고 있는 것을 보면, 니체는 주어진 그 자체로서의 삶을 긍정할 수 있는 사상적 방법론을 1888년에 이르기까지, 다시 말해 그가 쓰러지기 전까지 지속적으로 사유해왔음을 알 수 있다.

---

117 니체, 『유고(1882년 7월~1883/84년 가을)』, 5[17], 290쪽.

118 니체, 『유고(1888년 초~1888년 여름)』, 16[32], 354–355쪽.

119 니체, 『유고(1887년 가을~1888년 3월)』, 10[3], 143–144쪽.

디오니소스적 긍정은 영원회귀와 운명애라는 개념과 결합됐을 때 비로소 실현 가능한 인간 실존의 최고 양식으로서의 역할을 하게 된다. 자신의 삶에 디오니소스적으로 마주할 수 있는 인간은 더 이상 영원회귀를 두려워할 이유가 없다. 삶을 다시 살 만한 가치가 있는 것으로 여긴다는 것은, 지금 현재의 삶을 사랑하고 있으며 나아가 더 나은 삶을 살기 위한 열정이 있다는 것을 의미한다. 영원회귀와 운명애는 삶에 대한 사랑과 열정 없이 성립될 수 없는 개념이다. 이러한 의미에서 긍정은 삶에 대한 사랑으로부터 도출되며, 극복은 열정으로 표출된다. 삶에 대한 사랑(긍정)은 "최고의 감정(das höchste Gefühl)"을 얻기 위한 열정(극복)이며, 니체는 이 감정을 "영원(Ewigkeit)"의 문제로 이해한다. 순간을 영원으로 사유할 수 있는 인간만이 영원을 통해 순간을 긍정하고 극복하게 된다.

> 나의 사상이 가르치는 것 : 다시 살고자 원할 수밖에 없는 그런 삶을 사는 것, 그것이 과제이다 — 너는 꼭 그렇게 될 것이다! 열심히 노력하는 데서 최고의 감정을 얻는 사람은 노력한다 : 고요함 가운데서 최고의 감정을 얻는 사람은 고요히 쉰다. 적응과 복종과 순종에서 최고의 감정을 얻는 사람은 순순히 따른다. 다만 이때 자신에게 최고의 감정을 느끼게 하는 것이 무엇인지 분명히 의식하고, 어떤 수단도 마다하지 말아야 할 것이다! 그것은 영원의 문제이다![120]

극복의 전제는 긍정이다. 다시 말해 열정의 전제는 사랑이다. 이미 살펴보았듯이 인간을 자기 실존의 경계에 세우고 매 순간 변화의 선택을 요구하는 니체의 철학적 의도는 긍정과 극복, 다시 말해 삶에 대한 그의 사랑과 열정을 시험하기 위한 실험철학의 특성을 잘 드러내준다. 자유로운

---

120 니체, 『유고(1881년 봄~1882년 여름)』, 11[163], 500–501쪽.

정신과 강한 의지를 통해 위버멘쉬로서의 삶을 살기를 선택한 인간에게 영원회귀와 운명애가 자기 실존의 무거운 짐이 될 수 없음은 명백하다. 이러한 인간만이 자신의 삶을 하나의 예술작품으로 여기며 자신의 고통마저도 삶이라는 작품의 소재로 삼을 수 있는 창조적 실존으로서 살아갈 수 있다.

자기 실존의 창조적 예술가는 대지의 한정된 시간과 공간을 영원 속에서 사유하며, 지금 이곳 대지의 삶을 보다 더 열정적으로 사랑할 수 있는 인간유형이다. 니체에게 있어 그는 스스로 새로운 자기 실존의 형상을 만들어가는 삶의 실천적 예술가이다. 경계에서의 실존을 긍정하고 매 순간 새로운 선택을 감행하며 스스로의 변화를 체험하는 인간에게만 영원회귀는 자신의 사랑과 열정을 시험할 수 있는 실존의 긍정적 계기로서 작용하는 것이다.

> 우리는 예술 작품을 계속 체험하고 싶어 한다! 사람들도 자신의 여러 부분 하나하나 앞에서 이와 동일한 소망을 가지도록 삶을 그렇게 구성해야 한다! 이것이 주요 사상이다! 존재했던 모든 것은 반복한다는 사상은 이 사상의 햇빛 아래 몇 백 배 더 강하게 번성할 수 있는 무엇인가를 창조하려는 경향이 우선 뿌리를 내린 다음, 맨 나중에 설파될 것이다![121]

여기서 "동일한 것의 영원회귀(Die Wiederkunft des Gleichen)"에 대한 구상을 담고 있는 1881년의 유고를 살펴보자. 영원회귀는 『차라투스트라는 이렇게 말했다』에서 신의 죽음, 허무주의, 위버멘쉬, 힘에의 의지 등과의 유기적인 연결 속에서 완성된 철학적 방법론으로 제시되고 있다.

---

121 니체, 같은 책, 11[165], 501쪽.

그럼에도 이 계획이 중요한 이유는 이 유고에서 니체는 열정을 영원회귀의 조건으로 제시하고 있기 때문이다.

동일한 것의 영원회귀 구상

1. 근본 오류의 체화
2. 열정의 체화(Einverleibung der Leidenschaft)
3. 지식의 체화와 포기하는 지식의 체화. (인식의 열정)
4. 죄가 없는 자. 실험으로서의 개개인. 삶을 가볍게 하기. 스스로 낮추기. 약해지기—넘어감
5. 새로운 주요 관심사 : 동일한 것의 영원회귀. 우리의 지식, 실수, 우리의 습관, 다가오는 모든 것에 대한 삶의 지혜, 이런 것들의 무한한 중요성. 남은 생 동안 우리는 무엇을 할 것인가? — 가장 심각한 무지 속에서 삶의 대부분을 보내버린 우리들이? 우리는 가르침을 가르친다 — 그것은 가르침을 자신의 것으로 체화시키는(uns selber einzuverleiben) 최상의 수단이다. 우리식의 희열감, 최고의 가르침을 가르치는 자가 되는 것[122]

위의 구상을 제시하며 니체는 먼저 4번 항목에 대한 설명을 시작한다. 그리고 뒤이어 바로 다음과 같은 개념을 제시한다. "무관심의 철학(Philosophie der Gleichgültigkeit)".[123] 이 개념은 니체가 영원회귀에 부여한 사상적 의미의 크기를 짐작할 수 있게 해준다. 이 개념을 위에 제시된 니체의 구상과 함께 설명하면 다음과 같다. 첫째, 니체의 말처럼 인간들은 전통 형이상학, 종교와 도덕의 체계 아래 대지의 구체적인 현실적 삶

122 니체, 『유고(1881년 봄~1882년 여름)』, 11[141], 487쪽.

123 니체, 같은 책, 11[141], 488쪽.

의 가치를 폄하해온 무지의 삶을 살았다. 둘째, 절대적 진리의 가치 아래 무지의 삶을 살아올 수밖에 없었던 이유는 자신만의 고유한 삶의 관점을 가질 수 없었기 때문이다. 이러한 관점의 상실은 곧 삶의 실재, 다시 말해 생성하는 세계에서 발생할 수밖에 없는 필연적 오류의 부정을 의미한다.

니체의 말처럼 "비유기적 세계에는 오해가 없다. […] 유기적 세계에서 오류가 시작된다. […] 그것은 유기체가 살아가도록 도와주는 특수한 오류들이다."[124] 그렇다면 생성하는 대지의 인간들은 오류조차 인정하지 않는 절대적 가치의 세계에 무관심해야만 하는 것은 아닐까? 구체적 삶의 세계 속에서 발생하는 필연적인 오류조차 허용하지 못하고, 오히려 이를 은폐하고 억압하며 또 다른 삶으로 유혹하는 진리는 니체에게 있어 소극적인 가치일 수밖에 없다.

> 오류와 착오의 제거라고 하는 — "진리"의 소극적 성격. 그런데 착오의 등장이 생을 촉진하는 것이었으니 — —[125]

또한 "삶은 논증이 아니다. 삶의 조건들 중에는 오류도 있다."[126]라는 니체의 말처럼, 삶의 오류는 진리와 지식(학문)을 신봉하는 자의 권리가 아니라, 자기 자신과 삶의 오류까지도 진실하게 인식하고자 하는 자의 특권이다. 니체의 "인식의 열정"은 바로 이를 보증해주는 개념이다. 그래서 니체는 "오류는 인식의 모체이다."[127]라고 명확하게 말하는 것이다. 위의

---

124 니체, 『유고(1885년 가을~1887년 가을)』, 1[28], 18쪽. 다음의 글도 함께 참조하자. "오류에서 벗어나지 않는 것! 오류는 생의 조건이기에!"(니체,『유고(1882년 7월~1883/84년 겨울)』, 15[4], 634쪽).

125 니체, 『유고(1884년 초~가을)』, 25[165], 74쪽.

126 니체, 『즐거운 학문』, 121, 196쪽.

구상 중 1번 : "근본 오류의 체화"와 2번 : "열정의 체화" 그리고 3번 : "지식의 체화와 포기하는 지식의 체화. (인식의 열정)"은 바로 이러한 의미에서 제시된 것이다. 진리와 학문의 독단성 속에서 영원회귀는 삶의 가르침으로 체화될 수 없다. 영원회귀는 이 사상에 대한 신학적-학문적 인식이 아니라, 삶에 대한 사랑과 열정으로 수행되는 실천적 인식에 의해서만 긍정될 수 있는 "가르침을 가르치는(lehren die Lehre)" 인간 실존의 지혜이다. 이 가르침의 체화, 즉 영원회귀의 열정적 체화 속에서 인간은 비로소 삶에 대한 자신의 사랑을 실천하는 "정오의 순간(die Stunde des Mittags)"[128]을 경험하게 된다.

셋째, 영원회귀는 "생성의 무죄(Unschuld des Werdens)"[129]와 같은 니체의 개념처럼 모든 개인들이 다양한 실험적 실존으로 존재할 수 있도록 허용하는 건강한 실존의 가르침일 뿐, 그리스도교와 같은 원죄를 설정하지도, 동정을 요구하지도 않는다. 넷째, 1번에서 4번까지의 구상을 거쳐 니체는 5번에서 영원회귀를 제시한다. 여기서 "남은 생 동안 우리는 무엇을 할 것인가? —가장 심각한 무지 속에서 삶의 대부분을 보내버린 우리들이?"라는 니체의 말은 영원회귀가 단순한 이론이 아니라, 삶의 실존적 실천의 양식임을 다시 한 번 보여준다. 뒤이어 제시되는 "우리는 가르

---

127 니체, 『유고(1881년 봄~1882년 여름)』, 11[162], 499-500쪽. "Der Gegensatz von Erkenntnis und Kunst ist kein Gegensatz von Erkenntnis und Irrtum, sondern von Erkennen-Wolle und Irren-Wollen."(Brusotti, Marco, Die Leidenschaft der Erkenntnis. Philosophie und ästhetische Lebensgestaltung bei Nietzsche von Morgenröthe bis Also sprach Zarathustra, Berlin/NewYork 1997, 334쪽).

128 "네가 하나의 낟알로 들어 있는 이 고리는 항상 다시 빛난다. 그리고 인간 존재 전체의 모든 고리 속에는 항상 어떤 순간이 있는데, 이것은 처음에는 단 한 사람에게, 그 다음에는 많은 사람들에게, 그리고 결국 모든 사람에게 가장 강력한 생각, 즉 모든 것의 영원회귀라는 사상이 떠오르는 순간이다 — 인류에게 이때는 매번 정오의 순간이 된다."(니체, 『유고(1881년 봄~1882년 여름)』, 11[141], 501쪽).

129 니체, 『유고(1887년 가을~1888년 3월)』, 9[91], 63-64쪽.

침을 가르친다—그것은 가르침을 자신의 것으로 체화시키는 최상의 수단이다."라는 말은 영원회귀가 이론적인 분석과 보증을 필요로 하지 않는 사상임을, 다시 말해 사랑과 열정의 체화로부터 자연스럽게 도출되는 최고의 긍정 상태를 대변하는 개념임을 알 수 있게 해준다. 진정으로 건강한 실존의 인간은 자신의 사랑과 열정 안에 영원회귀를 담아 자기 것으로 만든 자이다.

이제 니체가 서두에 제시한 "무관심의 철학"이 의미하는 바를 설명할 수 있을 것이다. 이 철학은 니체 자신이 수행하는 철학적 시도에 대한 명칭이다. 영원회귀가 긍정되기 위해서는 인간의 인식과 충동, 열정 등과 같은 정념의 가치를 폄하하는 진리, 학문, 종교와 이로부터 파생되는 동정, 이웃사랑, 죄와 벌 등과 같은 것들에 대해 무관심해져야만 한다. 그래서 니체는 오랜 가치에 대한 "무관심(Gleichgültigkeit)"으로부터, 즉 자기 자신에 대한 참된 인식을 바탕으로 삶 그 자체를 인식하고자 하는 태도만이 또 다른 세계와 삶을 의지하는 인간의 과대망상을 치유하는 방법이라고 말하는 것이다.[130]

『이 사람을 보라』의 「차라투스트라는 이렇게 말했다」에서 설명하는 것처럼[131], 1881년 봄, 니체가 질스 마리아에서 체험한 영원회귀에 대한 사상적 영감을 남긴 다음의 메모는 이 사상이 낡은 가치에 대한 무관심을 대변하는 개념으로 작용할 수 있음을 함의한다. "1881년 8월 초 질스 마리아, 해발 6천 피트 그리고 모든 인간적인 것보다 훨씬 더 높은 곳에서!"

"무관심의 철학"은 니체의 "거리의 파토스"가 담고 있는 의미처럼, 삶에

---

130 니체, 『유고(1881년 봄~1882년 여름)』, 11[10], 425쪽.

131 니체, 『이 사람을 보라』, 419–421쪽.

대한 사랑과 열정을 통해 마지막 인간들과 거리를 벌이고, 동시에 그들이 도달할 수 없는 해발 6천 피트 높이의 정신을 추구하는 철학적 시도에 대한 표현이다. 해발 6천 피트 높이의 정신적 지평은 낡은 관습에 무관심할 수 없는 인간은 도달할 수 없는 높이이다. 본 유고는 다음과 같은 짧은 글로 끝을 맺는다. "그러나 우리가 여전히 살고자 원하는지가 문제이다 : 바로 그것이 정말 문제이다." 경계에 선 인간은 이 물음에 선택으로서 답해야만 한다. 영원회귀는 그 선택 안에, 즉 인간의 사랑과 열정 안에 있다. 그리고 삶에 대한 사랑과 열정 속에서 영원회귀는 항상 처음이다.

9. 인간의 정념을 긍정하는 철학

니체만큼 인간의 모든 정념(Pathos)을 논의의 대상으로 다루는 철학자도 드물다. 니체는 충동, 본능, 감정, 감성, 정서, 정동, 욕망 등 인간의 다양한 정념을 다루면서 서양 형이상학과 종교 그리고 도덕의 문제를 철학적 인간학의 관점에서 문제시한다. 지금까지 논의된 "열정(Leidenschaft)" 역시 정념의 일환으로 논의 가능한 개념이다.[132] 하지만 니체가 자신의 철학에서 인간의 고유한 생명성과 생명력으로서의 자연(Natur)에 대한 많은 논의 가능성을 열어두었기에 위와 같은 다양한 정념들은 각각 개별

---

132 열정은 정동(Affekt)과 더불어 고통(Leid und Schmerz)에 반응하는 감정으로서 정념(Pathos)의 일환이다. (Jakob Lanz, Affekt, in: Joachim Ritter und Karlfried Gründer (Hrsg.), Historisches Wörterbuch der Philosophie Bd.4, Basel 1976, 89쪽). 정동 역시 열정과 같은 폭발적인 감정의 형태로 드러난다. 비록 고통 속에서일지라도 삶을 다시 사랑하게 될 때 인간의 내면은 정동과 같은 열정적인 감정으로 가득 찬다. 그럼에도 니체는 자신의 철학에서 열정과 정동을 구분하여 사용하고 있다. 이는 열정과 더불어 정동 역시 개별연구가 가능한 개념임을 알 수 있게 해준다.

적인 논의를 필요로 한다.[133]

니체의 철학에서 다양한 정념이 연구되어야만 하는 이유는 정념이 인간을 끊임없이 운동하는 존재, 즉 이 운동을 통해서 변화를 실현하는 '되어가는 존재'로 규정하는 근본 요소이기 때문이다. 만약 인간이 끊임없는 변화를 실현할 수 있는 운동의 조건을 담고 있다면 그것은 바로 힘에의 의지일 것이다. 하지만 보다 구체적으로 말하면 힘에의 의지의 근원은 의지의 운동을 가능하게 하는 수많은 힘과 힘으로서 표출되는 감정들, 즉 정념들이다. 일반적으로 힘에의 의지에서 힘을 충동과의 연관 아래 설명하지만 충동 역시 정념의 일부일 뿐이다. 결과적으로 '되어가는 인간'의 변화는 정념이라는 운동 조건이 충족되어야만 비로소 실현가능한 것, 다시 말해 '경험 가능한 것'이 된다. 니체의 철학을 형이상학으로 명명할 수 없는 이유이다.

비극 역시 정념이 전제되었을 때에야 비로소 긍정될 수 있는 삶의 실천적 지혜로서의 역할을 할 수 있다. 고통을 전제로 하는 비극은 고통이 원죄와 같은 불변의 의미로 규정될 수 없을 때에야 비로소 위대함의 근본 조건이 될 수 있는 것이다. 형이상학과 그리스도교는 고통이 정념의 마비를 통해 치유될 수 있는 것으로 이해했고, 또한 금욕을 통해 억압해야 하는 것으로 규정했기에 비극과 고통의 의미를 받아들일 수 없었던 것이다.

---

133 물론 다양한 개념들이 서로 유기적인 관계를 맺고 있는 정념에 대한 연구는 개별연구보다는 정념이라는 큰 틀 안에서 모든 개념들을 연구하는 것이 바람직할지도 모른다. 하지만 충동, 본능, 정동, 감정, 감성, 욕망 등의 개념들이 니체의 철학에서 때로는 단독으로 사용되고 또 때로는 함께 등장하기 때문에 개별연구 역시 가능하다고 생각된다. 예를 들어 감정의 문제는 힘-감정/느낌(Machtgefühl)과 취향(Geschmack) 및 습관(Gewohnheit)과의 연관성 속에서 그리고 정동(Affekt)은 생성 및 생기의 관점에서 논의될 수 있을 것이다. 본 글의 논의주제인 "열정"은 이러한 관점에서 시도되었다. 니체의 정념연구는 심리생리학적 관점에서 세계와 인간에 대한 니체의 철학적 의도를 보다 구체적으로 규명할 수 있는 역할을 할 수 있을 것이다.

그 어떤 것도 위대한 것도 파토스 없이 발생하지 않는다면(이 점은 의심될 수 있지만 —), 삶은 섬뜩하게 조명될 것이다. 위대한 것의 발생 속에서 어떤 비극적인 것을 보는 것만으로 충분하다. 말하자면 삶 자체에서 비극을 보는 것 말이다.[134]

하지만 그리스인들은 고통스러운 삶의 현실 속에서도 결코 인간의 정념, 즉 열정을 구속하지 않았다. 그리스도교는 고통의 근원을 제거하기 위해 인간 정념의 제거를 시도하였지만, 그리스인들은 고통에 대한 인간의 정념을 즐거운 것으로 전환시키기 위한 시도를 하였다.[135] 결론적으로 그들은 열정을 인간의 영혼에 해를 입히는 것으로 여기며 부정하지 않았다.

열정의 색깔. — 사도 바울과 같은 천성을 지닌 사람들은 열정에 대해 곱지 않은 눈길을 보낸다. 그들이 열정에 대해 알고 있는 것은 그것이 오직 인간을 더럽히고 왜곡시키는 마음을 어지럽힐 뿐만 아니라는 것이다. 이에 따라 이들의 이상적인 충동은 열정을 절멸시키는 것을 목표로 한다. 사도 바울이나 유대인들과는 전적으로 다르게, 그리스인들의 이상적인 충동은 열정을 지향하고, 사랑하고, 고양하고, 금빛으로 치장하여 신성시했다. 열정 안에 있을 때 그들은 다른 때보다 더 행복했을 뿐만 아니라, 더 순수하고 신적이라고 느꼈다. 그리스도교인들은 어떨까?[136]

---

134 니체, 『유고(1875년 초~1876년 봄)』, 9[1], 272–273쪽.

135 "고대 세계와 기쁨—고대 세계의 사람들은 더 많이 기뻐할 수 있는 방법(besser zu freuen)을 알고 있었던 반면 우리는 덜 우울해지는 방법(weniger zu betrüben)을 알고 있다 […] 반면에 우리는 고통을 받지 않는 것과 불쾌감의 근원을 제거하는 것에 주목하는 과제를 해결하는 데만 정신을 몰두하고 있다. 고대인들은 고통스러운 삶에 관해서는 잊어버리거나 어떻게든 그 감정을 즐거운 것으로 돌려놓으려고 노력했다 : 그래서 그들은 그 속에서 고통을 일시적으로 완화하려고 애썼던(palliativisch) 반면 우리는 오히려 고통의 원인을 해결하고 전체적으로 고통을 예방하는 쪽(prophylaktisch wirken)으로 행동한다."(니체, 『인간적인 너무나 인간적인 II』, 187, 123쪽).

136 니체, 『즐거운 학문』, 139, 210쪽. "그리스인들이 오로지 현세의 삶만을 바라봤다는 것은 전

"너희는 너희 안에 있는 카오스를 보존해야만 한다. 앞으로 올 자들은 그것으로 자신을 형성하고자 한다!"[137]는 니체의 말처럼, 건강한 실존을 소유한 미래의 인간 유형인 위버멘쉬로의 변화를 시도하는 자는 더 이상 자신의 정념을 억압하지 않아야만 한다. 그는 자신의 내면에 따라 살기를 의욕하기 때문에 내면의 혼란으로 고통 받지 않을 것이다. 오히려 그는 이 혼란으로 인해 고정되지 않은 채 춤추는 삶을 살 수 있음에 감사해하는 위대한 사랑으로 열정적인 삶을 살아갈 수 있는 자이다.

혀 사실이 아니다. 그들은 죽음의 불안, 지옥의 불안에서도 고통을 느꼈다. 그러나 결코 참회하거나 회오(悔悟)하지 않았다."(니체, 『유고(1875년 초~1876년 봄)』, 5[126], 191쪽).

137 니체, 『유고(1882년 7월~1883/84년 가을)』, 4[76], 175쪽.

참고문헌

김정현, 『니체의 몸철학』, 지성의 샘, 1995.

김정현, 『니체, 생명과 치유의 철학』, 책세상, 2006.

김정현, 「서양정신사에 나타는 감정의 두 얼굴」, 『인문학연구』, 제7집, 2006, 71-91쪽.

김정현, 「철학의 글쓰기와 글쓰기의 철학」, 『인문학 연구』, 제13집 2호, 2012, 281-301쪽.

김정현, 「니체의 행복과 치유의 사상」, 『철학연구』, 135집, 대한철학회, 2015, 209-235쪽 참조.

김주휘, 「인간학적 문제로서의 삶의 부정.『도덕의 계보학』 2부 다시 읽기』」, 『니체 연구』 18집, 한국니체학회, 2010, 7-31쪽.

김효, 「아리스토텔레스의 『시학』에 대한 비판적 고찰」, 『프랑스학연구』 54집(2010.11), 29-52쪽.

마르틴 하이데거(이기상, 김재철 옮김), 『철학입문』, 까치, 2006.

막스 쉘러(진교훈 옮김), 『우주에서 인간의 지위』, 아카넷, 2001.

미카엘 란트만, 『철학적 인간학. 인간의 자기해석의 역사와 현황』, 허재윤 역, 형설출판사, 1996.

백승영, 「니이체 철학에서 인식/해석과 존재」, 『철학』, 제58집(한국철학회, 1999년 봄), 229-254쪽.

백승영, 『니체. 건강한 삶을 위한 긍정의 철학을 기획하다』, 한길사, 2011.

백승영, 『니체, 디오니소스적 긍정의 철학』, 서울 : 책세상, 2005.

백승영, 「신화적 상징과 철학적 개념. 디오니소스와 디오니소스적인 것」, 『니체연구』, 12집, 한국니체학회, 2007, 69-102쪽.

슈테판 츠바이크, 『니체를 쓰다』, 원당희 역, 세창미디어, 2013.

신옥희, 「실존과 초월. 실존조명의 방법론」, 『칼 야스퍼스. 비극적 실존의 치유자』, 한국야스퍼스학회 엮음, 서울 : 철학과 현실사, 2008.

아돌프 히틀러, 『나의 투쟁』, 황성모 옮김, 동서문화사, 2015.

아르놀트 겔렌(이을상 옮김), 『인간, 그 본성과 세계에서의 위치』, 서울 : 지식을 만드는 지식, 2015.
앙드레 피쇼, 『우생학. 유전학의 숨겨진 역사』, 이정희 옮김, 아침이슬, 2009.
요하네스 피셜(백승균 편역), 『생철학』, 서울 : 서광사, 1987.
알렉산더 네하마스, 『니체 — 문학으로서의 삶』, 김종갑 옮김, 책세상, 1994,
알렉상드르 졸리앵, 『인간이라는 직업. 고통에 대한 숙고』, 임희근 옮김, 문학동네, 2015.
앨런 슈리프트, 『니체와 해석의 문제』, 박규현 옮김, 푸른숲, 1997.
이상범, 「니체의 미래철학에 대한 연구. 그의 "미래" 메타포에 대한 해명을 중심으로」, 『니체연구』, 제26집 (한국니체학회, 2014년 가을호), 213-252쪽.
이상범, 「니체의 커다란 건강에 대한 연구」, 『니체연구』, 제29집 (한국니체학회, 2016년 봄호), 229-284쪽.
이상범, 「니체의 위생학(Hygiene)에 대한 연구」, 『니체연구』, 제30집 (한국니체학회, 2016년 가을호), 175-222쪽.
이상범, 「니체의 섭생(Diätetik)에 대한 연구」, 『범한철학』, 제83집 (범한철학회, 2016년 겨울호), 75-111쪽.
이상엽, 「삶의 관점에서 본 비극의 의미. 니체의 『비극의 탄생』을 중심으로」, 『철학연구』, 133집, 대한철학회, 2015, 205-233쪽.
이주동, 「아리스토텔레스의 카타르시스 개념에 대한 수용과 비판」, 『독일언어문학』 34집(2006.12), 169-195쪽.
이진우, 『니체, 실험적 사유와 극단의 사상』, 책세상, 2010.
정낙림, 「놀이에 대한 철학적 연구. 니체의 놀이 개념을 중심으로」, 『니체연구』, 14집, 한국니체학회, 2008, 159-189쪽.
조르주 캉길렘, 『정상과 병리』, 이광래 옮김, 한길사, 1996.
질 들뢰즈, 『니체와 철학』, 이경신 옮김, 민음사, 2005.
카를 야스퍼스, 『비극론』, 전양범 옮김, 동서문화사, 2013.
칼 야스퍼스, 『니체-생애』, 강영계 옮김, 도서출판 까치, 1984.
크리스토프 멘케, 『미학적 힘. 미학적 인간학의 근본개념』, 김동규 옮김, 그린비, 2013.
키에르케고르, 『죽음에 이르는 병』, 최석천 옮김, 서울 : 민성사, 2003.

Aurenque, Diana, *Medizinische Philosophie: Schopenhauers und Nietzsches Gesundheitslehren*, in: Ärzteblatt Baden Württemberg (ÄBW), 2013(02), 56–58쪽.

Bertino, Andrea Christina, *Vernatürlichung*, Berlin/Boston 2011.

Brusotti, Marco, *Die Leidenschaft der Erkenntnis. Philosophie und ästhetische Lebensgestaltung bei Nietzsche von Morgenröthe bis Also sprach Zarathustra*, Berlin/NewYork 1997.

Brusotti, Marco, *Wille zum Nichts, Ressentiment, Hypnose., Aktiv und, Reaktiv in Nietzsches Genealogie der Miral*, in: Nietzsche-Studien, Bd.30 (2008), 107–132쪽.

Brusotti, Marco, *Leidenschaft*, in: Christian Niemeyer (Hrsg.), Nietzsche-Lexikon, Darmstadt 2009, 200쪽.

Brusotti, Marco, *Spannung. Ein Begriff für Groß und Klein*, in: Nietzsche-Macht-Grösse, Volker Caysa, Konstanze Schwarzwald (Hrsg.), Berlin/Boston 2012, 51–73쪽.

Brusotti, Marco, *Reagieren, Schwer reagieren, nicht reagieren. Zu Philosophie und Physiologie beim letzten Nietzsche*, in: Nietzsche-Studien, Bd.41 (2012), 104–126쪽.

Biser, Eugen, *Gottsucher oder Antichrist? Nietzsches provokative Kritik des Christentum*, Salzburg 1982.

Canguilhem, Georges, *Das Normale und das Pathologische*, Wolf Lepenies und Henning Ritter (Hrsg.), übersetzt von Monika Noll und Rolf Schubert, München 1974;

Canguilhem, Georges, *Die Erkenntnis des Lebens*, übersetzt von Till Bardoux, Maria Muhle und Francesca Raimondi, Berlin 2009.

Caysa, Konstanze, *Zum Verhaltnis von Askese und Diatetik bei Nietzsche oder Nietzsches Gastrosophie*, 1–13쪽.
(http://www.empraxis.net/wp-content/uploads/2015/08/Nietzsches-Gastrosophie_Dr.-Konstanze-Caysa.pdf).

Christoph Türcke, *Der tolle Mensch. Nietzsche und der Wahnsinn der*

Vernunft, Frankfurt am Main 1989.

Dahlkvist, Tobias, *Nietzsche and Medicine, in: Handbuch. Nietzsche und die Wissenschaften. Natur-, geistes-und sozialwissenschaftliche Kontexte*, Helmut Heit und Lisa Heller (Hrsg.), 138-154쪽.

Danzer, Gerhard, *Wer sind wir? Anthropologie im 20. Jahrhundert Ideen und Theorien für die Formel des Menschen*, Berlin/Heidelberg 2011.

De Bleeckere, Sylvain, *"Also sprach Zarathustra": Die Neugestaltung der "Geburt der Tragödie"*, in: Nietzsche-Studien, Bd. 8, Berlin · New York 1979.

Deleuze, Gilles, *Die einsame Insel. Texte und Gespräche 1953-1974*, Frankfurt am Main 2003.

Deleuze, Gilles, *Nietzsche und die Philosophie*, Hamburg, 2008.

Evers, Meindert, *Das Problem des Nihilismus. Thomas Mann & Nietzsche*, in: Zur Wirkung Nietzsches: Der deutsche Expressionismus: Menno Ter Braak, Martin Heidegger, Ernst Jünger, Thomas Mann, Oswald Spengler, Hans Ester u. Meindert Evers (Hrsg.), würzburg 2001.

Falcke, Eberhard, *Die Krankheit zum Leben. Krankheit als Deutungsmuster individueller und sozialer Krisenerfahrung bei Nietzsche und Thomas Mann*, Frankfurt am Main 1992.

Fellmann, Ferdinand, *Lebensphilosophie. Elemente einer Theorie der Selbsterfahrung*, Hamburg, 1993.

Figl, Johann, *Interpretation als philosophisches Prinzip*, Berlin/New York, 1982.

Flashar, Hellmut, *Katharsis*, in: Joachim Ritter und Karlfried Gründer (Hrsg.), Historisches Wörterbuch der Philosophie Bd.4, Basel 1976, 784쪽.

Foucault, Michel, *Ästhetik der Existenz. Schriften zur Lebenskunst*, Frankfurt am Main 2007.

Gerhardt, Volker, *Von der ästhetischen Metaphysik zur physiologie der Kunst*, in: Nietzsche-Studien, Bd.13 (1984), 374-393쪽.

Gerhardt, Volker, *Leben und Geschichte. Menschlichen Handeln und historischer Sinn in Nietzsches 2. "Unzeitgemäßer Betrachtung"*, in: Volker Gerhardt und Norbert Herold (Hrsg.), *Wahrheit und Begründung*, Würzburg 1985, 147–167쪽.

Gerhardt, Volker, *Experimental-Philosophie*, in: Pathos und Distanz. Studien zur Philosophie Friedrich Nietzsches, Stuttgart, 1988.

Gerhardt, Volker, *Pathos und Distanz*, in: Joachim Ritter und Karl fried Gründer (Hrsg.), Historisches Wörterbuch der Philosophie Bd.7, Basel 1989, 199–201쪽.

Gerhardt, Volker, *Genealogie der Moral*, in: Annemarie Pieper (Hrsg.), Geschichte der neueren Ethik 1, Tübingen und Basel 1992, 284–313쪽.

Gerhardt, Volker, *Ressentiment und Apokalypse. Nietzsches Kritik endzeitlicher Visionen*, in: Edmund Braun (Hrsg.), Die Zukunft der Vernunft aus der Perspektive einer nichtmethaphysischen Philosophie, Würzburg 1993, 277–300쪽.

Gerhardt, Volker, *Vom Willen zur Macht. Anthropologie und Metaphysik der Macht am exemplarischen Fall Friedrich Nietzsches*, Berlin/New York 1996.

Gerhardt, Volker, *Ein Arzt der Kultur. Laudatio auf Durs Grünbein anlässlich der Verleihung des Nietzsches-Preises des Lendes Sachsen-Anhalt am 27. August 2004*, in: Nietzscheforschung, Bd.12 (2005), 13–21쪽.

Gerhardt, Volker, *Friedrich Nietzsche*, München 2006.

Gerhardt, Volker, *Philosophieren im Widerspruch zur Philosophie*, in: Nietzscheforschung, Bd.15 (2008), 269–283쪽.

Gerhardt, Volker, *Selbstbegründung. Nietzsches Moral der Individualität*, in: Jan-Christoph Heilingerund Nikolaos Loukidelis (Hrsg.), Die Funken des freien Geistes, Beriln/New York 2011, 169–192쪽.

Gerhardt, Volker, *Die Moral des Immoralismus. Nietzsches Beitrag zu einer Grundlegung der Ethik*, in: Jan-Christoph Heilinger und Nikolaos Loukidelis (Hrsg.), Die Funken des freien Geistes, Beriln/New York

2011, 193-223쪽.

Gerhardt, Volker, *Die Tugend des freien Geistes. Nietzsche auf dem Weg zum individuellen Gesetz der Moral*, in: Jan-Christoph Heilinger und Nikolaos Loukidelis (Hrsg.), Die Funken des freien Geistes, Beriln/New York 2011, 224-242쪽.

Gerhardt, Volker, *Das Denken eines Individuums. Erneutes Nachdenken über Nietzsches zweite Unzeitgemäße Betrachtung*, in: Jan-Christoph Heilinger und Nikolaos Loukidelis (Hrsg.), Die Funken des freien Geistes, Beriln/New York 2011, 261-280쪽.

Gerd Schrank, *Rasse und Züchtung bei Nietzsche*, Berlin/New York, 2000.

Werner Stegmaier, Nietzsches Befreiung der Philosophie, Berlin/Boston, 2012.

Günter Schulte, *Nietzsches Morgenröthe und Fröhliche Wissenschaft: Text und Interpretation von 50 ausgewählten Aphorismen*, Würzburg, 2002.

Giese, Fritz, *Nietzsche. Die Erfüllung*, Tübingen 1934.

Giesz, Ludwig, *Philosophische Spaziergänge*. Zwölf vorsichtige *Antworten auf die Frage, wie man sich denn im Leben einzurichten hätte*, Tübingen 1990.

Gillespie, Michael Allen, N*ietzsche and the Anthropology of Nihilism*, in: Nietzsche-Studien, Bd.28 (1999), 141-155쪽.

Hager, F. P., *Diätetik*, in: Joachim Ritter (Hrsg.), Historisches Wörterbuch der Philosophie Bd. 2, Basel 1972, 231-232쪽.

Hessen, Jahannes, *Existenz-Philosophie. Grundlinien einer Philosophie des menschlichen Daseins*, Essen, 1948.

Haase, Marie-Luise, *Der Übermensch in Also sprach Zarathustra und im Zarathustra-Nachlass 1882-1885*, in: Nietzsche-Studien, Bd.13 (1984), 228-244쪽.

Heidegger, Martin, *Nietzsche: Der europäische Nihilismus* (1953), in: Geasamtausgabe, Bd.48, Frankfurt am Main 1986.

Heidegger, Martin, *Nietzsche*, Bd. 1, Siebte Auflage, Stuttgart 2008.

Heinz, Friedrich, *Vorbemerkungen. Nietzsche-ein Nachlaßproblem?*, in: Friedrich Nietzsche. Weisheit für Übermorgen, München 1999.

Horn, Anette, *Nietzsches Begriff der décadence : Kritik und Analyse der Moderne*, Frankfurt am Main 2000.

Horn, Anette, *Gesundheit/Krankheit*, in: Christian Niemeyer (Hrsg.), Nietzsche-Lexikon, Darmstadt 2009, 120-121쪽.

Jakob Lanz, *Affekt*, in: Joachim Ritter und Karlfried Gründer (Hrsg.), Historisches Wörterbuch der Philosophie Bd.4, Basel 1976, 89-100쪽.

Janz, Curt Paul, *Friedrich Nietzsche. Biographie in drei Bänden*, Bd.3, München/Wien.

Jaspers, Karl, *Nietzsche. Einführung in das Verständnis seines Philosophierens*, Berlin, 1981.

Johannes Wilkes (Dr. med.), *Nietzsches Krankheit. Genie und Wahnsinn. Dergeistige Zusammenbruch vollzog sich in verschiedenen Stufen*, in: Deutsches Arzteblatt 97, Heft 11, 17. Marz 2000, A-713-714쪽.

Kant, Immauel, *Kritik der praktischen Vernunft*, Bd.VII, hrsg. von Wilhelm Weischedel, Frankfurt am Main 1956.

Kaufmann, Walter, N*ietzsche. Philosoph-Psychologe-Antichrist*, übersetzt von Jörg Salaquarda, Darmstadt 1982.

Klass, Tobias Nikolaus, *Wie mann wird, was man isst. Nietzsches Diätetik*, in: Nietzsche-Philosophie de Kultur(en)?, Andreas Urs Sommer(Hrsg.), 411-421쪽.

Kliche, Dieter, *Passion/Leidenschaft, Ästhetische Grundbegriffe*, Bd.4, hrsg. von K. Barrku.a., Stuttgart/Weimar 2002, 684-724쪽.

Kopf, Albert, *Der Weg des Nihilismus von Friedrich Nietzsche bis zur Atombombe*, München, 1988.

Knodt, Reinhard, *Friedrich Nietzsche-Die ewige Wiederkehr des Leidens. Selbstverwirklichung und Freiheit als Problem seiner Ästhetik und Metaphysik*, Bonn 1987.

Lehmann, Günter K., *Der Übermensch. Friedrich Nietzsche und das*

Scheitern der Utopie, Berlin 1993.

Leist, Fritz, *Existenz im Nichts. Versuch einer Analyse des Nihilismus*, München 1961.

Lenk, Hans, *Philosophie und Interpretation. Vorlesung zur Entwicklung konstruktionistischer Interpretationsansätze*, Frankfurt am Main 1993.

Moninari, Mazzino, *Nietzsche lesen*, Berlin/New York, 1982.

Moninari, Mazzino, *Friedrich Nietzsche. Eine Einführung*, Berlin/New York 1991.

Mittasch, Alwin, *Friedrich Nietzsche als Naturphilospoh*, Stuttgart 1952.

Moore, Gregory, Krankheit, in: Stefan Lorenz Sorgner/H. James Birx/Nikolaus Knoepffler (Hg.), *Wagner und Nietzsche. Kultur-Werk-Wirkung*, Hamburg 2008, 309–322쪽.

Müller–Lauter, Wolfgang, *Über Werden und Wille zur Macht. Nietzsche–Interpretationen I*, Berlin/New York 1999.

Müller–Lauter, Wolfgang, *Über Freiheit und Chaos. Nietzsche–Interpretation II*, Berlin/NewYork 1999.

Nikoluas Klass, Tobias, *Wie man wird, was man isst. Nietzsches Diätetik*, in: Nietzsche-Philosoph der Kultur(en)?, Herausgegeben von Andreas Urs Sommer, Berlin 2008, 411–421쪽.

Paul van Tongeren, *Nietzsches "Redlichkeit". Das siebte Hauptstücke "unsere Tugenden". Friedrich Nietzsche: Jenseits von Gut und Böse*, Marcus Andreas Born(Hrsg), Berlin 2014, 147–165쪽.

Oliver G. Bosch und Friederike X. E. Höfer, *La Gaya Dementia. Nietzsche als Patient*, in: Weimar -Jena : Die groß e Stadt 4/1 (2011), 6-17쪽.

Ottmann, Henning, *Philosophie und Politik bei Nietzsche*, 2., verbesserte und erweiterte Auflage, Berlin/New York 1999.

Pertti Karkama, *Lebensphilosophie, Moderne und Postmoderne*, in: Moderne–Nietzsche–Postmoderne, Manfred Buhr (Hrsg.), Berlin 1990, 89–117쪽.

Pieper, Annemarie, *Ein Seil geknüpft zwischen Tier und Übermensch.*

Philosophische Erläuterungen zu Nietzsche erstem "Zarathustra", Stuttgart, 1990.

Pieper, Annemarie, *Zarathustra als der Verkünder des Übermensch*, in: Stiftung Weimarer Klassik von Rüdiger Schmidt und Andreas Schirmer (Hrsg.), Entdecken und Verraten. Zu Leben und Werk Friedrich Nietzsches, Weimar, 1999, 232-249쪽.

Pierre Klossowski, *Nietzsche und der Circulus vitiosus deus*, übersetzt von Ronald Vouillé, München 1986.

Reichel, Norbert, *Der Traum vom höheren Leben. Nietzsches Übermensch und die Conditio humana europäischer Intellektueller von 1890 bis 1945*, Darmstadt 1994.

Rohrmoser, Günter, *Nietzsche als Diagnostiker der Gegenwart*, Hrsg. von Michael Grimminger, München 2000.

Sommer, Andreas Urs, *Inwiefern ist Ernährung ein philosophisches Problem? Ludwig Feurbach und Friedrich Nietzsche als Relativierungsdenker*, in: Perspektiven der Philosophie, Georges Goedert and Martina Scherbel (Hrsg.), Vol 38, 2012, 317-342쪽.

Schank, Gerd, *Rasse und Züchtung bei Nietzsche*, Berlin/New York 2000.

Schipperges, Heinrich, *Am Leitfaden des Leibes zur Anthropologik und Therapeutik Friedrich Nietzsches*, Stuttgart 1975.

Schmid, Wilhelm, *Uns selbst Gestalten. Zur Philosophie der Lebenskunst bei Nietzsche*, in: Nietzsche-Studien 21 (1992), 50-62쪽.

Schopenhauer, Arthur, *Die Welt als Wille und Vorstellung*, Bd.1, in: Sämtliche Werke, hrsg. von Wolfgang Frhr. von Löhneysen, Frankfurt am Main 1986.

Schönherr-Mann, Hans-Martin, *Friedrich Nietzsche*, Paderborn 2008.

Schulz, Walter, *Philosophie in der veränderten Welt*, Pfullingen 1972.

Schweppenhäuser, Gerhard, *Nietzsches Überwindung der Moral*, Würzburg 1988.

Safranski, Rüdiger, *Nietzsche. Biographie seines Denkens*, Frankfurt am

Main 2012.

Salaquarda, Jörg, *Gesundheit und Krankheit bei Fr. Nietzsche*, in: Istituto Universitario Orientale (Hg.), Annali. Sezione Germanica. Studi Tedeschi. Bd. XVII/2, Neapel 1974, 73–108쪽.

Stegmaier, Werner, *Nietzsches Befreiung der Philosophie. Kontextuelle Interpretation des V. Buchs der Fröhlichen Wissenschaft*, Berlin/Boston 2012.

Schäfer, Rainer, *Die Wandlungen des Dionysischen bei Nietzsche*, in: Nietzsche–Studien, Bd.40 (2011), 178–202.

Thumfart, Stefan, *Der Leib in Nietzsches Zarathustra*, Frankfurt am Main, 1995.

Tugendhat, Ernst, *Anthropologie statt Metaphysik*, München 2010.

Van Tongeren, Paul, Schank, Gerd und Siemens, Herman (Hrsg.), *Nietzsche Wörterbuch. Band I*: Abbreviatur–einfach, Berlin 2004.

Van Tongeren, Paul, *Vom "Arzt der Cultur" zum "Arzt und Kranken in einer Person". Eine Hypothese zur Entwicklung Nietzsches als Philosoph der Kultur(en)*, in: Sommer, AndreasUrs (Hrsg.), Nietzsche–Philosoph der Kultur(en)?, Berlin, 2008, 11–29쪽.

Weichelt, Hans, *Zarathustra–Kommentar*, Leipzig, 1922.

Wellner, Klaus, *Über die Funktion der Kultur im Denken Friedrich Nietzsches*, in: Sommer, Andreas Urs (Hrsg.), Nietzsche–Philosoph der Kultur(en)?, Berlin, 2008, 61–69쪽.

Zumbusch, Cornelia, *Problem mit dem Pathos*, in : Pathos. Zur Geschichte einer problematischen Kategorie, Cornelia Zumbusch (Hrsg.), Berlin 2010, 7–24쪽.

Zweig, Stefan, *Der Kampf mit dem Dämon, Hölderlin · Kleist · Nietzsche*, Frankfurt am Main 1982, 203–285쪽.

찾아보기 — 인물

ㄱ

ㄷ

ㄹ

ㅁ

ㅂ

ㅌ

ㅍ

ㅎ

찾아보기 —— 개념

ㄱ

ㄴ

ㅅ

ㅇ